중국 그림책의 출발 『아동세계』

지은이

권애영 權愛榮, Kwon Ae young

인천교육대학교를 졸업하고 30여 년간 초등학교에서 아이들과 함께 생활하면서 한국외국어대학교 대학원 중어중문학과에서 중국문학을, 성균관대학교 유학대학원 부설 동양문화 고급과정에서 한문을 공부했다. 전통시대 한자 문화권 아이들의 기초 교과서였던『제자규(弟子規)』를 해설하여 펴냈고, 중국의 저명 작가 차오원쉬엔의 그림책『마오마오가 달린다』와 루쉰이 중역한『금시계』를 번역하였다. 그동안 우리나라 근대시기에 중국에 번역된 우리 민담과 창작동화, 그리고 신문화운동시기 중국 아동문학에 관한 논문을 발표했다. 지금은 한국 외국어대학교에서 강의를 하며 아동문학 작품 번역을 하고 있다. 앞으로는 중국과 대만, 그리고 우리나라의 아동문학 교류 현황을 살피면서 중국과 대만의 좋은 책을 우리나라에 소개하려고 한다.

중국 그림책의 출발『아동세계』

초판인쇄 2023년 4월 20일 **초판발행** 2023년 4월 30일

지은이 권애영

펴낸이 박성모 **펴낸곳** 소명출판 **출판등록** 제1998-000017호

주소 서울시 서초구 사임당로14길 15 서광빌딩 2층

전화 02-585-7840 **팩스** 02-585-7848

전자우편 somyungbooks@daum.net **홈페이지** www.somyong.co.kr

값 30,000원

ISBN 979-11-5905-777-9 93820

잘못된 책은 구입처에서 바꾸어드립니다.

근대 동아시아 아동문학의 갈래

중국 그림책의 출발 『아동세계』

The Beginning of
Chinese Picture Books:
The Children's World

권애영 지음

우물을 얻다

『아동세계兒童世界』는 우리나라 『어린이』 및 일본의 『아카이토리』와 마찬가지로 근대적인 아동관을 담아낸 중화민국의 아동 전문잡지이다 『아동세계』는 1922년 1월 16일 상무인서관이라는 출판사에서 창간하여 1941년 6월까지 20여 년 동안 발간되었다. 여기에는 번역 동화 및 창작동화, 과학지식, 극본, 수수께끼, 마술, 놀이, 아동작품 등 다양한 분야의 작품이 실렸다. 『아동세계』는 중국문학사상 처음으로 그동안의 어려운 고문체가 아닌 쉬운 구어체 문장과 그림을 많이 넣어 아동잡지의 형식을 획기적으로 변화시켰다. 특히 단순한 삽화뿐 아니라 오늘날 그림책의 초보적 단계로 볼 수 있는 '그림이야기'가 아동들에게 큰 사랑을 받았다.

그동안 근대시기 아동문학의 형성과정을 살필 수 있는 우리나라 아동잡지 연구는 많은 연구자들에 의해 그 성과가 차곡차곡 쌓여가고 있다. 또 우리 아동문학 형성과 밀접한 관련이 있는 일본 아동잡지에 관한 연구도 점점 많아지고 있다. 그런데 유독 동아시아의 아동문학 발전과정의 이해에 빠질 수 없는 중국에 관해서는 관심을 갖는 연구자가 없었다.

이 책은 바로 동아시아 아동문학의 균형 있는 연구에 도움이 되고자 하는 열망을 담은 연구서이다. 이 책에는 지난 6년여간 내가 발표했던 여러 편의 논문과 초벌 학위논문, 그리고 최종 학위논문이 모두 담겨있다. 그리고 책의 너머에는 수많은 사건과 내 삶의 굴절이 고스란히 숨어있다.

나는 사십 중반에야 그동안의 내 삶과는 전혀 관계가 없는 중국문학 공부를 해 보겠다고 연수 휴직원을 내고 대학원에 갔다. 더 나은 진로로 이어지는 교육학이 아니라 중국문학을 선택한 건 고전문학에서 느껴지는 깊이와 퍼즐조각처럼 이런저런 글자들이 어우러져 완성되는 한문의 매력 때문이었다. 어렵사리 2년간의 연수 휴직을 마치고 학교로 복귀해서 아이들과 씨름하다가 다시 박사과정 진학으로 연수 휴직을 하고, 또 학교 현장으로 돌아오고…… 낯선 공부는 마치 마른 사막의 오아시스처럼 갈증을 채워줬지만 내가 할 수 있는 것이 무엇인지, 뭘 해야 되는지는 도무지 알 수 없었다. 그렇게 띄엄띄엄, 하는 둥 마는 둥 공부하면서 내가 꿈꾸는 새로운 삶을 위해서는 과감히 학교를 떠나야 한다는 결론에 다다랐다. 더 미루다 보면 두고두고 용기를 내지 못한 나의 어리석음을 한탄할 것 같았다.

사실 대학원에서 공부하면서 아동문학을 접할 기회는 없었다. 어리석게도 중국문학에도 아동문학 영역이 있다는 걸 생각조차 하지 못했다. 잠시 성균관대학교 유학대학원 부설 과정에서 공부하던 때, 전통시기 아동도서에 관한 연구를 해볼까 생각했던 적은 있었다. 그러던 어느 날, 서울대학교 도서관에서 문학연구회 간행물인 『소설월보』에 실린 『아동세계』 광고를 보게 되었다. 서둘러 CNKI에 접속하여 자료를 검색하고 나서 바로 내가 파야 할 우물의 지점을 찾았음을 직감했다. 그러나 유서깊은 대학원의 중국문학 전공자 가운데서 아동문학을 연구주제로 삼은 연구자가 없었던 탓이었는지 내가 원하는 주제로는 논문을 진행할 수 없었다. 주위로부터 학위논문은 자격증에 불과하니 그냥 시키는 대로 하라거나 그 나이에 무슨 박사냐며 슬슬 여행이나 다니며 지내라는 충고를 듣기도 했다.

돌아갈 다리는 이미 끊어버렸기에 이대로 주저앉거나 앞으로 가거나 둘 중 하나였다. 그런데 볼품없을지라도 나도 내 우물 하나쯤은 갖고 싶었다. 정통이 아니라서, 기본기가 부족해서 괜한 고집을 부리는 것은 아닐까 하는 망설임도 물론 있었다. 그렇지만 내 정체성에 맞는 주제로 불모지인 근대시기 중국 아동문학의 일부분이나마 정리해 보리라 마음먹었다. 꼭 무엇이 되지 않더라도 그동안 내가 들인 시간과 열정을 정리하고 넘어가지 않으면 평생 마음이 힘들 것 같았다. 거기다가 이만큼 견디고 살았으면 여태껏 꼭꼭 싸매두었던 꿈을 펼쳐보는 사치를 부려도 되겠다 싶었다. 그래서 한국에서 중국 아동문학에 본격적으로 달려들지 않는 이유는 가치가 없어서가 아니라 현실적인 타산이 맞지 않기 때문이라고 내 맘대로 결론을 지어버렸다. 그런 점에서 학위를 받고 일자리를 찾아야 하는 젊은이들에 비해 적당히 먹은 나이와 아이들과 함께 지낸 현장 경험은 충분히 장점이 될 수 있다고 생각했다.

처음에는 신문화운동 시기 문학연구회의 아동문학운동과 『아동세계』 초대 편집장이었던 정전둬의 활동에 주목했다. 수없이 넘어지며 힘들게 논문을 완성했음에도 2년 6개월을 끌어안고 마음고생을 해야 했다. 그런데 출구가 보이지 않는 나를 임대근 교수님이 아무런 사심 없이 거둬주셨다. 소중한 안식년도 누리지 못하시고 지도교수를 맡아주시면서 풍부한 경륜과 날카로운 안목으로 '그림이야기'에 초점을 맞추도록 방향을 잡아주셨다. 앞으로도 아동문학을 잘 궁리하라며 지어주신 호에 걸맞게 내 분야에서 최선을 다하는 모습으로 보답하려 한다.

내가 중국 아동문학 연구자로 자리매김할 수 있도록 여러 사람들이 곁을 지켜주었다. 책의 바탕이 된 학위논문 심사를 맡아주신 한신대 황선미, 상지대 박민호, 연세대 박종진, 한국 외국어대 장은영 교수의 지지와 세심한 지적은 글을 완성하는 데 큰 도움이 되었다. 중국어와 중국문학에 문외한으로서 두려움에 떨며 대학원 문을 들어설 때부터 지금까지 한국 외국어대 김영미 교수도 늘 곁에서 힘이 돼주는 좋은 친구이다. 유학 중 내 주제에 관심을 가지고 『아동세계』 원문자료를 중국국가도서관에서 구입해서 보내주는 수고로움을 자처한 강소라에게도 고마운 마음을 전한다. 북경에서 『정전둬 전집』을 비롯하여 『소설월보』 잡지 전체와 엄청난 양의 중고 도서를 일일이 결제하고 여러 차례 소포로 보내는 번거로움을 마다하지 않은 동생 미영이에게도 많은 신세를 졌다. 세세하게 마음을 써주시며 책이 완성될 수 있도록 도움을 주신 양쟈룽杨家荣 여사에게도 이 지면을 통해 깊은 감사의 인사를 보낸다. 중국 아동문학 연구의 당위성을 부여해준 방정환 연구소의 동료들도 많은 힘이 되었다. 이들은 내 미약함보다 가능성과 도전정신에 더 많은 힘을 실어주어 주저하지 않고 앞으로 나갈 수 있도록 격려해주었다.

이 밖에도 일일이 거론하지 못하지만 내 길을 격려해주신 좋은 분들이 헤아릴 수조차 없이 많다. 무엇보다 사회적 지위나 학문적 성취가 나타나지 않았음에도 오로지 학술적 가치에 의미를 두어 출판을 흔쾌히 허락해 주신 소명출판 박성모 대표님과 번거롭다 아니하고 꼼꼼하게 책을 만들어주신 박건형 편집자님께 무한한 감사를 드린다. 새로운 여정에 용기를 낼 수 있도록 불편함을 참아주고 아낌없는 응원을 보내준 사랑하는 가족에게도 고마움과 미안함을 함께 전한다. 마지막으로 이 모든 과정을 통해 나에게 우물을 허락하신 선한 분께 감사에 감사를 드린다. 앞으로 이 샘에서 맑은 물이 넘치도록 솟아나 주위 사람들과 함께 마른 목을 축이는 기쁨을 나눌 수 있기를 소망해 본다.

2023년 4월
곱돌재에서 동리 권애영

차례

그림 차례

표 차례

제1장 중국 아동문학의 출발

1. 아동의 발견과 『아동세계』

아동문학은 어른들이 아동을 어떻게 생각하고 있는가의 문제, 즉 '아동에 대한 인식'과 밀접한 관련이 있으므로 세계 아동문학의 역사는 바로 이 아동에 대한 인식이 변화한 역사라고도 말할 수 있다. 곧 아동문학은 근대적 인식의 산물이며 서양을 통해 유입된 근대성의 맹아가 싹트는 지점에서 발원한다. 아동과 아동문학은 철저하게 근대의 산물이라고 말할 수 있으며 근대에 이르러서야 비로소 독자적인 존재로서의 자리매김을 할 수 있었다. 근대적 시선에 의해 발견된 아동이 아동문학 연구에 있어서 '아동관'이라는 한 축을 형성하며, 아동을 바라보는 성인들의 인식변화를 파악하는 작업이 바로 아동문학의 기원을 밝히는 것과 맞닿아 있다.[1]

서구에서는 18세기 후반에 들어서서 다른 장르와 구별되는 독립된 형태로 아동문학이 등장했고 중국에서 성인문학과 구별되는 아동문학이 독립되어 관심을 받은 시기는 바로 5·4신문화운동 때로 '아동문학'이라는 명칭도 이때부터 사용되었다.[2] 이를 서구와 비교해보면 중국에는 대략 1세기 정도 늦게 독립된 아동문학이 등장한 셈이다. 그 이전까지는 아동에 대한 인식이나 아동도서에 대한 경시로 아동의 특성과 기호를 반영한 아동 문예가 없었고, 일부 교육적인 의도로 만들어진 계몽교재가 있었

1 이주형·류덕제·임성규, 『한국 아동청소년문학 연구』, 한국문화사, 2009, 7~9쪽.

2 孔海珠, 『茅盾和兒童文學』, 少年兒童出版社, 1990, 410쪽.

을 뿐이다.

근대 시기에 탄생한 아동문학은 다른 나라와 서로 교류하고 영향을 받으며 발전해 왔다. 우리나라에서는 일제 식민지 시기에 무수히 많은 아동문예지와 종합지가 발간[3]되다가 1923년 소파 방정환에 의해 본격적인 아동 문예지인 『어린이』1923~1949[4]가 창간되었다. 『어린이』는 문학을 계몽의 수단에서 해방시키고 아동 문예의 독자성을 확보하면서 아동인권을 역사적으로 회복한 근대 아동문학의 출발점이다. 일본은 우리나라보다 좀 더 이른 시기에 새로운 아동문학운동의 기운이 일어났고 그 선두에는 근대적 예술성을 추구하던 아동문예잡지들이 있었다. 이 가운데 가장 대표적인 아동잡지는 1918년 동화작가이자 아동문화운동가였던 스즈키

---

3 1908년에 발간된 최초의 아동 잡지인 최남선의 『소년(少年)』을 기점으로 『붉은 저고리』(1913), 『아이들보이』(1913), 『새별』(1913), 『학원(學園)』(1919), 『학생계(學生界)』(1920~1925), 『소년소녀문단(少年少女文壇)』(1922)등이 나왔다. 『어린이』 발간 이후에는 『신소년(新少年)』(1923~1934), 『반도소년(半島少年)』(1924~1925), 『신진소년(新進少年)』(1925~1926), 『소년시대(少年時代)』(1925), 『새벗』(1925~1934), 『아이생활』(1926~1944), 『소년계』(1926~1929), 『영데이』(1926~1934), 『별나라』(1926~1934), 『학창(學窓)』(1927), 『아동낙원』(1927), 『노동야학』(1927), 『장미(薔薇)』(1927), 『소년조선(少年朝鮮)』(1928~1929), 『학생(學生)』(1929~1930), 『조선아동신보(朝鮮兒童新報)』(1929) 등의 아동잡지가 쏟아져 나왔다. 李在徹, 『兒童文學概論』, 瑞文堂, 1998, 56~57쪽.

4 『어린이』는 한국 아동문학의 형성과정을 보여주는 대표적인 매체로 일제강점기인 1920~30년대에 발행되었다. 『어린이』는 소파 방정환이 중심이 되어 개벽사(開闢社)에서 발행한 본격적인 '어린이' 대상 순수 아동문학 잡지이다. 『어린이』는 1923년 3월 20일에 창간하여 1935년 3월 통권 122호까지를 발행기간으로 보는 견해와 해방 후 복간된 15호를 포함하여 총 137호로 보는 견해가 있다. 『어린이』 지면에는 번안동화에서부터 창작동화, 소년소설, 동요와 동시, 동화극 등 수많은 아동문학 작품이 발표되었다. 또한 '색동회'라는 전문작가군을 비롯하여 개벽사의 기자들까지 필진으로 참여하고 있어 당대의 아동잡지계를 대표하는 매체라고 할 수 있다. 정미란, 「『어린이』의 독자 연구 ―아동 서사물을 중심으로」, 경상대 박사논문, 2018, 2~3쪽. 장정희, 「『어린이』지 간행사 개관」, 『아동문학평론』 제40권 40호, 2015, 111쪽.

미에키치鈴木三重吉가 창간한 『아카이토리赤い鳥』[5] 1918~1936이다.

아사노 노리꼬浅野法子는 "20세기 초 일본에서는 미국과 유럽의 영향을 받아 『아카이토리』를 비롯한 아동잡지가 탄생하였고, 중국 역시 서구와 일본의 영향 아래 아동잡지가 발간되었으며, 한국의 『어린이』 잡지도 마찬가지"[6]라고 보았다.

일본 및 우리나라와 비슷한 시기에 근대적인 아동관을 담아 중국에서 처음 발행된 아동 잡지는 『아동세계兒童世界』이다. 그동안 우리나라 아동문학계에는 근대 아동문학 탄생이 다른 나라의 영향을 받으며 서로 발전해 왔음을 밝히는 연구가 많이 축적되었다. 여기에 일본을 비롯한 서구 여러 나라 아동문학 연구자들의 다양한 결과물이 서로 공유되면서 상호 영향 관계도 서서히 드러나고 있다. 그러나 근(현)대[7] 시기 중국 아동문학

---

5 『아카이토리』는 이전까지 어린이책을 대표하던 이와야 사자나미(巖谷小波, 1870~1933)의 오토기 바나시를 비판하며 '예술로서 진정한 가치가 있는' 동화와 동요를 내걸며 근대 아동문학의 기틀을 잡아갔다. 그러나 당시 동화라는 개념은 오토기 바나시, 우화, 신화, 전설, 역사 이야기 등 넓은 영역의 아동문학을 일컫는 것으로 오늘날의 동화와 다소 차이가 있다. 『아카이토리』 등장 이후 본격적으로 아동문학의 장르가 구분되며 옛이야기 재화의 틀을 벗어나 창작동화가 모색되었다. 스즈키 미에키치, 오가와 미메이(小川未明), 기타하라 하쿠슈(北原白秋), 아쿠나가와 류노스케(芥川龍之介) 등 일본 근대 아동문학 작가들의 주 활동 문대가 되었던 『아카이토리』는 세련된 표지와 아름답고 낭만 가득한 문장으로 도시 중산층 아이들과 지방 명사의 자제들을 주 독자층으로 하며 퍼져나갔다. 임지연, 「근대 일본 어린이책의 형성과 전개」, 『방정환연구소』 발표문, 2019. 4. 27.

6 浅野法子, 「二十世紀初期日中兒童雜志研究－以『赤鳥』和『兒童世界』爲例」, 『中國兒童文化』, 2010, 251쪽.

7 중국문학사 구분에는 이견이 있긴 하나 일반적으로 아편전쟁부터 1917년까지를 근대(近代), 1917년부터 1949년 중화인민공화국 성립까지를 현대(現代), 1949년 이후부터 지금까지를 당대(當代)라고 한다. 현대와 당대의 구분에는 중화인민공화국의 정치적 입장이 깊이 반영되어 있다. 즉 사회주의 시대의 문학을 사회주의 이전의 문학과 근본적으로 구분하려는 것이다. 그러므로 중국에서 말하는 '현대'는 우리의 '근대'에 해당하므로, 이 책에서 중국의 '근대'와 관련된 서술을 할 때는 부득이 두 용어를 혼합하여 사용하기로 한다.

관련에 관한 연구는 여전히 황량한 불모지로 남아있어 동아시아 아동문학의 상호관계와 그 지형을 살피는 데 어려움이 있었다.

이뿐 아니라 중국 신문학운동의 기수로 활약한 『신청년新青年』에서 아동문학의 개념이 처음 등장하고, 우리에게 널리 알려진 루쉰魯迅과 저우쭤런周作人, 마오둔茅盾 등의 저명 작가들이 중국 아동문학의 탄생과 발전에 기여했음을 밝히는 연구도 거의 없었다. 이에 본서에서는 근(현)대적 가치를 반영한 중국 아동문학의 면모를 아동잡지 속 그림이야기의 아동 인식을 살핌으로써 우리나라를 비롯한 동아시아 아동문학의 상호 발전 과정과 영향관계를 유추하는 데 도움이 되고자 한다. 본서에서 서술하고자 하는 내용은 다음과 같다.

첫째, 신문화운동기 아동문학이 탄생한 시대적 배경과 중국 근(현)대 문학사상 최초로 결성된 문학단체인 문학연구회文學研究會의 아동문학운동을 조명해보고자 한다. 중국의 신문화운동 시기 중요한 화두는 아동과 아동문학이었으며 이에 관한 활동을 추진한 문학단체로는 문학연구회가 있었다. 문학연구회는 문학혁명의 계승을 자임[8]하면서 중국 근(현)대문학의 발전에 큰 영향을 끼친 중요한 문학단체로 각종 간행물을 통해 많은 활동을 전개하였다. 1919년 5·4운동의 발발과 함께 전 중국으로 확산된 문학혁명은 대중적 기반을 갖추면서 문학단체들의 출현으로 한층 심화되었다.

이들의 아동문학 방면 활동으로는 아동문학에 대한 이론 확립과 연구, 외국 아동문학 작품의 번역 소개 및 동화와 시를 비롯한 극본의 창작, 민간 동요 수집 등을 들 수 있다. 신문화운동기 아동문학 이론을 확립한 저

8 金學主·李東鄉·金榮九, 『중국문학사』 II, 한국방송대출판부, 1996, 270쪽.

우쭤런과 중국 근(현)대 창작동화의 비조라고 추앙받는 예사오쥔葉紹鈞, 그리고 최초의 아동산문을 발표한 빙신冰心, 신시 창작에 앞장선 위핑보俞平伯 등은 모두 문학연구회 소속 작가들이다. 그리고 문학연구회의 정식 회원은 아니었지만 문학연구회의 문학 경향에 동조하는 입장을 표명한 루쉰 역시 아동문학에 깊이 관여하였다. 이에 신문화운동기 아동문학이 등장하는 배경과 함께 문학연구회 구성원들의 아동문학운동을 이론과 번역, 창작의 갈래를 통해 살핌으로써 중국 아동문학의 탄생과 초기 성장 과정을 알아보고자 한다.

둘째, 문학연구회의 존립기간1921~1931 동안 전적으로 아동문학 활동에 열성을 다한 정전둬鄭振鐸의 위상을 새롭게 조망하고자 한다. 문학연구회의 설립부터 해산까지 꿋꿋이 한자리를 지키며 아동문학 활동에 있어서 핵심적인 역할을 한 사람은 정전둬였다. 그러나 정전둬는 다양한 편집 활동과 더불어 중국 고전문학 연구 및 번역, 고서적 수집 등의 여러 방면에서 성과가 뛰어난 까닭에 오히려 문학연구회 존립기간 동안 심혈을 기울인 아동문학 분야에 대한 활동은 상대적으로 조명을 받지 못하고 있다. 정전둬의 아동문학 활동이 주목받지 못하는 현실에 대해 성쉰창盛巽昌은 "근(현)대 아동문학의 발전을 위해 부단히 혁신하고 노력한 정전둬의 공헌이 중국 근(현)대문학사에서 소홀하게 평가"되었다고 개탄[9]하였다.

정전둬의 아동문학에 대한 기존 연구는 주로 번역에 한정되어 있거나 문예지 편집에 아동문학을 중시했음을 밝히는 정도이고, 신문화운동기의 실제적이고 주요한 역할은 제대로 조명되지 않고 있다. 이에 본서에서는 정전둬의 아동잡지 발간 및 아동문학 작품 번역과 창작활동이 문학연구회가

9 鄭兒康·盛巽昌, 『鄭振鐸和兒童文學』, 少年兒童出版社, 1982, 554쪽.

추구했던 '아동문학운동'을 실천한 중요한 영역이었음을 밝히고자 한다.

셋째, 변혁의 시기에 가장 먼저 창간된 근(현)대 아동잡지 『아동세계』의 의의와 정전둬의 문학 및 번역 인식이 그의 작품에 어떻게 반영되었는지 알아보고자 한다. 5·4신문화운동 시기 해외 사조의 유입은 '번역'이라는 창구를 통하여 일어났고, 새로운 사상을 전파하기 위한 간행물이 많이 생겨났다. 급격한 사회변혁이 일어나던 시대에 발행된 잡지는 당시의 시대상과 인식을 파악할 수 있는 좋은 자료 가운데 하나이다. 근대적 가치관을 반영하여 가장 먼저 발간된 아동잡지 『아동세계』는 5·4신문화운동 시대에 등장한 '여성'과 '아동'의 논의 가운데 '아동'에 관한 이념과 사상을 주도한 주요 잡지이다.

『아동세계』는 발간 전에 발표한 「『아동세계』 선언」에서 중국의 전통교육과 아동도서를 비판하고 당시의 교육제도에 대한 반성과 더불어 새롭고 아동이 주체가 되는 간행물을 발간하겠다는 포부를 밝혔다. 『아동세계』는 '아동 중심'의 이념과 아동의 흥미를 반영한 여러 장르와 더불어 그림을 특히 많이 수록하고 있다. 『아동세계』는 서구의 작품을 많이 수록하였고, 정전둬는 그의 '아동 중심'과 아동문학의 특수성을 반영한 번역 방법을 채택하여 작품을 소개하였다. 이러한 『아동세계』의 형식은 당시 근대화된 다른 나라의 아동잡지와 어떤 관련이 있으며, 정전둬의 아동문학과 번역 인식이 번역 작품에 어떻게 반영되었는지 살펴볼 것이다.

넷째, 정전둬의 그림이야기가 당시 신문화운동기의 근(현)대적인 아동관인 '아동 중심'을 어떻게 반영하고 있는지 알아볼 것이다. 『아동세계』 창간자이며 초대 편집장을 맡았던 정전둬는 아동의 흥미와 특성을 반영한 여러 장르를 잡지에 수록하였다. 그는 자신이 직접 번역한 동화와 세계 여러 나라의 민담을 비롯하여 그림이야기圖畫故事, 이야기故事, 동요童謠·

놀이遊戲 등을 『아동세계』에 발표[10]하였다. 정전둬의 발표 작품 가운데 가장 많은 비중을 차지하는 장르가 바로 그림이야기다.

정전둬가 『아동세계』에 발표한 작품을 정리해 보면 〈표 1-1〉과 같다.

〈표 1-1〉 정전둬 『아동세계』 발표 작품 현황

장르	작품 수
그림이야기/삽화/삽도/골계화(圖畫故事/插畫/插圖/滑稽畫)	64(+3)
이야기(故事)	40
동화(童話)	26
시가/시(詩歌/詩)	19(-3)
악보/동요(曲譜/童謠)	12
놀이(遊戲)	6
우화(寓言)	2
속담 해석(諺語解釋)	1
합 계	170

그림이야기는 글과 그림이 병행하여 서사를 이루는 독특한 형식으로 서구의 영향을 직접적으로 받아 나타난 양식이다. 정전둬는 중국 아동문학사에서 아동흥미와 기호를 중시한 그림이야기를 가장 먼저 선보였고, 여기에는 정전둬의 '아동 중심' 인식이 반영되었다. 특히 최근에는 세계적으로 그림서사를 중시하는 그림책이 주목받고 있는 추세이다. 이는 현대인의 기호와 맞물려 아동은 물론 성인들 사이에서도 독립적인 장르로 떠오르고 있다. 본서에서 다룰 그림이야기는 바로 이 그림책의 전신에 해당한다. 본서는 선진적인 『아동세계』의 그림이야기를 통해 그 속에 담긴 아동에 대한 기존의 인식 전환과 아동을 존중한 '아동 중심' 사상을 중점적으로 조명하고자 한다.

10 본서에서 그림이야기로 선정한 3편의 작품이 『아동세계』 목차에는 시로 분류되어 있다. 숫자 (+3)은 이를 나타낸 것이다. 170편의 작품목록은 본서의 부록을 참고하기 바란다.

2. 기존 연구 정리

정전둬는 여러 간행물 발간과 고전문학 방면의 연구와 정리, 문학작품 번역, 문헌학, 장서 수집 등 다방면에서 뛰어난 업적을 이룬 까닭에 그에 관한 연구도 여러 영역에 걸쳐 있다. 그런데 이렇게 다양한 업적으로 인해 오히려 초창기에 활약한 아동문학 방면의 활동은 상대적으로 주목을 받지 못하고 있다. 1921년 1월 4일, 중국 근(현)대문학사에서 중요한 위치를 차지하는 신문학 단체인 문학연구회가 탄생하였다. 정전둬는 이 단체의 발기인이면서 문학연구회 성립을 위해서 실질적으로 세 그룹을 연결하여 단체를 결성한 주요 인물이다. 정전둬는 문학연구회에서 서기 간사를 맡아 적극적으로 활동했으며, 1921년 5월부터 『문학주보文學週報』의 전신인 『문학순간文學旬刊』과 『문학文學』의 편집을 맡았다. 또한 1921년 7월 17일부터 1922년 1월 23일까지 『시사신보時事新報』 부속지인 『학등學燈』의 편집장으로 '아동문학'과 '아동문학 연구'란을 만드는 등 아동문학에 관해 누구보다도 많은 관심을 기울였다. 그리고 중국 근대 최초 백화문 아동 전문잡지 『아동세계』를 창간하여 약 1년여 간 편집장을 맡았다.

본서에서는 세 갈래로 나누어 논의를 진행하고자 한다. 첫째 신문화운동 시기 『신청년』을 기점으로 아동에 대한 새로운 인식의 출현과 이를 뒷받침한 문학연구회의 아동문학운동의 전개와 내용, 둘째로 문학연구회를 실질적으로 이끈 정전둬의 문학인식과 근대적 아동잡지 『아동세계』의 가치, 셋째 『아동세계』에 실린 여러 장르 가운데 '아동 중심'을 가장 잘 실천한 그림이야기를 아동인식과 아동특성의 측면에서 살펴볼 것이다.

중국에서의 연구 동향을 살펴보면 우선 신문화운동 시기 아동과 아동문학에 대한 인식의 변화를 선도한 선구자인 저우쭤런을 주목한 학자는 첸리췬錢理群이다. 첸리췬은 아동과 아동문학에 대해 가장 뜨거운 관심을 표명하고 이를 추진한 사람이 바로 저우쭤런이라고 평가하였다. 신문화운동 시기 저우쭤런의 역사적인 논문으로는 「인간의 문학人的文學」과 「평민문학平民文學」이 거론되는데 첸리췬은 중요한 「아동의 문학兒童的文學」이 배제되었다고 말하였다. 그는 이 세 편의 논문이야말로 완전한 인도주의 사상체계를 갖추었으며, 5·4 사상혁명과 문학혁명에 큰 영향을 끼쳤다는 평가를 하였다.[11] 저우쭤런의 아동에 관한 인식은 '아동 중심'으로 대표되는데, 이는 민속학과 인류학에 기초한 아동문학 인식에서 나온 것이다. 이 '아동 중심' 사상은 신문화운동기 아동과 아동문학에 관한 주요 논의였다. 이에 주목한 연구자로는 장펑蔣風과 왕촨건王泉根, 주쯔창朱自强을 꼽을 수가 있다. 장펑과 왕촨건은 5·4신문화운동 시기에 '아동 중심' 사상이 나타남으로써 '아동의 발견'을 가져왔고, 이것이 중국 근(현)대 아동문학사에서 결정적인 역할을 한 것이라고 평가하였다. 주쯔창은 여기에서 한 발자국 더 나아가 저우쭤런의 '아동 중심'의 근원은 당시에 풍미하던 존 듀이John Dewey가 아닌 인류학과 일본 아동학의 영향임을 밝혔다.

5·4 시기 문학연구회가 벌인 '아동문학운동'을 주목한 학자 역시 장펑, 왕촨건, 장융젠張永健, 주쯔창이다.[12] 장펑, 왕촨건 및 주쯔창은 중국 근(현)대 아동문학사에 있어서 문학연구회의 '아동문학운동'의 가치에 주목하고 있다. 장펑은 그의 『아동문학사兒童文學史』에서 '아동문학운동'을 평

11 錢理群, 『周作人論』, 上海人民出版社, 1991, 148~149쪽.

12 王泉根, 『現代中國兒童文學的先驅』, 上海文藝出版社, 1986; 『現代中國兒童文學主潮』, 重慶出版社, 2000; 『王泉根論兒童文學』, 接力出版社, 2008; 張永健 主編, 『20世紀中國兒童文學史』, 遙寧少年兒童出版社, 2006; 朱自强, 『朱自强學術文集2－1908~2012 中國兒童文學與現代化進程』, 二十一世紀出版社集團, 2015; 『朱自强學術文集3·兒童文學概論』, 二十一世紀出版社, 2015; 『朱自强學術文集5·中國兒童文學史論』, 二十一世紀出版社, 2015.

가하였다.[13] 장평은 가장 먼저 1986년에 발간된 『중국현대아동문학사中國現代兒童文學史』에서 5·4 아동문학운동과 개척자의 발자취 부분을 다루면서 정전둬의 활약과 동화창작을 간략히 언급하였다. 이후 2007년에 펴낸 『중국아동문학발전사中國兒童文學發展史』에서는 여러 장르 가운데 특히 『아동세계』에 공연할 만한 아동 극본이 실린 것에 큰 의미를 부여하였다. 다시 2018년에 발행한 『중국아동문학사中國兒童文學史』를 통해서는 문학연구회의 아동문학운동이 중심이 되어 활발한 성과를 이루어냄으로써 1930~40년대 아동문학의 실질적 기초가 되었다고 평가하고 있다.

왕촨건은 1986년에 발간한 『현대 아동문학의 선구現代中國兒童文學的先驅』에서 문학연구회의 아동문학운동을 동화, 아동시, 아동산문, 아동소설, 아동희극, 유아문학으로 구분하여 정리하였다. 그는 이미 밝혀진 문학연구회의 문학사적 작용과 지위 등에 대한 평가 외에 아동문학 영역의 보충과 발굴을 통해 좀 더 전면적이고 깊이 있는 연구를 전개하였다. 그는 문학연구회 구성원들의 아동문학 활동을 번역과 창작으로 나누어 서술하고 있는데, 정전둬를 아동문학의 선구자로 언급하고 그의 작품을 소개하였다.

그러나 문학연구회 성원들의 아동문학 방면의 업적을 모두 거론하면서 정전둬도 그중의 하나로 다루었기에 분량은 그리 많지 않다. 『현대 아동문학의 선구』가 문학연구회의 아동문학운동을 전적으로 서술한 저서였다면 이후 발간한 『현대 아동문학 주조現代中國兒童文學主潮』 상편의 「사조발전론」 부분과 「문학연구회의 '아동문학운동' 약론略論文學硏究會的"兒童文學運

13 蔣風, 『中國現代兒童文學史』, 河北少年兒童出版社, 1986; 『兒童文學教程』, 希望出版社, 1992; 蔣風·韓進, 『中國兒童文學史』, 安徽教育出版社, 1998; 蔣風, 『中國兒童文學發展史』, 少年兒童出版社, 2007; 『中國兒童文學史』, 華東師範大學出版社, 2018.

動"」에서는 5·4시기 아동관과 1920년대 문학연구회의 '아동문학운동'을 일부 언급하고 있다. 또 『왕촨건의 아동문학론王泉根論兒童文學』에서도 다양한 시대의 아동문학과 작가를 다루고는 있지만, 아동문학운동은 극히 일부만 서술하여 전체적으로 많은 면을 할애하고 있지는 않다. 그는 이 책에서 『아동세계』와 더불어 『소설월보小說月報』와 『문학주보』의 문학연구회 간행물에도 주목하였다.

주쯔창은 그의 학술문집 5권 『중국아동문학사론中國兒童文學史論』에서 문학연구회의 아동문학운동을 중요하게 다루고 있다. 주쯔창은 신문화운동의 발원지인 『신청년』의 영향으로 정전둬가 편집장을 맡은 『소설월보』 및 『아동세계』에 아동시, 동화, 아동산문의 창작에 수확이 있다고 보았다. 장용젠 역시 『20세기 중국아동문학사20世紀中國兒童文學史』에서 아동문학운동의 특징을 네 가지로 정리하였다. 아동문학운동이 곧 아동문학의 발판을 적극적으로 개척하였고, 우수한 해외 아동문학 작품을 대량으로 번역하였으며, 사회에 아동문학에 대한 관심을 불러일으켰고, 아동문학 작품 창작을 위해서 노력하였다고 평가하였다.

이밖에 왕촨건이 편찬한 『중국 현대아동문학 논선中國現代兒童文學文論選』은 신문화운동 전후1902~1948에 발표한 아동문학의 관심사와 논쟁들을 수집하여 엮은 자료집이다. 이 자료집은 아동문학 이론, 아동문학 문제 논쟁, 아동문학 발전사론, 아동문학 문체연구, 아동문학 작품과 평론, 외국 아동문학 평론의 총 6부로 나누어져 있다. 본서는 이 자료집에 실린 해당 시기와 그 전후에 발표된 원문을 접함으로써 시대 분위기와 아동문학에 관한 논쟁을 파악할 수 있었다.

둘째, 문학연구회 '아동문학운동'에 적극 관여한 정전둬와 그가 창간한 근대적 아동잡지 『아동세계』의 가치에 관한 연구이다. 정전둬는 여러 방면에서 활동하였기에 그를 부르는 명칭은 편집자, 번역가, 연구자, 작가 등 다양하므로 연구 역시 다방면에 걸쳐 있다.

중국에서의 연구를 살펴보면, 정전둬의 활동 범위가 넓고 다양했던 까닭으로 매우 많은 연구가 이루어졌다. 이는 정전둬의 문학 활동 범위가 소설, 시, 다른 작가와의 관계, 문학이론, 외국문학 번역, 문학비평, 문헌학뿐 아니라 고전문학 등에까지 널리 분포되어 있기 때문이다. 정전둬에 대한 연구 가운데 가장 많은 비중을 차지하는 부분은 출판 편집과 번역에 관한 것이고 정전둬의 아동문학 관련 연구는 다른 연구에 비해 상대적으로 비중이 낮다. 더욱이 아동문학 관련 연구는 주로 아동잡지 편집에 대한 역할과 번역 작품에 치중되어 있다. 이는 정전둬의 아동문학 활동이 주로 문학연구회 시기에 집중되어 있어서, 중·후기의 중국 문학사 정리나 속문학 연구, 고서 보존 등의 성과에 더 주목한 까닭으로 보인다. 정전둬에 관한 연구 경향으로 눈여겨볼 점은 2000년 이후로 그에 대한 연구가 부쩍 활발해지고 있다는 점이다. 이는 그동안 과소평가 되었던 정전둬의 문학사적 위치가 새삼 재조명되면서 연구 활동이 활발해지고 있음을 알 수 있다.

단행본 가운데 정전둬의 문학 인생 전체를 가장 체계적이면서도 포괄적으로 조망한 최초의 연구서는 1991년 상무인서관商務印書館에서 발간한 천푸캉陳福康의 『정전둬론鄭振鐸論』이다. 이 저서는 정전둬의 사상과 정치활동, 문학이론과 문학사상, 문학창작 및 문학번역, 문학조직 활동, 문학유산의 정리 연구로 나누어 그의 업적을 잘 정리하고 있다. 이 책에서는 전체적으로 정전둬의 문학사적인 위치와 업적 및 그의 일생에 걸친 문학 활동을 밝히고 있으나, 아동문학에 관해서는 문학이론과 문학사상의 장에 한 절만을 할애한 아쉬움이 있다. 천푸캉에 의하면 아동문학은 그 대상과 목적, 기능, 특징, 형식 등이 일반문학과 다른 특수성이 있기는 하지만 정전둬의 아동문학 사상은 그의 전체 문학 사상에 속한 것이기에 결코 소홀히 할 수 없다고 말하였다. 그렇지만 이 책에서는 구체적으로 정전둬의 실험적인 아동문학 창작작품에 대한 언급은 하지 않고 있다.[14]

다음은 정전웨이鄭振偉의 『정전둬 전기문학사상鄭振鐸前期文學思想』2000으로 이 책에서는 신문학운동의 초기 정전둬의 활동을 다루고 있다. 정전웨이는 정전둬의 생애를 정치적 사건과 시대를 기준으로 네 시기로 구분하였다. 곧 제1기상무인서관 활동기, 1919~1927, 제2기귀국부터 항전 폭발 시기, 1928~1937, 제3기칩거시기, 1937~1949, 제4기중화인민공화국 건국 이후, 1949~1958로 나눈 후 제1기만 취급하고 있다. 이 책에서는 정전둬의 문학관, 낭만주의와 정전둬의 시론, 정전둬의 아동문학관, 사회개조부터 러시아 문학, 정전둬와 타고르로 각 장을 나누어 전기 정전둬의 주요 활동에 주목하고 있다.

정전웨이의 『정전둬 전기 문학사상』은 정전둬가 비록 사회현실에 관심을 가지고 있었지만, 초기 정전둬는 낭만주의에 경도된 측면이 있음을 밝힌 점이 특징이다. 그리고 문학연구회 설립 전 정전둬가 활동했던 북경사회신진회北京社會實進會와 이 단체의 간행물인 『신사회新社會』에 정전둬가 쓴 글의 목록을 소개하여 중국 구사회 개조를 위해 열정을 바친 청년 정전둬를 알리고 있다. 이 중 아동문학 관련의 서술로는 아동에 대한 견해, 신화와 민간문학의 연구, 「아동문학의 교수법」을 언급하였으며 정전둬가 번역한 우화에 관해서도 소략하게 다루고 있다. 그러나 아동문학 부분의 언급이 개괄적인데다가 원자료의 표지와 목차, 논술 등 사진자료 삽입에 많은 양을 할애하여 그 내용이 많지 않고, 창작작품은 전혀 언급하지 않

---

14 천푸캉은 정전둬가 이론 확립과 제창, 창작의 실천, 잡지와 총서 등에 작품 발표와 작가 배양 등의 개척적인 역할을 하였다고 평가하였다.

은 점이 아쉬움으로 남는다.

정전뒤의 일생과 활동을 살핀 저서로는 정전뒤의 아들인 정얼강鄭爾康이 엮은 『정전뒤』2001가 있다. 이 책은 정전뒤의 생애 순으로 대표적인 업적과 활동 등을 여러 장의 사진을 곁들여 소개하고 있다. 여기에서는 정전뒤의 아동문학 영역을 따로 독립시켜 서술하지는 않았지만, 편집 생애를 다루면서 『소설월보』와 『아동세계』를 언급하고 있다. 비록 간략하긴 하지만 정전뒤의 생애에서 주요한 활동과 업적을 파악하기에 좋은 자료이다.

정전뒤 개인의 문학 활동에 초점을 맞춰 전개된 연구로는 문학연구회 활동과 문학잡지 편집, 번역에 관한 연구, 민간문학 연구, 창작작품 관련 연구, 중국 고전문학 정리의 다섯 부분으로 나눌 수 있다. 이 가운데 문학연구회의 문예사상과 연관지어 '아동문학운동'의 신호탄 역할을 평가한 연구로는 장리민張黎敏[15]의 논문이 있다. 그는 5·4시기 4대 신문의 부속 잡지 중 하나였던 『학등』에서 약 7개월간 편집장을 맡았던 정전뒤가 근(현)대 신문역사상 가장 먼저 '아동문학'란을 만들었음에 주목하였다.

정전뒤가 근(현)대 최초로 발간한 백화문 아동잡지에 주목한 논문은 크게 네 갈래로 나누어볼 수 있다. 먼저 출판물로서의 『아동세계』의 가치와 특징을 조명한 연구[16]로 천잉陳瑩과 리린징李林靜, 우즈용武志勇, 우핑·

15 張黎敏, 「『時事新報·學燈』－文化傳播與文學生長」, 華東師範大學博士論文, 2009.

16 武志勇, 「5·4和『兒童世界』」, 『編輯學刊』, 1996; 「論鄭振鐸主持的『兒童世界』的編輯特色」, 『編輯學刊』 3期, 1996; 「"五四"與《兒童世界》—論鄭振鐸主編的《兒童世界》對兒童文學的貢獻」, 『編輯學刊』 3期, 1998; 傅寧, 「中國近代兒童報刊的歷史考察」, 『新聞與傳播研究』 1期, 2006; 陳瑩, 「民國時期『兒童世界』和『小朋友』的辦刊特色研究」, 湖南師範大學碩士論文, 2013; 李林靜, 「『兒童世界』雜誌探析(1922~1941年)」, 吉林大學碩士論文, 2014; 吳平·向敏, 「鄭振鐸主編『兒童世界』史事初探」, 『中國編輯』 02期, 2015; 陳禹男, 「『兒童世界』與中國文學童話的發生」, 東北師範大學碩士論文, 2020.

샹민吳平·向敏, 천위난陳禹男의 연구가 있다. 이 가운데 『아동세계』 자체만을 연구대상으로 삼은 연구는 리린징의 석사논문이 유일하다. 이 연구는 잡지의 창간 배경과 20여 년의 발행기간을 초기, 발전기, 번영시기로 구분하고 작가군과 독자군 및 간행특색을 정리하였다. 리린징은 『아동세계』 간행특색으로 그림과 글이 결합된 형식을 서술하고 있는데, 표지와 동화의 삽화, 제호의 디자인을 다루고 있다. 그러나 아쉽게도 이 논의에서 그림이야기는 전혀 다루지 않고 있다. 천잉의 논문은 『아동세계』와 같은 시기 중화서국에서 발행한 『어린 동무小朋友』를 비교하여 서술한 점이 특징이다. 이 연구에서는 『아동세계』와 『어린 동무』의 창간특색을 비교, 분석하고 있다. 그 중 『아동세계』의 창간특색의 하나로 그림을 중시했음을 평가하면서 정전둬의 그림이야기를 언급하고 있다. 천위난은 중국 창작동화의 산실이 된 『아동세계』의 가치에 주목하고 있다. 이들의 연구를 종합해보면 주로 『아동세계』의 잡지의 성격에 초점을 맞췄기에 구체적인 작품의 분석이나 장르에 대한 실제적인 연구는 이루어지지 않고 있다. 우핑·샹민은 『아동세계』만의 독특한 풍격으로 독자들의 환영을 받은 성공요인으로 편집방향의 선명성, 다양한 장르, 내용 풍부, 그리고 마지막으로 그림을 꼽았다.

다음으로 문학연구회 발기인으로 『아동세계』 창간을 주도하고 제1대 편집장을 맡았던 정전둬의 번역 작품을 다루면서 『아동세계』를 언급하는 연구[17]로 린샤오리藺曉麗, 황링홍黃玲紅의 연구가 있다. 린샤오리는 『아동세계』에 실린 번역작품을 중심으로 번역 기법과 언어 특징 및 번역의 영향을 논했다. 린샤오리가 정전둬가 편집장을 맡았던 기간의 번역작품 만

17 藺曉麗, 「鄭振鐸主編時期『兒童世界』譯作硏究」, 山西大學碩士論文, 2012; 黃玲紅, 「《兒童世界》中的外國兒童文學翻譯硏究(1922~1932), 紹興文理學院碩士論文, 2018.

을 다룬데 비해 황링훙은 범위를 넓혀 중일전쟁이 일어난 1932년까지를 다루고 있다. 황링훙은 『아동세계』 번역작의 예술적 특징과 훗날 창작에 미친 영향을 서술하였다.

『아동세계』의 문학사적 가치와 위상을 다룬 연구[18]로는 『아동세계』에 실린 아동의 창작작품과 문학연구회의 관계 및 중국 문학사에서 차지하는 『아동세계』의 위상을 다룬 저우보원周博文의 연구가 있다. 우즈용은 5·4신문화 사조와 연관한 현상을 다루면서 『아동세계』가 중국 아동문학 발전에 기여한 바를 언급하였다. 류웨劉月는 '아동중심'에 입각한 『아동세계』 의 교육적 가치를 정리하고 있다. 마지막으로 그림과 삽화가 풍부했던 『아동세계』의 특징을 중시하여 예술의 관점에서 화가그림작가 및 표지와 이미지에 접근[19]한 연구도 있다.

셋째로 본 연구와 관계있는 『아동세계』 편집활동 및 정전뒤의 창작작품에 관해서는 왕촨건, 장핑이 아동문학사에서, 진옌위金燕玉가 『중국동화사中國童話史』에서, 그리고 주쯔챵이 그의 저서에 아주 소략하게 언급하고 있다. 그림이야기의 선구적 가치를 간파하여 근(현)대 그림책의 전신으로 인식한 연구[20]로는 정웨이鄭偉, 왕리쥔王黎君과 왕촨건, 마루야오馬璐瑤의

---

18 周博文,「中國現代兒童文學過程中的『兒童世界』雜誌」,『海南師範大學學報』, 2014;「『兒童世界』與現代時期兒童的文學創作」,『唐都學刊』, 2014;「文學研究會,《兒童世界》與葉聖陶兒童文學的創作生成」,『江南大學學報』, 2018; 浅野法子,「二十世紀初期日中兒童雜志研究－以『赤鳥』和『兒童世界』爲例」,『中國兒童文 化』, 2010; 劉月,「民國時期兒童期刊的教育特色研究 -以《兒童世界》爲例」, 陝西師範大學碩士論文, 2016.

19 彭璐,「許敦谷《兒童世界》封面, 插圖設計(1922~1923)」,『南京藝術學院學報』 3期, 2012; 張梅,「鄭振鐸主編『兒童世界』期間的繪者考辨」,『編輯之友』, 2012; 葛清揚,「民國新兒童觀影響下的兒童期刊設計－以《兒童世界》爲例」,『流行色』, 2020; 崔寧坤,「《兒童世界》雜志封面設計研究」, 山東工藝美術學院碩士論文, 2021.

20 鄭偉,「中國圖畫書發展的外來影響」,『昆明學院學報』, 2013; 王黎君,「鄭振鐸與中國圖畫書的發生」,『魯迅研究月刊』 9期, 2014; 王泉根,「鄭振鐸與早期中國圖畫書」,『中華讀書

논문이 있다. 이 가운데 그림과 글의 상관관계에 본격적으로 접근한 연구자는 장메이張梅[21]이다. 장메이는 청말 시기에 발간된 아동잡지들의 그림과 글의 관계를 통시적으로 고찰하면서 『아동세계』에 실린 정전둬 그림이야기의 실험성에 주목하였다.

장메이는 그림이야기를 그린 화가가 과연 정전둬로 볼 수 있을지에 대한 의문도 제기하고 있다. 장메이는 그림에 많은 관심과 소양이 있는 정전둬지만, 그가 혼자 그림이야기의 글과 그림을 완성했다고 보기에는 무리가 있다고 판단하였다. 즉 『아동세계』의 책임편집자는 정전둬이지만, 상무인서관에는 전문부서가 조직되어 있었기에 정전둬 혼자서 편집·원고 작성·번역·그림·교열·출판·판촉·발행을 담당하지는 않았을 것으로 보고 있다. 왕리쥔 역시 중국 아동문학사에서 오늘날 그림책의 맹아를 바로 정전둬의 그림이야기로 보면서 중국 그림책의 출발은 바로 『아동세계』라고 평가하였다. 이처럼 그림에 대한 논란은 있지만 장평을 비롯한 왕촨건, 왕리쥔, 장메이는 『아동세계』에 실린 그림이야기의 선진적 역할은 물론 정전둬의 순수한 창작작품으로 인정하는 데는 이견이 없다.

다음으로 한국에서의 연구 상황을 살펴보면, 문학연구회 및 정전둬 관련 연구는 그다지 활발하지 않다. 무엇보다도 국내에서는 문학연구회와 아동문학 활동을 연관시킨 논의는 현재까지는 없다. 문학연구회에 관련된 연구[22]로는 1편의 박사논문과 3편의 석사논문, 그리고 2편의 학술논문이

報』, 2017; 馬璐瑤, 「中國早期兒童圖畫書的演進歷程」, 『昆明學院學報』, 2019.

21 張梅, 「另一種現代性訴求-1875~1937兒童文學中的圖像敘事」, 山東師範大學博士論文, 2011; 『晚清五四時期兒童讀物上的圖像敘事』, 中國社會科學出版社, 2016.

22 조경희, 「新文學 初期의 功利主義的 文學觀 硏究-新青年派와 文學研究會를 中心으로」, 고려대 박사논문, 1993; 김경화, 「〈文學研究會〉의 文學觀」, 고려대 석사논문, 1982; 김제복, 「문학연구회와 전기 창조사 비교 연구-문학관을 중심으로」, 계명대 박사논문, 1990; 최수미, 「文學研究會의 考察」, 경희대 석사논문, 1999; 조경희, 「문학연구회 소

있다. 이들은 문학연구회의 성립배경과 창작경향, 문학관, 발간물, 단체의 성격 등을 분석하는 내용으로, 아동문학을 연계한 연구는 찾아볼 수 없다.

직접 정전둬를 다루는 연구성과는 2023년 현재까지 총 9편이다. 이들은 소설과 수필 및 번역 작품에 관한 연구와 삽화 관련[23]으로 본서의 논의와 밀접하게 연관된 연구는 아니다. 이 가운데 신진호의 논문은 국내에서는 드물게 정전둬의 위상이나 역할이 제대로 평가받고 있지 못함을 개탄하면서 그의 문학인식이 1920년대를 거쳐 1930년대 초에 바뀌고 있음을 지적하고 있다. 더불어 그의 문학관을 조명한 후 1920년대와 1930년대의 시대의식을 잘 드러낸 작품이 소설이라고 인식하고 정전둬가 1927년에 발표한 창작소설로서 봉건시대의 비극을 드러낸 「삼년三年」과 1932년에 발표한 애국충정을 고취하는 「계공당桂公塘」을 분석하였다. 정전둬의 아동문학 관련 연구로는 근래 필자가 발표[24]한 논문이 있다. 그리고 중국 근(현)대시기 아동문학의 발전단계를 다루는 연구[25]로는 중국 아동문학의

고」, 『중국어문논총』, 1992; 김경식, 「문학연구회 리얼리즘의 형성에 대한 소고」, 『중국인문과학』, 2004.

23 崔溶澈, 「鄭振鐸의 學問과 中國小說 硏究」, 『中國小說硏究會報』, 1995; 申振浩, 「鄭振鐸論 — 문학적 성과를 중심으로」, 『중국어문학논집』, 1997; 金兌姸, 「'점령'의 서사 - 알퐁스 도데의 〈마지막 수업〉의 국어 번역과 수용 양상」, 『中國語文學 誌』, 2010; 金秀玹, 「명청 서적 삽화 연구의 의미와 과제」, 『중문어문논총』, 2014; 고인덕, 「鄭振鐸의 삽화 수집과 그 연구, 『한국중어중문학회 학술대회 자료집』, 2016; 이윤희, 「20세기 초 중국의 《사닌》 번역과 수용 양상 고찰 —노신(魯迅), 정진탁(鄭振鐸), 반막화(潘 漢華)의 경우를 중심으로」, 『중국문학』 95권, 2018; 고인덕, 「정전둬(鄭振鐸)의 중국 전통 판화 연구에 관한 고찰—삽화를 중심으로」, 『中國語文學論集』, 2022.

24 권애영, 「『兒童世界』 정전둬의 번역 작품 고찰—안데르센·그림형제·오스카 와일드의 '중술' 작품을 중 심으로」, 『아동청소년문학연구』, 2016; 「5·4신문화 사조와 문학연구회의 '아동문학운동'」, 『중국학연구』, 2017; 「중국 현대 최초 백화문 아동잡지 『兒童世界』 소고」, 『동화와 번역』, 2017; 「중국 그림책의 출발 『아동세계(兒童世界)』—정진탁(鄭振鐸)의 작품을 중심으로」, 『동화와 번 역』, 2018.

25 김현정, 「中國現代兒童文學 形成過程 硏究—梁啓超·魯迅·周作人을 中心으로」, 연세대

형성과정과 동화 장르 정착을 살핀 김현정과 남해선의 연구가 있다.

이상의 연구사를 살펴보면 문학연구회와 아동문학 활동의 관계 및 정전둬의 아동문학운동에 입각한 『아동세계』 잡지의 가치와 그 작품을 대상으로 한 본격적인 연구는 아직까지 없음을 알 수 있다. 특히 정전둬의 창작으로 인정되는 그림이야기에 관한 연구는 본국인 중국에서도 거의 이루어지지 않았고, 우리나라에서는 전혀 관심을 기울이지 않고 있다. 이에 본서는 중국 현대 아동문학의 황야를 개간하는 심정으로 신문화운동기 아동문학 탄생과 성장에 기여한 문학연구회와 아동문학운동의 하나로 창간된 『아동세계』 그림이야기를 중심으로 중국 아동문학의 형성 및 아동인식의 변화, 그리고 그림이야기의 가치에 주목하고자 한다.

3. 『아동세계』 창간인 정전둬의 생애와 활동

본서의 주요 자료는 중국 근(현)대 시기에 최초로 발간된 아동 전문잡지 『아동세계』에 실린 정전둬의 그림이야기이다. 특히 그림이야기는 오늘날 아동도서 분야에서 각광받고 있는 그림책의 전신으로 중국 그림책 발달과정을 살피는 데 있어서도 아주 중요한 자료이다. 본서의 전개상 정전둬에 대한 이해가 선행되어야 하기에 먼저 그의 일생을 주요 문학 활동을 중심으로 하여 정리하고자 한다. 그의 생애는 다음과 같이 세 시기로 나눌 수 있다.

석사논문, 2001; 남해선, 「한·중 '童話' 개념의 정착 및 변화과정 연구」, 인하대 석사논문, 2012.

1) 전기1921~1931 문학연구회 활동기

정전둬는 1898년 절강浙江 영가永嘉 : 현재의 溫州에서 태어났다. 그의 나이 8세에 할아버지와 아버지가 돌아가시면서 가정 형편이 어려워져 중학교를 졸업하고, 1917년 북경에 사는 숙부 집으로 올라와 1918년 학비가 저렴하고 졸업 후 취업이 보장되는 북경 철도관리 학교에 입학하게 되었다. 철도 관리학교에 다니면서 집 근처에 있는 기독교 청년회 건물에 있는 도서관에 다니면서 서구의 사회학 책들을 접했고, 러시아 전수관에 다니던 취츄바이瞿秋白[26]와 경지즈耿濟之,[27] 회문汇文 대학의 취스잉瞿世英[28] · 쉬디산許地山[29]을 만나 깊이 교류하였다.

정전둬는 철도 관리학교 시절, 학보에 소설 「불행한 인력거꾼一個不幸的車夫」을 처음으로 발표하였다. 1919년 5·4신문화운동이 일어나자 철도 관리학교와 학생 연합회 지도자로 학생운동에 참가하였다. 그리고 같은 해 취츄바이 등과 북경 사회실진회의 이름으로 『신사회』 순간을 창간하여 출판·편집과 더불어 글을 발표하였다. 그는 『신사회』가 정간된 1920년

---

26 초기 공산당 지도자 중 하나인 마르크스주의자로서 프로레탈리아 혁명가이며 이론가이다. 1917년 북경 러시아 전수관에서 학습하였고 1922년 정식으로 중국 공산당에 가입하였다. 1923년 중국공산당 기관 간행물인 『전봉(前鋒)』의 편집장을 맡았고, 『향도(向導)』 편집에도 참여하였다.

27 5·4 학생운동 지도자 중 한 사람이며, 문학연구회 발기인이기도 하다. 1917년 북경 러시아어 전수관에서 공부하였고, 『신사회』와 『인도』 잡지 편집에도 참여하였다. 정전둬와 교분이 두터웠고 러시아어에 조예가 깊어 많은 러시아 문학명저를 번역하였다. 『아동세계』 3권 6기에 「행복한 사람(幸福的人)」을, 4권 3기와 5기에 「코끼리 의사 선생님(象醫生)」이라는 작품을 발표했다.

28 중국 근현대교육가로 정전둬, 취츄바이 등과 『신사회』와 『인도』 발간에 참여하였다.

29 소설가이며 1919년 『신사회』 편집에 참여하면서 사회개조에 관한 많은 논문을 발표하였다. 『아동세계』에는 정전둬가 작사하고 쉬디산이 작곡한 노래가 두 곡 실려 있다. 2권 1기의 〈작은 별(小小的星)〉과 2권 7기의 〈작은 고양이(小貓)〉다. 또 2권 11기에 징즈(靜之)가 작사하고 쉬디산이 작곡한 〈날다(飛)〉라는 노래도 있다.

5월까지 38편의 글을 발표하였는데, 창간호에 「나는 소년이다我是少年」라는 신시를 발표했다. 이후 다시 『인도人道』1920.8.5를 창간하였으나 경비 문제로 1회 발간에 그치고 말았다. 『인도』에는 타고르의 『기탄잘리吉檀迦利』 가운데 22수의 시를 번역하여 실었다.

1921년, 중국 현대문학사에서 중요한 위치를 차지하는 신문학 단체인 문학연구회가 탄생하게 되는데, 정전둬는 이 단체의 발기인으로서 문학연구회 성립을 위해 실질적으로 세 그룹을 연결하는데 많은 노력을 기울였다. 그는 문학연구회 서기 간사를 맡아 활동했으며, 1921년 5월부터 『문학주보文學週報』의 전신인 『문학순간文學旬刊』과 『문학文學』의 편집을 맡았다. 또한 "『시사신보』 부속지인 『학등』의 편집장을 맡아 「아동문학」란과 「아동문학 연구」란을 만들었다."[30]

1922년 1월 7일에는 중국 최초 백화문 아동 전문잡지 『아동세계』를 창간하여 1923년 1월 초까지 편집장을 맡았다. 1922년에는 『시詩』·『설조雪朝』·『아동세계』 등에 80여 수의 시를 발표하였다. 1921년부터 1924년에는 주로 러시아 문학작품과 타고르의 작품을 번역하였다. 이후 『소실월보』 편집장으로 자리를 옮겼고, 1927년 장제스蔣介石가 상해 지역의 공산당을 무력으로 진압한 사건에 항의하여 서명한 사건으로 당국으로부터 체포당할 처지가 되자 유럽으로 도피하였다.

그리고 1928년 10월 귀국 때까지 영국·프랑스·이탈리아 등을 두루 여행하였다. 귀국 후 다시 상무인서관에 복귀하여 『소설월보』 편집장과

30 1921년 4월에 『시사신보·학등(時事新報·學燈)』에 들어가 리스천(李石岑)과 공동으로 편집을 맡다가 리스천이 사직하면서 7월 17일부터 편집장을 맡았다. 정전둬가 편집장을 맡으면서 만든 「아동문학」·「아동문학 연구」란은 정전둬가 그만두면서 없어졌다. 張黎敏, 「『時事新報·學燈』－文化傳播與文學生長」, 華東師範大學博士論文, 2009, 162쪽.

『문학주보』 8인 편집인으로 활동하였다. 후에 도피 기간의 이야기를 담은 『유럽여행 일기歐行日記』[31]를 1934년 상해 양우良友 도서 인쇄공사에서 펴내기도 하였다. 이 기간에 그는 박물관을 참관하고 관련 자료를 수집하여 『근백년 고성고묘 발굴사近百年古城古墓發掘史』[32]를 집필하였다. 귀국 후에는 러시아 문학과 문학이론을 소개하는 데 앞장섰다.

왕촨건은 "1921년부터 1931년까지 정전둬의 문학 활동은 편집활동이거나 아동문학 활동"이라고 말하고 있다.[33] 바로 이 시기는 문학연구회의 존립기간에 해당하며, 그의 주요 아동문학 활동은 이 시기에 집중되어 있다.

이 시기 그의 아동문학 활동은 타고르 시 번역을 시작으로 『학등』의 편집장을 맡아서 신문 역사상 최초로 아동문학 관련 전문코너를 만든 것이다. 그리고 후에 상무인서관에 입사하여 『동화』의 편집을 맡았고, 『아동세계』를 창간하였다. 『아동세계』의 편집장을 맡아서는 많은 해외 작품을 번역하고, 그림이야기를 창작하기도 하였다. 그리고 문학연구회 잡지 중 하나인 『문학주보』1921~1929에 안데르센, 에르센코의 동화를 비롯해 여러 나라의 신화, 우화, 민담, 동화극 등을 소개하였다. 여기에는 정전둬가 예사오쥔의 『허수아비稻草人』 발간을 축하하며 써준 서문을 비롯하여 중국 민담을 논한 『맹강녀孟姜女』, 중국 최초로 아동생활을 묘사한 위핑보의 시 「추억憶」이 실렸다.

정전둬는 민국 초기와 5·4운동 이후 영향력이 아주 컸던 문학잡지

31 유럽을 여행하던 기간 중 썼던 일기의 1/4만이 담겨 있는데, 나머지는 여러 차례의 이사로 인해 소실되었다. 鄭爾康, 『鄭振鐸』, 河北教育出版社, 2001, 28쪽.

32 여기에는 19세기 이래 이집트, 바빌론, 그리스 등의 문명이 오래된 나라의 성과 무덤 발굴 상황과 문물고적 발굴, 고대 문화 예술과 역사 등의 사료가 망라되어 있다. 鄭爾康, 『鄭振鐸』, 河北教育出版社, 2001, 27쪽.

33 王泉根, 「略論文學研究會的"兒童文學運動"」, 『貴州社會科學』 1期, 1984, 40쪽.

『소설월보』의 편집장을 1923년부터 1932년 정간될 때까지 맡았다. 그리고 1924년 5권 제1기부터 '아동문학' 전문란을 신설하여 많은 작품을 소개하였다. 『소설월보』는 아동문학 작품 못지않게 판면과 설계에도 아동을 위한 특색을 살린 펑쯔카이豐子愷가 그린 표지와 삽화 등으로 아동 정취를 드러내기도 했다. 그리고 안데르센 탄생 120주년 및 서거 50주년을 기념하여 『소설월보』1925 8, 9기를 「안데르센호」로 발간하기도 하였다.[34] 그리고 『소설월보』에 본인이 창작한 「아침이슬朝露」17권 3호과 「북두칠성七星」17권 4호를 발표하기도 했다. 또한 『문학순간』의 전신인 『문학주보』의 편집, 원고 송부, 교열 등을 맡았다.

이밖에도 잡지의 편집장 직위를 통해 많은 아동문학 작가군을 발굴하여 중국 근(현)대 아동문학 발전에 이바지하도록 독려하였다. 그 대표적인 인물로는 자오징선趙景深과 예샤오쥔, 빙신, 펑쯔카이를 들 수 있다. 그리고 문학연구회에서는 많은 아동문학 총서를 발간하였다. 이 가운데 정전둬가 참여한 간행물로는 부인인 가오쥔전高君箴과의 공역 『백조天鵝』 동화집, 정전둬 자신이 번역한 『인도우화印度寓言』, 『레싱우화萊森寓言』, 『그리스·로마 신화와 전설希臘羅馬的神話與傳說』, 『여우의 역사列那狐的歷史』 및 루쉰의 『에르센코 동화집愛羅先珂童話集』, 예샤오쥔의 『허수아비』, 자오징선의 『백조 가극天鵝歌劇』이 있다. 『문학주보』 총서로는 『동방우화집東方寓言集』, 『동화론집童話論集』을 펴냈다.[35]

이처럼 문학연구회가 존립하는 기간 동안 정전둬는 출판과 편집, 번역, 창작, 작가군 발굴 활동에 힘을 기울여 아동문학 발전을 위해 노력하였다.

---

34 簡平, 『上海少年兒童報刊簡史』, 少年兒童出版社, 2010, 26~31쪽.

35 王泉根, 「略論文學研究會的"兒童文學運動"」, 『貴州社會科學』 1期, 1984, 42쪽.

2) 중기1932~1949 문학사 정리 및 고서 보존 활동기

1920년대 중국 사회의 문제가 신와 구의 대립이었다면, 1930년대는 내우외환의 시기였다. 즉 내부적으로는 국민당과 공산당의 충돌이, 외부적으로는 일본 침략이 노골화됨으로 인해 정전둬의 문학적 관심도 점차 아동문학에서 새로운 문학적 사명으로 바뀌었다.[36] 1932년 12월에 정전둬는 중국문학사에서 그 가치가 높은 『삽도본 중국 문학사揷圖本中國文學史』를 출판하였다. 1933년 7월 정전둬는 마오둔과 함께 새로운 월간 『문학』 잡지를 창간하였는데, 『문학』은 『소설월보』 이후 영향력이 컸던 잡지로 편집위원은 루쉰·천왕다오陳望道·위다푸郁達夫·마오둔과 정전둬였다. 그리고 1933년부터 루쉰과 합작하여 작업한 중국 목각 역사에서 기념비적인 『북평전보北平箋譜』[37]와 『십죽재전보十竹齋箋譜』[38]를 펴냈다. 정전둬는 최초의 판화 삽도 전문가로서 판본의 기록 사진을 찍기 위해 전속 사진사까지 데리고 다녔다는 일화가 있다.

---

36 신진호, 「정진탁론-문학적 성과를 중심으로」, 『중국어문학논총』, 1997, 600쪽.

37 고대에 편지를 쓸 때 사용하던 전지(箋紙)는 물이 스며드는 선지를 재료로 하였기에, 비교적 옅은 단색이나 채색의 서화를 찍어낼 수 있었다. 이 때문에 전지는 소형 판화예술이라고 할 수 있는데, 문화가 발달했던 도시를 중심으로 서점이나 지점에 인쇄된 전지를 팔았고 유명한 화가도 많았다. 『북평전보(北平箋譜)』는 주로 북경의 유리창에서 수집한 자료들로 332폭의 작품이 수록되어 있다. 黃喬生, 「《北平箋譜》—"中國木刻史上之一大紀念"—魯迅致鄭振鐸信劄管窺」, 『上海魯迅研究』 04期, 2019, 10쪽.

38 『십죽재전보』는 명말 목판채색 화첩으로 모두 4권으로 되어 있다. 숭정 17년(1644)에 283폭의 그림을 중국의 전통적 인쇄 기법을 사용하여 출판하였다. 편집자는 안휘(安徽) 사람 호정언(胡正言 : 1584~1674)으로 화가이면서 인쇄인, 출판가로 그의 집을 '십죽재(十竹齋)'로 불렀다. 책방을 세우고 전통 판화기술인 목판인쇄(餖版)와 각판인쇄(拱花) 기법을 발명하여 안휘 지방의 판화를 최고 수준으로 끌어올렸다. 『십죽재전보』는 중국 인쇄술의 걸작으로 루쉰과 정전둬가 협력하여 이를 복각하고자 하였다. 1934년 말에 제1권이 출판되었고, 1936년 루쉰이 사망한 후 1941년에 전 권이 완성되었다. 蕭振鳴, 「鄭振鐸與魯迅之版刻三書—紀念鄭振鐸先生誕辰雙甲子」, 『讀書』 5期, 2018, 93~94쪽.

1934년 『문학계간文學季刊』을 북평北平[39]에서 창간하여 장진이章靳以와 같이 편집장을 맡았다. 1937년 출판된 시집 『전호戰號』에 20여 수의 항일시를 발표하기도 하였다. 1935~1936년에는 자오자비趙家璧가 편집장을 맡은 중국 현대문학의 첫 번째 10년1917~1927시기에 발표된 문학이론과 작품을 수록한 『중국신문학대계中國新文學大系』의 이론 영역 중 「문학 논쟁집」 편찬자로 비평을 정리하였다. "『중국신문학대계』는 총 10권으로 구성되어 있으며, 문학혁명을 전후로 중국 신문학사의 역사적 변천과정 및 그 면모를 추적, 고찰하고 있는 문학사적인 성격을 지닌 개론서이자 이론서 및 비평서로서의 가치가 매우 높은 문헌이다. 이 가운데 후스胡適가 편찬한 『건설이론집』과 정전둬가 편찬한 『문학논쟁집』이 성과가 가장 뛰어나다."[40]

1938년에는 『중국속문학사中國俗文學史』를 출판하였다. 그리고 상해가 일제에 점령된 시기에는 고서 등의 장서가 해외로 유출되지 않도록 이들을 사들여 보존하였다. 후에 이에 관한 내용을 담은 『재난 중 서적 습득기劫中得書記』와 항전 기간 4년여 간의 칩거 생활을 다룬 『칩거산기蟄居散記』를 펴냈다. 또 칩거하는 가운데서도 『중국판화사도록中國版畫史圖錄』 편집을 계속하여, 중국 판화사에 있어서도 중요한 업적을 세웠다. 1945년 항일전쟁이 끝난 후, 10월 13일에 창간한 『민주民主』와 다음 해 1946년에는 리젠우李健吾와 공동으로 『문예부흥』의 편집장을 맡았다.

이 시기에는 문학연구회가 해체된 후, 주로 문학사 편찬에 힘을 기울여 『문학대강』과 『러시아 문학사략』, 『삽도본 중국 문학사』, 『중국 속문학사』 등의 발간하는데 힘썼다. 이때는 비록 아동도서나 잡지의 편집활동

---

39 북경의 옛 지명.

40 한지연, 「胡適의 편찬의식 연구」, 『중국학연구』, 2017, 92쪽; 郭勇, 「中國新文學大系與新文學經典化」, 『芒種』 18期, 2013, 28쪽.

에 직접 관여하지는 않았지만, 아동문학 연구와 번역활동은 지속하였다. 아동문학 관련 활동으로는 인류의 아동인 타고르에 관한 연구를 집대성한 『타고르전泰戈爾傳』 및 『코카서스 민간고사高加索民間故事』, 『그리스 신화希臘神話』 등의 발간을 들 수 있다.

3) 후기1949~1958 고적 관련 문화 관료 역임기

중화인민공화국 성립 이후에는 주로 고적 문물과 관련된 일에 종사하여 중앙 인민정부 문화부 문물국장, 중국 과학원 고고 연구소 소장, 문화부 부부장을 역임하면서 중국문화 대표단을 이끌고 관련국을 방문하였다. 그는 명 13릉 가운데 하나인 정릉定陵 발굴 작업을 지휘하기도 했고, 돈황燉煌 문물연구소에 돈황 석굴을 시찰하고 난 후 '고고 예술의 보물'을 격찬하는 글을 남기기도 했다. 1958년 10월 18일 중국 문화단을 인솔하고 아랍 공화국과 아프칸 국왕 방문차 모스크바로 가던 중 비행기 사고로 불행하게 사망하였다. 『중국판화사도록』·『중국고대목각화선집中國古代木刻畵選集』 등의 방대한 판화 도록을 저술하였고, 체계적인 판화사로 후대 연구에 훌륭한 바탕이 된 『중국고대목각화사략中國古代木刻畵史略』[41]은 그의 사후에 출판되었다.

후기에는 아동문학 관련 활동이 전혀 보이지 않으며 주로 관료로서 활동했다. 정전둬의 생애 전기는 대부분이 아동문학 활동이었으며 1927년을 기점으로 변화[42]를 보이다가 후반 무렵에는 민속학과 고고학으로 서

41 金秀玹, 「명청 서적 삽화 연구의 의미와 과제」, 『중문어문논총』, 2014, 182쪽.

42 정전웨이는 1927년을 정전둬의 문학 활동에 있어서 큰 변화의 기점으로 보았다. 그 이유로 첫째, 문학적 측면에서 1927년은 중국 신문학의 첫 번째 10년인데다가 정전둬 자신이 1927년 이후 문학에 대한 관심이 민속학과 고전문학 방면으로 옮겨갔다는 것이다. 둘째 정치적 측면에서 1927년 5월 21일에 벌어진 '백색테러'로 인해 해외로 도피한

서히 관심이 옮겨갔다. 그의 아동문학 관련 활동은 주로 전기에 집중되어 있지만, 중기에도 그 연장선상에서 관련 활동을 계속하였고, 후기에 와서야 관심의 영역이 달라졌다.

본서는 기본 자료로 『아동세계』를 활용하였고, 보조 자료로 문학연구회의 잡지였던 『소설월보』와 『문학주보』, 신문화운동 시기 아동문학 관련 글을 다수 실은 『신청년』과 당시 발간된 중국 신문과 잡지도 일부 활용하였다. 그리고 본서의 주제와 관련된 단행본과 논문, 인터넷 자료도 같이 사용하였다. 본서와 관련된 논지를 위해 활용한 문학연구회 간행물을 연도별로 정리해 보면 다음과 같다.

〈표 1-2〉 정전둬 작품 수록 문학연구회 간행물

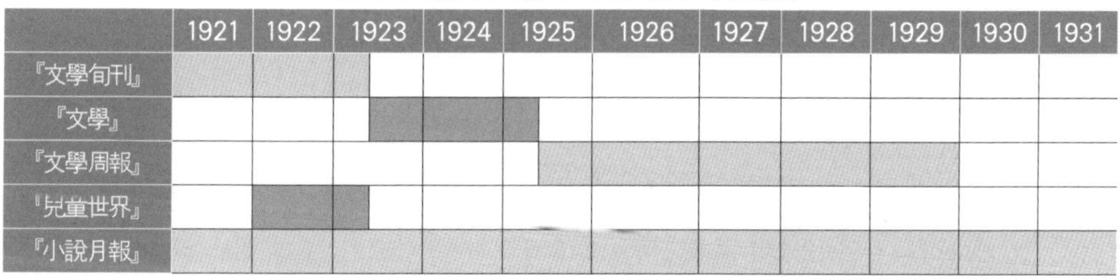

본서에서 중점적으로 다룰 정전둬의 그림이야기는 오늘날 아동문학의 새로운 영역으로 등장한 그림책에 해당한다. 중국 아동문학 연구자인 왕리췬은 글과 그림 처리의 형태를 통해 그림이야기를 그림책으로 규정하면서, 『아동세계』를 중국 그림책의 원조라고 평가하였다. 그림책은 "1800년대 중반 근대의 문을 연 영국에서 시작되어 산업혁명 이후부터 유럽 국가들 간의 교류가 활발해지면서 서로 영향을 주고받았고 20세기에 접어들면서 크게 발달했다."[43]

사실이다. 그리고 마지막으로 정전둬의 생애 60년 가운데 딱 반인 30세로 그의 일생의 중간이라는 점을 들었다. 鄭振偉, 『鄭振鐸前期文學思想』, 人民文學出版社, 2000, 7쪽.

43 현은자 외, 『세계 그림책의 역사』, 학지사, 2008, 15쪽.

본서에서 지칭하는 그림이야기는 연속된 그림과 글이 함께 서사를 이루는 작품이다. 그림책은 가장 후대에 나온 작품 갈래이지만 아동문학의 표현방식에서 그림이 글 못지않게 중요하거나 글과 대등하게 서사를 구성하는 중요한 기능을 하는 이야기이다. 본서는 그림책과 그림이야기를 같은 개념으로 취급하면서 크리스틴 할베리Kristin Hallberg의 '아이코노텍스트iconotext'의 개념에 입각하여 정전둬 그림이야기에 반영된 '아동 중심' 인식을 살피고자 한다. '아이코노텍스트'란 글과 그림이 서로 뗄 수 없는 총체를 뜻하는 것으로, 이때 글과 그림은 메시지 전달을 위해 서로 협조한다[44]는 관점이다.

그림책에서 그림과 글이 차지하는 비중은 각 책마다 다르며 그림책의 발전역사에 따라 변해왔다. 그림이야기는 그림책 발달과정의 한 단계로써 단순히 삽화가 있는 책의 단계를 지나 본격적으로 그림이 서사성을 띠는 단계로 나아가는 발전선상에 있는 양식이다. 본서에서는 그림이야기를 삽화나 삽도에서 출발하여 그림책으로 발전해가는 과정의 한 단계, 즉 초보적 그림책으로 설정하였다.

삽화, 삽도 插畫, 插圖	→	그림이야기 圖畫故事	→	그림책 圖畫書

〈그림 1-1〉 그림책의 발달 형태

〈그림 1-1〉에 근거하여 『아동세계』에 실린 정전둬의 구체적인 작품을 언급하는 경우에는 '그림이야기'라는 용어를 사용하지만, 그 외에는 일반적으로 통칭되는 그림책이라는 용어를 사용하고자 한다.

본서에서 분석하는 자료는 정전둬가 편집장을 맡았던 시기1922.1.7~

44 마리아 니콜라예바 외, 서정숙 외역, 『그림책을 보는 눈』, 마루벌, 2011, 27쪽.

1923.1.6와 편집장에서 물러난 이후 발표1923.2.28한 작품을 합친 총 67편의 그림이야기이다. 이 작품들은 『아동세계』 제1권 1기부터 5권 8기총 60기에 수록되어 있다. 『아동세계』는 1922년 1월에 창간되었으며 창간 당시는 순수 문학 아동잡지였다. 장르는 그림揷圖, 악보歌譜, 시가・동요詩歌·童謠, 이야기, 동화童話, 희극喜劇, 우화寓言, 소설小說, 격언格言, 골계화滑稽畵의 10가지였다. 1권 발간 후 2권부터는 창작곡의 등장과 아동작품을 공개 모집하는 등의 변화를 주었다.

특히 제3권 이후부터는 과학科學 및 공작手工, 놀이遊戲, 마술幻術, 수수께끼謎語 등이 첨가된 종합잡지로 성격이 바뀌어 갔다. 정전둬는 제1대 편집장으로서 1권 1기부터 5권 1기까지 『아동세계』 발간을 담당했고, 이후 『소설월보』 편집장으로 자리를 옮기면서 1923년 5권 2기부터는 쉬잉창徐應昶이 편집장을 맡았다. 『아동세계』 발간현황은 다음과 같다.

〈표 1-3〉 『아동세계』 발간 현황

발간형태	기 간	권 기	발행지	계
주간	1922.1~1931.12	제1권1기-제 28권 25기	상해	508기
휴간	1932.1~1932.9			
반월간	1932.10~1941.6	제29권1기-제47권 2기	상해/홍콩	210기
합계				718기

주 자료인 『아동세계』는 100여년 전에 발간된 잡지였기에 자료 확보가 쉽지 않았다. 여러 경로를 통해 중국국가도서관中國國家圖書館에 민국 정기간행물民國期刊로 분류되어 전체 자료가 소장되어 있음을 확인하고 정전둬가 편집장을 맡았던 1권 1기부터 5권 1기까지의 『아동세계』 파일을 중국국가도서관을 통해서 구입하였다. 이후 5권 2기에서 8기까지에도 정전둬의 작품이 수록되었음을 인지하게 되어 해당 작품과 표지 사진을 중국 전국간행물색인全國報刊索引 사이트를 통해 추가로 구입하였다.

『아동세계』에 발표한 정전둬의 그림이야기 수록 현황을 자세히 정리하면 다음과 같다.

〈표 1-4〉 그림이야기 수록 현황

	1권	2권	3권	4권	5권	
1기	1	0	2	1	1	
2기	1	0	1	0	1	
3기	2	0	1	3	1	
4기	1	0	1	1	1	
5기	1	0	2	2	1	
6기	1	0	3	3	0	
7기	1	0	2	3	1	
8기	0	0	2	2	1	
9기	1	1	3	2		
10기	0	0	2	2		
11기	0	1	1	2		
12기	0	1	0	3		
13기	0	1	1	2		
계	9	4	21	26	7	67

3권부터 그림이야기가 이전보다 부쩍 늘어나게 된 원인으로는 종합 아동잡지로 탈바꿈하면서 그림을 더 많이 첨가하여 아동들의 자발적인 독서흥미와 습관을 기르기 위한 목적과 관계가 있다.

본서는 다음과 같은 얼개로 진행하고자 한다.

제2장과 제3장에서는 5·4신문화운동의 사조 속에 싹튼 아동문학의 등장과 신문화운동의 일환으로 아동문학운동을 벌인 문학연구회에 대해 알아볼 것이다. 5·4신문화운동 시기에 아동이 새로이 인식되고 아동문학이 주목받는 데는 당시의 시대적 환경이 크게 반영되었다. 또한 『신청년』을 비롯한 문학연구회의 잡지들이 중요한 역할을 하였음을 밝힐 것이다. 『신청년』에 가장 먼저 등장한 아동문학의 중요한 논설은 저우쭤런의 「아동의 문학」으로, 여기에서 주장한 저우쭤런의 '아동 중심' 사상은 당

시 사회 지식인들의 주요 인식으로 자리잡았다.

제4장에서는 정전둬의 아동문학 인식과 번역에 대한 견해를 알아볼 것이다.

정전둬는 당시 저우쭤런의 선진적인 아동관인 '아동 중심' 인식에 기본적으로 동의하면서도 아동문학의 교육적 기능에 대해서는 견해를 달리했다. 저우쭤런의 '아동 중심'은 교육적인 기능을 배제했지만, 정전둬는 아동의 흥미가 반영된 교육적 효과를 높이 평가하였다. 이러한 그의 인식이 번역에 어떻게 반영되어 실제로 '직역'과 '중술'의 다른 유형을 채택하였는지 살펴볼 것이다.

제5장에서는 정전둬가 심혈을 기울인 아동잡지 발간과 새로운 창작 모색을 알아보고자 한다.

정전둬의 아동문학 활동 가운데 괄목한 만한 성과는 근(현)대 최초로 아동만을 대상으로 한 백화문 잡지인 『아동세계』를 발간한 점이다. 이 『아동세계』의 창간은 당시의 시대상황과 의식을 반영하였기에 그 배경과 발간 궤적, 내용구성과 특색을 정리하고자 한다. 그리고 이 잡지에 실린 그림이야기 외의 다른 작품을 통하여 정전둬가 활용한 창작수법을 알아보고 서구적 양식인 그림과 글이 어우러진 새로운 문체인 그림이야기에는 어떤 방식으로 적용되었는지를 다루고자 한다. 『아동세계』를 창간하고 1년여 동안 편집장을 지낸 정전둬의 작품은 모두 67편으로 중국 연구자들은 이를 순수한 창작으로 인식하고 있다. 하지만 본서는 일부 창작과 함께 많은 작품이 다른 나라 작품을 번역하거나 번안한 것임을 밝히고자 한다.

제6장에서는 그림이야기가 기존의 아동인식을 전환하여 새로운 '아동 중심'의 인식을 반영했음을 알아보고자 한다.

'아동 중심'은 아동이 주체가 되고, 아동의 흥미와 발달단계를 고려함을 말한다. 아동을 더이상 어른이나 집안의 소유물이 아니라 주체적인 하나의 인격으로 인정하기 위해서는 아동에 대한 인식이 선행되어야 한다. 그동안 교육적 의미로 무장했던 교과서 같았던 기존의 아동도서에 소개된 작품과는 다른 새로운 인식이 그림이야기에는 어떻게 반영되어 있는지를 인물, 주제, 민간문학의 수용 등 셋으로 나누어 살필 것이다. 먼저 봉건적인 사상과 유가의 엄격한 교육 아래 전통에 순응하는 아동이 아닌 새로운 아동의 캐릭터를 알아볼 것이다. 그리고 전통적 사고에 벗어나 아동의 억압된 내면을 표출하고 긴장을 풀어주는 새로운 주제를 도출해볼 것이다. 즉 새로운 주제들이 그림이야기에 어떻게 드러나는지를 통해서 아동에 대한 기존관념이 달라졌음을 살펴보고자 한다.

또한 신화와 민담, 우화가 아동문학의 영역으로 포함된 배경을 알아보고 그림이야기 속에 민간문학이 어떻게 접목되었는지 알아보고자 한다. 정전둬는 실제로 『아동세계』를 비롯한 문학잡지에 세계 여러 나라의 신화와 민담, 우화를 번역하고 후에 이를 책으로 펴낸 번역가이다. 이에 그의 그림이야기가 자신이 번역한 작품들과 어떤 관계를 지니고 있는지를 함께 살펴보고자 한다. 결국 정전둬의 아동문학 인식이 이들 그림이야기 속에 어떻게 반영되었는지를 밝힐 것이다.

제7장에서는 그림이야기가 '아동 중심'의 아동특성을 어떻게 반영하고 있는지 알아보고자 한다. 그림이야기에 있어서는 글 못지않게 그림의 역할과 비중이 무엇보다 중요하다. 『아동세계』는 바로 창간호부터 아동들이 좋아하는 그림을 삽입하고, 특히 글과 그림이 어우러진 그림이야기를 선보였다. 그림은 무엇보다도 아동들이 가장 좋아하는 요소로 독서흥미를 높이는 중요한 역할을 담당하며 예술적 감각과 감수성을 계발하기에

도 좋은 매체이다. 이에 전통적 아동도서에 등장한 그림과 그림이야기에 표현된 그림의 역할이 어떻게 달라졌는지를 알아보겠다. 그리하여 그림이야기 속 그림이 아동의 독서흥미와 예술적 감성을 일깨우는 작용을 하였음을 밝히려고 한다.

그리고 그림이야기는 그림을 동반한 이야기이기에 그림을 담는 프레임과 글·그림의 배치 형태도 살필 필요가 있다. 이에 당시 아동도서에 등장했던 전형적인 프레임과 글·그림의 배치가 그림이야기에서는 어떻게 달라졌는지를 알아볼 것이다. 아울러 이러한 변화가 아동의 상상력과 예술적 감성에 미친 영향관계를 유추해 볼 것이다. 나아가 정전둬의 창작방식을 활용한 장르 혼용의 수법이 그림이야기에는 어떤 형태로 드러나고 있는지도 살펴보고자 한다.

아동문학은 환상의 문학으로 환상은 초월성을 가지고 있으며 모든 것이 가능한 세계이기도 하다. 아동문학의 특질 가운데 하나가 바로 환상성이며 정상적인 심리를 가진 아동들은 모두 상상력을 지니고 있다. 상상은 창조의 배아이면서 아동의 천성이기도 하다. 이에 정전둬가 모든 사물에도 생명이 있다고 여기는 아동의 특성을 반영하여 어떤 방식으로 그림이야기에 상상의 세계를 구현하였는지 알아볼 것이다.

마지막으로 제8장에서는 『아동세계』 그림이야기의 연구가 중국 근(현)대 아동문학 발달의 전반을 이해하는데 중요한 의미가 있음을 정리하고자 한다. 곧 정전둬의 그림이야기가 근대적 가치관인 '아동 중심'을 그 어떤 장르보다도 잘 구현한 장르로써, 중국의 아동문학이 근(현)대화로 나아가는데 크게 기여하였음을 알 수 있을 것이다.

본서가 전통적인 관념을 벗어나 새롭게 아동을 인식했던 근(현)대시기 중국 아동문학의 탄생과 초기 성장 과정을 이해하고 그림 이야기를 통해 동서양의 아동문학이 서로 영향을 주고받으며 발전해 왔음을 밝히는 중요한 디딤돌이 되기를 기대해 본다.

제2장 신문화운동기 아동문학의 등장

1. 아동문학 탄생의 배경

1) 전통에 대한 반성과 아동인식 변화

아동과 아동문학은 역사적 개념이다. 인류가 시작되던 시절부터 아동은 있었지만 '아동'은 존재하지 않았다. 근(현)대사회로 진입하면서 그동안의 강압과 봉건주의적 규범에서 벗어나는 시기에 '인간'을 새로이 인식하면서 '아동'은 발견되었다. 즉 근(현)대사회의 '사람'의 발견이 없었다면, '아동'의 발견 또한 없었을 것이고, '아동'의 발견이 없었다면 아동문학 또한 존재하지 않았을 것이다.[1]

5·4신문화운동 시기에는 '아동문학'이 큰 관심을 받았다. "삶의 선반이 큰 폭으로 변환되었던 근대적 전환의 시기에 아동에 대한 근대적 표상이 출현하였으며, 아동을 사회적으로 가시화시키는 제반 제도들이 자리 잡아 나갔고, 아동문학의 장르 개념과 양식적 규준이 형성되었다."[2] 새로운 사조를 받아들여 변혁을 꿈꾸던 5·4신문화운동 시기 계몽주의자들은 '민주'와 '과학'을 부르짖으며 봉건주의를 맹렬히 공격하면서, 개성의 해방과 인격독립을 외쳤다. 신문화운동의 발기자인 천두슈陳獨秀는 '아동문학'이 '아동문제'의 하나로 다루어져야 한다고 하였으며, 문학혁명을 주장하는 이들 역시 아동문제에 큰 관심을 가짐으로써 아동에 대한

1 朱自强, 『朱自强學術文集3·兒童文學概論』, 二十一世紀出版社, 2015, 51~52쪽.

2 조은숙, 『한국 아동문학의 형성—아동의 발견, 그 이후의 문학』, 소명출판, 2012, 11~12쪽.

논의는 5·4신문화운동 시기의 중요한 화두가 되었다.[3]

5·4신문화운동 이전의 중국에서는 정확한 아동관이 형성되지 않았다. 전통적으로 아동은 나약한 보호 대상으로 집안의 대를 잇고 가문을 빛내는 도구로, 미래의 병력과 노동력의 자원으로 인식되었다. 이는 가정 혹은 국가 중심의 아동관으로 아동을 수단으로 여기는 색채가 강하여 아동을 적극적이고 주체적 권리의 행위 주체로 여기지 않았다.

1840년 아편전쟁 이후 많은 애국지사와 선진 지식인들은 구국을 위해 국민성을 개조해야 할 필요성을 느꼈고, 국민성 개조의 관건은 '사람'에 대한 각성이라고 여겼다. '서학위용西學爲用 : 서양의 학문을 수용한다'의 구호가 터져 나오고 서구의 선진과학 문화사상이 전파되면서, 사람들은 계몽주의 사조를 통해 '사람'에 대한 인식이 깊어졌다. 1894년 중일전쟁 실패 이후 변혁 개량운동이 급속하게 발전해 갔는데, 이러한 개량운동은 자연스럽게 문학에도 영향을 미쳤다. 문학 내용부터 형식의 변혁은 신문학운동의 흥기를 추진하여, 량치차오梁啓超의 창도 아래 점차 아동문예가 사회를 개조하는 중대한 의의가 있음을 인식하게 되었고, 아동 예술과 정신의 수요를 중시하기 시작하였다.[4]

이 당시 지식인들은 중국 전통에 대해 심각한 반성으로 전통적 사상과 전통 사회체제의 비판에 힘을 다하였다.[5] 신문화운동에서는 신문학 건설이 요구되면서 그동안 사용하던 문언문을 버리고 백화문을 사용해야 한다는 언어혁명이 대두되었다. 이와 동시에 민간문학을 문학의 정통 위치에 올려놓는 것과 '아동'의 흥미에 부응하는 것도 중요한 목표 가운데 하

3 張永健 主編, 『20世紀中國兒童文學史』, 遙寧少年兒童出版社, 2006, 37쪽.

4 李元, 「中國現代童話的誕生」, 『現代文學評論』 第5期, 2010, 170쪽.

5 薛化元·李福鐘·潘光哲 編著, 『中國現代史』, 三民書局, 2001, 50~51쪽.

나였다. 이러한 사상해방의 시대는 중국인의 전통적인 '아동관'을 변하게 하는데 더 할 수 없이 좋은 기회였다.

사람의 발견, 즉 개성 발전과 개인주의는 신문화운동의 주요 목표였고, 당시 문학비평과 창작은 모두 이를 지향했다. 5·4시기 사조의 충격 아래 '유가의 삼강' 가운데 '노인 우선'·'조상 숭배' 등이 부정되고 '아동중심'·'아동 존중'을 긍정하는 인식이 사상계와 문화계, 교육계에 보편적인 중시를 받게 되었다.[6] 후스는 "요즘의 추세는 바로 '아동문학'으로 동화, 신화, 이야기의 제창"이라고 말할 정도로 5·4신문화운동 시기의 아동과 아동문학은 사회의 큰 관심사였다. 이 시기의 이러한 '아동'에 대한 뜨거운 관심을 첸리췬은 '아동붐兒童熱'이라고 명명하였다. 그리고 "이 '아동붐'에 가장 열성적이고 커다란 영향력을 발휘한 사람이 저우쭤런으로 그가 중국 근(현)대 아동학의 기초를 세웠다"[7]고 평가하였다.

5·4신문화운동은 사상해방의 시대로 중국인의 전통적인 아동에 대한 인식을 변화시키는 좋은 기회가 되었다. 사람의 발견, 즉 개성 발전과 개인주의는 신문화운동의 주요 목표였고, 당시 문학비평과 창작 모두 이를 향해 나아갔다. 5·4신문화운동 시기에는 부녀해방·혼인자유·자기표현·사랑 표현의 사조 등이 출현하였다. 이로 인해 부권·인생·국민성·개성해방·인격독립·청년·가정·혼인·정조관 등의 문제에 대해 사회에서 격렬한 토론이 벌어졌고, 이러한 사조는 결국 '사람의 발견'을 위해서였다. "5·4운동은 정치진보 운동인 동시에 문예부흥 운동이었고, 아동과 아동세계의 발견은 20세기 초 중국문화에 놀라운 큰 사건이면서 5·4신

6 王泉根,『現代中國兒童文學主潮』, 重慶出版社, 2000, 22쪽.

7 錢理群 著,『周作人論』, 上海人民出版社, 1991, 147~148쪽.

문화운동의 중요한 성과이기도 하였다."[8]

1915년 9월 15일 천두슈는 『청년』 잡지를 창간하여 1916년에는 『신청년』으로 이름을 바꾼 후 '민주'와 '과학'의 기치를 내걸고 '국수주의와 구문학' 반대를 표방하였다. 1917년 일본 유학 중이던 후스는 『신청년』에 「문학개량추의」를 발표하여 진화론적인 관점에서 백화문학이 중국문학의 정통이 되어야 한다고 하였다. 1917년 2월에 천두슈는 『신청년』에 「문학혁명론」을 발표하면서, '문학혁명'의 구호를 외쳤다. 형식에서부터 내용까지 구문학을 철저하게 개혁하고 신문학 추구를 외치며 문언문을 반대하고 백화문 사용을 주장하였다. 백화문을 지지하는 자들 가운데는 한자와 중국어가 존재하는 한 노예 도덕을 말하는 봉건도덕을 근절할 방법이 없다고 하면서 '에스페란토어'를 채용하자고 주장하는 자들도 등장하였다.

1918년에 『신청년』은 백화문을 사용하였고, 1919년 하반기에는 전국 대부분의 잡지들도 백화문을 사용하였다. 백화문이 5·4신문화운동 시기에 최후의 승리를 얻은 것은 중국 아동문학이 자각의 길을 가는데 중요한 조건이 되었다.[9]

5·4신문화운동 시기 아동문학의 전체적인 특징은 이론이 먼저 나오고 실천은 나중에 이루어진 점이다. 당시 역사적 배경 아래 이론 건설에 힘쓴 지도자들은 중국인의 전통적인 '아동관'을 바꾸는데 노력했고, 아동문학의 선구자들은 이 목적을 위해 서양 교육사상인 '아동중심론'을 본보기로 삼았다. 이 이론은 미국 교육학자 존 듀이에게서 나온 것으로 "모든 교육에 있어서는 아동이 시작이며 중심이며 목적"이라는 명제 속에서 교

8 王泉根, 『現代中國兒童文學主潮』, 重慶出版社, 2000, 24쪽.

9 蔣風·韓進, 『中國兒童文學史』, 安徽教育出版社, 1998, 90~91쪽.

육자는 반드시 아동의 입장에 서야 하며, 아동을 출발점으로 삼아야 한다고 주장하였다.[10]

존 듀이는 20세기 교육사상사에서 중요한 위치를 차지하고 있는 대표적인 인물로, 5·4운동이 일어나기 4일 전인 1919년 4월 30일 부인, 딸과 함께 중국을 방문하였다. 그의 방문은 마침 번지고 있던 신문화운동의 사조와 맞닥뜨리면서 중국 지식인 사회 및 교육계에 큰 영향을 미쳤다. 1921년 7월 11일에 미국으로 돌아가기까지 그는 상해上海·절강浙江·북경·산서山西·산동山東·하북河北·강소江蘇·호남湖南·호북湖北·강서江西·안휘安徽·복건福建·광동廣東 등 각지를 순회하며 200여 차례에 걸쳐 실용주의 철학·정치학·교육학·윤리학 등의 사상을 전파했다. 이러한 활동으로 실용주의 사조가 형성되면서, 거의 모든 영향력 있는 신문과 잡지에서 경쟁적으로 듀이의 행적과 강연 내용을 보도하였다. 지식인 사회에서는 앞다투어 그의 글을 소개하고, 학설을 평론하였으며, 다양한 단체와 잡지가 생겨났고 각종 학교에서는 듀이의 교육학설을 실험하였다.[11]

그는 '아동이 중심이 되는' 교육관을 널리 전파했다. 아동은 태양이며 교육의 중심이고, 모든 아동을 위한 설비는 반드시 아동 중심이어야 하며, 성인과 교사·교재 중심이 아니라고 주장하였다. 듀이에 의하면 교육자는 아동의 흥미를 관찰하여야 하고, 방임하거나 억압해서는 안 되며, 아동의 개성을 존중하고 아동성장에 자유를 주어야 한다고 하였다. 그는 아동의 천성과 경험을 존중하고 교육은 결코 외부에서 강요하지 말아야 하고, 아동의 창조적 능력을 말살해서도 안 된다고 강조하였다.[12] 듀이의

10 王泉根, 『現代中國兒童文學主潮』, 重慶出版社, 2000, 24쪽.

11 陳文彬, 「五·四時期杜成來華講學與中國知識界的反應」, 復旦大學博士論文, 2006, 1쪽.

12 韓進, 「百年中國兒童文學」, 『江蘇教育學院學報』, 2003.9, 71쪽.

이 이론은 5·4신문화운동 시기 중국의 교육계와 아동문학계에 큰 영향을 주었다. 몇천 년 동안 내려온 전통적 아동관에 충격을 주었으며 사상이 첨예한 신문화 선구자들의 큰 관심을 끌었다.

1919년 『신청년』 제6권 6호에 발표한 루쉰의 「우리는 지금 어떤 아버지가 되어야 하는가我們現在怎樣做父親」는 듀이가 중국에 와서 강연을 한 지 약 6개월 후인 11월에 나왔다. 5·4신문화운동은 교육에도 영향을 끼쳐 정치의 진보와 문예부흥, 그리고 교육혁신을 요구하는 목소리가 생겨났다. 교육혁신에 있어서는 단지 교육제도와 행정의 혁신뿐 아니라 교수법과 교재의 혁신도 논의되었다. 그동안 초등학교에서 2~30년 동안 사용해 온 교과서에 대한 진보적 변화를 요구했으며, 교과서 이외의 '보충 교재'가 등장했을 뿐 아니라 아동을 대상으로 하는 잡지도 탄생하기에 이르렀다. 보충 도서로는 유럽과 미국의 문학 명작이 대량으로 수입되어 번역·출판되었다. 잡지로는 『아동세계』와 『어린 동무』가 발행되었는데, 둘 다 주간 잡지로 아동의 독서흥미에 중점을 두었고 동화를 비교적 많이 실었다.[13]

이처럼 5·4신문화운동은 아동의 발견과 중국 근대 아동문학의 발판을 다지는데 있어서 중요한 계기가 되었다. 즉 5·4신문화운동은 중국 아동문학이 사회와 문학계에서 독립된 위치를 확립하고 큰 영향력을 생산하도록 촉진하는 역할을 하여, 이전에는 별로 주목하지 않았던 '아동문학'이 신문화운동의 한 부분으로 자리를 잡도록 하였다.

13 陳伯吹, 「兒童讀物的檢討與展望」, 『大公報』, 1948.1. 王泉根 評選, 『中國現代兒童文學論選』, 廣西人民出版社, 1989, 402~403쪽.

2) 살아있는 언어 백화문의 등장

백화문 운동은 5·4신문화운동에서 중요한 한쪽 날개인 동시에 신문학을 이끄는 돌파구로 후스의 「문학개량추의」가 문학혁명의 도화선이 되었다. 후스는 문학개량을 위하여 고전적 암시를 사용하지 않아야 하고, 진부한 상투어를 사용하지 말아야 하며, 대귀를 사용하지 말고, 옛 사람을 모방하지 않으며 속자와 속어를 피하지 말아야 한다는 원칙은 바로 백화문을 중국문학의 정통으로 여긴 것이었다. 후스는 백화문학이 중국의 '표준학문'이며 문어가 아니라 백화가 '살아있는 문학'의 창조에 적합한 매체라고 하였다.[14] 신문화운동을 선도한 『신청년』은 1918년에 백화문을 사용하기 시작하였고 백화는 귀국 유학생들이 사용했던 '국어'라고 불리게 되었다. 후스는 「건설적 문학혁명론」의 논설에서 백화문학의 창조를 제시하였다.

> 나의 '신문학 건설론'의 복석은 '국어문학과 문학적 국이'로 요약할 수 있다. (…중략…) 지난 천 년간 문인들이 지어낸 중국문학은 모두 죽은 것이고, 죽은 문자로 씌어진 것이다. 죽은 문자는 살아있는 문학을 만들어 낼 수 없다. (…중략…) 간단히 말해서 시경詩經 시대부터 지금까지 가치와 생명이 있는 중국문학은 모두 백화 또는 백화에 가까운 언어로 된 것이었다. 그 나머지는 모두 생기없는 골동품, 박물관의 진열품들이다! (…중략…) 만일 중국에 살아있는 문학이 있으려면 반드시 백화로, 국어로 써야하며 국어문학을 짓도록 해야 한다.[15]

14 周策縱, 曺秉漢 역, 『5·4 운동—근대 중국의 지식혁명』, 광민사, 1980, 255쪽.

15 위의 책, 258쪽에서 재인용.

후스를 선두로 한 5·4시기 지식인들의 백화문 숭상은 단지 문학에 있어서 언어 표현 형식의 변혁에만 국한되지 않았다. 언어는 민족의식을 표현하는 제재이므로 문학의 내재적인 사상과 불가분의 관계이며, 역사가 오래 지속된 언어는 그 민족의 사상과 문화적 품성과도 깊이 관계되어 있을 수밖에 없다. 중국의 봉건사상과 문화는 바로 문언문이 그 운반체가 되었다. 문언을 바탕으로 한 중국의 낡은 교육은 맹목적으로 문장을 암기하기만 했기에 진정한 독서 능력을 얻을 수 없었다. 천두슈는 이러한 교육을 "소위 아동 심리와 인간의 정신을 모조리 말살하고 아랑곳하지 않는다"고 비판하였다.[16] 정전둬 역시 문언으로 이루어진 중국의 전통교육은 아동이 이해하기 어려운데다가 그 내용도 통치계급에 순응하도록 하는 순민교육이거나 충신효자를 기르는데 목적을 둔 주입식이라고 비판하였다.[17] 저우쭤런은 백화와 고문의 성질을 하나의 형상을 가지고 비유하였다.

> 백화는 주머니 같아서 어떤 형태의 물건을 집어넣어도 그 모양으로 변한다. 고문은 마치 목갑과 같아서 그것이 사각형 혹은 원형, 삼각형이라면 단지 그 모양의 물건만 넣을 수 있다.[18]

이는 아동에 대한 새로운 인식을 바탕으로 한 아동문학은 고정된 형태를 가진 틀 속에 집어넣을 수 없다고 분명히 말한 것이다. 이처럼 백화문

---

16 朱自强,『朱自强學術文集2－1908~2012 中國兒童文學與現代化進程』, 二十一世紀出版社集團, 2015, 162~163쪽.

17 王泉根 評選,『中國現代兒童文學論選』, 廣西人民出版社, 1989, 360쪽.

18 朱自强,『朱自强學術文集2－1908~2012 中國兒童文學與現代化進程』, 二十一世紀出版社集團, 2015, 165쪽.

운동이 제시한 언어변혁은 사상변혁의 계기를 제공했다. 바로 저우쭤런의 "문학혁명은 문자개혁이 첫 번째 단계이고, 사상개혁이 두 번째 단계이다"라는 말이 이를 잘 설명해준다. 이 같은 백화문에 대한 인식은 중국 아동문학에 있어서 아주 중요한 의미를 갖는다. 바로 백화문의 주창은 중국 아동문학의 확립과 발전의 자체이며, 백화문과 '아동중심'의 아동인식은 중국 아동문학이 근(현)대화를 향하는 두 바퀴였다.[19]

1919년 하반기에는 중국의 전국 대부분의 잡지들도 백화문을 사용하기에 이르렀다. 1920년 북양정부 교육부는 전국 초등학교 1, 2학년에 백화 어문교재를 채용하라는 통령을 내렸고, 1921년에는 전국 중등, 고등사범학교에 문언문 과정이 줄어들고 백화문 과정이 증가하였다. 1920·1921년에 백화는 '국어'로서 공식적이고 대중적인 인정을 받았다.[20] 초등학교에서의 백화수업은 아동의 독서능력을 배양했을 뿐 아니라 아동문학이 중심이 되는 국어 교육과정으로 말미암아 아동문학의 진정한 독자도 확보하게 되었다. 백화문으로 쓴 아동문학은 아동생활과 성신세계를 새로운 언어계통으로 참신하게 표현할 수 있었으며 그동안 아동의 성신을 말살했던 구문학에서 벗어나 살아있는 아동의 생각, 감각, 감정, 상상력을 발휘하게 하였다. 그리고 반봉건적인 '아동중심'의 아동관도 실현할 수 있었기에[21] 백화문은 중국 아동문학이 자각의 길을 가는데 중요한 조건이 되었다.[22]

19 朱自强, 『朱自强學術文集2－1908~2012 中國兒童文學與現代化進程』, 二十一世紀出版社集團, 2015, 162쪽.

20 周策縱, 曺秉漢 역, 『5·4 운동－근대 중국의 지식혁명』, 광민사, 1980, 259쪽.

21 朱自强, 『朱自强學術文集2－1908~2012 中國兒童文學與現代化進程』, 二十一世紀出版社集團, 2015, 163~167쪽.

22 蔣風·韓進, 『中國兒童文學史』, 安徽教育出版社, 1998, 90~91쪽.

3) 출판사의 상업활동과 연계

중국은 11세기에 활자 인쇄를 발명하여 19세기에 이르기까지 여전히 조판 인쇄가 널리 사용되고 있었다. 전통 중국에서 서적과 사상은 사대부 계층에 한정되어 있었고, 경제능력과 독서능력이 떨어지는 평민계층에는 미치지 못하였다.

1897년 4명의 중국 기독교인[23]들이 미국 장로교 선교사가 만든 미화서관美華書館 : The Chinese and American Holy Classic Book Establishment에서 인쇄술을 배워 상해 조계지 안에 자신들의 인쇄소를 만들어 상무인서관商務印書館이라고 이름 지었다. 그리고 얼마 후에 다시 일본 슈분쇼관修文書館의 기계를 사들여 당시 상해에서는 최신설비를 갖춘 인쇄소가 되었는데 이 상무인서관의 탄생은 서양 문화의 영향을 깊이 받아 생긴 결과였다.

상무인서관은 1904년 청 정부가 계묘학제癸卯學制를 반포했을 때, 자신들의 교육이념을 담은 첫 번째 『최신 초등소학 국어 교과서最新初等小學國文教科書』를 출판하여 학교와 독자의 열렬한 호응으로 일주일도 채 안되는 기간에 4천부를 팔아치웠다. 상무인서관은 초등학교 교과서로 출발하여 본격적인 출판사로 발전하였고 근(현)대 중국에서 제일 영향력이 큰 도서출판 기업으로 성장하였다. 상무인서관은 중화민국 시기 중국 최대의 출판사로, '국민 계몽·교육 발전'을 임무로 여기면서 주로 신식 초중등 교과서를 편집하였고, 많은 잡지도 발간하였다.

1904년에 상무인서관은 『동방잡지東方雜誌』, 1906년에는 『아동교육화兒童教育畫』, 1909년에는 『교육잡지教育雜誌』를 창간하였으며, 1909년부터는 『동화童話』 총서 102종을 출판하였다. 아울러 1911년에는 『소년少年』 잡지

---

23 샤뤠이팡(夏瑞芳)·바오셴언(鮑鹹恩)·바오셴창(鮑鹹昌)·가오펑츠(高鳳池).

를, 1914년에는 『학생學生』 잡지를 창간하였고 드디어 1922년에는 『아동세계』를 출판하기에 이르렀다.[24]

당시 5·4운동이 활발히 벌어지던 시기는 상무인서관을 비롯한 많은 출판사들에게는 새로운 도전의 기회이기도 하였다. 상무인서관의 활동은 "계몽은 동시에 거대한 이윤 사업"[25]과도 연관된다. 로버트 단튼Robert Darnton에 따르면 20세기 중국근(현)대화 과정에 민영 출판사는 신흥 상업으로 틈새 — 학교와 아동시장 — 에 개입하여 이윤을 창출했다는 것이다. 그러나 거대한 출판사였던 이 시기의 상무인서관은 보수적인 측면이 있어서 오히려 작은 잡지사들에 비해 혁신이 늦었다. 뤄자룬羅家倫·쫑바이화宗白華 같은 신문화를 대표하는 인사들은 『신청년』·『신조新潮』 등의 잡지에 상무인서관과 그곳에서 발행하는 각종 간행물에 대해 신랄하게 비판을 하였다. 그들은 상무인서관이 단지 기업의 이윤만을 생각하여 문화기관으로서의 책임과 임무를 망각하고 있고, 간행물은 지극히 케케묵은 내용을 담고 있어, 신문화운동의 요구에 부합하지 않는다고 비판하였다. 이처럼 신문화운동의 조류를 따라가지 못한 탓에 상무인서관의 영업실적은 계속 하락하였다. 외부의 엄중한 비평과 판매량의 하락으로 상무인서관의 대표적 인물인 장위안지張元濟와 가오멍단高夢旦은 변혁이 진행되어야 함을 깨닫게 되었다.[26]

1919년 초부터 상무인서관은 개혁의 깃발 아래 유서깊은 『동방잡지』·『교육잡지』·『부녀잡지婦女雜誌』·『소설월보小說月報』 등의 편집장을 바꾸고,

24 沈慶會, 「清末民初商務印書館與兒童文學出版」, 『出版發行研究』, 2016, 107쪽.

25 顧唯琳, 「出版史走向文化史如何可能－評《啟蒙運動的生意》」, 『編輯之友』, 2010. 92쪽.

26 권애영, 「5·4신문화 사조와 문학연구회의 '아동문학운동'」, 『중국학연구』, 2017, 125~127쪽.

판형을 조정하면서 내용을 혁신하고, 글을 모집하는 방식을 도입하여 신사조와 신학술에 부합하는 문장을 게재하는 조치를 취했다. 장위안지와 가오멍단은 신문화 인사의 중요성을 인식하고 당시 신문화운동의 중심이었던 북경을 여러 차례 방문하여 학술계와 사상계의 명사들을 탐방하여, 널리 인재를 탐문하였다. 가오멍단은 신문화운동의 지도자인 후스에게 끌려 그를 적극적으로 상무인서관 편집소장으로 영입하고자 하였다. 그리하여 1921년 7월 북경대학교 교수였던 후스는 여름방학을 맞이하여 상해에 와서, 보름 정도의 시찰을 진행하여 일련의 개혁적인 의견들을 내놓았다. 후스는 비록 상무인서관에 남아 일을 하지는 않았지만, 개혁의 기운을 불러일으켰다. 1922년 후스는 왕윈우王雲五를 상무인서관 편집소장으로 추천하였고, 장위안지와 가오멍단의 지지 아래 왕윈우는 강력한 개혁을 단행하였다.

상무인서관의 개혁결심과 시기적절한 개혁조치는 시대조류의 발전을 따라갈 수 있도록 하였고, 이는 더 진일보하여 출판계에서 공고했던 지위가 더욱 굳어졌다. 정전둬는 바로 상무인서관이 개혁을 모색하던 시기에 『아동세계』 잡지의 창간을 통해 상무인서관이 소년잡지 영역에서 시대에 앞서는 역할을 하게 되었다.

1918년 1월 정전둬는 북경철도 관리학교의 학생이 되었다. 이 시기의 북경은 1917년 천두슈가 『신청년』을 창간하면서 이미 신문화운동의 중심이 되어 있었다. 정전둬 역시 신문화운동의 영향을 받아 문학에 매료되어 여가 시간에는 백화문으로 시도 짓고, 타고르의 시를 번역하고, 안데르센 동화에 대한 글을 쓰기도 했다. 1921년 1월 4일, 정전둬는 동료들과 함께 문학연구회를 만들었고, 1921년 3월에 철도관리학교를 졸업하게 되었다. 그는 먼저 『시사신보時事新報』 부속 간행지인 『학등』의 편집장을 맡았고, 문학연구회 기관지인 『문학순간文學旬刊』을 창간하였다. 1921년 5월부터는 편집을 맡았던 마오둔의 추천으로 상무인서관에서 정식으로 편집 일을 하게 되었다. 상무인서관의 가오멍단이 북경을 방문해서 인재를 물색하던 당시에 이미 정전둬를 접촉하고 나서 그를 염두에 두고 있었기 때문이었다.

이에 정전둬는 상무인서관에서 일하면서 초등학교 교과서를 편찬하는 업무를 맡게 되었다. 정전둬는 상무인서관의 교과서가 일본 것을 본따서 편집하였기에 이전의 문언문 교과서를 백화문으로 번역했을 뿐 내용은 전혀 바뀌지 않아 여전히 설교와 훈계로 무미건조함을 발견했다. 이 시기 상무인서관은 초중등 교과서 이외의 과외 도서 시장의 개발과 보급에도 주의를 기울이고 있었다. 상무인서관의 『소년』·『학생』 잡지는 중화민국 초기에 아주 영향력 있던 아동 간행물이었다. 그러나 이 두 잡지와 상무인서관의 교과서 편집이 같았던 탓에 내용은 고루하고, 문학적인 색채가 없는 데다가 예술성이 결여되어 독자의 흥미를 끌지 못하고 있었다. 그리고 문장 역시 문언문이거나 반은 문언 반은 백화로 실제로 아동잡지의 특성이 부족하고, 신문화운동의 분위기에도 뒤쳐진 것들이었다. 특히 『학생』 잡지는 교과서에 나오는 연습문제를 많이 실었고, 문언과 백화가 섞여 있었으며 내용 역시 엄숙한 훈계 위주라서 아동의 심리발전과 독서 흥미에도 맞지 않았다.[27]

당시는 5·4신문화운동이 활발하게 벌어지는 가운데, '아동중심'의 아동관과 아동문학관이 문학계와 교육계에 널리 퍼져 있었다. 이런 가운데 아동심리에 부합하고 아동 흥미를 강조하면서 아동의 문학적 요구를 만

27 李林靜, 「兒童世界雜誌探析」, 吉林大學碩士論文, 2014, 11쪽.

족시켜야 하는 임무가 신문화 인사들에게 주어졌다. 신문화 인사들은 백화문을 사용해 여러 서구의 동화를 번역하였고, 백화문을 이용하여 아동이 선호하는 시가와 동화를 실험하였다. 이런 활발하고 신선한 아동문학 작품은 아동의 정신적 식량이었다. 정전둬는 아동성장에 관심을 갖고, 아동문학을 무척 사랑하여 아동들에게 적합한 문학작품을 제공할 새로운 아동 간행물을 창간할 것을 적극적으로 주장하였다. 당시의 상무인서관은 후스의 시찰 이후 개혁의 분위기가 짙었던 때였기에 정전둬의 제의는 아동도서 발전의 시대적 요구와도 부합하여 가오멍단의 찬동을 얻어냈다. 정전둬는 이미 7월부터 『학등』에 '아동문학' 코너를 만들어 『아동세계』 발간을 위한 사전 준비를 하고 있었다.[28] 그리하여 반년 정도의 준비과정을 거쳐 1922년 1월 16일 정식으로 『아동세계』를 창간하였다. 정전둬는 이 잡지의 영향력을 넓히기 위해 『교육』·『학생』·『소설월보』·『부녀』·『학등』의 정기 독자들에게 창간호를 비매품으로 증정하였다.

2. 일반 문예잡지와 아동문학

1) 신문화운동의 기수 『신청년』

"1910년경부터 약 10년간의 기간은 중국의 장래 진로를 두고 신지식인들이 중심이 된 다양한 논의들이 등장했으며 (…중략…) 이러한 논의에 중요한 역할을 담당한 잡지는 새로운 이념과 사상을 대중사회에 확산"[29]

28 http://law.eastday.com/node2/node4810/node4851/node4864/u1ai64737.html. 2016.08.02.

29 황선미, 「신문화운동기의 『신청년(新青年)』 번역 작품 연구」, 한국외대 박사논문, 2012, 1쪽.

시키는 중요한 도구가 되었다. 신지식인들의 논의의 장이었던 『신청년』은 중국 아동문학에도 직접적인 영향을 미쳤다. 『신청년』에서 발단이 된 신문화운동은 중국 근(현)대 아동문학을 각성하게 하고 새롭게 일어나게 하였다.

신문화운동은 '아동의 발견'과 '사람의 발견'을 하게 하였고, 중국의 전통적인 구도덕 관념인 '아버지는 아들의 벼리가 된다父爲子綱'의 사상을 뒤집고 아동을 성인과 마찬가지로 독립적인 인격과 정신을 가진 인격체로 인식하게 하였다. 또한 '아동중심兒童本位'의 교육관이 도입되면서 아동들에게도 그들만의 정신세계와 문학세계가 있어야 한다는 인식이 퍼지면서 '아동문학의 발견'이 이루어지게 되었다. 루쉰은 「우리는 지금 어떤 아버지가 되어야 하는가」에서 다음과 같이 말하고 있다.

> 이전의 유럽인들은 어린이를 성인이 되는 준비라고 잘못 생각했고, 중국인들은 축소된 성인이라고 잘못 인식하였다. 근래에 와서 수많은 학자들의 연구를 통해 어린이의 세계는 성인과는 전혀 달라서 이해가 선행되지 않은 채 덮어놓고 기칠게 다루면 어린이의 발달을 가로막는다는 것을 알게 되었다. 그러므로 모든 것은 아이들 위주로 해야 한다.[30]

『신청년』 제8권 4호1921에는 신문학 사상 아동문학에 관한 중요한 논설인 저우쭤런의 「아동의 문학」[31]이 발표되기에 이르렀다. 여기에서 저우쭤

30 往昔的歐人對於孩子的誤解, 是以爲成人的預備; 中國人的誤解是以爲縮小的成人. 直到近來, 經過許多學者的硏究, 才知道孩子的世界, 與成人截然不同; 倘不先行理解, 一味蠻做, 便大礙於孩子的發達. 所以一切設施, 都應該以孩子爲本位. 魯迅, 「我們現在怎樣做父親」, 『新青年』 第6卷 6號.

31 1920년 10월 26일 북평(북경)의 孔德학교에서 한 강연문을 나중에 『신청년』에 발표한

런은 아동에 대한 잘못된 인식을 지적하였다.

> 이전 사람들은 아동에 대해 정당하게 이해하지 못하여 축소된 성인으로 여기고, '성인과 현인이 지은 유교경전'을 갖고 애써 주입해대며 불완전한 소인으로 취급하면서, 어린아이가 뭘 알겠냐며 상대하지 않았다. 오늘날에 와서야 아동이 생리 심리상 비록 대중들과 좀 다르기는 하지만, 그래도 완전한 사람이며, 자신들의 내외 양면의 생활이 있다는 것을 알게 되었다. 아동기의 20여 년의 생활은 물론 성인생활을 예비하는 것이기도 하지만 독립적인 의의와 가치가 있다.[32]

이 두 글을 보면 루쉰과 저우쭤런의 아동에 대한 인식은 아주 흡사함을 알 수 있다. 저우쭤런은 인류문명에 있어서 여성과 아동의 소외는 큰 오점이라고 말하면서 아동 역시 사람의 권리와 개성을 가진 대상으로 인정하고 존중하여야 한다고 하였다. 저우쭤런이 주장한 아동에 대한 생각은 '아동중심'이다. "저우쭤런의 '아동중심' 사상은 당시 '아동문학운동'을 펼치던 문학연구회 동인들의 주장이 되었으며, 이후 30년대에 이르러서도 줄곧 영향을 미쳤다. 이처럼 "저우쭤런에 의한 '아동의 발견'은 5·4신문화운동 시기에 제기된 「인간의 문학」 사상 원류이며, 중국 근(현)대사상사와 문학사에서 중요한 의미가 있다."[33]

것이다.

32 以前的人對於兒童多不能正當理解, 不是將他當作縮小的成人, 拿"聖經賢傳"盡量的灌下去, 便將他看作不完全的小人, 說小孩懂得甚麼, 不去理他. 近來才知道兒童在生理心理上, 雖然和大眾有點不同, 但他仍是完全的個人, 有他自己的內外兩面的生活. 兒童期的二十幾年的生活, 一面固然是成人生活的預備, 但一面也自有獨立的意義與價值. 周作人, 「兒童的文學」, 『新靑年』 第8卷 4號, 1920, 12.

33 朱自強, 「"兒童的發現"一周作人"人的文學"的思想源頭」, 『中國現代文學研究叢刊』10期,

중국의 연구자들은 1918년 1월 『신청년』 지면에 부녀와 아동의 문제에 관계된 글을 모집한다는 공고에서 '아동문학'의 개념이 가장 먼저 등장한 것으로 보고 있다. 마오둔은 '아동문학'의 명칭은 5·4신문화운동 시기에 등장했으며, 이전에는 신괴神怪 혹은 신비神秘라는 용어를 사용했다고 하였다.[34]

'아동의 발견'은 곧 '아동문학의 발견'이었다. 이는 바로 중국 사상 문화의 선구자들에게 있어서는 안데르센의 발견이었으며, 안데르센 동화는 신문학·신문화에서 중요한 의의와 가치로 인식되었다. 『신청년』 제6권 1호1919에는 저우쭤런이 번역한 「성냥팔이 소녀賣火柴的小女孩」가 수록되었는데, 이것이 중국에서 가장 먼저 구어체로 소개된 안데르센 동화[35]이다. 이후 『신청년』에는 여러 편의 안데르센 동화작품이 발표되었고, 안데르센 번역 열기는 5·4신문화운동 가운데 중요한 문화적 사건이 되었다. 마오둔은 '아동문학'을 '아동문제'와 함께 연계하여 주의를 기울이기 시작한 것은 올바르다고 생각하였다. 그는 1922년에 『신청년』 편집장을 맡았던 천중푸陳仲甫의 말을 빌려 당시 아동문학운동을 단지 그림 동화나 안데르센 동화를 직역하는 것으로만 인식하고 아동문제를 잊고 있음을 지적하

2013, 68~74쪽.

34 茅盾, 「關於"兒童文學"」, 『文學』 第4卷 第2期, 1923, 2. 孔海珠, 『茅盾和兒童文學』, 少年兒童出版社, 1990, 410쪽.

35 안데르센을 중국에 가장 먼저 소개한 사람은 쑨위슈(孫毓修)로 1909년 초 『동방잡지(東方雜誌)』 제6권 제1호(1909.2.15)에 「구미 명가소설찰기를 읽고(讀歐美名家小說札記)」에 안데르센을 소개하였다. 이때는 문언문으로 번역되어 그다지 독자들의 관심을 받지 못했다. 그러나 저우쭤런의 안데르센 동화번역은 5·4운동 이후 사람들의 사상이 큰 변화를 겪으면서 관심을 불러 일으켰다. 이는 중국 번역사에 있어서 큰 사건으로, 특히 아동문학 번역에 있어서 하나의 이정표가 되었다. 권애영, 「신문화운동 시기 중국의 안데르센 동화 번역 현황」, 『문화경영기술』, 아시아문화콘텐츠연구소, 2021, 11쪽.

기도 하였다.[36]

한편 신문화운동 시기에는 아동문학 창작 바람도 불었다. 루쉰·후스·선이모沈尹默·저우쭤런·류반눙劉半農 등이 아동을 제재로 한 백화시[37]를 『신청년』에 발표하였다. 신시 이외에도 『신청년』에는 기타 아동문학 작품이 실렸는데 그중에 5·4신문화운동의 첫 번째 여류작가인 천헝저陳衡哲가 「작은 빗방울小雨點」1920을 발표하였다. 「작은 빗방울」은 과학 동화로 빗방울이 대자연 가운데 돌아다니는 내용을 묘사하여 아동의 지적 능력과 인식세계를 계발하는데 일조하였다. 천헝저는 1917년 6월에 발표된 루쉰의 「광인일기」보다 더 일찍 첫 번째 백화소설인 「하루一日」를 발표하기도 하였다.

이 시기 "『신청년』은 중국의 5·4신문화가 변혁을 일으키던 시기 출현한 간행물 가운데 가장 대표적이고 영향력이 큰 간행물이었다. 중국의 걸출한 정치가·혁명가·문학가 등은 이 잡지에 민주와 과학·신문학 건설·백화문 사용을 주장하고 부패한 봉건 문화 제도를 맹렬하게 공격하였다."[38]

『신청년』을 중심으로 한 5·4신문화운동은 중국 근(현)대 아동문학이

---

36 孔海珠, 『茅盾和兒童文學』, 少年兒童出版社, 1990, 410쪽.

37 1917년 2월 후스가 발표한 「백화시 8수」는 중국에서 제일 먼저 발표된 신시로 그 중 「나비(胡蝶)」가 아동시의 특징을 지니고 있다. 저우쭤런의 아동문학 창작은 주로 아동시 창작에 집중하였으며, 「동요(兒歌)」·「소귀나물 화분(慈姑的盆)」·「눈싸움하는 사람(打雪的人)」·「길에서 본 것(路上所見)」은 백화시의 모범이 되는 작품이다. 류반눙 역시 아동시 창작의 선구자로 「종이 한 장 차이(相隔一層紙)」·「유모(奶娘)」·「샤오훼이 돐날의 사진에 부쳐(題女兒小惠周歲日照相)」·「한 작은 시골집의 저녁(一個小農家的暮)」등의 작품은 중국 근(현)대 아동시가의 근원이 되었다. 이밖에 『신청년』에는 류다바이(劉大白)의 동요체 시인 「베 파는 노래 10수(賣布謠之群十首)」·「새로운 새소리 모음 10수(新禽言之群十二首)」은 작가가 현실에 대한 평가와 아동에 대한 진실한 사랑을 잘 표현한 작품이다. 簡平, 『上海少年兒童報刊簡史』, 少年兒童出版社, 2010, 27쪽.

38 陳東陽, 「晩晴-五四啓蒙思潮與現代兒童文學」, 鄭州大學碩士論文, 2012, 30~31쪽.

사회와 문학계에서 독립된 자신의 위치를 확립하고 영향력을 행사할 수 있도록 촉진하는 역할을 하였다. 이 당시는 '아동문학'이 가장 유행하였고, 아동문학 연구와 아동문학 편집, 아동문학 강연 등이 활발하게 이루어졌다. 그리고 『신청년』의 영향 아래 학생이 주체가 되는 계몽지가 대량으로 출현하기 시작하였다.[39]

2) 신문학의 요람 『문학순간』·『문학』·『문학주보』

『문학주보』는 1921년에 창간한 『문학순간』의 전신으로 1923년 제80기까지는 이 명칭을 사용하다가 1923년 제81기부터 1925년 제171기까지는 『문학』으로 바꾸고, 다시 1929년 종간될 때까지는 『문학주보』라는 이름으로 발행되었다.[40] 『문학순간』과 『문학』은 『시사신보』 부속 간행물이었으나, 『문학주보』에 이르러서는 『시사신보』에서 독립되어 4권부터는 개명서점開明書店에서, 다시 1929년 1월 1일 351기8권부터는 상해 원동

39 상해를 중심으로 1914년에는 초등교육연구회가 발간한 『소학교(小學校)』가, 1916년 5월 15일에는 환구 중국 학생회가 발간한 『환구(環球)』가, 1916년 11월 25일에는 상해 소년선선난의 『신소년(新少年)』이 빈 일간으로 창간되었다. 뒤이어 1917년 4월에는 상해 중국 학생연합회의 『학생월간(學生月刊)』이, 1918년 1월에는 상해 학생 지석회의 계간지인 『지석(砺志)』이, 1918년 5월에는 상해학생 연구회의 『일신잡지(日新雜誌)』가, 1919년 1월에는 신교육 공진사가 창간한 월간지 『신교육(新教育)』등이 발간되었다. 1919년 5·4운동 폭발 후 전국 각지 학생 대표들이 6월 16일 상해에 모여 상해 학생연합회를 결성하고 18일에는 『상해학생연합회일간(上海學生聯合會日刊)』을 출판하였다. 1920년 1월 1일에는 『소년세계(少年世界)』가 창간되었는데, 이는 리다쟈오(李大釗) 등이 발기한 소년 중국학회를 계승하여 1919년 7월 북경에서 창간한 『소년중국(少年中國)』 창간 뒤 발행한 두 번째 간행물로 남경분회에서 편집을 맡은 월간지였다. 1921년에는 상해 교통 도서관에서 『소년보(少年報)』가 창간되는 등 당시 신문화운동은 소년 아동잡지들을 새로운 발전단계로 접어들게 하였다. 簡平, 『上海少年兒童報刊簡史』, 少年兒童出版社, 2010, 28~29쪽.

40 賈植芳 編, 『文學研究會資料(上)』, 知識産權出版社, 2010, 987~1073쪽.

도서공사遠東圖書公司에서 인쇄하였다. 『문학주보』는 8년 7개월 동안 발행되다가 1929년 12월 29일 380기를 끝으로 정간하였다.[41] 『문학주보』는 창간부터 종간까지 몇 차례 형식적으로 편집장이 바뀌기는 했으나 실질적인 편집장은 정전둬였다. 자오징선은 "모든 간행물 발간 기간 중 정전둬의 공로가 제일 컸다"고 술회하고 있으며, 예샤오쥔 역시 "『문학순간』의 편집, 원고 송부, 교열 등은 늘 정전둬가 맡았다"고 회고하였다.[42]

문학연구회가 『문학순간』을 창간할 수밖에 없었던 이유는 제약에서 벗어나 자유로운 자신들의 주장을 펼치기 위함이었다. 문학연구회의 기관잡지로 알려진 『소설월보』는 실제로는 상무인서관의 간행물이었기에 출판사인 상무인서관으로부터 일정 부분 감독과 간섭을 받을 수밖에 없었다. 이 때문에 정전둬를 비롯한 문학연구회 측에는 줄곧 적당한 기회에 자신들의 간행물을 발간하고자 하는 염원을 가지고 있었다. 이러한 바람 역시 정전둬의 활동과 능력에 의해 『문학주보』의 발간을 실현할 수 있었다. 정전둬는 북경 철도관리 학교 졸업 후 상해로 오면서 상무인서관에서 『시사신보』 부속 간행물인 『학등』의 편집장을 겸하면서, 이 기회를 통해 문학연구회 기관지인 『문학순간』을 1921년 5월 10일에 창간하였다.[43]

『문학주보』는 줄곧 문학연구회의 목표인 '세계문학을 연구하여 소개하고 중국 구문학을 정리하며 신문학을 창조'하는 일에 노력하였다. 정전둬는 『문학순간』 선언에서 다음과 같이 말하였다.

---

41 高曉瑞, 「『文學周報』與文學硏究會」, 西南大學碩士論文, 2014, 3쪽.

42 1922년 12월 1일 『소설월보』 편집장일로 바쁜 정전둬 대신 문학연구회에서는 셰유이[謝六逸]를 '주임편집'자로 결정하였으나 실제 책임자는 정전둬였다. 또 1927년 해외로 도피했을 당시에는 『소설월보』는 예샤오쥔이, 『문학순간』은 자오징선이 임시로 편집장을 맡았다가 정전둬가 귀국한 후에는 다시 정전둬가 대표 편집자가 되었다. 陳福康, 『鄭振鐸論』, 商務印書館, 1991, 461쪽.

43 石曙萍, 「文學硏究會硏究」, 復旦大學博士論文, 2005, 121~122쪽.

이 황량한 문학의 폐허 속에서 우리는 이 시대 작가와 번역가의 숲에 들어가길 바란다. 중국 문학의 재생과 분투를 위해, 한편으론 세계문학을 중국에 소개하고 한편으론 중국 문학을 창조하는 노력으로써 세계문학계 한가운데서 공헌하고자 한다.[44]

『문학주보』는 『소설월보』와 비교해 아동문학의 비중이 높지 않은 편이었으나 안데르센, 에르셴코의 동화와 그리스와 인도의 신화, 우화, 민담 등을 수록하였다. 1921년 『문학순간』 제 6호1921.6.30에 춘차이蠢才의 논총 「민간전설 가요연구의 필요研究民間傳說歌謠的必要」와 「동화와 신기한 이야기童話與神異故事」를 시작으로 예샤오쥔의 시 「아이와 그림자兒和影子」·「부처에게 절하다拜菩薩」, 루인廬隱의 아동소설 「어느 여선생一個女教員」, 안데르센 작품으로 위샹선餘祥森이 번역한 「그림없는 동화책無畵的畵帖」을 실었다.

이후 『문학』에는 더 많은 아동문학 관련 작품이 수록되어 마오둔이 번역한 아라비아 우언 「거룩한 어리석은 자聖的愚者」, 허웨이신何味辛의 동화극 〈쥐의 희생田鼠的犧牲〉, 화루化魯가 번역한 이스라엘 민담 「행복幸福」, 일본 오가와 미메이小川未明의 동화 「붉은 인어와 아이赤魚與小孩」, 안데르센의 「행복한 가정快樂的家庭」 등이 실렸다. 그리고 정전둬가 쓴 예샤오쥔의 동화집 『허수아비』 서문과 중국 민담을 논술한 「맹강녀」, 「인도우화」 등도 있었다.

『문학주보』에는 자오징선의 논총 「동화의 갈래童話的分系」와 「동화의 인도내원설童話的印度來源說」, 「러시아 민간고사俄國民間故事」 「코카서스 민간고사

---

44 在此寂寞的文學墟墳中, 我們願意加入當代作者譯者之林, 爲中國文學的再生而奮鬥, 一面努力介紹世界文學到中國, 一面努力創造中國的文學, 以貢獻於世界文學界中. 「『文學旬刊』宣言」, 『文學旬刊』, 1921년 5월 10일.

高加索民間故事」를 비롯하여 예더쥔葉德均과 순쉬전孫席珍의 〈소흥 가요紹興歌謠〉, 톨스토이의 작품을 번역한 「일, 죽음 그리고 병工作死亡與疾病」, 중국 최초로 아동생활을 묘사한 신시를 쓴 위핑보俞平伯의 「추억」이 실렸다. 그리고 안데르센의 작품으로는 구쥔정이 번역한 「호머의 무덤에 핀 장미 한 송이荷馬墓上的一朵玫瑰花」와 쉬디아푸의 「데이지雛菊」가 실렸고, 정전둬는 시디西諦라는 필명으로 프랑스 역사시와 코카서스 민담을 소개하기도 하였다.

3) 신문학 대표 문예잡지 『소설월보』

『소설월보』는 중국 근대와 현대를 넘나들며 1910년부터 1932년까지 22년간 발행된 잡지로서 중화민국 초기와 5·4운동 이후 영향력이 아주 컸던 문학 간행물이었다. 그러기에 『소설월보』는 중국 근(현)대문학의 근(현)대화 과정을 잘 보여주는 간행물이면서 중국 문학의 근(현)대화에서 중요한 작용을 한 잡지이기도 하다.[45] 『소설월보』는 문학연구회의 기관지 역할을 했으며 상무인서관에서 출판하여 매년 1권, 매월 1호를 발행하였다. 이 당시 『소설월보』에 발표한 문장은 주로 고문이었고, '취미를 중시'하는 원앙호접파의 작품이 주를 이루었다.[46]

거대한 출판사 상무인서관은 근(현)대문학의 조력자이면서 추진 역할을 하였고, 출판을 통해 근(현)대 문화를 전파하고 근(현)대문학 작가와 독자를 배양하였다.[47] 그러나 신문화운동의 대명사격인 『신청년』의 등장으로 상무인서관이 위기에 처하게 되자 새로운 개혁이 필요하게 되었다.

45 劉洋, 「現代出版視野下的『小說月報』(1910~1931)研究」, 『浙江社會科學』 12期, 2013, 137쪽.

46 高君箴, 「鄭振鐸與『小說月報』的變遷」, 『新文学史料』 3期, 1979, 166~167쪽.

47 李秀萍, 「文學研究會與商務印書館關系初探」, 『濟寧學院學報』 5期 , 2015, 5쪽.

5·4 시기 중국 사상계와 문화계의 급격한 변화로 보수적 개량주의 입장이던 상무인서관은 영업 실적이 저조해지고 신문화계의 비판을 받게 되었다. 1918년 9월과 1919년 2월 천두슈 등은 『신청년』에 공개적으로 상무인서관에서 발행한 잡지를 비평하였다.

이러한 상황에서 상업적 이익 창출을 겨냥한 상무인서관과 기관지가 필요했던 문학연구회가 서로 합작하여 『소설월보』를 개혁하기에 이르렀다. 『소설월보』에 그동안 주로 실렸던 원앙호접파의 변문이나 고문 소설 등의 작품들은 20년대에 들어서자 독자들의 기호가 바뀌면서 시장을 잃게 되었다. 이에 상무인서관 측은 1920년 11월 마오둔을 편집장으로 앉혀 개혁을 하기에 이르렀다. 1921년 1월 마오둔이 전면적인 개혁을 하여 신문학 첫 번째 발간지가 된 『소설월보』는 『신청년』의 현실주의 문학 방향을 이어받아 신문학의 시대를 열었고,[48] 후에 정전둬가 합류하여 '인생을 위한 문학'을 부르짖으면서[49] 문학연구회의 기관지로 변신하게 되었다. 개혁된 『소설월보』는 1921년 1월 10일 제12권 1호부터는 마오둔이, 1923년에는 정전둬, 1927년에 예사오쥔이 잠시 편집장을 담당하다가 다시 정전둬가 파리에서 귀국한 1928년 10월부터 정간될 때까지 편집장을 맡았다. 『소설월보』 12권 10호는 이들의 주장과 주의를 엿볼 수 있는 「압박받는 민족의 문학被損害民族的文學」 특집호로 발행되기도 하였다. 여기에는 루쉰·저우쭤런·마오둔 등의 번역작과 논문, 동유럽과 북유럽의 진보적 경향의 작품이 실렸다.[50]

판정원潘正文은 『소설월보』가 번역·문학이론·비평·창작 경향에 있어

48 潘正文, 『『小說月報』與中國文學的現代進程』, 人民出版社, 2013, 28쪽.

49 周武, 「商務印書館與五四新文化運動」, 『社會科學』 5期, 1999, 70~71쪽.

50 陸榮椿, 「鄭振鐸在中國新文學建設中的貢獻」, 『文藝理論與批評』 3期, 1989, 90쪽.

서 근(현)대화를 선도하였다고 보았다. 번역에 있어서는 중국 사회를 개혁하기 위한 세계문학을 소개하였고, 문학이론과 비평 역시 서구의 근(현)대 이론과 비평을 수입하였다. 그리고 소설의 창작 제재와 주제가 다양하였고 작품에 담긴 가치관과 윤리관은 근(현)대성을 띠었다. 시가 방면에서는 신시가 출현하였고 백화문을 사용하여 시체가 더 자유로워졌으며, 산문에서도 서정적인 풍격이 나타나고 자유와 개성의 근(현)대 관념이 드러나기 시작하였다. 또 희극은 서구의 근(현)대적인 새로운 희극 관념을 흡수하면서 내용과 형식에 있어서 근(현)대 희극을 향해 나아가기 시작했다.[51]

이 같은『소설월보』의 근(현)대화를 향한 노력은 아동문학에 대한 관심을 수반하여 문학연구회 작가들의 아동문학 작품들이『소설월보』에도 실렸다. 1921년 1월 12권 1호부터는 마오둔이 편집장을 맡은 2년 동안 아동문학 관련 작품은 8편이었으나, 정전둬가 편집장을 맡은 이후부터는 아동문학이 더욱 강화되었다.『소설월보』는 외국의 아동문학 작품을 많이 소개하였고, 아동문학 창작을 중요시하였으며, 외국 아동문학 자료를 소개하는데 주의를 기울였다.[52] 왕촨건은 그의 저서『현대 아동문학의 선구現代兒童文學的先驅』에서 "『소설월보』는 줄곧 아동문학을 중시하여 아동들에게 정선된 작품을 선사하려고 노력하였다.『소설월보』는 부문별로 개괄하여 작품을 실어 아동문학의 기본 면모를 보여주었기에『소설월보』를 살펴보면 당시의 풍부한 아동문학을 알 수 있다"[53]고 하였다.

---

51 潘正文,『小說月報與中國文學的現代進程』, 人民出版社, 2013, 53~189쪽.

52 王泉根,『現代兒童文學的先驅』, 上海文藝出版社, 1987, 144~145쪽.

53 趙曉紅,「『小說月報』(1921~1931)翻譯兒童文學研究」, 四川外語學院碩士論文, 2011, 3~4쪽.

『소설월보』는 서구 아동문학 작품 번역을 주로 삼고 국내의 자주적인 창작은 보조가 되는 방식을 채택하였다. 『소설월보』의 국외 아동문학 번역은 두 종류로 나뉘는데 첫째가 아동문학 작품이나 작가 소개였고 둘째는 아동문학 작품의 일부를 선택한 번역이었다. 이는 우수한 아동문학 작품의 번역을 통해 아동문학의 지지자를 만들어 아동문학의 독자를 확대하고 발전시키면서 다른 한편으로는 아동문학 창작에 뜻이 있는 자들에게 참고할 만한 범례와 창작의 영감을 주고자 하였다.[54] 『소설월보』는 아동문학의 다원화를 추구하여 형식에 구애받지 않고 동화·신화·우화·산문시·극본 등을 소개하였다.

그리고 일부 국가나 지역에 제한을 두지 않아 일본·러시아·덴마크·이탈리아·영국·그리스·인도·독일·코카서스 등의 민담이나 우화 등을 소개하여 아동문학에 대한 독자의 지평을 넓히는데 일조하였다. 이 가운데 안데르센·오스카 와일드·그림 형제의 작품이 많은 비중을 차지하였다. 이들 작가의 작품은 『소설월보』에 소개되기 이전부터 여러 편이 이미 번역되어 영향을 미치고 있었다.

마오둔이 편집장으로 있던 시절에는 신문학을 널리 알린다는 목표 아래 해외 아동문학의 우수한 작품을 실었다. 대표적인 아동문학 작품으로는 루인의 군벌의 잔인한 진압을 파헤친 아동소설 「두 초등학생兩個小學生」과 13세의 남자아이와 여동생의 사랑스러운 모습을 묘사한 빙신의 「집 떠난 1년離家的一年」이 실렸다. 또한 왕통자오王統照의 「눈 온 후雪後」 및 1922년 제13권 8호에는 아동 산문으로 뛰어난 쉬디산許地山의 「땅콩落花生」과 주즈칭의 산문인 「연못에 비친 달빛荷塘月色」이 실렸다.

54 張青, 「1920年代中國兒童文學觀念的興起與嬗變」, 華東師範大學碩士論文, 2012, 8쪽.

이어 정전둬가 편집장으로 있던 시절에는 아동문학 비중이 더 강화되어 1924년 5권 제1기부터는 ‘아동문학’ 전문란을 신설하여 많은 작품을 소개하였다. 그 중에는 루쉰이 번역한 에르센코의 동화 「붉은 꽃紅的花」, 쉬탸오푸徐調孚가 번역한 이탈리아의 유명한 작가 카를로 콜로디Carlo Collodi의 동화 「피노키오의 모험木偶奇遇記」, 가오쥔전이 번역한 영국 아동소설 「천진한 수잔天真的沙珊」, 장샤오티엔張曉天이 번역한 일본 근(현)대 동화의 선구자인 오가와 미메이[55]의 「촛불과 풀蠟燭與草花」 등 여러 나라의 문학작품을 실었다.

또한 아동 생활을 제재로 한 소설인 예샤오쥔의 「작은 장인小銅匠」, 자오징선의 「부은 손紅腫的手」, 쉬위눠徐玉諾의 「요람 속에서在搖籃裏」, 쉬즈싱徐志行의 「사제師弟」, 페이밍廢名의 「샤오우의 양치기小五放羊」와 산문으로 펑쯔카이豐子愷의 「화잔의 일기華瞻的日記」, 빙신의 「산중잡기山中雜記」를 수록하였다. 그리고 동화 작품으로 쉬즈모徐志摩의 「꼬마 도박꾼의 허풍小賭婆兒的大話」, 옌지떵嚴即澄의 「봄날의 귀로春天的歸去」, 쉬웨이난徐蔚南의 「뱀 신랑蛇郎」, 정전둬의 「북두칠성七星」, 징인위敬隱漁의 「황태자皇太子」와 아동시로는 주샹朱湘의 「요람가搖籃歌」와 「고양이가 말하다貓語」, 아동극으로는 구중이顧仲彝의 〈연설講道〉과 〈노력用功〉 등의 작품이 실렸다. 아동문학 작품 못지않게 판면과 설계에도 아동을 위한 특색을 살린 펑쯔카이가 그린 표지와 삽화

---

55 오가와 미메이(小川未明 : 1882~1961)는 일본 동화작가이며 소설가이다. 니가타(新潟)현에서 태어났으며 와세다 대학 영문과 재학 중 쓰보우치 쇼요(坪內逍遙)와 고이즈미 야쿠모(小泉八雲) 의 지도를 받았다. 1905년 졸업 후 와세다 문학사에 입사하여 『소년문고(少年文庫)』를 편집했다. 단편집 『수인(愁人)』(1907)으로 문단에 데뷔하였다. 『미련한 고양이』 등으로 신낭만주의 작가로 명성을 얻었고, 처녀동화집인 『붉은 배(赤い船)』(1910)를 펴냈다. 그는 일본 근대 아동문학에서 동화를 예술적으로 확립한 가장 탁월한 선구자라 할 수 있다. 高宰錫 編著, 『日本文學·思想名著事典』, 깊은 샘, 1993, 429쪽.

등은 아동 정취를 물씬 풍겼다. 그리고 1925년에는 안데르센 탄생 120주년 및 서거 50주년을 기념하여 『소설월보』 8, 9기를 「안데르센호」로 발간하기도 하였다.

이밖에도 구쥔정顧均正은 세계동화사를 잘 정리하여 17권 1기부터 일목요연하게 「세계동화 명저소개」를 연재하였다. 영국의 루디어드 키플링 Rudyard Kipling의 『망총집莽叢集』을 시작으로 17권 2기에는 제임스 매트 베리의 『피터팬』을, 17권 8기에는 동화의 아버지라고 불리는 프랑스 동화작가 페로의 『어미 거위 이야기鵝母親故事』 동화 모음집을 소개하였다. 페로의 『어미 거위 이야기』에는 누구에게나 널리 알려진 「빨간 모자」·「잠자는 숲속의 공주」·「엄지공주」·「장화신은 고양이」·「신데렐라」·「푸른 수염」 등의 이야기가 담겨 있는데, 이들 이야기는 백여 년 동안 전해져 온 이야기들로 고대 민담의 흔적이라고 설명하였다.

제3장

문학연구회와 아동문학운동

중국 근(현)대문학사상 최초로 결성된 문학단체는 1921년 1월 북경에서 결성된 문학연구회다. 문학연구회는 『신청년』이 해체1921.10된 이후 최초로 출현한 문학단체로 문학혁명의 계승을 자임하면서 중국 근(현)대문학의 발전에 가장 큰 영향을 끼친 단체였다. 문학연구회는 북경 사회실진회北京社會實進會와 신조사新潮社, 서광사曙光社에 몸담았던 이들이 연합하여 만든 단체로 문학연구회의 조직은 초기 신문학운동의 결과 중 하나로, 당시 저명한 문인들 대부분이 이 단체에 가입했다.[1] 문학연구회 발기인 12인의 구성을 보면 〈표 3-1〉과 같다.

〈표 3-1〉 문학연구회 발기인 구성

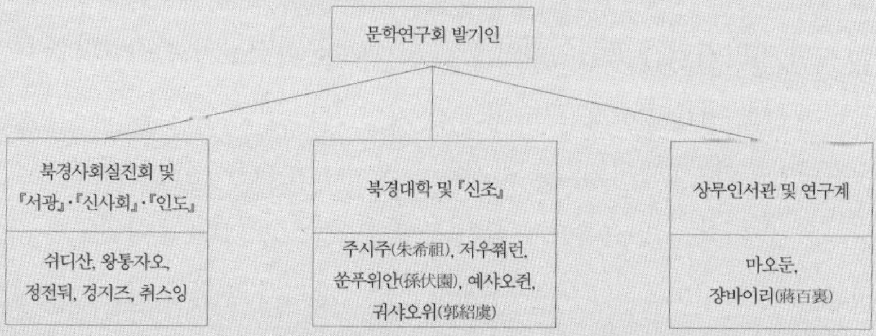

첫 번째 그룹은 북경 사회실진회 및 『신사회』·『인도』 발간에 참가한 정전둬를 중심으로 한 북경의 학생 그룹으로 문학연구회 결성에 가장 핵심

1 周策縱·曺秉漢 역, 『5·4 운동－근대 중국의 지식혁명』, 광민사, 1980, 263쪽.

적이고 주도적인 역할을 하였다. 두 번째 그룹은 북경대학과 『신조』에 속한 사람들로 이들은 정전둬가 인간관계와 편지 등을 통한 가입 요청으로 합류한 인물들이다. 그리고 마지막으로 상무인서관과 관련된 마오둔과 당시 연구계[2]의 핵심인물로 문화계의 유력한 『강학회講學會』와 『공학사共學社』라는 두 기구를 관장한 장바이리의 그룹이 있었다. 이렇게 다양한 성분의 다양한 세 그룹을 하나로 연결[3]하여 문학연구회를 탄생시키는데 중요한 역할을 정전둬는 문학연구회 발기와 동시에 서기간사를 맡아 활동했으며, 후에 문학연구회 회지를 출판하던 상무인서관 편역소장 가오멍단의 사위가 되었다. 「문학연구회 회원록」을 보면 발기 이후 앞다투어 172명의 회원이 등록[4]을 했을 정도로 호응이 컸다.

1920년 11월, 12인의 주도 아래 결성된 문학연구회는 1921년 1월 4일, 북경에서 정식으로 설립을 선포한 후 정전둬를 서기 간사로 추천하고, 마오둔을 편집장으로 하여 『소설월보』를 회보로 정하였다. 문학은 반드시 '인생을 위한 것' 즉, 사회생활의 반영이어야 하며 인생의 문제와 관계있는 것의 이야기이자 표현이어야 한다는 것이 문학연구회의 리얼리즘 문학관의 기본 내용이었다.[5]

문학연구회는 "세계문학을 소개하고 중국 구문학을 정리하며 새로운 문학을 창조"하는 것을 목표로 삼아 문학청년들을 모았다. 문학연구회 구성원 중에는 이미 외국문학을 소개하고 번역했거나 중국 고전문학 연구

---

2 청조 붕괴 이후 군벌들이 횡행한 결과 20여개의 정치 계파가 형성되었는데 교통계(交通系), 연구계(硏究系), 정학계(政學系) 등의 정치 단체들은 각기 자기들의 언론기관을 소유하고 있었다. 조경희, 「文學硏究會 小考」, 『中國語文論叢』, 1992, 260쪽.

3 조경희, 「文學硏究會 小考」, 『中國語文論叢』, 1992, 258~261쪽.

4 蔣風, 『中國現代兒童文學史』, 河北少年兒童出版社, 1986, 54~56쪽.

5 朱德發·馮光廉, 김태만 역, 『중국 현대문학사 해설』, 열음사, 142~143쪽.

자, 시인·소설가·수필가와 희곡작가도 있었다. 이들은 신문학 창조를 위하여 '인생을 위한 문학'과 '리얼리즘 문학'을 주장하였다. 또 '피와 눈물의 문학' 즉, 문인들은 반드시 시대의 부름에 상응해야 하고, 고난의 사회에 민감하게 글을 써야 한다고 주장하였다. 문인들은 상아탑 안에 머무르지 말고, 인간세계의 인물로 일반인보다 더 깊이 국가 사회의 고통과 재난을 느껴야 한다고 부르짖었다.[6] 이들은 봉건적인 문학관과 특히 문학을 유희로 여기는 원앙호접파의 대표적인 토요일禮拜六파[7]와 투쟁을 벌여 나가면서 『신청년』의 리얼리즘 전통을 한층 더 풍부하게 하면서 발전시켜 나갔다.

5·4운동 시기 전에는 원앙호접파의 간행물로 1910년 7월에 창간된 『소설월보』를 인수받아 기관지로 개편하였고, 일간신문인 『문학순간』과 『시』 월간지도 발행하여 『문학연구회 총서』 125종을 발간하였다. 문학연구회는 1932년 『소설월보』가 국민당 정부의 포고령에 의해 정간당할 때까지 신진작가의 발굴, 서구문학의 번역, 문학이론의 소개와 평론 활동 등을 꾸준히 지속하였다.[8]

5·4신문화운동 시기에 가장 먼저 탄생한 창작동화집은 예사오쥔의 『허수아비』이며, 첫 번째 아동 간행물은 정전둬가 창간한 『아동세계』였고, 아동문학에 관한 이론은 저우쭤런의 「아동의 문학」, 첫 번째로 등장한 아동 산문집은 빙신의 『어린 독자에게寄小讀者』로 모두 문학연구회와

6 鄭振鐸, 「『中國新文學大系·文學論爭集』導言」, 『鄭振鐸全集 3卷』, 527쪽.

7 원앙호접파(鴛鴦蝴蝶派)의 한 부류로 1914년 6월 6일 『토요일』이라는 잡지를 창간함으로써 붙여진 이름이다. 대표적인 작가로는 저우(周瘦鵑)·왕춘건(王鈍根) 등이 있다. 이들은 유희와 심심풀이로써의 유미주의 문학을 부르짖었다. http://www.baidu.com

8 金學主·李東鄕·金榮九, 『중국문학사』 II, 한국방송대출판부, 270쪽.

관계된 이들의 작품이다.[9] 특히 "예사오쥔·쉬디산·왕퉁자오·빙신·주쯔칭·황루인黃廬隱·왕루옌王魯彦 등은 문학연구회의 사상과 창작 경향을 잘 드러낸 작가들로서, 문학연구회는 출판 방면에서 제일 재력이 좋은 출판 기업인 상해 상무인서관의 전폭적인 지지를 받으면서 1921년부터 1927년까지 가장 활발하게 활동했고 이 기간이 회원이 가장 많았던 전성기였다."[10] 특히 이들은 아동문학에 열정적으로 관심을 가지고 많은 성과를 이루었다.

5·4신문화운동 시기 『신청년』은 문학혁명을 일으켰고, 유가 중심의 구문화와 구도덕을 맹렬히 비판하며 신문화운동의 주요 활동 무대가 되었다. 그러나 『신청년』은 1919년 5·4운동 이후 후스와 천두슈를 대표로 하는 노선에 갈등을 겪으면서 1920년 9월 이후부터는 유물사상과 사회주의 운동의 간행물에서 결국에는 공산당 기관지로 변하고 말았다. 『신청년』이 당시 유일한 신문학운동의 간행물이었기에 문학과 문화 영역에는 공백이 생기기 시작하였다. 이때 바로 문학잡지의 필요성과 절박함을 느낀 나머지 1921년 1월에 설립한 문학단체가 바로 문학연구회이다.[11]

정전둬는 이 문학연구회에서 처음부터 마지막까지 활동을 주도해 온 주요 인물이다. 예사오쥔은 「문학연구회 약술略敘文學研究會」에서 "정전둬는 최초 발기인으로 각 방면에 연락을 취하고 의견을 절충하는데 큰 힘을 쏟았다. 문학연구회 창립 모임에서 간사로 뽑힌 후 그가 이 모임의 업무를 운영하였다"고 말하였다. 궈사오위 역시 「문학연구회 성립 당시의 기억"文學研究會"成立時點滴回憶」에서 "문학연구회 조직의 핵심인물은 정전둬이

9 王卓, 「論文學研究會建構的兒童文學」, 華東師範大學碩士論文, 2008, 5쪽.

10 蔣風, 『中國現代兒童文學史』, 河北少年兒童出版社, 1986, 54쪽.

11 石曙萍, 「文學研究會研究」, 復旦大學博士論文, 2005, 25쪽.

다. 정전둬가 상해로 오면서 문학연구회 역시 그를 따라 상해로 이동하였다"[12]고 회고하였다.

문학연구회는 '인간의 문학'과 '현실주의 문학'을 이념으로 내세웠다. 이 이론은 저우쭤런이 『신청년』에 「인간의 문학」이라는 논설을 발표한 1918년에 처음으로 등장했는데, 그는 이 말을 개인주의적 인도주의에 입각한 문학이라는 의미로 사용했다. 저우쭤런은 문학은 '문학을 위한 것'이 아니라 인류를 위한 것이어야 한다고 말하였고, 문학연구회 설립 후 그가 기초한 선언문에 이 이론을 구체화시켰다. '인간을 위한 문학'은 '문학은 도를 실어야 한다文以載道'[13]는 이념에 반대하고, '예술을 위한 예술'의 개념도 배격하였다. 저우쭤런은 이처럼 기존관념을 뒤집고 '인간을 위한' 문학을 주장하였고, 이는 바로 중국문학의 근(현)대화를 향한 것이었다.[14]

『신청년』이 번역과 이론으로 창작의 기운을 열었듯이, 문학연구회 역시 논설과 외국문학 번역, 창작활동을 활발히 전개하였다. 이들은 각종 간행물을 통해 여러 활동을 전개하였다. 이 가운데 아동문학 관련 활동으로는 아동문학에 대한 이론 확립과 연구, 외국 아동문학 작품의 번역 소개 및 농화와 시를 비롯한 그본의 창작, 민간 동요 수집 등을 들 수 있다.

이처럼 문학연구회가 아동문학에 깊은 관심을 가진 배경에는 문학연

---

12 林榮松, 「五四"新文化運動中的鄭振鐸」, 『新文化史料』 2期, 2000, 49쪽.

13 '문장은 도를 담아야 한다'는 논지로써 문학의 사회 교육적 의의를 강조하는 개념이다. 공자(孔子) 이래 중국의 문학 사상은 대부분 유가 이념을 중심으로 전개되어 왔으며, 그 의의는 개인보다는 집단과 사회에 대한 기여를 중시하는 입장을 취하고 있다. 공자의 시설(詩說), 중당(中唐) 백거이(白居易)의 풍유시가 사회계도적 효용을 강조한 신악부운동(新樂府運動), 당·송대에 걸쳐 진행된 고문운동(古文運動)이 그러하다. 『문학비평용어사전』.

14 王恒升, 「論"五四"文學社團對中國文學現代化進程的影響與貢獻」, 『濰坊學院學報』 5卷3期, 2005, 101쪽.

구회에 가입하기 전에 이미 아동문학에 종사한 자들이 많았던 것도 크게 작용한 것으로 보인다. 그들은 출판사에서 아동문학의 편집을 맡거나, 초등학교 교사로 장기적으로 근무했거나, 외국 아동문학 작품을 번역했거나, 동화나 동요를 연구한 이들이었다. 이들이 함께 호응하여 '인생을 위한 문학'의 취지와 '미래 세대를 위한' 강한 책임감을 가졌기에, 서로 역량을 모아 아동문학의 발전을 추진할 수 있었다.[15]

1. 아동문학 이론체계 확립

1) 아동인식 개혁을 부르짖은 루쉰

루쉰1881~1936은 중국 (근)현대문학을 대표하는 작가로 본명은 저우수런周樹人이다. 1918년 중국 최초의 현대소설로 알려진 「광인일기狂人日記」를 비롯하여 많은 소설과 산문을 발표하였다. 그는 중국의 근(현)대문학 초기 중국문단을 이끌었으며, 그의 문하에서 많은 작가들이 배출되기도 하였다. 그의 작품은 당시 중국의 현실을 대상으로 하였기에 문학활동 역시 강한 현실참여의 전제 위에서 이루어졌다. 특히 마오저둥毛澤東의 극찬으로 인해 루쉰은 사후 위대한 작가가 아니라 민족의 혁명 영웅에서 점차 신격화되기에 이르렀다. 중국 공산당은 그의 문학적 생애를 사회주의적 문학활동으로 점철된 것으로 서술하고 그의 문학을 사회주의 일변도의 시각에서만 평가하고 있다.

중국 근(현)대 아동문학 방면의 이론 확립에도 크게 이바지한 루쉰은

15 蔣風,『中國現代兒童文學史』, 河北少年兒童出版社, 1986, 56쪽.

문학연구회의 정식 회원은 아니었다. 문학연구회 설립 시 루쉰은 교육부에 직을 두고 있었고 당시 문관법文官法 규정에 의해 정부 관원은 사회단체와는 관계를 가질 수 없었기에 참가하지 않았다. 그렇지만 루쉰은 늘 문학연구회 문학 경향에 동조하는 입장을 표명했고, 그의 많은 창작과 번역을 『소설월보』에 싣는 등 문학연구회와 관계가 깊었다. 그는 「광인일기」를 통해 '아이들을 구하자救救孩子'고 부르짖었고, 봉건적인 가정의 윤리제도를 공격하며 '어린이 중심幼兒爲本'의 아동관을 제시하였다.

루쉰은 5·4신문화운동을 전후하여 20여 편의 아동문제와 아동문학 관련 논문을 남겼는데, 아동문학의 성질, 특징, 작용, 창작방법 등에 대한 기본 견해와 아동문학의 주요 제재인 동화와 우화, 동요, 아동극 연구를 하였다.[16] 루쉰의 아동관은 다윈의 생물진화론의 영향을 받은 것으로, '청년은 반드시 노인보다 낫다'며 아동의 선진성을 인정하였다. 루쉰의 '유아본위'의 아동관은 먼저 아동을 이해하고, 아동을 독립적인 개인으로 대하면서 그들에게 인간으로서 평등한 권리를 부여한다고 주장하였다. 루쉰은 '국민성 개조'를 위해서는 아동에 대한 인식이 먼저 개혁되어야 한다고 부르짖었다.[17]

루쉰의 전반기 문학의 주요 특징 가운데 하나가 아동에 대한 지속적인 관심을 들 수 있는데, 이 때문에 아동과 밀접한 관련이 있는 작품이 많다. 바로 산문집 『아침꽃을 저녁에 줍다朝花夕拾』와 『들풀野草』 속의 「연風箏」, 「눈雪」 그리고 『외침吶喊』 속의 「공을기孔乙己」, 「토끼와 고양이兎和貓」, 「오리의 희극鴨的喜劇」, 「고향故鄕」, 「사희社戲」등은 전적으로 아동을 위해 창작한

16 單元, 「開拓的業績－論五四時期新文化先驅者們的兒童文學理論構建」, 『鹹寧師專學報』, 1986, 43쪽.

17 陳瑞琴, 「五四新文學的兒童本位觀」, 華中師範大學碩士論文, 2012, 11~12쪽.

작품은 아니지만, 중국의 근(현)대 아동문학의 발전에 영향을 끼친 작품들이다.

또한 1930년대에는 10여 종의 잡지 편집에 관여하면서 신문학 확대 사업의 하나로 아동문학을 지원하기도 하였다. 곧 『조화순간朝花旬刊』 및 좌익 작가연합의 기관지였던 『맹아萌芽』, 『전초·문학도보前哨·文學導報』 등에 아동문학 작품과 이론, 번역 작품 등을 실었다. 특히 『문학』 7권 1호를 「아동문학특집」으로 구성하여 마오둔, 라오서老舍, 예성타오葉聖陶, 왕퉁자오 등 유명 작가의 아동문학 작품과 마오둔, 정전둬의 아동문학 이론을 싣기도 했다. 또 『역문譯文』에도 루쉰 자신이 번역한 「러시아 동화」를 발표하는 등 외국 아동문학 작품과 이론을 실었다.[18]

루쉰은 중국의 신문학 작가 중에 우리나라에서 가장 많은 사랑을 받은 작가이기도 하다. 1927년 유수인이 가장 먼저 『광인일기』東光를 번역하여 소개하였고 이후 1935년 『삼천리三千里』 잡지에도 발표되었다. 양백화는 『중국현대소설집』개벽사, 1929에 「두발 니야기」를 번역하였으며 1930년에는 『아Q정전』을 조선일보에 연재하였다. 그리고 같은 해 「상서傷逝」『중외일보』, 「행복한 가정幸福的家庭」『조선일보』, 1933, 「고향故鄕」朝光, 1936을 번역하여 발표하였다. 1930년 정래동은 조선일보에 「아Q정전을 읽고 나서讀了阿Q正傳以後」를 발표하고 이어서 1931년에는 20회로 루쉰 작품 평론을 연재했다. 정래동은 루쉰을 문학혁명의 근본정신, 곧 백화문에 새로운 사상을 담은 실천자로 평가하고 그의 작품을 논하였다. 루쉰이 서거한 1936년에는 이육사가 추모글을 5회에 걸쳐 싣기도 할[19]만큼 근대 시기 우리나라 지식

18 蔣風 主編, 『中國兒童文學史』, 華東師範大學出版社, 2018, 117~118쪽.

19 張東天, 「日據末期韓國期刊登載中國現代文學韓語譯文的背景及特點-以《三千里》月刊爲中心-」, 『중국어문논총』, 2009, 551~552쪽.

인들의 관심이 집중된 중국의 문학가이며 사상가였다.

2) '아동중심'을 주장한 저우쭤런

문학연구회 발기인의 한 사람으로서 중국 아동문학 연구의 선구자이면서 중요한 이론가는 저우쭤런1885~1967이다. 저우쭤런은 루쉰의 동생으로 중국 아동문학 연구의 선구자이면서 중요한 이론가로 지식인들 사이에서 영향력이 컸던 인물이다. 저우쭤런은 중일전쟁中日戰爭 때 왕징웨이汪精衛 정권에 협력했다는 이유로 매국노로 체포되어 감옥살이를 하다가 석방되었다. 만년에는 그리스 문학 및 일본문학과 관련된 번역과 저술에 힘썼다. 문화대혁명이 일어나자 재산을 몰수당한 후 작은 헛간으로 쫓겨나서 비참하게 지내다 삶을 마감하였다.

신문학 사상사에서 가장 먼저 등장한 아동문학에 관한 논설은 『신청년』 제8권 4호1921에 발표한 저우쭤런의 「아동의 문학」[20]이다. 아동문학 연구가들은 "저우쭤런의 「아동의 문학」으로부터 '아동문학'이라는 명칭이 처음 등장했고, 시간이 지나면서 '아동의 문학'에서 '아동문학'으로 바뀐 것"[21]으로 보기도 한다. 문학연구회 선언을 기초하기도 한 저우쭤런은 최초로 아동문학으로써의 동요와 동화를 연구하였으며 근(현)대 중국동화 이론 부문을 확립하였다.

저우쭤런은 1912년부터 1920년에 이르는 기간 동안 「동화연구童話研究」, 「동화약론童話略論」, 「아동연구 도언兒童研究導言」, 「덴마크시인 안데르센전丹麦詩人安兑尔然傳」, 「아동문제의 기초적 이해兒童問題之初解」, 「옛 동화 해석

20 1920년 10월 26일 북평의 공덕(孔德) 학교에서 한 강연을 후에 『신청년』에 발표한 것이다.

21 蔣風·韓進, 『中國兒童文學史』, 安徽教育出版社, 1998, 100쪽.

古童話譯意」 등 아동과 아동문학에 대한 글을 많이 발표하였다. 여기에는 아동의 문학의 성질, 특징, 작용, 창작 등 기본 이론에 대한 탐구와 동화, 동요 등 각종 문체에 대한 연구가 망라되어 있다. 이 글들은 1923년 북신서국北新書局에서 출판된 『나의 정원自己的園地』과 『아동문학소론兒童文學小論』에 주로 실려있다.[22]

그의 「동화연구」과 「동화약론」은 학술적으로 아동문학 이론을 정립한 최초의 글로 중국 근(현)대 아동문학 이론의 길을 가장 먼저 개척하였다. 저우쭤런은 「동화약론・서序」에서 "아동교육과 동화의 관계를 최근 몇몇이 언급하고 있으나 본말이 제대로 고려되지 않아 잘못 생각하는 자들이 더러 있다. 동화연구는 민속학을 근거로 하여 그 본원을 탐구하고, 아동학을 더하여 그 응용범위를 정하여야 한다"고 하였는데, 이것이 그의 동화에 관한 인식이었다.[23] 그의 아동과 아동문학에 대한 사상은 서구의 신화학, 문화인류학, 아동학, 인본주의 사상의 영향을 받았다. 이는 저우쭤런이 일본에 유학하던 시절1906~1911 당시 일본에 대두하던 아동학의 영향 때문이기도 하였다. 저우쭤런의 '아동중심'이라는 근대적 아동인식 역시 다윈의 진화론으로부터 촉진된 인류학 이론인 재연설復演說과 미국의 심리학자 그랜빌 스탠리 홀Granville Stanley Hall, 타카시마 헤이자부로高島平三郎 등의 아동학 및 인도주의와 개인주의 사상과 깊은 관련이 있다.[24] 이는 저우쭤런이 일본 학자들의 글을 번역한 「놀이와 교육遊戲與教育」1913, 「장난감연구・2玩具研究二」1914, 「아동의 싸움 연구小兒爭鬪之研究」1914 등의 글을 보면

22 王泉根, 「論周作人與中國現代兒童文學」, 『浙江師範學院學報』 2期, 1984, 29쪽.

23 武文剛・李利芳, 「現代中國兒童文學理論的發生」, 『中國現代文學研究叢刊』 1期, 2007, 279쪽.

24 朱自强, 「周作人－兒童的文學(1922)」, 『朱自强學術文集5・中國兒童文學史論』, 二十一世紀出版社, 2015, 162쪽.

확실히 알 수 있다.

저우쭤런이 제기한 '아동중심'이라는 말은 1914년에 발표한 「학교성적 전람회 의견서」[25]에 처음으로 등장하였다. 이 글에서 저우쭤런은 전람회의 목적은 아동의 학문에 대한 마음을 격려하고 학교 교육의 효과를 거두기 위한 것임을 강조하였다. 아동교육은 본래 자발적인 성질에 기초하여 이를 격려하여 흥미를 이끌어야 하고, 교육은 백년의 사업이므로 하루아침의 계획으로 성과를 거둘 수 없으며, 아동을 일깨우는 핵심은 이론이나 기술이 아니라 아동이 스스로 추구해야 한다고 하였다. 즉 전람회는 이러한 본의를 잘 간직하여 바로 아동을 중심以兒童爲本位으로 하는 심사기준을 가지고 실행해야 한다고 말하고 있다. "이후 이 '아동중심'은 저우쭤런 아동관의 핵심이 되었으며, 신문화운동 시기 적극적으로 주장을 펼친 '아동해방'의 전조가 되었다."[26] 이후 『신보부전晨報副鐫』에 연재한 「아동의 책兒童的書」에 '아동중심'이 본격적으로 등장하였다.

> 아동의 문학은 오직 아동중심이며, 그밖에 더 이상 어떤 표준도 없다. 중국은 아직 아동을 발견하지 못했다. 사실 사람과 여자 역시 아직까지 발견되지 않았기에, 진정으로 아동을 위하는 문학 역시 없다.[27]

---

25 일본에서 귀국하여 고향으로 돌아온 周作人은 1912年부터 浙江省 教育廳에서 반년 동안 督学을 역임한 후, 第五高中에서 4年간 영어를 가르쳤으므로 이 글은 이때 쓴 것이다. 이 전람회에는 그 내용으로 보아 아동의 예술 작품들(수예, 서화 등)이 출품된 것으로 보인다.

26 劉軍, 「周作人兒童文學論探源」, 『魯迅研究月刊』 12期, 2009, 62쪽.

27 兒童文學只是兒童本位的, 此外更沒有什麼標准. 中國未曾發現兒童, 其實連個人與女子也還未發見, 所以真的爲兒童的文學也自然沒有. 周作人, 「兒童的書」, 『自己的園地-綠洲』, 1923, 109쪽.

저우쭤런은 인도주의에 입각하여 아동을 독립된 인간으로 존중해야 하며, 아동의 문학적 수요를 충족시켜주어야 한다고 주장하고 있다. 그리고 인류학과 아동학을 기반으로 인류 문명의 발달과정과 인간개체의 발달을 같다고 보았다. 저우쭤런의 '아동중심'인식은 존 듀이의 '아동중심'의 영향보다는 일본 유학 당시 접했던 아동학과 관련이 깊다.

주쯔창은 저우쭤런의 '아동중심'이 일본 아동문학의 선구자 타카시마 헤이자부로의 저서 『아동연구兒童研究』와 밀접한 관련이 있다고 보았다. 바로 헤이자부로의 『아동연구』에는 '아동중심'이, 『아동을 노래하는 문학歌詠兒童的文學』1910에 맥클린톡의 "literature for children"이라는 용어가 나오는데 바로 여기에 쓰인 '아동중심'과 '아동문학'을 차용[28]한 것으로 보고 있다. 이러한 견해는 아주 타당성이 높아 보인다. 『쓰디쓴 차苦茶』에서 저우쭤런은 동경 유학시기 일본에서 타카시마 헤이자부로의 『아동을 노래하는 문학』과 『아동연구』를 읽고 아동학에 관심을 갖게 되었다고 말하고 있기 때문이다.

첸리췬은 '아동중심'이 저우쭤런이 거론했던 '자연인성론'에서 발전한 것이라고 보았다. 저우쭤런은 아동을 이해해야 하고, 그들의 천성과 자유로운 발전에 함부로 간섭하면 기형적 성질을 만들 수 있다고 우려하였다. 저우쭤런이 발표한 글들을 통해 '아동중심'을 정리해 보면 아동을 독립된 인격으로 인정하고, 아동의 흥미를 존중하며, 아동의 신체와 정신발달에 맞추어 적절한 것들을 공급하는 것이라고 할 수 있다. '아동을 사람으로 대하기', '아동은 아동으로 보기'라는 그의 생각은 아동의 독립성과 주체성을 강조한 것이었으며, 그가 제시한 '아동의 문학'은 '아동적'이면서 '문

---

28 朱自強, 「周作人的"兒童文學"觀念的發生－以日本影響爲中心」, 『蘭州大學學報』 6期. 2019, 74쪽.

학적'인 것을 의미했다. 그의 이 이론은 과학적인 견해와 관점으로 아동문학을 독립된 하나의 학문이 되는 기초를 만들었다.[29] 그가 말하는 아동의 문학은 '아동'에 치중하지 않고 '문학'에도 관심을 기울이는 것이었다.

또한 저우쭤런은 인류학파로부터 도입한 신화학 이론에 바탕을 두고 동화와 아동문학의 중요성을 인식하였다. 저우쭤런은 인류학파의 대표적인 학자 에드워드 타일러Edward Tylor와 앤드류 랭Andrew Lang의 학설을 소개하였다. 이들은 동화 속에서 초기 역사 단계의 흔적들을 찾으려 했고, 그 흔적들을 여러 민족들의 동화들과 비교하였다. 저우쭤런은 이들의 학설을 바탕으로 동화를 인간의 심성을 도야시킬 수 있는 첩경으로 보았다. 그리고 원시사회의 이야기를 신화mythoe, 세설saga, 동화märchen로 나누고 동화는 "원시사회의 문학"이라고 정의하였다.[30] 19세기에 유럽에서 시작되어 20세기 초 일본을 거쳐 중국에서 논의됐던 동화와 민담에 관한 내용은 다음과 같다.

> 간단하게 말하면, 신화는 원시인의 종교이고, 세설은 원시인의 역사이며, 동화는 원시인의 문학이다. 고로 같은 전설이 갑이라는 지역에서는 신화가 되고 을이라는 지역에서는 동화로 바뀌는데, 대략 문화가 변하면서 전이되는 것이므로 동화는 신화와 세설의 한 갈래에 지나지 않지만, (…중략…) 특별히 문명이 발달한 나라에서는 옛 풍속이 점점 쇠퇴하면서 이러한 종류의 전설을 아동들이 좋아하기에 보존 될 수 있었다. 그러나 농민사회에서 유행하고 널리 퍼진 것은 그 심리가 단순한 것이 어린이와 같았고 원시사상과 맞아서이다.[31]

29 張永健 主編,『20世紀中國兒童文學史』, 遙寧少年兒童出版社, 2006, 47쪽.

30 周作人,「關於童話的討論」,『晨報副刊』, 1922, 1, 24.

31 周作人,「童話略論」,『兒童文學小論中國新文學的原流』, 河北教育出版社, 2002, 5쪽.

저우쭤런은 동화가 여러 지역을 넘나들며 약간의 변형이 가해졌지만, 여전히 그 흔적이 남아있는 까닭은 원시사상과 아동의 심리가 일치하고 원시 사람들의 개성이 독립되지 않아서, 집단의 성격이 모두 그 안에 투영되었기 때문으로 보았다. 유희 동화 속 동물 이야기가 바로 동물민담이며, 민담이 바로 동화였기에 당시 선진 지식인들은 저우쭤런의 이러한 인식을 받아들여 신화와 전설, 민담 연구를 진행하였고 이것은 곧 동화연구이기도 하였다.

3) 동화이론을 완성한 자오징선

자오징선1902~1985은 고전문학 연구가이며 편집자, 번역가로 활동했다. 1923년 문학연구회에 가입하여 인생을 위한 예술에 동참하였다. 1925년 상해로 와서『소설월보』에서 세계문단 소식을 집필하였고『문학주보』 편집장을 맡기도 했다. 1928년 개명서점 편집을 맡기 시작하여 문학연구회 해체 후에도 계속 북신서국에서 편집일을 하였다.[32] 그의 저작은 문학사, 시사, 희곡, 외국문학, 민간문학, 아동문학의 다방면에 걸쳐 있다.

자오징선은 중국 아동문학사상 동화연구에 있어서 중요한 위치를 지닌 인물이다. 그는 저우쭤런과 함께 중국의 동화이론을 완성하였다. "자오징선은 저우쭤런과 1922년 1월 9일부터 4월 6일까지『신보晨報』부속지에 동화에 대한 토론을 전개하였고, 이후 1928년까지 동화와 관련된 많은 글들이 등장"[33]하는 계기가 되었다. 자오징선은 이러한 내용을 정리하여『동화평론童話評論』,『동화개요童話概要』,『동화학 ABC童話學 ABC』 등의

32 石曙萍,「文學研究會研究」, 復旦大學博士論文, 2005, 63쪽.

33 武文剛·李利芳,「現代中國兒童文學理論的發生」,『中國現代文學研究叢刊』1期, 2007, 284쪽.

책을 출판하였다. 자오징선은 저우쭤런과 인식을 같이 하였기에 인류학파의 영향을 받아 민속학적 시각에서 유명한 동화를 유형적으로 비교하였다. 『동화학 ABC』에서 자오징선은 '동화란 민간고사'라고 하였고 『동화개요』에서는 동화를 광의와 협의의 두 종류로 구분하였다. 그는 동화는 아이들에게 제공하는 것으로 각종 동화의 선택과 예술적 가공은 부도덕하지 않아야 하며 아동의 심신발전에 적합하여야 한다고 주장하였다. 그는 정전둬 이후 그림이야기를 가장 많이 창작한 작가로 54종의 그림이야기를 썼다.[34]

자오징선의 『동화평론』은 '민속학적 연구', '교육학적 연구'와 '문학적 연구' 세 영역으로 나뉜다. '민속학적 연구'에는 펑페이馮飛의 「동화와 공상童話與空想」, 자오징선의 「서유기의 민속학적 가치西遊記在民俗學上的價值」, 후위즈胡愈之의 「민간문학을 논함論民間文學」을 수록하였다. 그리고 '교육학적 연구'에는 저우쭤런의 「아동의 문학」, 정전둬의 「『아동세계』 선언『兒童世界』宣言」, 후스의 「아동문학의 가치兒童文學的價值」 및 옌지청嚴既澄, 저우방다오周邦道, 장공링章松齡 등의 글을 실었다.

'문학적 연구'에는 궈모뤄郭沫若의 「아동문학의 발견兒童文學之管見」, 샤몐쭌夏丏尊의 「러시아의 동화문학俄國的童話文學」, 저우쭤런・장원톈張聞天・자오징선 등의 오스카와일드 동화에 대한 평론과 저우쭤런의 「십의 구를 읽고讀「十之九」」 및 자오징선 본인의 「안데르센 평전」 등 안데르센 동화와 관련된 평론과 정전둬의 『허수아비』 서문을 실었다. 이처럼 자오징선은 당시 각종 간행물에 발표된 가장 대표적인 동화연구 논문을 대거 수록하여 동화이론을 수립하는 데 큰 공헌"[35]을 하였다.

---

34 王泉根, 『現代兒童的先驅』, 上海文藝出版社, 1987, 117쪽.

35 李慧, 「童話論」, 上海師範大學博士論文, 2010, 7쪽.

2. 세계 아동문학 작품 번역

이 시기 아동문학은 일반문학과 마찬가지로 해외 작품번역이 주를 이루고 있었다. 신문화운동 전후 시기의 문학작품의 번역 소개는 중국 문학이 고전에서 근대적으로 변해가는 과정에 아주 중요한 역할을 담당하였다. 이는 작가들의 서술방식과 대상뿐 아니라 그들의 문학관과 가치관을 전달[36]해 주는 매개체였기에 중국문학의 근(현)대화를 촉진하는 데 큰 도움을 주었다. 이 당시 지식인들이 외국의 신사조와 문학작품을 번역하여 소개하는 데는 궁극적으로 다음과 같은 목적이 있었다. 하나는 외국의 신문학을 소개하여 중국의 신문학운동에 기여하는 것과 다른 하나는 외국의 신사조를 소개함으로써 중국의 사회를 바꾸는데 기여하는 것이었다.[37]

이 당시에는 다양한 외국 아동문학 작품이 번역되었는데, 이 중 아동소설 『쿠오레』를 번역한 『사랑의 교육』이 큰 인기를 끌었다. 또 오스카 와일드, 그림형제, 에르센코, 타고르, 오가와 미메이 등 세계 여러 나라 아동문학 작품이 대거 소개되었다. 중국 근(현)대문학의 대가들은 5·4신문화운동 시기를 전후하여 아동문학 작품번역을 통해 아동에 대한 인식을 전환하고자 하였다.

1) 사회현실 의식을 강조한 루쉰

루쉰은 일본에서 추방될 상황에 놓인 소련의 무정부주의자 맹인 작가인 에르센코에 대한 관심을 갖게 되었다. 1921년 6월부터 루쉰은 에르센

36 潘正文, 『小說月報與中國文學的現代進程』, 人民出版社, 2013, 53쪽.

37 권애영, 「저우쭤런(周作人)의 안데르센 동화인식과 중국 현대 아동문학」, 『동서인문』, 2019, 322쪽.

코에 관한 글을 쓰기 시작하여 그의 일본어 동화집인 『달 밝은 날의 노래月明前之歌』를 『연못가에서池边』라는 제목으로 번역하였다. 그리고 1922년 2월 북경대학의 에스페란토어 교수로 오게 된 에르센코를 자신과 저우쭤런이 같이 살던 북경 집에 1년여간 머무르게 하였다. 이런 연유로 루쉰은 『에르센코 동화집』1922을 상무인서관에서 출판하였고 에르센코의 부탁으로 3막 동화극인 〈분홍색 구름桃色的雲〉도 번역하여 『신보부간』에 발표하였다. 이 작품은 1923년 7월 북경 신조사에서 초판을, 1926년 북신서국北新書局에서 재판을, 1934년 상해 생활서점生活書店에서 재발간 되었다. 그리고 계속하여 에르센코의 동화 「작은 오리의 비극」, 「붉은 꽃」, 「사랑이라는 글자의 상처」 등을 당시 영향력있는 문학잡지인 『소설월보』에 발표한 후 이를 묶어 『세계의 화재世界的火災』라는 제목으로 1924년 12월에 상무인서관에서 발간하였다.[38]

그리고 네덜란드 작가이자 정신과 의사였던 프레데릭 윌렘 반 에덴Frederik Willem van Eeden의 장편동화 『작은 요하네스小约翰』도 번역하였다. 또 좌익 문예사조의 영향을 받아 사회주의자인 오스트리아 작가 겸 번역가인 헤르미니아 주어 뮐렌Hermynia Zur Mühlen의 동화 『어린 피터小彼得』1929도 번역하였는데 그의 부인인 쉬광핑許廣平이 번역하고 루쉰이 감수했다는 설도 있다.

루쉰은 아동과 민족, 국가의 운명이 연결된다고 생각하여 러시아 작품의 번역을 통해 아동에게 지혜와 사회현실에 대한 관심을 깨우치고자 하였다. 특히 1935년에 번역한 소련의 판테레이예프Leonid Panteleev, 1908~1987의 『금시계』는 1930년대 중반 중국 아동문학의 사상과 내용, 인물과 제

38 秦弓, 「魯迅的兒童文學翻譯」, 『山東社會科學』, 2013, 79쪽.

재에 큰 변화를 가져온 중요한 작품이다. 『금시계』는 판텔레이예프가 1928년에 쓴 중편 아동소설로 1930년 베를린에서 출판된 마하 아인스타인Maria Einstein 여사의 번역본을 루쉰이 재번역[39]한 것이다. 이 책은 판텔레이예프 자신의 경험이 녹아있는 작품으로 초판 이후 36차례나 발행[40]될 정도로 많은 인기를 끌었다.

이 작품으로 중국의 아동문학계는 소련 아동문학 작품 소개를 더욱 활발하게 하였으며, 기존 아동문학에 대항하여 새롭게 현실생활에 참여하는 리얼리즘 아동문학이 대두되는 계기가 마련되었다.[41] 후펑胡風은 『금시계』가 '이전의 전통문학에 강하게 반항하는' 작품으로써, 이전의 아동문학 작품들은 '아동'을 추상적인 개념으로 보았고, 작가의 도덕관념을 강요했다고 보았다. 그동안 공주나 왕자가 등장하는 동화는 인생의 진실을 보여주지 못하므로 유익하지 않고, 과학지식이 담긴 도서는 예술적 힘이 없기에 인생의 진실을 반영한 예술작품이 필요하다는 주장하면서 『금시계』는 제재와 주제면에서 전통적인 문학작품과 다름을 높이 평가[42]하였다.

이처럼 높은 평가로 인해 이 작품은 동린컨董林肯이 극본으로 개편하여 계림桂林, 중경重慶, 복주福州, 곤명昆明 등지에서 연극으로 공연하기도 하였다. 또 1947년에는 몇 차례의 수정을 거쳐 상해에서 다시 무대에 올려졌고, 아동극본으로도 출판되었다. 1948년과 1949에는 저명한 연출가 황쭤린黃佐臨이 영화 극본으로 개작하여 영화로 만들었고 연환화만화로 출판하기도 하는 등 지속적으로 개작이 이루어졌다.[43] 또 1936년에는 영화감

39 魯迅, 「譯者的話」, 『魯迅全集』 14券, 1973, 295쪽.

40 王敏, 「20世紀三四十年代兒童小說的現實主義走向」, 南京師範大學碩士論文, 2016, 9쪽.

41 王泉根 評選, 評選, 『中國現代兒童文學論選』, 廣西人民出版社, 1989, 153쪽.

42 胡風, 「《錶》與兒童文學」, 『中國現代兒童文學論選』, 廣西人民出版社, 1989, 974~981쪽.

43 胡琳琳, 「ㅡ枚閃閃發光的文藝金表ㅡ蘇聯小說《錶》在現代中國的傳播與轉化」, 清華大學

독 차이추성蔡楚生이 원작을 모방하여 상해 유랑아동의 생활을 그린 〈길 잃은 어린 양迷途的羔羊〉을 제작하기도 하였는데, 최초로 아동문제를 다룬 이 영화는 아동의 눈으로 세상을 바라보면서 유랑아동을 성공적으로 그려내어 좌익 영화에서 성과를 거둔[44] 작품으로 평가받고 있다.

2) 안데르센과 조선 전설을 소개한 저우쭤런

저우쭤런은 초기 중국 아동문학 이론을 확립했을 뿐 아니라 외국 아동작품 번역도 활발하게 하였다. 1909년 형 루쉰과 함께 발간한 『역외소설집域外小說集』에는 그가 번역한 중국 최초의 오스카 와일드 작품인 「행복한 왕자安樂王子」와 안데르센의 「임금님의 새 옷皇帝的新衣」이 포함되어 있다. 저우쭤런은 원작이 지닌 언어의 묘미를 상실한 개역이나 번안을 비판하고, 임의로 고쳐서 번역한 작품을 다시 '직역'의 방법을 사용하여 아동의 입장에서 재번역하였다. 이는 계몽운동의 면모에서 벗어나 아동의 심리와 흥미에 부합함으로써 아동문학 본래의 면모를 되찾는 과정이었다.[45]

당시 영향력 있는 잡지였던 『신청년』 제6권 제1호1919년에 저우쭤런이 소개한 「성냥팔이 소녀」는 그동안 사용하던 문어체 문장을 사용하지 않고 구어체백화문를 사용한, 아동문학의 특색을 지닌 안데르센 동화 번역작이다.[46] 신문화운동에 참가한 대부분의 지식인들이 국민계몽운동의 차원으로 문학에 접근했다면 저우쭤런은 문학사조의 개념을 도입하여 보다

碩士論文, 2009, 2쪽.

44 王泉根, 「論三十年代兒童文學」, 『王泉根論兒童文學』, 接力出版社, 2008, 180쪽.

45 金炫廷, 「中國現代兒童文學 形成過程 硏究-梁启超 魯迅 周作人을 中心으로」-연세대 석사논문, 2000, 65쪽.

46 王蕾, 『安徒生童話在中國現代兒童文學』, 華東師範大學出版社, 2009, 30쪽.

전문적인 안목으로 문학에 대한 논의를 전개[47]하였다 이처럼 그가 시도한 안데르센 소개는 당시 지식인들이 앞다투어 안데르센 작품을 번역함으로써 중국인의 전통 관념을 바꾸는 데 일조하였다.

1922년 북경 정부의 교육부에서는 초등학교 교과서를 백화문으로 개편하였다. 5·4신문화운동 당시에는 '국어적 문학, 문학적 국어'의 기치 아래 수많은 문인들이 백화문 교재를 편찬하고 번역과 창작에 힘을 기울였다. 20년대 국민정부는 많은 자금을 투입하여 6개의 표준 교과과정을 선정했는데 이 또한 아동문학이 형성되고 발전하는데 많은 기여를 하였다. 특히 「성냥팔이 소녀」는 교육계에서도 관심이 높아지면서 1923년 상무인서관에서 발행한 『신학제 국어교과서』에 실렸고, 이후 민국시기 초등교과서에 5곳, 중학 교과서에는 13곳에나 실리게 되었다. 이 때문에 안데르센하면 바로 「성냥팔이 소녀」를 떠올릴 정도로 그 영향이 컸다.[48]

이후 "안데르센당"으로 불릴 정도로 많은 지식인들이 아동에 관한 인식을 바꾸는데 안데르센 동화와 안데르센에 대한 평가를 활용하였다. 이 때문에 안데르센 번역 열기가 당시 중국 문단을 휩쓸게 되었다. 안데르센 동화번역은 5·4시기 아동문학 번역에서 제일 중요한 문학 활동의 하나였고, 성인들의 문학을 취급했던 『소설월보』와 『문학주보』를 비롯하여 여러 다른 신문과 잡지에도 안데르센의 작품이 실렸다.[49]

특히 1925년은 안데르센 동화 번역이 최고조에 다다랐는데, 이때가 바로 안데르센 탄생 120주년인 동시에 서거 50주년을 맞이한 해였기 때문이다. 이에 문학연구회는 『소설월보』와 『문학주보』에 안데르센 특집호

47 金時俊·金榮九, 『中國現代文學論』, 한국방송대출판부, 1997, 67쪽.
48 李娜, 「民國教科書中《賣火柴的小女孩》概說」, 『語文建設』 13期, 2014, 66~69쪽.
49 王蕾, 『安徒生童話在中國現代兒童文學』, 華東師範大學出版社, 2009, 65~66쪽.

를 발간하면서 표지는 안데르센의 초상을 싣고 속지에는 안데르센 동화의 삽화와 함께 안데르센이 만든 종이 공예 작품 등을 소개하였다. 아래의 문학연구회의 기관지였던 『소설월보』와 『문학주보』에서 발행한 1925년의 특집호를 보면 안데르센에 대한 뜨거운 관심을 잘 잘 알 수 있다.

〈표 3-2〉 『소설월보』와 『문학주보』의 안데르센 특집호

구분	제목	작자	역자	수록지	발행일
논총	안데르센전(安徒生傳)	구권정		『소설월보』 16권 8호	1925.8.10
논총	내 동화의 기원과 과정(我作童話的來源和經過)	안데르센	자오징선	『소설월보』 16권 8호	1925.8.10
잡론	안데르센의 숨겨진 이야기(安徒生逸事)	자오징선		『소설월보』 16권 8호	1925.8.10
논총	안데르센 평전(安徒生評傳)	보이성(博益生)	장유송(張友松)	『소설월보』 16권 8호	1925.8.10
동화	부싯돌(火絨箱)	안데르센	쉬탸오푸	『소설월보』 16권 8호	1925.8.10
동화	행운의 덧신(幸福的套鞋)	안데르센	푸둥화(傅東華)	『소설월보』 16권 8호	1925.8.10
동화	완두콩 공주(豌豆上的公主)	안데르센	자오징선	『소설월보』 16권 8호	1925.8.10
동화	돼지치기 소년(牧豕人)	안데르센		『소설월보』 16권 8호	1925.8.10
동화	양치기소녀와 굴뚝 청소부(牧羊女郎和打掃煙囱者)	안데르센	쉬탸오푸	『소설월보』16권 8호	1925.8.10
동화	열쇠들 이야기(鎖眼阿來)	안데르센	자오징선	『소설월보』 16권 8호	1925.8.10
동화	아이들 이야기(孩子們的閑談)	안데르센	시니	『소설월보』 16권 8호	1925.8.10
동화	풍뎅이의 여행(小綠蟲)	안데르센	천치샹(岑麒祥)	『소설월보』 16권 8호	1925.8.10
동화	영감이 하는 일은 언제나 옳아요(老人做的總不錯)	안데르센	구권정	『소설월보』 16권 8호	1925.8.10
동화	촛불들(燭)	안데르센	자오징선	『소설월보』 16권 8호	1925.8.10
동극	백조들(天鵝)	안데르센	자오징선	『소설월보』 16권 8호	1925.8.10
논총	안데르센 작품과 안데르센 참고 서적(安徒生的作品及关于安徒生的参考书籍)	시디		『소설월보』 16권 8호	1925.8.10
논총	오빠, 안데르센이 누구야?(哥哥, 安徒生是誰?)	쉬탸오푸		『문학주보』 186기	1925.8.16

구분	제목	작자	역자	수록지	발행일
논총	안데르센의 처녀작 (安徒生的處女作)	쉬탸오푸		『문학주보』 186기	1925.8.16
논총	안데르센의 연애 이야기 (安徒生的戀愛故事)	구쥔정		『문학주보』 186기	1925.8.16
논총	안데르센 동화 속 사상 (安徒生童話裏的思想)	자오징선		『문학주보』 186기	1925.8.16
논총	예술의 신생명(文藝的新生命)	안데르센	선옌빙[50] (沈雁冰)	『문학주보』 186기	1925.8.16
논총	안데르센과 출생지 오덴세 (安徒生及其生地奧頓瑟)	C.M.R. Peterson	허우제 (後覺)	『소설월보』 16권 9호	1925.9.10
논총	안데르센의 어린 시절 (安徒生的童年)	안데르센	쟈오쥐인 (焦菊隱)	『소설월보』 16권 9호	1925.9.10
논총	안데르센 동화의 예술 (安徒生童話的藝術)	보란터 (勃蘭特)	자오징선	『소설월보』 16권 9호	1925.9.10
논총	즉흥시인(即興詩人)	구쥔정		『소설월보』 16권 9호	1925.9.10
논총	안데르센 동화의 기원과 계통 (安徒生童話的來源和系統)	안데르센	장유송	『소설월보』 16권 9호	1925.9.10
동화	빵을 밟아버린 소녀 (踐踏在面包上的女孩子)	안데르센	후위즈	『소설월보』 16권 9호	1925.9.10
동화	찻주전자(茶壺)	안데르센	판중윈 (樊仲雲)	『소설월보』 16권 9호	1925.9.10
동화	천국의 정원, 칠요일, 큰 비극 (樂園, 七曜日, 一個大悲哀)	안데르센	구쥔정	『소설월보』 16권 9호	1925.9.10
동화	돼지저금통, 천년 후, 봉황새 (撲滿, 千年之後, 鳳鳥)	안데르센	시디	『소설월보』 16권 9호	1925.9.10
동화	눈사람(雪人)	안데르센	션즈젠 (沈志堅)	『소설월보』 16권 9호	1925.9.10
동화	분홍 신(紅鞋)	안데르센	량즈난 (梁指南)	『소설월보』 16권 9호	1925.9.10
동화	요정들의 언덕(妖山)	안데르센	리짠위 (李贊育)	『소설월보』 16권 9호	1925.9.10
논총	안데르센 연보(安徒生年譜)	구쥔정/ 쉬탸오푸		『소설월보』 16권 9호	1925.9.10

50 마오둔의 자(字).

1925년 두 문학잡지에만 실린 안데르센 동화는 43종 68편[51]이었다. 안데르센 동화가 이처럼 많은 지식인들의 관심을 끌게 된 데는 당시의 시대 분위기와 밀접한 관련이 있다. "5·4시기 안데르센 동화는 인간의 발견임과 동시에 아동의 발견을 이끌었기에 많은 지식인들에게 관심의 대상이었다. 이 당시 선진 지식인들은 안데르센 동화의 언어와 아동사상을 통해 정신적 자유와 아동해방에 대한 필요를 추구"[52]하였기 때문이다. 저우쭤런은 여러 아동문학가 중에 '아동중심'을 대변하는 작가로 안데르센을 꼽았고, 이로 인해 안데르센 동화는 신문학과 신문화의 중요한 의의와 가치로 인식되었다.

그러나 안데르센 중시 분위기는 1927년 국민당의 좌익탄압에 대항하여 문학계 전반에 혁명문학론이 제기되고, 이후 좌익운동이 점점 성행하면서 변화를 겪게 된다. 진싱金星은 "안데르센 작품은 그림처럼 아름답고 시처럼 조화로우며 그는 평화롭고 자유로운 세상을 이루고자 하지만 실제로 아이들이 자라서 접하는 현실에서는 그 꿈이 부서지게 되므로, 안데르센은 그저 정원에나 머무르며 창작을 한 노망한 사람"[53]으로 폄하하기도 하였다. 이 때문에 안데르센의 작품은 더 이상 저우쭤런과 그 부류 인사들이 찬탄한 아동심리에 부합한 작품이 아니었고, 현실생활을 반영하고 계급성을 과장한 작품이 높은 평가를 받게 되었다. 「성냥팔이 소녀」는 하층민의 고통과 사회의 빈부격차를 드러내는 작품으로 인식되었다. 즉

---

51 盧娟, 「文學研究會兒童文學譯介及其影響研究」, 江南大學 碩士論文, 2016, 18쪽.

52 張珍, 「文本中的心靈體驗-趙景深對安徒生童話的研讀」, 『西昌學院學報』 22권 2기, 2010, 46쪽.

53 그는 러시아의 M. 일리인(Илья Яковлевич Маршак)을 아름다운 몽상이나 허황된 공중누각이 아닌 생활 속에 필요한 지식을 제재로 한 작가로 칭송하면서 그의 작품을 칭송하였다. 金星, 「兒童文學的題材」, 『現代父母』 3권 2호, 1935, 36쪽.

계급간의 극단적인 불평등을 인식하게 하여 아동들이 현실사회의 빈부 격차에 대한 불만과 사람들 간의 불평등에 대한 증오를 갖도록 교육하는 데 활용되었다.[54]

이밖에도 저우쭤런은 『신청년』에 러시아 표도르 솔로고프의 동화 「소년린이 일으킨 기적童子林的奇跡」[55]·「굴렁쇠鐵圈」,[56] 쿠프린의 「황제의 공원皇帝之公園」,[57] 톨스토이의 동화 「빈 북空大鼓」,[58] 에마 나카시江馬修의 「작디작은 한 사람小小的一個人」,[59] 센게 모토마로千家元麿의 「심야의 나팔深夜的喇叭」,[60] 쿠니키다 독보國木田獨步의 「소년의 비애少年的悲哀」[61] 등의 동화도 번역하여 소개하였다.

특별히 저우쭤런은 일본어로 쓰인 미와 다마키三輪環의 『전설의 조선伝説の朝鮮』을 가장 먼저 중국에 소개한 장본인이기도 하다. 신문화운동 시기의 지식인들은 신문학을 부르짖으면서 민간문학을 '귀족문학' 혹은 '정통문학'과 대립하는 개념으로 보았다. 이로 인해 신문학의 열기와 함께 중국에 민속학 연구가 시작되었고, 가장 먼저 민속학을 도입한 이가 바로 저우쭤런이었다.

"근대 국민국가 체제로 이행하는 과정에서 민간전승이 가지는 의미와 중요성이 부각[62]되면서 우리나라의 설화 역시 오랫동안 구비로 전승되다가 19세기 말 이래 가린, 게일, 다카하시 도루 등 외국인 연구자들에 의해

54 李娜, 「民國教科書中《賣火柴的小女孩》概說」, 『語文建設』 13期, 2014, 69쪽.
55 『新青年』 4卷 3號.
56 『新青年』 6卷 6號.
57 『新青年』 4卷 4號.
58 『新青年』 5卷 5號.
59 『新青年』 5卷 6號.
60 『新青年』 8卷 4號.
61 『新青年』 8卷 5號.
62 김광식·이시준, 『식민지 시기 일본어 조선설화집 기초적 연구』, 제이앤씨, 2014, 21쪽.

문자로 정착되기 시작하였다.[63] 특히 식민지 시기에는 조선민족의 심성과 원형의 발견 및 민간전승을 통한 교화 등의 필요에 의해 일본어로 쓰인 조선 설화집이 많이 발간되었다. 이들 설화집은 50종이 넘는 것으로 알려져 있는데, 본격적인 설화수집과 연구는 일본인에 의해 이루어졌다.[64]

저우쭤런은 『어사語絲』 주간을 창간한 후 민간문학을 중시하여 통속성이 짙은 민간고사와 신화전설, 가요, 지방극 등과 관계된 글을 싣는 등 민간문예 수집과 연구에 큰 역할을 담당하였다. 1925년 『어사』[65] 제28기 1925.5.25에는 「조선 전설朝鮮傳說」 3편이 실렸다. 여기에 실린 작품은 '인물편'의 「최치원崔致遠」과 「투법鬪法」, 그리고 '동화편'에 나오는 「도문掉文」이다. 「투법」은 서산대사와 사명당의 일화인 「신술 겨루기術競べ」이며, 「도문」은 「한자어 사용漢語遣ひ」을 번역한 것이다.

김광식은 저우쭤런이 번역한 3편의 작품이 중국 및 임진왜란과 관련 설화로 중국인이 관심을 가질만한 이야기를 선택한 것으로 보았다.[66] 그러나 저우쭤런이 우리 설화를 중국에 가장 먼저 소개하게 된 계기는 바로 그의 아동과 아동문학에 대한 관심에서 비롯된 것으로 보는게 더 타당하다. 저우쭤런은 인류학파인 앤드류 랭과 에드워드 타일러, 맥컬로치 J.A. MacCulloch의 인류학파로부터 도입한 신화학 이론으로 동화의 본질을 해석하면서 동화의 기원을 신화·전설과 관련지었다. 그의 아동과 아동문학에 대한 사상은 서구의 신화학·문화인류학·아동학·인본주의 사상

63 권혁래, 「머리말」, 『일제 강점기 설화·동화집 연구-우리 옛이야기의 정체성 찾기』, 고려대 민족문화연구원, 2013.

64 김광식·이시준, 『식민지 시기 일본어 조선설화집 기초적 연구』, 제이앤씨, 2014, 24쪽.

65 『어사』는 1924년 11월 17일에 창간한 주간지로 북경대학에서 발간하였다. 3년 후인 1927년 10월 장쭤린(張作霖) 정부에 의해 출판이 금지되자 상해로 옮겨가 북신서국에서 발행하다가 1930년 3월 10일 폐간되었다. 川島, 「說說《語絲》」, 『文學評論』, 1962, 77쪽.

66 김광식, 『근대 일본의 조선 구비문학 연구』, 보고사, 2018, 118쪽.

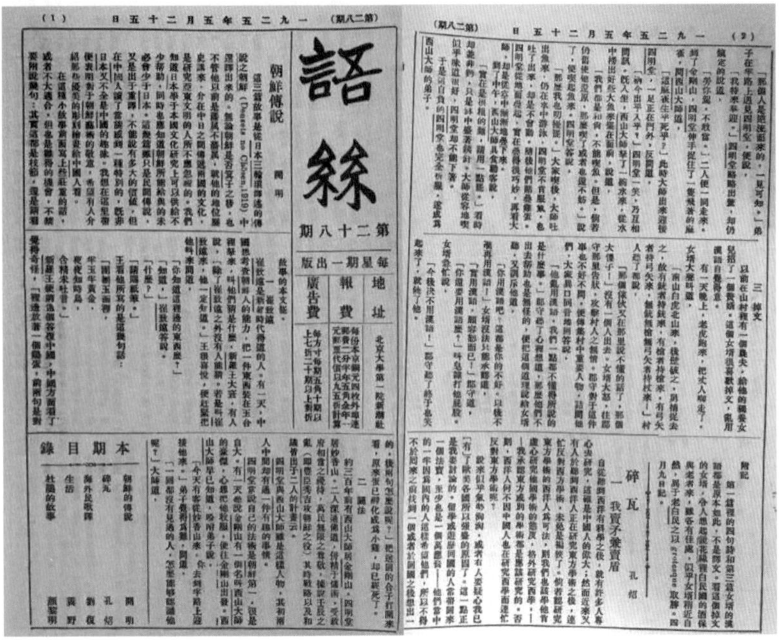

語絲

第二十八期

〈그림 3-1〉「조선 전설」 수록 『어사』 제28기(1925)

과 관련이 있으며, 이는 저우쭤런이 일본에 유학하던 시절 일본에 성행하던 아동학[67]의 영향 때문이기도 하였다. 당시 일본은 명치유신 이후 서방 근대학술 문화사조가 물밀듯이 밀려오던 시절이었다.

저우쭤런은 중국의 지식인들이 세계의 민속학 자료를 수집하고 정선하여 아동들에게 널리 읽혀야 한다고 「아동의 책」에서 주장하고 있다.[68]

---

67 19세기 말에서 20세기에 걸쳐 미국에서 '아동을 심신 양면에서 종합적으로 연구하는 것'을 목적으로 오스카 크리스만에 의해 제창되었다. 일본은 20세기 초 이러한 움직임을 공유하면서 1898년 『아동연구』라는 잡지를 발간하였다. 아동학은 의학, 생물학, 생리학, 심리학 등의 여러 분야에서 연구대상으로서, 연구재료로써 크게 부상하였다. 그러나 과학주의와 어우러질 수 없는 어린이 예찬론자들도 등장하였다. 스즈키 미에이치(鈴木三重吉), 오가와 등 다이쇼(大正) 동심주의자들은 '어린이의 마음=무구한 동심'으로 예찬하며 거기서 인류의 이상을 찾고자 했다. 혼다 마스코, 구수진 역, 『20세기는 어린이를 어떻게 보았는가』, 한림토이북, 2002, 28~85쪽.

68 나는 열의가 있는 사람들이 하나의 작은 단체로 모여 연구에 착수하여, 점차 각 지역의 가요와 이야기를 수집하고, 고서 속 자료를 고치고, 외국의 작품을 번역하여 몇 권의 책으로 편집하여 가정과 학교에 사용할 수 있도록 공급하고, 한편으로는 아동이 사용할 수 있는

저우쭤런이 소개한 「조선 전설」은 그가 일본 유학 시기부터 줄곧 관심을 가져온 아동문학과 민속학적 연구가 함께 어우러져 중국 독자들에게 첫선을 보이게 된 것으로 보인다. 「조선 전설」의 독자 대상은 비록 성인이었지만, 그가 줄곧 관심을 기울였던 아동문학과 민속학을 결합하여 아동에게 필요한 문학 공급을 환기시키기 위한 것이었다.[69]

이뿐 아니라 저우쭤런이 근대 우리나라 지식인들과 교류가 있었기에 조선전설 번역에 더 관심을 기울였을 개연성도 다분하다. 그에 관한 내용은 『저우쭤런 일기周作人日記』大象出版社, 1996를 통해서 알 수 있다. 저우쭤런의 일기에는 동인지 『폐허廢墟』의 시인 공초 오상순吳相淳, 독립운동가로 활동한 아나키스트 이우관李又觀, 북경에서 신채호申采浩의 『천고天鼓』 발간에 일조한 유림柳林, 북경 민국대학民國大學을 졸업한 후 북경대학에서 중국 근(현)대문학을 연구한 정래동丁來東, 그리고 북경대학에서 조선어와 일본어를 강의한 김구경金九經이 등장한다. 특히 정래동은 1935년 5월 『동아일보』에 연재한 「중국 문인 인상기(4)」를 통해 저우쭤런을 방문하여 나눈 대화 내용을 구체적으로 서술하였다. 김태준은 1932년 1월 잡지 『신흥新興』에 발표한 「북평 기행北平紀行」에 저우쭤런에 대한 인상과 서로 나눈 대화 내용을 생동감있게 묘사하였다. 백철은 1973년 11월 『세대』에 발표한 「북경 여름의 야화」에서 1940년대 초 저우쭤런을 방문하게 된 경위와 그와 나눈 대화를 간략하게 적고 있다.[70]

작은 책으로 편집하되 아름다운 장정을 사용하고 인쇄하여 아동교육에 여러 가지 많은 효과를 얻기를 바랍니다. 周作人, 「兒童的書」, 『自己的園地』, 岳麓書社, 1987, 112쪽.

69 권애영, 「1920~30년대 중국의 조선설화 번역 의도 고찰-미와 다마키(三輪環)의 『전설의 조선』과 마쓰무라 다케오(松村武雄)의 『일본동화집』 「조선부」를 중심으로」, 『중국문화연구』, 2022, 48~52쪽.

70 홍석표, 「근대시기 한국의 주작인(周作人) 비평과 인적(人的) 교류」, 『중국어문학지』 62권, 2018, 154~157쪽.

3) 외국 작품과의 결합을 모색한 마오둔

마오둔1896~1981은 문학혁명기에 상무인서관에서 문학잡지와 총서의 편집을 주관하며 진보적인 문학활동과 문화활동에 기여하였다. 마오둔이 1927년과 28년에 걸쳐 발표한 『식蝕』 3부작은 당시 중국사회의 상황을 배경으로 하여 혁명의 물결 속에서 젊은 청년들이 겪는 좌절과 방황, 희망을 그려내어 문단의 주목을 받았다. 정전둬 이전 『소설월보』 편집장을 맡기도 했으며, 좌익 작가연맹에서 활동하며 많은 작품을 발표했다. 그리고 중화인민공화국 성립 후 문화 및 작가협회와 관련된 직위를 맡기도 하였다. 이같이 중국 문학사에서 중요한 위치를 차지하고 있는 마오둔은 아동문학 개척자 중 한 사람으로서 아동문학 번역과 창작에도 힘을 쏟았다.

그는 1916년 북경대학 예과를 졸업하고 상해 상무인서관 편역소에서 일하기 시작하였는데, 당시 쑨위슈孫毓修가 발간하던 『동화』 편집을 돕다가 아동문학과 관련을 맺게 되었다. 마오둔은 쑨위슈를 도우면서 뛰어난 영어 실력으로 『의衣』·『식食』·『주住』라는 아동상식 도서를 번역하였는데 이것이 그의 첫 번역 작품이었다.[71] 마오둔은 영국과 미국에서 출판되던 잡지 및 아동백과전서를 접하면서 과학소설이 아동성장에 유익하다는 것을 알게 되었다. 이에 영국의 유명한 소설가 허버트 조지 웰스Herbert George Wells의 『거조도巨鳥島』를 「삼백 년 후에 부화한 알三百年後孵化之卵」로 번역하여 『학생』에 연재하였다. 이밖에 「20세기 이후의 남극二十世紀後之南極」 및 동생 선쩌민沈澤民과 함께 과학소설 「두 달 동안의 건축담兩月中之建築譚」을 번역하기도 하였다.[72]

---

71 任曉晉, 「茅盾翻譯活動初探」, 『外語研究』 4期, 1988, 22쪽.

72 於啟宏, 「茅盾與翻譯」, 『鄖陽師範高等專科學校學報』 1期, 2004, 57쪽.

1918년 7월부터 1923년 1월에 이르는 기간 마오둔이 편역한 동화는 28편[73]으로 그의 본명인 선더홍沈德鴻이라는 이름으로 『동화』[74]총서를 출판하였다. 마오둔이 펴낸 『동화』는 순수하게 외국의 동화나 민간고사를 개작한 것과 외국의 작품과 중국 고대의 내용을 결합하여 개작한 것, 그리고 순수한 창작도 있었다. 그러나 이 당시의 동화는 외국동화를 모방하거나 고대 전설을 개편하는 정도일뿐 작가의 독창적인 작품은 아니었다. 마오둔의 동화 역시 외국과 중국 고대의 내용을 더해 가공하고 개편한 것으로 주로 의인화와 대비수법을 잘 운용한 것이 그의 동화가 지닌 예술 특색이다.[75] 그의 작품은 오늘날의 시각에서 보면 유치하고 봉건적 사상의 잔재가 남아있기는 하나, 그래도 한편으론 창의적인 부분도 있다. 외국 아동문학에 완전히 의지하지 않은 그의 시도는 이후 동화창작의 본보기를 제공하였고, 동화형식 역시 5·4신문화운동 시기 아동의 발견을 실현한 것으로 평가된다.[76]

73 ① 大槐國 ② 千匹絹 ③ 負骨報恩 ④ 獅騾訪豬 ⑤ 獅受蚊欺 ⑥ 傲孤辱蟹 ⑦ 學由瓜得 ⑧ 風雪雲 ⑨ 平和會議 ⑩ 蜂蝸之爭 ⑪ 雞鶩之爭 ⑫ 金盞和與松樹 ⑬ 以鏡爲鑒 ⑭ 尋快樂 ⑮ 驢大哥 ⑯ 蛙公主 ⑰ 兎娶婦 ⑱ 鼠擇婿 ⑲ 狐兎入井 ⑳ 怪花園 ㉑ 書呆子 ㉒ 一段麻 ㉓ 樹中餓 ㉔ 牧羊郎官 ㉕ 海斯交運 ㉖ 金龜 ㉗ 飛行鞋 ㉘ 十二個月, 於啟宏, 「茅盾與翻譯」, 『鄖陽師範高等專科學校學報』 1期, 2004, 1~2쪽.

74 이 당시의 '동화'라는 용어의 범주는 아주 광범위해서 오늘날의 '아동문학'이라는 개념과 유사하다.

75 蔣風, 『中國現代兒童文學史』, 河北少年兒童出版社, 1986, 49~50쪽.

76 張永健 主編, 『20世紀中國兒童文學史』, 遙寧少年兒童出版社, 2006, 82쪽.

3. 현실을 반영한 문학 창작

문학연구회는 중국아동문학계에 큰 영향을 주었는데, 그중에서도 가장 의미가 큰 것은 바로 정전둬가 초기 편집장을 맡아 발간한 『아동세계』이다.[77] 『아동세계』는 『소설월보』와 서로 어울려서 아동문학운동의 진정한 활동의 마당이 되었다. 초창기 『아동세계』 잡지는 문학연구회 구성원들의 지지를 힘입어 운영되었다. 1922년 제1권부터 1923년 5권 1기까지가 이에 해당하며, 이 기간 동안 『아동세계』에 필자로 참여한 문학연구회 성원은 15명이었다. 당시 문학연구회 독서회[78]는 소설·시가·희극·비평문학·잡문의 다섯 분과로 나누어져 있었는데, 『아동세계』 필자들은 소설·시가·희극·비평문학 분과에 속해 있었다.

정전둬 편집장 시기 『아동세계』에 작품을 발표한 작가는 무려 181명[79]이나 된다. 이 중 문학연구회 회원은 15명으로 이들의 발표 작품 수를 살펴보면 〈표 3-3〉과 같다. 여기에는 번역작품과 창작작품이 포함된 것으로 이 가운데 정전둬의 작품이 가장 많은 비중을 차지하고 있다. 아래의 표를 통해서 『아동세계』 1권 1기부터 5권 1기까지의 시기는 정전둬는 편집자의 역할만이 아니라 작품 발표도 거의 전담하였음을 알 수 있다. 전체 집필자 중 이들이 차지하는 비율은 수치상으로 그다지 높은 편이 아니지만, 실제로 이들의 역할은 중국 아동문학사에서 그 공로가 지대하다. 이 가운데 정전둬를 제외한 창작 방면에 공헌이 있는 대표적인 작가를 살펴보고자 한다.

---

77 王泉根, 『現代兒童文學的先驅』, 上海文藝出版社, 1987, 139쪽.

78 「小說月報」 제12권 제6호(1921년 6월 10일)에 실린 자료에 근거하였으며 이후에 가입한 구성원들의 독서회 소속은 알 수 없다.

79 필명이 다른 것은 각기 따로 표기했으므로 실제 필자는 이보다 적을 수 있다.

〈표 3-3〉『아동세계』 문학연구회 필자

구분	이름	직업	독서회 분과					발표 작품수
			소설	시가	희극	비평	잡문	
발기인	정전둬	편집자, 번역가, 문학이론가	●		●	●		160
	겅치즈	문학번역가	●			●		3
	후톈웨 [胡天月]	신문 편집자						9
	후위즈	국제문제평론가						1
	예샤오쥔	교사, 작가		●				23
	쉬디산	소설가, 산문가	●		●			2
	왕퉁자오	소설가, 시인						1
회원	저우젠런 [周建人][80]	생물학자, 번역가						7
회원	가오쥔전	번역가						1
	겅스즈 [耿式之]	번역가			●			1
	구세강 [顧頡剛]	역사학자						2
	위핑보	시인, 문학비평가						1
	자오징선	문학사가, 문학비평가, 교사						3
	옌지떵	대학 강사						12
	셰루이 [謝六逸]	문학가						3

80 생물학자로 루쉰·저우쭤런의 동생이다. 1919년 북경대학에서 청강생으로 공부하였고 1921년 형 저우쭤런과 후스의 요청으로 상무인서관 편역소에 추천을 받아 일했다. 상무인서관에서 최초로 맡은 편집은 초·중등학교 동식물 박물 교과서를 만드는 일을 했고, 『자연과학 소총서(自然科學小總書)』의 수정 작업에 참가하기도 하였다. 『부녀잡지』에서 편집일을 하면서 부녀해방과 자유연애를 주장하는 문장을 발표하여 영향력을 발휘하였다. 1926년 새로 창간한 『자연계(自然界)』 편집장으로 옮겼고, 이 잡지는 상무인서관의 10대 잡지 중 하나가 되었다. 저우젠런은 생물학 방면에 많은 공적을 남겨 『유전론(遺傳論)』·『성과 유전(性與遺傳)』·『생물진화론(生物進化論)』)·『종의 기원(物種基源)』등을 번역하였고, 저서로는 『생물진화 상식(生物進化淺說)』 등이 있다. 저우젠런이 『아동세계』에 발표한 작품으로는 「거미의 생활(蜘蛛的生活)」(3권 1기)·「개미(螞蟻)」(3권 5기)·「개구리와 하루살이(蜻蜓和蜉蝣)」(3권 8기)·「해파리는 무엇일까(水母是什麽)」(4권 13기)·「돼지가 하는 말(說豬)」(5권 1기)·「다윈은 어떻게 자연을 연구했는가(達爾文怎樣研究自然)」(5권 1기)·「따개비는 무엇인가(藤壺是什麽)」(5권 1기)로 모두 과학관련 상식이나 과학자에 관한 이야기를 소개하고 있다.

1) 창작동화의 창시자 예사오쥔

예사오쥔1894~1988은 예성타오葉聖陶로도 불린다. 소주 현교懸橋의 가난한 집에서 태어나 1907년 소주 공립 중학교에 들어갔는데, 학업 기간 중 위우런于右任이 편집하던 『민호보民呼报』·『민립보民立报』를 접촉하게 되어 『민립보』의 편집자이던 송자오런宋敎仁과 편지를 주고 받았다. 중학교를 졸업한 후 중구 제3 초등학교에서 학생들을 가르쳤다. 1914년 부친이 돌아가시고 그 또한 학교에서 물러나게 되자 생계를 위해 문언소설을 써서 『토요일』·『소설총보小說總報』·『소설해小說海』 등 간행물에 투고하여 원고료를 받아 생활하였다. 1915년 어린 시절 친구였던 궈샤오위의 소개로 상무인서관이 세운 공상尚公 학교[81]에서 국어 교사를 하면서 상무인서관의 초등학교 국어 교과서 편집을 겸했고, 『신청년』 애독자이기도 하였다. 1917년 왕바이샹王伯祥 등과 오현吳縣으로 가서 교사를 하면서 더 이상 문언소설을 쓰지 않고, 『부녀잡지』에 첫 번째 백화소설을 발표했다. 1919년 친구 구셰강의 요청으로 『신조』에 백화로 쓴 글을 발표하고, 1919년 3월 『신조사』에 가입하였다. 5·4운동 기간에 『바른 소리直聲』를 창간하였고, 1920년 겨울 정전둬의 요청으로 문학연구회 발기인 중 한 명이 되었다.[82]

예사오쥔은 현실주의에 입각하여 창작의 물꼬를 튼 중국 근(현)대 아동문학사에서 기념비적인 작가이다. 예사오쥔의 주요 성취는 동화집 『허수아비』이다. 예사오쥔 역시 동화창작에 있어서 서구의 영향을 많이 받

---

81 상무인서관이 세운 실험 초등학교로 1905년에 창립하여 1907년에 정식으로 상공학교(尚公學校)로 이름지었다. '상공'은 공공교육과 공공정신을 숭상한다는 뜻이다. 1910년 상무인서관은 상공학교 부속으로 양진(養眞) 유치원도 세웠다. 그러나 일본이 침략한 1·28사변으로 인해 상공학교와 양진 유치원, 그리고 출판사 모두가 폭파되었다. http://baike.baidu.com.

82 石曙萍, 「文學硏究會硏究」, 復旦大學校 博士論文, 2005, 51쪽.

왔으나, 궁극적으로 그를 동화창작의 길로 인도한 사람은 바로 정전둬라고 말하고 있다.

> 내가 쓴 동화는 당연히 서구의 영향을 받았다. '5 · 4' 전후에 안데르센 · 와일드 · 그림 형제의 동화가 계속 소개되었다. 나는 초등학교 교사로 아동이 읽기에 적합한 이러한 문학형식에 관심을 가졌고, 그러면서 내 자신도 시도해 보려는 생각을 갖게 되었다 (…중략…) 그리고 내게 이 시도를 채근한 사람이 있었는데, 바로 정전둬 선생으로 그가 편집하던 『아동세계』에 원고를 주어야 했다. 『아동세계』는 매주 발행하므로 그가 원고독촉을 부지런히 하였기에 나 역시 열심히 작품을 썼다. 의욕적으로 반년 정도 동화를 썼고, 두 번째 해 6월에 『허수아비』를 끝마쳤다. 이후 왜 집필을 멈추었는가? (…중략…) 정전둬 선생이 『아동세계』 편집을 하지 않아서였을까? 그런 가능성이 있다.[83]

초등학교 교사였던 예사오쥔은 『아동세계』 1권 8기에 그의 첫 번째 작품 「씨앗 한 톨一粒种子」를 시작으로, 9기에는 「작은 쪽배小白船」를 발표하였다. 그의 동화창작은 정전둬에 의해 시작되었고, 정전둬가 『아동세계』 편집을 그만두면서 거의 손을 놓았다. 후평은 다음과 같이 예사오쥔의 작품을 평가하였다.

---

83 我寫童話, 當然是收了西方的影響, '五四'前後安徒生王爾德格林兄弟的童話陸續介紹過來. 我是個小學教員, 對這種適宜給兒童閱讀的文學形式當然會注意, 於是有了自己來試一試的想頭…還有一個促使我試一試的人, 就是鄭振鐸先生, 他主編『아동세계』要我供給稿子. 『『兒童世界』每個星期出一期, 他拉稿拉的勤我也就寫的勤了. 這股寫童話的勁頭持續了半年多到第二年六月到那篇稻草人爲止. 爲什麼停下來…會不會因爲鄭先生不編『兒童世界』了?有這個可能. 葉聖陶, 『我和兒童文學』, 上海少年兒童出版社, 1990, 3~4쪽.

5·4운동 이후 오래 지나지 않아 출현한 『허수아비』는 비단 예샤오쥔 한 사람뿐만이 아니라 당시의 신문화운동에 있어서도 의미있는 작품임에 틀림없다. 당시 사숙의 『삼자경三字經』과 초등학교의 『논설문범論說文範』 등에서 해방된 일부 아동들이 예샤오쥔의 생동감있는 상상과 세밀한 묘사로 자연현상과 노동생활을 해석할 수 있는 작품을 읽을 수 있는 것은 행복한 일이라고 말하지 않을 수 없다.[84]

예샤오쥔이 『아동세계』 5권 1기까지에 발표한 동화는 모두 21편으로, 1923년 5권 1기에 「허수아비」가 실린 후에 그동안 발표했던 작품들을 한데 묶었다. 이후 구상이 참신하고 묘사가 실제처럼 섬세하면서도 풍부한 현실의 내용을 담고 있는 동화집 『허수아비』가 1923년 11월 상무인서관에서 발행되었다. 그리고 1932년 8월에 다시 개명서점開明書店에서 『세계소년문학총간世界少年文學總刊』에 포함되어 재발간되기도 하였다.

〈표 3-4〉 『아동세계』 발표 예사오쥔 창작동화 목록

순	제목	발표 권기	발표 날짜	집필 날짜
1	씨앗 한 톨(一粒種子)	1권 8기	1922.2.25	1921.11.20
2	작은 쪽배(小白船)	1권 9기	1922.3.4	1921.11.15
3	바보(傻子)	1권 11기	1922.3.18	1921.11.16
4	지구의 생성(地球)	1권 12기	1922.3.25	1921.12.25
5	팡얼의 선물(芳兒的夢)	1권 13기	1922.4.1	1921.12.26
6	제비(燕子)	2권 1기	1922.4.8	1921.11.17
7	커다란 목소리(大喉嚨)	2권 2기	1922.4.15	1921.12.30
8	새 손목시계(新的表)	2권 3기	1922.4.22	1921.12.27

84 "五四運動以後不久出現的『稻草人』, 不但在葉氏個人, 對於當時整個新文學運動也應該是一部有意義的作品. 當時從私塾的『三字經』和小學的『論說文範』等被解放出來的一部分兒童, 能夠看到葉氏用生動的想象和細膩的描寫來解釋自然現象甚至勞動生活的作品, 不能不說是幸福的." 胡風, 『文藝筆談·關於兒童文學』, 1936－王泉根 評選, 『中國現代兒童文學論選』, 廣西人民出版社, 1989, 155쪽에서 재인용.

순	제목	발표 권기	발표 날짜	집필 날짜
9	우주 여행가(旅行家)	2권 5기	1922.5.6	1922.1.4
10	위험에 빠진 잉어(鯉魚的遇險)	2권 6기	1922.5.13	1922.1.14
11	벽오동 씨앗(梧桐子)	2권 7기	1922.5.20	1921.12.28
12	부자(富翁)	2권 9기	1922.6.3	1922.1.9
13	개똥지빠귀(畫眉鳥)	2권 11기	1922.6.17	1922.3.24
14	장미와 금붕어(玫瑰和金魚)	2권 12기	1922.6.24	1922.3.26
15	눈물(眼淚)	2권 13기	1922.7.1	1922.3.19
16	소경과 벙어리(瞎子和聾子)	3권 1기	1922.7.8	1922.4.10
17	상얼의 호금(祥哥的胡琴)	3권 3기	1922.7.22	1922.4.3
18	행복한 사람(快樂的人)	3권 7기	1922.8.19	1922.5.24
19	커이가 겪은 일(克宜的經歷)	3권 8기	1922.8.26	1922.4.12
20	절름발이 거지(跛乞丐)	3권 9기	1922.9.2	1922.4.14
21	허수아비(稻草人)	5권 1기	1923.1.6	1922.6.7

예샤오쥔의 초기 작품은 자연풍경을 세심하게 묘사했으며 모든 것이 아름답고, 청명하며 사랑과 아름다움이 가득하였다. 그는 인생은 아름다우면서 희망이 넘치며, 이 세상은 아름다운 것으로 묘사하였는데 이는 초기 문학연구회 작가들의 공통된 희망사항이었다. 아동의 천진한 세계를 묘사한 작품으로는 초기 작품인 「작은 쪽배」·「바보」·「제비」·「팡얼의 선눌」·「새 손목시계」·「벽오동 씨앗」을 꼽는다. 그러나 후기에 들어서면서 창작 사상이 변하여 사랑과 아름다움은 현실의 고단한 인생의 규탄으로 전환되었다. 이는 사회 저층생활의 어두움을 작가가 목도하면서 아동들에게 진정한 사회를 인식하도록 하였고, 그의 동화창작에 현실주의 요소가 유입되기 시작하였다.[85]

"창작동화의 등장은 외국동화로서는 채워질 수 없는 현실적인 결핍으로 인한 것이며, 당시의 지식인들이 아동문제를 인식하고 있었는가를 살

85 侈欣, 「文學研究會與現代兒童文學的發端」, 東北師範大學碩士論文, 2008, 21쪽.

필 수 있는 근거"[86]로 번역과 편역이 주를 이루었던 1920년대에 본격적인 창작동화의 포문을 연 예사오췬은 현실주의에 바탕을 두고 작품을 썼다. 예사오췬의 창작동화집 『허수아비』에 실린 그의 작품들은 모두 『아동세계』에 발표하였다.

중국 아동 창작문학의 길을 연 예샤오췬은 그가 스스로 수차례 밝혔듯이 정전뒤의 권유로 창작동화를 쓰게 되었다. 정전뒤가 『아동세계』 편집장을 맡으면서 초등학교 교사였던 예샤오췬에게 원고를 부탁하였고, 매주 1회 발행으로 열심히 작품을 쓸 수밖에 없었다. 예샤오췬이 정전뒤의 독촉으로 반년 만에 쓴 23편의 창작동화는 후에 근(현)대 최초 창작동화집인 『허수아비』가 탄생하게 되었다.[87]

> 내 첫 번째 동화책 『허수아비』의 첫 편은 「작은 쪽배」로, 1921년 11월 15일에 썼는데 나는 바로 이때부터 동화를 쓰기 시작했다. 16, 17일에는 「바보」와 「제비」를 썼고, 이틀 걸러 20일에 또 「씨앗 한 톨」을 썼다. 1주일도 안 되는 기간에 4편의 동화를 쓰고 나서, 내 자신 스스로도 믿어지지 않았다.[88]

『아동세계』에 발표한 「허수아비」는 시대적으로 한 획을 긋는 의미 있는 작품으로 의인화의 수법을 사용하여 허수아비의 풍부한 내면 심리세계를 드러내면서, 구슬프고 은은한 들판의 낙원을 노래하고 있다. 『허수

86 김순진, 「방정환과 예성타오 동화 비교」, 『중국문화연구』 제31집, 2016, 231~232쪽.

87 葉聖陶 外, 『我和兒童文學』, 少年儿童出版社, 1980, 4쪽.

88 我的第一本童話集『稻草人』的第一篇是「小白船」, 寫於一九二一年十一月十五日, 我寫童話就是從這一天開始的. 按著在十六日, 十七日寫了「傻子」和「燕子」, 隔了兩天在二十日又寫了「一粒種子」.不到一個星期寫了四篇童話我自己也不敢相信了. 葉聖陶 外, 『我和兒童文學』, 少年儿童出版社, 1980, 3쪽.

아비』는 중국 근(현)대 아동문학을 세운 기틀로써 「허수아비」의 전반부는 아름다운 산문시이나, 후반부에는 잔혹한 인생현실을 반영하여, 5·4 신문화운동 시기 '사람의 발견'으로 관심을 갖게 되는 여성과 아동문제를 작품에 반영하였다. 작가는 동화형식을 빌려 아동을 현실사회와 현실의 삶에 직면하도록 하면서도, 아동의 심리를 충분히 반영하여 직접적으로 현실의 고통을 묘사하지 않고 먼저 문학적인 감성이 넘치게 전원세계를 그려내었다.[89] "예사오쥔은 아동문학은 어린이가 중심에 있어야 하고 어린이에게 긍정적이고 아름다운 내용을 제공할 수 있어야 한다고 생각했기에, 아동에게 적합한 읽을거리를 만들어 주기 위한 그의 생각이 바로 「허수아비」라는 창작동화를 탄생"[90] 시키기에 이르렀다.

2) 아동 신시 창작자 위핑보

위핑보1900~1990는 시인이며 문학평론가로 소주에서 출생하였다. 본명은 위밍헝俞銘衡, 자는 핑보平伯로 일찍이 5·4신문화운동에 참가하였으며, 신조사新潮社·문학연구회·어사사語絲社의 구성원이기도 하였다. 1919년에 북경대학을 졸업하고 항주 제1사범학교에서 교편을 잡았다. 이후 상해대, 연경대, 북경대, 청화대 교수를 역임했다. 위핑보는 고전문학의 전문가로 특히 『홍루몽』을 새롭게 연구한 '신홍학'의 개척자로 널리 알려져 있으나 신시 창작에 공헌을 한 시인이기도 하다.

1911년 상해에 와서 영어를 공부하고 1915년 소주 평강平江 중학교에 입학하였다가 한 학기 후에 북경대학에 들어갔다. 1918년 5월 『신청년』에 신시 「봄비春水」를 발표하였는데 이는 중국 최초 근(현)대 신시 작품의

89 佟欣, 「文學研究會與現代兒童文學的發端」, 東北師範大學碩士論文, 2008, 21쪽.
90 김순진, 「방정환과 예성타오 동화 비교」, 『중국문화연구』 제31집, 2016, 234~235쪽.

하나이다.[91] 신조사에 가입하여 『신조』 잡지의 주요 투고자 중 하나가 되어 많은 시와 소설을 발표하였다. 1920년 영국에 유학하였다가 4월에 귀국하여 9월에는 항주절강 제일사범학교 교사가 되었다. 1921년 정전둬의 소개로 문학연구회에 가입하여 주요 성원의 하나가 되었다. 4월에는 후스의 '전통문학 정리整理國故'의 영향을 받아 구세강과 편지로 『홍루몽』 토론을 하였다.

1922년 쥬즈칭朱自淸 등과 5·4 이후 가장 빠른 『시』 잡지를 발간하였다. 6월에는 정전둬 등과 합동시집 『설조』를 냈고, 1923년 5월부터 정전둬 등 6인이 돌아가며 『문학순간』 편집을 맡았다. 주요 시집으로는 『겨울밤冬夜』·『서쪽에서 돌아오다西還』·『추억』이 있고, 평론으로는 『홍루몽변』·『사를 읽고 우연히 얻은 것讀詞偶得』·『시를 읽은 후의 감상讀詩札記』 등이 있다.[92] 『아동세계』 3권 9기에 「동요兒歌」라는 시가 작품을 싣기도 했다.

"중국 최초로 아동생활을 묘사한 위핑보의 첫 번째 중국 아동 신시집인 『추억』은 1925년 12월 북경 박사朴社출판에서 발간하였는데, 이 시집은 중국 근(현)대아동문학사에서 하나의 이정표가 되었다."[93]

3) 아동 산문의 개척자 빙신

중국 아동문학사에서는 근(현)대아동문학이 발생한 1920년대 아동문학을 이끈 작가로 예샤오쥔과 함께 빙신1900~1999을 거론한다. 여류작가 빙신의 본명은 셰완잉謝婉瑩으로 복건 장락長樂 출신으로 시인이자 작가, 번역가, 아동문학작가, 사회활동가, 산문가이기도 하다. 1919년 8월 『신보』

91 중국 최초 백화 신시집은 1920년 3월에 출판한 후스의 『상시집(嘗試集)』이다.

92 石曙萍, 「文學硏究會硏究」, 復旦大學博士論文, 2005, 59~60쪽.

93 簡平, 『上海少年兒童報刊簡史』, 少年兒童出版社, 2010, 33쪽.

에 첫 번째로 산문[94] 「21일간의 방청 감상二十一日聽審的感想」과 소설 「두 가정兩個家庭」을 발표하였다. 1921년 문학연구회 회원으로 입회하였지만 『아동세계』에 실린 작품은 없다.

빙신은 정전둬와 같은 고향 사람으로 1919년 12월 7일 북경에서 결성한 '재경 복건福建 학생연합회'에서 처음 만났다. 빙신은 정전둬가 번역한 타고르 시의 영향을 받아 형식이 자유로운 소시小詩를 창작했고, 후에 "문학연구회의 성원이 되어 정전둬가 편집장을 담당하던 『소설월보』에도 많은 작품을 발표하였다. 빙신은 자신의 작품에 미친 타고르와 정전둬와의 영향 관계를 다음과 같이 회고하였다.

> 1919년의 일이다. 당시 나는 시를 쓰겠다는 생각이 없었고 단지 수업시간에 뭔가 떠오르면 공책에 몇 구절을 그저 끄적거렸다. 나중에 정전둬가 번역한 타고르의 『길 잃은 새』을 읽고서 소시가 아주 자유롭다고 느꼈다. 그 당시의 나는 어려서 '하룻강아지 범 무서운 줄 모르고' 자유로운 수법을 배워서 아무 때나 내 감상과 기억을 3언 2어로 써내려 갔다.[95]

빙신의 초기 시들은 타고르의 영향을 많이 받아 쓴 것들로 『번성繁星』1922과 『춘수春水』1923에 실렸다. 근(현)대문학 시가인 소시의 전파에 큰 영향을 끼친 『번성』에 발표했던 70편의 시는 정전둬가 편집장을 맡고 있던

---

94 5·4 이후 현대 산문은 소설, 시가, 희극을 제외한 잡문, 수필, 전기, 여행기, 보고 문학 등을 지칭하지만 일반적으로는 소설과 시가 사이의 서정성과 서사성이 있는 문체를 뜻한다.

95 那是1919年的事了. 當時根本就沒有想寫詩, 只是上課的時候, 想起什麼就在筆記上歪歪斜斜地寫上幾句. 後來看了鄭振鐸譯的泰戈爾的『飛鳥集』, 覺得那小詩非常自由. 那時年輕, '初生牛犢不怕虎', 就學那種自由的寫法, 隨時把自己的感想和回憶, 三言兩語寫下來. 潘正文, 『『小說月報』與中國文學的現代進程』, 人民出版社, 2013, 245~246쪽에서 재인용.

『학등』에 다시 실리기도 했다. 이 두 창작 시집은 소시를 최고 수준으로 끌어올렸으며, 빙신을 소시파의 지도자로 자리매김하게 하였다. 이처럼 빙신의 초기 소시는 정전둬와 깊은 관련을 가지고 있다.

아울러 빙신은 자신이 작품을 발표하게 된 배경과 아동문학 작가 대열에 들어서게 된 경위를 다음과 같이 말하고 있다.

> 반세기 전에 나는 아동을 묘사한 작품인 「집 떠난 일 년離家的一年」, 「적막寂寞」을 썼는데, 이들은 아동의 상황을 어른들에게 보여주려고 한 것이지 아동을 위해 쓴 건 아니다. 오직 『어린 독자에게』만은 아동들에게 읽히기 위해 쓴 것으로, 1923년 미국으로 유학을 가기 진 내 동생들과 그 친구들에게 자주 소식을 전하기로 약속을 해서 그들에게 자주 연락을 했다. 당시 『신보』 부간지에 마침 「아동세계」라는 난이 생겨 편집자 선생이 아이들에게 보내는 편지를 써서 아동세계에 발표하라고 하기에 응하였다.[96]

1921년 문학연구회에 가입하였고 1923년 7월부터 1926년 8월까지 미국에서 유학하며, 보고 듣고 느낀 바를 편지 형식을 띈 산문으로 발표하였다. 처음 제목은 「『아동세계』 어린 독자에게給『兒童世界』小讀者」로 『신보』 부속지에 총 29편을 발표하였다. 이후 1926년 북신서국에서 이를 모아 『어린 독자에게寄小讀者』를 출판하였고, 이 책은 1941년까지 36판까지 발행되는 등 근(현)대 중국에서 가장 인기 있었던 아동 산문집이다. 『어린

96 半個世紀以前, 我曾寫過描寫兒童的作品, 如離家的一年寂寞, 但那是不是兒童的事情給大人看的, 不是爲兒童而寫的. 只有『寄小讀者』, 是寫給兒童看的, 那是在一九二三年我赴美國留學之前, 答應我的弟弟們和他們的小朋友們, 我會和他們常常通訊. 當時的『晨報副刊』正開辟「兒童世界」一欄, 編輯先生要我把給孩子寫的信, 在「兒童世界」內發表, 我答應了. 葉聖陶 外, 『我和兒童文學』, 少年儿童出版社, 1980, 14쪽.

독자에게』는 5·4신문화운동 이래 아동을 위한 산문 가운데 가장 큰 성취를 이룬 작품으로 중국 아동문학의 산문 창작의 신천지를 열고 근(현)대 아동문학사에 있어서 그 위치를 다졌다. 내용은 크게 네 부분으로 이루어져 있는데 동심 예찬, 모성애 찬양, 자연 예찬, 조국에 대한 그리움이다.[97] 이 책에는 1923년 7월부터 1926년 8월까지 미국에 유학하며, 보고 듣고 느낀 바가 담겨있다. 아잉阿英은 "비록 창작의 위대성 및 그 성공 방면으로 보면 루쉰이 빙신을 초월하지만, 젊은 독자들 가운데 루쉰의 영향을 받지 않은 이는 있을지라도, 빙신의 영향을 받지 않은 이들은 아주 적었다."[98]고 말할 정도였다. 이 때문에 현재 중국에는 유력 아동문학상 가운데 하나로 자리매김한 빙신 아동문학 작가상, 빙신 아동도서상이 제정되어있다.

---

97 王泉根,『現代兒童的先驅』, 上海文藝出版社, 1987, 93쪽.

98 徐蘭君·Andrew F. Jones 主編,『兒童的發現-現代中國文學及文化中的兒童問題』, 北京大學出版社, 2011, 184쪽에서 재인용.

제4장 정전둬의 아동문학 인식과 번역 활동

1. 아동과 아동문학 인식

1) 정전둬의 아동중심 인식

중국 근(현)대문학 발전에 있어서 가장 큰 영향을 끼친 문학단체인 문학연구회의 결성을 주도하고 실질적인 활동을 주도한 사람은 정전둬이다. 정전둬는 당시 4대 잡지의 하나였던 『시사신보·학등』에서 약 7개월간 편집장을 맡으면서 누구보다도 아동문학의 중요성을 깊이 인식하여 중국 근(현)대 신문역사상 가장 먼저 '아동문학'란을 만들었다.[1] 뿐만 아니라 문학연구회에서 발간하는 『소설월보』·『문학주보』에도 아동문학 관련 연구와 번역 작품 등을 소개하였다. 또한 많은 신진 지식인들의 아동문학 활동을 연계하고 지원하였으며 아동도서 발간에도 힘을 기울였다. 그의 아동문학 활동의 바탕은 당시 신문화시기 아동에 대한 인식과 아동문학에 관한 사고를 반영한 것이었다. 정전둬는 아동에 대한 인식을 바꾸고 서구의 문학을 소개하면서도 중국의 전통문학 가치를 재조명하여 새로운 아동문학을 실천하는 데 선구적인 역할을 하였다.

정전둬는 미국의 윈체스터Caleb Thomas Winchester의 영향을 많이 받은 것으

1 1921년 4월에 『시사신보·학등(時事新報·學燈)』에 들어가 리스천(李石岑)과 공동으로 편집을 맡다가 리스천이 사직하면서 7월 17일부터 편집장을 맡았다. 정전둬가 편집장을 맡으면서 만든 「아동문학」·「아동문학 연구」 란은 정전둬가 편집장에서 물러나면서 없어졌다. 張黎敏, 「『時事新報·學燈』－文化傳播與文學生長」, 華東師範大學博士論文, 2009, 162쪽.

로 보인다. 『문학순간』에 발표한 「문학의 정의」를 통해 그의 문학에 관한 인식을 엿볼 수 있다. 이 글은 윈체스터의 『문학평론의 원리*Some Principles of Literary Criticism*』 가운데 두 번째 장인 「무엇이 문학인가?What is Literature?」를 번역한 것이다. 이 글의 대체적인 내용을 보면 문학은 과학과 서로 다르고, 또 그 밖의 예술과도 다르다고 하였다. 문학과 과학을 대립시키는 것은 낭만주의 문학관의 특징[2]이었다. 정전둬는 1922년 영파寧波 하기 교육 강습회에서 강연한 「아동문학의 교수법兒童文學的敎授法」을 통해 "아동문학은 문학이지 과학적 서술이 아니다"라고 말하였는데 이는 윈체스터에 영향을 받았음을 짐작할 수 있다. 정전둬의 아동문학 인식을 가장 잘 대변해 주는 말은 아래와 같다.

> 아동문학은 아동의 것으로 아동을 위주로 하며 아동이 읽기 좋아하고 볼 수 있는 문학이다.[3]

이는 저우쭤런의 아동중심 인식과 마찬가지로 아동문학과 밀접한 관련이 있는 아동도서는 아동이 중심이 되고 아동에게 적합하여야 한다고 말하였다.

> 아동은 정신적 식량을 필요로 하는데 마치 물질적인 식량을 필요로 하는 것과 마찬가지다. 아동의 연령과 신체적 발달 정도에 따라 그 물질적인 음식은 정확히 같지 않다. (…중략…) 마찬가지로 아동의 연령과 지혜, 정서적 발달 정

2 鄭振偉,『鄭振鐸前期文學思想』, 人民文學出版社, 2000, 17쪽.

3 兒童文學是兒童的-便是以兒童爲本位, 兒童所喜看所能看的文學. 鄭振鐸,「兒童文學的敎授法」-王泉根評選,『中國現代兒童文學文論選』, 廣西人民出版社, 1989, 213쪽.

> 도에 따라 '도서'도 정신적인 식량이므로 완전히 같을 수 없다. 더욱 중요한 점은 아동의 '도서'와 성인의 도서는 완전히 다르다는 것이다. (…중략…) 우린 분명하게 아동이 결코 '작은 어른'이 아니라는 것을 알아야 한다. 모든 아동도서는 반드시 아동 본위여야 한다. 아동의 지혜와 정서 발전의 단계에 순응하여 제일 적합한 도서를 주어야 한다. 이 원칙은 깨뜨릴 수 없다.[4]

「아동도서 문제兒童讀物問題」에서 표명한 아동도서에 관한 정전뒤의 견해는 이처럼 확고했다. 아동은 정신적인 식량이 필요한데, 이는 마치 물질상 먹을 것을 필요로 하는 것과 마찬가지라 보았다. 아동의 연령과 신체 발달의 정도에 따라 먹는 음식물이 다르듯이 정신적 식량인 독서물 역시 아동의 연령과 지혜, 정서적 발달의 단계에 따라 달라야 한다고 생각했다. 정전뒤는 아동문학의 독자 대상을 결코 아동에게만 한정하지 않았는데, 우수한 아동문학 작품은 성인들에게도 심미와 인식의 가치를 지니고 있다고 판단하였다. 그리고 아동교육을 위해서 교육자와 부모들 역시 반드시 아동문학을 접해야 한다고 생각하였다. 예로부터 아동문학이 예술과 교육의 두 영역에서 어디에 속하여야 하는지에 대한 논쟁은 늘 존재해 왔다. 신문화운동 시기에도 역시 이에 대한 논란이 있었으며, 후스는 아동문학은 교육적 의의를 강조할 필요 없이 자유롭게 내버려 두어야 한

4 兒童需要精神上的糧食, 正像他的需要物質上的糧食一樣. 爲了適合於兒童的年齡與身體的發展的程度, 他的物質上的糧食並不完全同樣的……同樣的, 爲了適合於兒童的年齡與智慧, 情緒的發展的程序, 他的"讀物"精神上的糧食也是不能完全相同的. 更重要的事兒童的讀物和成人的讀物並不會是完全相同的…我們應該明白兒童並不是"縮小"的成人. 凡是兒童讀物, 必須以兒童爲本位. 要順應了兒童的智慧和情緒的發展的程序而給以最適當的讀物. 這個原則恐怕是打不破的. 鄭振鐸, 「兒童讀物問題」, 『鄭振鐸全集 13卷』, 華山文藝出版社, 1998, 42쪽.

다고 주장하였다.[5] 저우쭤런이 주장한 '아동중심'은 교육적 기능을 배제한 것이었다. 저우쭤런은 줄곧 아동문학은 문학이지 도덕이 아니기에 문학과 도덕은 확실히 분리되어야 하며, 아동문학의 교육적 의의는 부차적이라고 여겼다. 저우쭤런은 교육적 장치는 '아동의 시간을 낭비하고, 아동의 생활을 훼손'한다고 생각했다.

> 대체로 아동문학은 두 가지 방향으로 다른 잘못을 저지르고 있다. 하나는 지나치게 교육적이어서 교훈에 치우쳤다는 것이고, 다른 하나는 지나치게 예술적이어서 기교에 치우쳤다는 점이다. 교육가의 주장은 대부분 전자에 속해 있고, 시인은 후자에 속해 있다. 사실 이들은 모두 아동의 세계를 인정하지 않고 있기에 잘못되었다.[6]

저우쭤런은 사상·지식·효과 등은 아동문학에 있어서 이차적인 것으로, 중요한 것은 '아동'에 주의를 기울여야 하며, 이 '아동'의 예로써 독서 흥미와 상상의 수양을 들었다. 아동문학은 '교육적'이어야 한다는 신념으로 무장된 아동문학 작품은 오히려 아동들에게 독서의 흥미를 빼앗을 수 있다고 보았다. 저우쭤런은 교육적 장치는 '아동의 시간을 낭비하고, 아동의 생활을 훼손'한다고 여겼으며, 무엇보다 '아동의'라는 점에 주의를 기울여야 한다고 하였다. 이러한 인식은 당시의 아동문학 경향이 주로 교육적 가치를 지나치게 부각하고 있음을 비판하고, 교훈을 앞세워 어른들

---

5 陳福康,『鄭振鐸論』, 商務印書館, 1991, 223쪽.

6 大抵在兒童文學上有兩種方向不同的錯誤, 一是太教育的, 即偏於教訓一是太藝術的, 即偏於玄美, 教育家的主張多屬前者, 詩人多屬後者; 其實兩者都是不對, 因爲他們都不承認兒童的世界. 周作人,『自己的園地』, 岳麓書社, 1987, 110쪽.

의 가치관을 강요하는 것을 경계하였다.

2) 아동문학의 특수성

인도주의Humanism 문학으로서의 아동문학은 윤리성과 교육성을 그 내용적 특질로 삼는다. 즉 아동문학 작품은 심신의 발달단계에 놓인 아동들에게 정신 내용을 풍성하게 하고 확충시키는 사상과 의식을 가져야 한다.[7]

그러나 아동문학의 교육적 기능에 대해서 정전둬는 저우쭤런과 견해를 달리하였다. 즉 저우쭤런이 아동문학은 문학이지 도덕이 아니라며 교육적 가치를 부수적으로 생각한 반면 정전둬는 도리어 이를 중시하였다. 정전둬의 이러한 인식은 1922년 여름 『아동세계』와 『문학순간』 편집장 자격으로 마오둔과 함께 교육 강습회에 초청받아서 강의한 「아동문학의 교수법」[8]에 잘 드러난다.

강연 내용은 크게 세 부분으로 초등학교에서 왜 아동문학을 가르쳐야 하는가? 그리고 아동문학의 특질은 무엇인가? 그리고 아동문학 교수의 몇 가지 원칙이다.

그는 가장 먼저 초등학교에서 아동문학이 왜 필요한가에 관해 이야기하면서 무엇보다도 아동에게 필요하다고 하였다. 문학은 보편적이어서 성인과 아동 모두가 필요로 하지만 아동기에 더욱 문학이 필요하다고 주장하였다. 그는 자신의 경험을 바탕으로 이를 설명하였다. 즉 초등학교 시절 수업에 별다른 흥미가 없을 때 자주 몰래 소설을 보았고, 옛날이야기를 들을 때 오히려 흥미가 더 생겼음을 실례로 들면서 아동기의 교육

---

7 李在徹 著, 『兒童文學概論』, 瑞文堂, 1998, 205~206쪽.

8 鄭振鐸, 「兒童文學的教授法」, 『時事公報』, 1922, 8, 10. 王泉根評選, 『中國現代兒童文學文論選』, 廣西人民出版社, 1989, 212~218쪽.

에 문학은 아주 중요하다고 강조하였다.

그는 아동문학을 도덕적 교훈과 아동기에 반드시 필요한 지식을 전달할 수 있는 제일 좋은 수단이라고 보았다. 훈화와 자연과학은 무미건조하기에 시가와 이야기의 형식을 사용해 전달 수단으로 사용하면 무형의 효과를 거둘 수 있다고 보았다. 또한 이과 계통의 교재는 본래 무미건조하나 동물이 인격화되면 아동의 흥미를 불러일으켜서 필요한 지식을 얻을 수도 있다고 하였다. 또한 미국의 예를 들어 대부분 실제 생활 이야기와 자연과 동물 이야기로 교훈적 의미와 이과적 지식이 포함되었음을 소개하기도 하였다.

뿐만 아니라 아동이 이야기와 시가를 읽으면서 글자를 깨치는 부수적 효과를 거둘 수도 있다고 보았다. 아동이 문자에 흥미를 느끼며 자연스럽게 기억을 하게 되고, 이야기나 시가를 읽은 후에 좋아하는 문장아름다운 문장을 만나게 되면 발췌하여 좋은 글귀를 모방할 수도 있고 자신의 글 속에 응용할 수 있다고 하였다.[9]

이를 통해 정전뤄는 아동의 흥미 못지않게 아동문학의 교육적 가치도 중시했음을 잘 알 수 있다. 이러한 그의 인식은 『아동세계』에 발표한 그의 번역 작품과 그림이야기에도 잘 반영되었다.

다음으로, 아동문학의 특질을 이야기하였다. 즉 아동문학은 문학이지 과학적 서술이 아니며, 문자를 전달하는 것도 아니며, 아동문학은 아동의 것이므로 아동이 중심이 되어야 하고, 아동이 읽기 좋고 볼 수 있는 문학이라고 밝혔다. 정전뤄는 아동문학과 일반적인 문학을 구별하고 있다. 즉 아동문학은 격식 측면에서는 문구의 중복이 많으며 풍격이 널리 분포되어 있다고 보았다.

9 王泉根評選, 『中國現代兒童文學文論選』, 廣西人民出版社, 1989, 212~213쪽.

또한 아동문학의 의의는 일반적인 통념을 뛰어넘는-신화 같은-것이기에 성인의 눈으로 보면 의미가 없어 보일 수도 있다고 말하였다. 그러나 아동이 무척 좋아하는 동요 같은 것은 아동문학에서 중요한 위치를 차지한다고 보았다. 이를 통해 저우쭤런이 주목한 민간문학에 관한 가치와 그의 인류학적 기초에서 비롯된 원시인류와 아동의 공통점을 받아들이고 있음을 알 수 있다.

그리고 도구주의에 관한 입장을 옹호하고 있다. 보통 문학은 도덕적인 훈계를 비교적 적게 드러내고, 전달방식에 있어서 이과 방면의 지식을 사용하지 않는 편이다. 그러나 아동문학은 그렇지 않은 점이 일반문학과 다르며, 이 점이 바로 아동문학에는 교육적 측면이 포함되어 있기 때문이라고 보았다. 정전둬는 도구설을 거론하며 아동문학이 "도덕 교훈과 아동기에 필요한 지식을 전달하는 가장 좋은 도구"[10]라고 여겼다. 그러기에 아동문학의 교육적 작용을 높이 평가하면서 아동문학에 있어서 흥미 또한 소홀히 하지 않았다. 이 지점이 저우쭤런과 정전둬의 인식을 구별하는 중요한 부분이라 할 수 있다.

정전둬는 아동문학의 교육적 의의에서 자연지식과 사회지식의 함양도 강조하였다. 자연지식의 함양 면에서는 『아동세계』의 「본지 제3권第三卷的本誌」에서 언급한 자연과학 및 '공작'과 '놀이' 난의 개설이 아동들의 지식과 흥미를 함양하기 위한 것이라고 밝혔다. 지식과 흥미의 함양은 둘 다 중요하므로 아동의 기호에 부응하는 방법으로 지식을 서술할 것임을 밝히고 있다. 정전둬는 자연지식 함양에 관한 가치를 중시하여 그림이야기에도 이를 적용하고자 노력하였다. 또 사회지식 방면에서는 인간사회의

10 金燕玉, 『中國童話史』, 江蘇少年兒童出版社, 1992, 211쪽.

진실한 삶을 적극 반영한 것이 우수한 작품이므로 비극적인 사회상일지라도 아동들에게 그 실상을 보여주어야 한다고 생각하였다.

정전둬가 강조한 아동문학 교수의 3원칙은 매클린톡 포터Macclintock Porter가『초등학교에서의 문학*Literature in the Elementary School*』에서 언급한 내용이다. 이 3원칙은 아동의 향토 본능적 취미와 기호에 적합해야 하고, 취미와 기호를 양성해야 하며, 아동의 새로운 기호와 취미 혹은 이미 잃어버린 기호와 흥미를 이끌어야 한다고 하였다. 바로 이 세 가지 원칙에 의거하여 아동문학 교수에 있어서 특별히 주의해야 할 부분을 지적하였다.

먼저, 아동의 취미와 기호를 감안하여 교재 구성은 좋아하는 재료는 더 하고, 좋아하지 않는 부분은 빼도 무방하다고 주장하였다. 그렇지만 교재 안에 사용한 지명이나 인명은 반드시 아동이 익숙한 것들을 사용해야 한다고 말하고 있다. 예를 들어 네덜란드 아동에게 풍차는 익숙한 사물이지만 중국 아동에게 사용하면 오히려 거리가 있으며 많은 외국 지명과 인명 역시 적절하지 않은 것이 많다고 보았다. 그리고 신기하고 난해하지 않은 사물은 인용하여도 무방하다고 보았다. 예를 들어 타조, 캥거루는 비록 아동들에게 익숙한 것이 아니지만 아동의 지식을 넓히고 호기심에 부합하면서 난해하지 않으므로 사용하기 좋은 재료라고 하였다. 단, 많은 해석이 필요한 교재는 분명하지 않으면 사용할 수 없기에 비록 신기하더라도 교수에는 적절하지 않다고 여겼다.

이러한 특별 주의사항은 바로 그가 번역에 적용한 '중술重述'[11]의 방법

11 황중롄(黃忠廉)은 '중술'의 기본 원칙으로 다음의 네 가지를 들고 있다. 첫째, 원작의 주요 취지를 독자에게 전달할 때, '진술(述)'하되 '창작(作)'해서는 안 되며 평가를 덧붙여도 안 된다. 둘째, 압축성이 커서 분량이 줄어든다. 셋째, 원작의 형식과 원문의 형식에 구애받지 않으므로 더 융통성이 있다. 넷째, 원작 내용에 충실해야 한다는 것이다. 黃忠廉,『翻譯變體研究』, 中國對外翻譯出版公司, 2000, 139~140쪽.

과 깊이 관계되며, 『아동세계』에 적용된 것이기도 하다. 실제로 정전둬가 '중술'한 작품을 살펴보면 이러한 '현지화', 즉 중국적 특색에 맞게 인명과 지명 등을 바꾸거나 내용을 삭제하고 추가하여 재구성할 때 적용하였다. 이밖에도 아동문학 교수에 있어서 반드시 주의하여야 할 것을 세 가지로 지적하고 있다.

먼저 교사가 도덕적 훈계가 포함된 이야기를 교수할 때, 그 속에 담긴 의미를 명백하게 말해주어서는 안 된다는 점이다. 교사가 아동들을 교훈할 때는 이야기를 통해서 하는 경우가 많다. 이런 경우에는 교사가 이야기 속의 훈계를 표출하지 말고 아동 자신이 스스로 이야기에 등장하는 인물을 존경하도록 하여야 하며 교사가 이를 대신해 주어서는 안 된다고 하였다. 만일 교사가 도덕적 훈계를 명백히 표출하면 아동들은 자기가 교훈을 받아들이고 있음을 알지만 재미있는 이야기를 읽는 것이 아니기에 결국 이야기에 대한 흥미와 믿음이 감소한다고 생각했다. 이는 의도적으로 교훈을 드러낼 때, 오히려 반감이 들거나 문학적 흥취가 사라질 수 있음을 경계한 것이다. 그러면서도 아동문학은 보편적인 성인문학과는 달리 '교육적 의미'를 내포하여야 한다고 강조하였다.

다음으로 교수를 할 때는 반드시 그림의 도움을 받아야 함을 강조하였다. 문자가 없던 시절 원시인은 그림으로 그들의 의사를 전달하였다. 아동과 원시인류의 심리는 서로 비슷하기에 그림에서 특별한 감정을 느낀다고 하였다. 그러므로 아동문학을 교수할 때는 이를 이용할 수 있고, 문자와 그림을 합치면 아동들이 그림을 보고 바로 독서의 필요성을 유도할 수 있다. 글을 읽게 되면 다시 또 그림에 대한 흥미를 이끌어내게 된다. 아울러 이러한 과정은 관념을 더욱 명확하게 해주는데, 선진적인 유럽과 미국의 각종 아동도서는 그림에 주의를 많이 기울이고 있음을 상기시켰다. 하지만 중국의 초등학교에서 흔히 사용하는 아동문학을 교수하는 인쇄물에는 그림이 없으므로 앞으로 이를 개선해야 한다고 지적하였다. 뿐만 아니라 책에 있는 그림 이외에도 교사가 칠판에 간단한 그림을 그려서라도 교본에 표시가 없는 부분에 표시를 하는 등의 노력을 기울여야 한다고 권유하였다.

이러한 정전둬의 아동문학에 대한 관점은 바로 『아동세계』의 출판에 크게 영향을 주었을 것으로 보인다. 실제로 『아동세계』에는 채색 삽화를 비롯하여 동화나 이야기에 그림이 많이 포함되었으며, 그림의 비중이 아주 높아 아동들의 독서 흥미를 불러일으키는 데 도움이 되었다.

마지막으로 교사는 아동들이 아름답게 구성된 좋은 글귀를 베껴 쓰도록 지도하고 아동들이 읽은 이야기를 자신의 말로 서술하게 하여, 이를 아동 스스로가 표현하고 싶도록 유도해야 한다고 하였다. 이러한 일련의 활동이 아동의 문자를 깨우치는 데 많은 영향을 미칠 수 있다고 보았다.

강연 대상이 실제로 학교에서 아동들을 교수하는 교사들 대상이긴 하였지만, 그의 관점은 공식적인 교사에만 해당하는 내용은 아니었다. 『아동세계』 선언 말미에 '가정에서도 (부모가) 교사가 되어 참고서로 삼을 수 있다'고 밝혔듯이 이러한 내용은 일반 가정에서도 자신의 자녀를 대상으로 활용 가능한 부분이었다.

특히 정전둬는 아동 교수에 적합한 이야기의 선택방법을 매클린톡의 이론에 근거해 설명하고 있다. 이에 관한 내용은 서술해 보면 다음과 같다. 첫째, 이야기 내용은 일반 아동의 심리수요와 기호에 부합해야 한다. 둘째, 변동은 많이 하고 묘사는 적게 하여야 하는데, 평범한 교재보다 모험이나 영웅 이야기를 사용해야 한다. 셋째, 구성방식과 풍격이 아름답고 정밀해야 한다. 넷째, 주요 인물 묘사는 적합해야 한다. 다섯째, 동작은 긁

임없이 이어져야 한다. 여섯째, 너무 흉악하고 공포스러운 색채를 가진 이야기는 아동의 잔학한 본능을 끄집어내기에 아주 위험하다. 일곱째, 제재는 반드시 엄숙해야 하는데, 우스개는 비록 아동의 흥미를 끌어내지만 진실되어야 하고 경박해서는 안 된다. 여덟째, 내용은 간단하여야 하고, 무엇을 했는지 묘사하여야 하되 옳은 것이 무엇인지 묘사해서는 안 된다. 아홉째, 도덕도 무방하다. 열째, 좋은 결과여야 한다 등이다.

이처럼 「아동문학의 교수법」과 「아동도서 문제」의 글을 통해서 정전둬는 저우쭤런의 '아동 중심' 사상의 본질에는 동의하면서도, 교육적 기능에 대해서는 의견을 달리하고 있음을 확실히 알 수 있다. 즉 저우쭤런이 교훈과 교육의 목적으로 아동문학을 이용하는 것을 비판했다면, 정전둬는 아동의 흥미가 반영된 교육적 효과를 높이 평가하였다. 이는 정전둬가 아동도서 편집과 아동잡지 발간의 현장에서 직접 경험한 것들이 바탕이 되었기 때문이다. 그러나 당시 정전둬는 저우쭤런에 비해 영향력이나 지명도가 훨씬 낮았고, 문학연구회의 설립도 저우쭤런의 명망에 기댈 수밖에 없었다. 그럼에도 정전둬 자신만의 아동문학에 대한 인식을 가졌고 이를 실천하기 위해 노력하였다.

2. 번역의 역할과 유형

1) 번역에 대한 견해

'문학은 과연 번역이 가능한가?'에 관한 논쟁은 번역연구 영역에서 가장 격렬한 논쟁의 하나이다. 문학번역이 가능한지에 대한 논의는 서구에서 먼저 시작되었다. 14세기 이탈리아 시인 단테Dante는 시를 번역할 때 원문의 운율미와 미감이 사라지므로 문학은 번역할 수 없다는 비관적인 견해를 밝혔다. 후에 20세기에 이르러 이탈리아의 비평가이자 미술가인 베네토 크로체Benedetto Croce 역시 문학은 번역할 수 없다는 생각을 계승하고 발전시켰다. 크로체는 미학적 관점에서 문학번역 문제를 보면서, 문학작품은 완전히 옮길 수 없다고 여겼다. 즉 문학작품은 예술을 재창조할 수 있을 뿐이며 번역은 원래의 풍모를 완전히 되살릴 수 없다고 하였다.

그러나 이탈리아의 번역이론가였던 아레티노 피에트로Aretino Pietro는 효과적인 번역이 있다면 어떤 종류의 언어의 번역이라도 가능하다는 관점을 가지고, 번역자의 주관적 능동성과 원문 처리의 자유를 설명하였다. 17세기 영국의 유명한 번역가였던 존 드라이든John Dryden 역시 번역은 원작의 특징과 진면목을 잃지 않는 전제하에 분명히 예술이라고 판단하였다. 드라이든에 의하면 뛰어난 번역가는 반드시 뛰어난 시인이고, 독자를 고려해야 하며, 원작의 뜻에 복종하여야 한다고 강조하고 있다.

영국의 뛰어난 번역 이론가인 타일러A·F·Tyler는 번역의 3원칙을 다음과 같이 제시하였다. 첫째, 번역문은 원작의 사상을 완전히 전달하여야 한다. 둘째, 원문의 풍격과 필치는 원문의 성질과 같아야 한다. 셋째, 번역문은 원작에 함유된 모든 것이 마찬가지로 막힘이 없어야 한다.[12] 정전둬는 타일러가 『번역원리飜譯原理』에서 밝힌 이 3원칙을 번역문학의 예술을 전문적으로 논한 책이라고 평가하고, 이 법칙에 의거하여 구체적인 예를 들며 번역방법을 설명하였다.

번역예술은 문학 자체만큼이나 오래되었고 서구 세계에서 가장 중요한

12 ① 譯文必須能完全傳達出原作的意思② 譯著作的風格與態度必須與原作的性質一樣 ③譯文必須含有原文中所有的流利. 鄭振鐸, 「譯文學書的三個問題」, 『小說月報』 12卷 3號, 1921.3.

번역은 성경 번역이었다. 성경은 틀림없는 하나님의 말씀으로 추정되었기에 정확한correct 번역을 가장 중요하게 여겨왔고, 수 세기 동안 학자들은 가장 정확한 번역이 무엇인지에 대한 논쟁을 해왔다. 모든 언어의 단어는 다의어이기 때문에 번역 과정은 단순히 한 언어에서 다른 언어로의 대입을 뜻하지 않는다. 번역가는 기점언어원본 텍스트 언어의 단어가 가진 여러 의미 중 하나를 선택하고 대상언어번역된 텍스트의 언어에서 적절한 단어를 찾아야 한다. 또한 번역은 외연denotation, 글자 그대로의, 글의 사전적 의미은 물론 내포connotation, 텍스트에서 텍스트로 변할 수 있는, 문맥상의 의미도 전달하는 것을 의미한다.[13]

이밖에도 문학번역이 가능한가에 대해서는 계속해서 여러 학자들이 의견을 제시하고 있으며 번역 연구가들 사이에서는 여전히 논쟁이 있다. 중국에서도 역시 이러한 논쟁을 피할 수 없었는데, 19세기 20년대 초기 문학연구회의 정전둬와 마오둔, 션저민은 이 문제를 두고 열띤 토론을 벌였다. 특히 션저민은 문학은 번역이 불가능하다는 관점을 가지고 있었다. 그는 원작의 생명은 작자의 '정서'에 있는데 정서는 작자가 받은 생활 속에서의 감정과 영감이 지배하는 것이므로, 역자가 단지 간접적인 문자의 체득으로 이 정서를 전달하기에는 손실이 많다고 보았다.[14]

정전둬는 문학은 절대적으로 번역이 가능하다고 주장하면서 문학은 번역이 불가능하다고 주장하는 자들을 통속적이고 철학적인 두 부류로 나누어 이들의 견해에 조목조목 예를 들며 반박하였다.

먼저 통속적인 견해를 가진 자들이 말하는 번역 불가론은 문학의 풍격은 향토적이고 고정되어 있기에 비록 정교한 번역가라도 다른 문자 속에 이를 다시 표현할 수는 없다고 하였다. 그러므로 번역가가 할 수 있는 것

13 마리아 니콜라예바, 『아동문학의 미학적 접근』, 교문사, 2009, 295쪽.

14 周心怡, 「鄭振鐸的翻譯精神及其理論」, 『渭南師範學院學報』, 2015, 58쪽.

은 단지 두 가지로 첫째는 번역서의 구체적 사상을 번역해 놓을 수 있을 따름이고, 의역을 하더라도 원래의 뜻은 잃고 원문과는 큰 차이가 생긴다고 하였다.

두 번째 부류인 철학적 견해를 가진 자들은 문학 속의 사상과 문자는 실질과 그 문장의 풍격과는 매우 긴밀한 관계를 가지고 있기에 절대로 분리가 불가능하다고 여겼다. 그러기에 문장의 풍격은 절대로 번역해낼 수 없으며, 동일한 사상은 양종 혹은 양종 이상의 표현이 절대로 불가능하다고 보았다. 그러므로 번역자는 어떤 기교를 가지고 있던지 간에 일종의 모방일 뿐 원문과는 거리가 멀어지고, 예술미도 역시 없어진다고 보았다.

그러나 정전둬는 통속적인 견해를 가진 자들이 '풍격'에 대해 잘못 이해하고 있다고 판단하였다. 문장의 풍격은 고정되어 있고 향토적이 아니라고 주장하였다. 즉 문장의 풍격은 그저 '표현'을 일컫는 말이기에 문학의 표현이란 바로 번역사상이 문자가 된다고 생각했다. 사람들의 사상은 공통된 것이기에 한 문자를 다른 문자로 바꾸면 풍격도 바꿀 수 있으며 고정된 것이 아니라고 보았다. 또한 철학적 방면의 불가론을 펼치는 자들에게는 사상은 물과 같고, 표현은 그 물을 담는 그릇으로 비유하였다. 무릇 물을 담는 그릇의 형식이 어떻게 달라지든지 물의 본질과 분량은 결국 줄어들지 않는다고 말했다.[15]

> 나는 문학책은 절대적으로 번역할 수 있다고 생각한다. 그 속에 포함된 사상을 완전하게 원문에서 번역문 안에 옮겨올 수 있을 뿐만 아니라 원문의 예술미 역시 충분히 번역문으로 옮길 수 있다.[16]

---

15 鄭振鐸,「譯文學書的三個問題」,『小說月報』12卷 3號.

16 我以爲文學書是絕對的能夠翻譯的, 不惟其所含有的思想能夠完全的由原文移到譯文裏

정전둬는 이러한 인식에 입각하여 수많은 해외의 신화와 전설, 민담, 소설, 동화, 시와 우화 등의 번역을 통해 중국 신문학 성장에 큰 공헌을 하였다. 5·4신문화운동 시기 많은 지식인들은 세계문학의 소개를 중국 신문학 창조의 준비과정이라고 여겼다. 궈모뤄[17]는 1921년 번역보다 창작이 우위라고 하면서 '번역 매파론'을 주장하였다.

> 국내 인사들은 중매쟁이만 중시할 뿐 처녀에게는 관심이 없다. 즉 번역만 중시할 뿐 생산에는 주의를 기울이지 않는다 (…중략…) 번역 사업은 우리 중국의 공백기인 현대에 절박하게 필요하다 (…중략…) 그러나 일종의 부속적인 사업이 될 수 있을 뿐이며, 어쨌든 창조를 뛰어넘기에는 부적절하다. 우리 국내는 번역 사업을 너무 중시한다. 번역 외에 창작은 말하지 않는다 (…중략…) 처녀가 당연히 존중받아야 하고, 중매쟁이에게는 약간의 억압을 가해야 한다.[18]

이에 대해 정전둬는 『문학순간』에 궈모뤄의 번역 기능에 대한 인식이

面, 就是原文的藝術的美也可以充分的移植於譯文中. 鄭振鐸, 「譯文學書的三個問題」, 『小說月報』 12卷 3號.

17 궈모뤄는 문학연구회가 성립되기 전 이미 마오둔과 정전둬로부터 발기인으로 가입할 것을 권유받았으나 거절하였다. 그 이유로 정전둬가 동경에 있는 톈서우창(田壽昌)에게 편지를 보내어 궈모뤄와 함께 문학연구회 발기인으로 가담할 것을 요청하였으나 답장을 보내지 않은 사실을 나중에야 알았다고 하였다. 궈모뤄의 생각에는 톈서우창이 답장을 보내지 않은 것은 가입의사가 없는 것이기에, 본인이 가입하면 친구에게 미안한 일이므로 바깥에서 돕겠다는 의사를 표시하였다. 茅盾, 「複雜緊張的生活, 學習與鬥爭」, 『文學研究會資料(下)』, 知識產權出版社, 2010, 795쪽.

18 我覺得國內人士 只注重媒婆, 而不注重處子－只注重翻譯, 而不注重產生. (…중략…) 翻譯事業於我國青黃不接的現代頗有急切之必要 (…중략…) 不過只能作爲－種附屬的事業, 總不宜使其凌越創造 (…중략…) 而我國內對翻譯事業未免太看重了. (…중략…) 除了翻書之外, 不提倡自由創造 (…중략…) 處女應當尊重, 媒婆應當稍加遏抑. 西諦, 「處女與媒婆」, 『文學旬刊』 4期, 1921.6.10.

부족함을 지적하는 문장을 발표하였다.

> 당연히 처녀를 존중해야 하는 데에는 의심의 여지가 없다. 그러나 번역한 작품을 중매쟁이로 간주하는 것은 번역을 지나치게 경시한 것이라 하지 않을 수 없다. 번역은 물론 중매쟁이와 같이 다른 나라 문학을 소개하는 성격을 지니고 있지만, 번역의 기능이 여기에 그치지 않는다. 우리는 알아야 한다. 우리가 보는 문학은 단순히 세계문학을 소개하는 것뿐만이 아니라 중국 신문학 창조에도 자연스럽게 도움이 됨을. 문학의 본질적인 면에서 볼 때 문학작품이 생산되고 소개되면, 문학의 꽃밭에 새로운 꽃이 피어날 뿐 아니라, 인류의 최고 정신에 위로와 교통의 밝은 길이 더 늘어난다. 만일 현재 세계에서 통용되는 문자와 번역하는 사람이 없다면, 원주민 외에는 이들 작품이 어우러진 밝은 빛이 다른 곳에는 비치지 못했을 것이다. 그러므로 번역한 문학작품도 창조한 문학작품과 같고, 인간의 최고정신에 대한 작용도 같다.[19]

문학연구회의 발기인이었던 마오둔 역시 『소설월보』1921.12.10에 발표한 「1년 동안의 감상과 내년 계획—年來的感想與明年的計劃」에서 번역을 꽃밭의 화분에 비유한 점은 적당치 않으며 번역과 창작은 똑같이 중요하다고 말하였다. 정전둬는 다시 시디西諦라는 필명으로 『문학순간』1922.2.21에 「소개와

---

19 處女的應當尊重, 是毫無意義的. 不過視翻譯的東西爲媒婆, 卻未免把翻譯看得太輕了. 翻譯的性質, 固然有些像媒婆. 但翻譯的大功用卻不在此. 我們要曉得—我們看文學, 不應當只介紹世界文學, 對中國新文學的創造, 自然地很有益處. 就文學的本身看—種文學作品產生了, 介紹來了, 不僅是文學的花園, 又開了—朵花; 乃是人類的最高精神, 又多—個慰藉與交通的光明的道路了. 如果在現在沒有世界通用的文字的時候, 沒有翻譯的人, 那末除了原地方的人以外, 這種作品的和融的光明, 就不能照臨於別的地方了. 所以翻譯—個文學作品, 就如同創造了—個文學作品—樣—他們對於人們的最高精神上的作用是—樣的. 西諦, 「處女與媒婆」, 『文學旬刊』 4期, 1921, 6, 10.

창작介紹與創作」이라는 글을 통해 이를 비판하였다.[20]

> 이전에 누군가 "번역은 중매쟁이일 뿐이고, 우리는 창작에 노력해야 한다"고 말하였다. 후에 또 어떤 이는 "우리는 번역은 조금만 하고, 창작을 많이 해야 한다"고 하였다 (…중략…) 사실 창작의 노력은 자연적 추세이다. 우리는 일종의 정서를 가지고 있고, 이 정서가 내면에서 깊어지면 언젠가는 표출하게 된다. 이러한 정서가 없으면 창작을 하고 싶어도 불가능하고, 이러한 정서가 있다면 발표하지 못하게 금지하려 해도 불가능하다. 무슨 관계도 없는 자들이 더 노력해야 한다느니, 적게 노력해야 한다느니 하는데, 모두 의미나 쓸모도 없는 허튼소리이다. 게다가 번역의 기능은, 단지 중매쟁이만을 위한 것이 아니다. 중매쟁이는 바로 소개를 많이 해주는 것에 그 장점이 있다. 문학개혁의 시기에 외국의 문학작품이 우리에게 큰 영향을 주었기 때문이다 (…중략…) 어떤 사람이든 세계의 모든 언어와 문학을 이해하기는 어렵기에 번역사업은 반드시 필요하다.[21]

루쉰 역시 구체적으로 궈모뤄의 이름을 거론하지는 않고 같은 해인 1922년 11월 9일 『신보』 부속잡지에 문학연구회 동인들의 생각에 동의를 표하였다.

---

20 咸立强,「飜譯與中國現代文學」,『貴州社會科學』 2期, 2009, 112쪽.

21 以前有人說 : "翻譯不過是媒婆, 我們應該努力去創作." 後來又有人說 : "我們應該少翻譯, 多創作. (…중략…) "其實"創作"的努力是自然的趨勢; 我們有一種情緒, 深鬱在裏邊, 總有要發表出來的. 沒有這種情緒, 雖欲創作而不能有了這種情緒雖欲禁止其不發表也是不可能的. 什麼不相幹的人叫他多努力或少努力都是無意識的無用的廢話. 再說翻譯的功用, 也不僅僅是爲媒婆而止.就是爲媒婆, 多介紹也是極有益處的. 因爲當文學改革的時期外國的文學作品對於我們是極有影響的 (…중략…) 無倫什麼人, 總難得世界上一切的語言文學; 因此翻譯的事業實力必要了. 鄭振鐸,「介紹與創作」,『文學旬刊』 29期, 1922, 2, 21.

몇몇 비평가는 번역본을 비평할 때 흔히 언급할 가치도 없는 것을 비방하는데 어찌하여 창작을 하지 않느냐며 나무란다. 생각해보면 창작을 존중해야 한다는 것을 번역가도 당연히 알고 있다. 그러나 누군가 번역가에 그치는 것은 단지 그가 번역만 할 수 있거나 혹은 번역을 편애하는 자이기 때문이다 (…중략…) 요리사를 가지고 비유를 들어보자. 음식을 먹을 때는 얼마나 맛있는지 말해야지, 다른 것으로 괴롭게 왜 바느질을 하지 않았느냐, 집을 짓지 않았느냐?하면 어떤 멍청한 요리사라도 이런 손님한테는 판단력을 잃었다고 말하지 않을 수 없다.[22]

번역은 창작에 버금가는 것으로, 단순히 글자를 통해 다른 나라의 작품을 소개하는 것에 그치지 않는다는 게 정전둬의 생각이었다. 그러므로 번역자에 대한 그의 견해는 '중매쟁이'에서 한 걸음 더 나아가 창작이 잘 자랄 수 있도록 젖을 주는 '유모'라는 의견을 내세웠다.

한국의 근대 아동문학에 큰 기여를 한 소파 방정환도 외국동화를 소개하면서 우리의 창작동화가 없는 현실은 섭섭한 일이나 일반문학과 마찬가지로 단계적으로는 외국동화를 들여오는 시기가 꼭 필요하다고 인식하였다. 즉 창작의 단계에 접어들기 전에 필연적으로 아동문학의 지평을 넓혀서 그 바탕을 만드는 일이 꼭 필요하다고 보았다.

다른 文學과 가티 童話도 한ᄯᅢ 輸入期는 필연으로 잇슬것이고 또 처음으

22 還有幾位批評家, 當批評譯本的時候, 往往詆爲不足齒數的勞力, 而怪他何不去創作. 創作之可尊, 想來翻譯家該是知道的, 然而他竟止於翻譯者, 一定因爲他只能翻譯, 或者偏愛翻譯的緣故. ……現在還將廚子來比, 則吃菜的只要說出品味如何就盡夠, 苦於此之外, 又怪他何以不去做裁縫或造房子, 那是無論怎樣的呆廚子, 也難免要說這位客官是痰迷心竅的了. 魯迅, 「對於批評家的希望」, 『熱風』, 人民文學出版社, 1980, 109쪽.

로 괭이를 잡은 우리는 아직 創作에 汲汲하는 일보다도 一面으로는 우리의 古來童話를 캐여내고 一面으로는 外國童話를 수입하여 童話의 世上을 넓혀가고 材料를 豊富하게 하기에 努力하는 것이 順序일 것 갓기도 하다.[23]

이는 새로운 사조를 받아들이던 시기를 살던 지식인들이 공통적으로 가지고 있던 생각이었음을 알 수 있는 대목이다. 정전둬는 번역가가 한 나라의 문학사 변화가 급격한 시대에 가장 필요한 사람이라고 여겼다. 즉 번역가의 업적이 창작하는 사람에 비해 결코 부족하지 않으며, 전 인류의 최고 정신과 정서에 교통하는 자라고 생각한 것이다. 특히 세계에 공통된 언어가 있기 이전의 번역가의 사명은 아주 중대하기에 신문학의 본질에서 보면 번역가의 책임이 아주 크다고 강조하였다.[24] 이처럼 정전둬는 번역이 중요하고도 영광스러운 일이며, 많은 작가들의 감정이 깃든 작품은 번역자가 있기에 각기 다른 언어로 독자들 옆에 다가갈 수 있다고 평가하였다. 그는 번역가의 역할이 중요함을 깊이 인식하고 있었기에, 세계의 아동문학 작품을 소개하는데도 이를 적극적으로 적용하였다. 뿐만 아니라 아동문학의 교육적 가치도 높이 평가하였기에, 그의 번역 작품에는 이러한 인식이 반영될 수밖에 없었다.

2) '중술'의 방법 채택

5·4신문화운동 시기에 활발하게 번역활동을 벌이면서 영향력을 행세한 번역가로는 루쉰, 저우쭤런, 마오둔, 궈모뤄를 들 수 있다. 이 가운데

23 小波, 「새로 開拓되는 童話에 관하여」, 『開闢』, 1923년 1월호, 23쪽.

24 鄭振鐸, 「俄國文學史中的翻譯家」, 『改造』 第3卷, 1921.7. 鄭振偉, 『鄭振鐸前期文學思想』, 人民文學出版社, 2000, 38쪽.

루쉰은 전문적으로 번역이론을 내세우지는 않았지만, 취츄바이와의 편지 왕래를 통해서 '직역'의 방법을 주장하였다. 루쉰은 다양한 독자를 상대하고, 원작에 충실하기 위해서 직역을 해야 한다고 하였다. 루쉰은 '귀화歸化'의 의역에 대해 반대하며 다음과 같이 말하였다.

> 무릇 번역이란 반드시 두 가지를 고려해야 하는데, 하나는 쉽게 이해할 수 있도록 해야 하고 다른 하나는 원작의 풍미를 보존해야 한다.[25]

루쉰은 의역을 하면 원작의 내용을 해치게 되어 원문이 '겉으로는 같아 보이지만 속으로는 다른貌合神离' 번역이 된다고 하였다. 그러기에 최대한 '이국적 정취를 보존'해야 한다고 하였다. 그러면서 한편으로는 직역으로 인해 번역이 매끄럽지 않을 경우에는 번역의 질을 높이기 위해 중역이나 복술復述을 해야 한다고도 하였다.

저우쭤런은 1920년 『신청년』에 발표한 「물방울點滴」 서문에서 직역의 문체와 인도주의 정신의 두 가지 점을 상기시켰다. 또한 1925년에 발간한 『팽이陀螺』 서문에서도 "나의 번역방법은 직역법이다. 나는 여전히 직역법을 신뢰하는데, 이보다 더 좋은 방법이 없기 때문이다"[26]라고 말하였다. 저우쭤런은 '인간의 문학'을 주장하면서 '직역' 역시 조건이 있다고 하였다. 즉 글자 그대로 한 글자 한 글자를 옮기는 것이 직역이 아니고, 뜻

---

25 凡是翻譯, 必須兼顧兩面, 一則當然力求其易解, 一則保持原作的豐姿. 陳玉剛, 『中國翻譯文學史稿』, 中國對外翻譯出版公司, 1989, 173쪽에서 재인용.

26 루쉰과 저우쭤런은 둘 다 직역을 주장하였지만 루쉰은 더 철저하게 직역을 실천했다. 루쉰은 번역이란 '불 훔치기(盜火)'의 작업임을 강조하며 창작과는 완전히 다른 것이며 이국적인 것은 이국적이게 하여 본토화할 필요가 없다고 주장하였다. 루쉰은 '자연스러움(順)'을 중시하지 않았고, 번역과 창작을 엄밀히 구별하였다. 于小植, 『周作人文學翻譯研究』, 北京大學出版社, 2014, 37~45쪽.

을 잘 전달해야 하므로 최대한 중국어가 가진 능력의 범위 안에서 원문의 풍격을 보존하고 원어의 의미를 표현하여야 한다고 하였다.[27]

마오둔은 산문은 직역의 방법을, 시는 의역을 할 것을 주장하였다. 문학연구회와 논쟁을 벌인 창조사의 중심인물인 궈모뤄는 "좋은 번역은 창작과 다름없다"는 관점을 가지고 있었다. 그는 번역을 할 때 글자 하나하나를 좇아가며 하는 직역에 찬성하지 않았으며, 특히 시를 번역할 때는 '시로써 시를 번역以詩譯詩'하여야 한다고 주장하였다. 이것이 바로 마오둔이 시에서 의역을 해야 한다고 말한 근거를 제공했다.[28]

정전둬 역시 수많은 해외의 신화와 전설, 민담, 소설, 동화, 시와 우화 등의 번역을 통해 중국 신문학 성장에 큰 공헌을 하였다. 저우쭤런이 "외국어에 대한 전문성과 원천 텍스트에 충실한 번역을 실천"[29]한데 비해, 정전둬는 『아동세계』에서 자신을 비롯한 작가들이 채용한 번역방법이 직역도 의역도 아닌 '중술'이라고 말하고 있다. 정전둬는 부인 가오쥔전과 함께 펴낸 『백조』 동화집의 서문에서도 자신의 작품이 결코 순수한 창작은 아니라고 고백하면서 '역술'의 방법으로 번역을 하였다고 밝히고 있다.

> 우리는 동화에 대한 관심이 아주 높지만 현재의 환경에서 창작의 욕망을 불러일으킬 수 없기에 어쩔 수 없이 역술의 이 길을 향해 갈 수밖에 없다. 이것이 우리가 현재 중국의 아주 사랑스럽고 희망이 있는 제2세대에게 공헌하는 것이다. 앞으로 만일 창작의 길을 향해 걸어가는 시기가 있게 되면, 아마도 우리는

27 于小植, 『周作人文學翻譯研究』, 北京大學出版社, 2014, 37~45쪽.

28 陳玉剛, 『中國翻譯文學史稿』, 中國對外翻譯出版公司, 1989, 213쪽.

29 황선미, 「신문화운동기의 『신청년(新青年)』 번역 작품 연구」, 한국외대 박사논문, 2012, 67쪽.

아이들에게 우리의 것으로 더 공헌할 수 있을 것이다.[30]

'중술'은 '역술譯述'과 같은 의미로 일종의 번역과 창조가 융합된 창조적 노동이다. 역술은 역자가 자기의 언어로 바꾸어 쓰거나 다시 서술하되, 원작의 주요 내용과 일부 내용을 변형시켜 번역하는 방법[31]으로 우리가 잘 알고 있는 '번안'에 해당한다. '중술'은 역술자가 작품의 내용과 풍격을 완벽히 이해한 다음 원작의 진의를 바꾸지 않는 전제 아래, 아동이 읽기 쉽게 토착화하여 흥미에 적합하도록 하는 것이다. 곧 원작을 취하는 데 있어서 가공과 정제를 진행하면서, 원작의 순서, 줄거리, 구조, 인물, 분량 등에 있어서 일정한 변화를 줌과 동시에 작품에 적절히 논리적 창조를 가하는 것이다. 그러기에 번역자 개인의 심혈과 노동이 어우러진 성과로 단순히 번역한 원전과는 달랐다.[32] 정전둬는 「『아동세계』 선언」에서 다음과 같이 얘기하였다.

> 우리가 채용한 방식은 번역이 아니라 '중술'이며, 이로 인해 경우에 따라서는 원문과 약간의 차이가 있을 수 있다. 이는 토착적 흥미에 어울리게 하기 위해서이므로 독자들은 오해가 없어야 할 것이다. 또 아동잡지이기에 원저의 이름과 원저자의 이름은 크게 중시하지 않았다.[33]

30 我們對於童話的興趣都很高, 但在現在的工作環境裏, 創作的欲望是任怎樣也引不起, 所以只好向譯述這條路走去. 這是我們現在所能貢獻給中國的最可愛最有望的第二代的了. 將來, 如有向創作這路走去的可能時, 也許可以更貢獻給他們以我們自己的東西. 鄭振鐸·高君箴, 「『天鵝』序」, 『天鵝』, 海豚出版社, 2014, 3쪽.

31 黃忠廉·李明達, 「變譯方法對比研究」, 『外語學刊』 6期, 2014, 89쪽.

32 王泉根, 『現代兒童的先驅』, 上海文藝出版社, 1987, 52쪽.

33 我們的采用是重述, 不是翻譯, 所以有時不免與原文稍有出入. 這是因爲求合於鄉土的興趣的原故, 讀者當不會有所誤會又因爲這是兒童雜志的原故原著的書名及原著者的姓名

5·4를 전후한 시기의 번역원칙과 방법은 '아동을 위한' 것이었다. 다수의 역자들이 아동을 중심으로 하여 번역본의 언어와 풍격이 아동의 심미수요에 맞는지를 중시하였다. 이 때 번역에서는 직역·의역·편역의 방법을 주로 채용하였다. 처음에는 많은 역자들이 엄격한 직역을 채용하였다. 이 가운데 언어학자였던 자오완런趙元任의 『이상한 나라의 앨리스』는 직역의 경전이라고 일컬어질 만큼 원저의 사상과 풍격을 정확하고 충실하게 번역하였다는 평가를 받고 있다. 이밖에도 루쉰·저우쭤런·무무톈穆木天 등도 아동문학의 번역에 있어서 엄격하였다. 이러한 직역 과정을 거친 후에 실용적인 번역 방법을 선택한 『동화』와 『소년총서少年叢書』가 상무인서관에서 발간되었다. 이 아동도서의 주요 편찬자는 쑨위슈·마오둔·정전둬였는데, 쑨위슈는 의역을, 마오둔은 편역을, 정전둬는 역술의 방법을 채용하였다. 이들은 각기 다른 정도의 가공과 처리를 거쳐 동화를 번역하였는데, 마오둔은 자기 자신이 창조한 내용도 삽입하였다.[34]

진옌위는 『중국동화사』에서 마오둔이 젊은 시절 동화번역을 할 때 채택한 방법을 정전둬가 취한 것으로 보았다. 마오둔과 정전둬는 상무인서관에서 『동화』를 편찬하는 일에 같이 참여하였으므로 정전둬의 번역관 형성에 마오둔이 많은 영향을 주었을 것으로 보았다. 진옌위는 마오둔이 주로 묘사에 치중했다면, 정전둬는 서술에 중심을 두었다고 평가하였다. 그리고 마오둔의 동화에는 생동하는 형상의 줄거리와 정경이 묘사되고, 정전둬의 동화는 리듬감이 빠르고 일련의 행동서술이 하나씩 이어지며 마오둔의 언어가 생생하다면 정전둬의 언어는 유창하다고 평가하였다.[35]

也都不大注出. 「『兒童世界』宣言」, 『晨報副鐫』, 1921.12.30.

34 夏丹, 「五四時期兒童文學翻譯簡論」, 『長江論壇』 1期, 2007, 94~95쪽.

35 金燕玉, 『中國童話史』, 江蘇少年兒童出版社, 1992, 212~213쪽.

정전둬가 1925년 1월 상무인서관에서 펴낸 『백조』 동화집의 서문 내용을 살펴보면 그의 번역관을 분명하게 엿볼 수 있다.

> 이 책은 우리 두 사람이 함께 엮은 동화집이다. 우리가 그동안 편역한 동화 대부분이 여기에 있다. 그 자료들은 모두 영문으로 된 각종 책에서 어떤 작품은 번역을 했고, 어떤 작품은 '중술'하였다. 우리는 동화란 아동들이 읽기 쉬운 방법을 강구해야 한다고 생각한다. '중술'의 방법을 써서 세계의 중요한 작품을 가져와 우리 중국에 이식하는 것도 무방하다고 여겼기에 이 책에는 일본·북유럽·영국 및 기타 각지의 전설·신화 및 우화 모두에 이 방법을 사용하였다. 안데르센·솔로구프의 작품은 불후의 문학적 흥취를 구비하고 있기에 번역의 방법을 사용하였다.[36]

위 글을 통해서 정전둬는 그가 번역 소개한 외국문학에 거의 '중술'의 방법을 사용하면서, 번역과 '중술'을 다르게 취급하고 있음을 알 수 있다.

1920년대 초 정전둬의 번역작 가운데는 러시아 문학작품과 타고르의 시가 많은 부분을 차지한다. 정전둬는 인도문학과 인도문화에 대한 관심과 열정이 있어서 인도의 역사시와 인도 동화 및 우화 등을 번역하였고, 타고르를 특히 숭배하였다. 1922년 그가 번역한 『길 잃은 새飛鳥集』는 가장 먼저 중국에 소개된 타고르 시집이다. 정전둬는 『타고르 시선泰戈爾詩選』

36 這是我們兩個人所輯的童話集. 我們兩年來所編所譯的童話大約都在這裏了. 他們的原料, 都是英文的各種書本裏翻譯而來的, 不過有的是翻譯的, 有的重述的. 我們以爲童話爲求於兒童的易於閱讀計, 不妨用重述的方法來移植世界重要的作品到我們中國來, 所以本書中對於日本北區英國以及其他各地的傳說神話以及寓言, 都是用這個方法. 至於安徒生梭羅古勃諸人的作品具有不朽的文學的趣味的, 則亦采用翻譯的方法". 鄭振鐸·高君箴, 『天鵝童話集』, 商務印書館, 1924, 3쪽.

의 서문에서 시 번역의 어려움을 토로하고 있다. 시는 음절 보전이 불가능한 데다가 원래 시의를 완전하게 옮기는 것 역시 아주 힘들다고 고백하였다.

그는 "시 번역은 매우 힘이 드는데 첫째, 많은 시에 사용하는 특별히 아름다운 문구를 유사하게 옮기기가 어렵고 둘째, 시의 문구는 함축적이고 암시적이며 문장 구조는 짧고 함의는 풍부한데 어떤 경우 간단하게 옮길 수가 없다"고 토로하였다. 정전둬는 영어와 뱅골어의 예를 들면서, 다른 언어의 동의어는 생기가 없을 가능성이 있기에 번역자들이 곤란을 겪는다고 여겼다. 시는 결국 생동감 있는 글자를 선택하여 사람들의 마음을 녹일 수 있어야 하므로 가능한 범위 내에서 선택하여야 하고, 완전하게 전체를 옮길 필요는 없다고 여겼다.[37] 즉 그가 말한 '선택'은 번역에서 채택한 '중술'과 큰 맥락에서 같은 의미로 볼 수 있으며, 적절한 단어를 사용하여 의미를 잘 전달하는 데 초점을 맞추고 있음을 알 수 있다.

또 『소설월보』에 3년여에 걸쳐 소개한 「그리스 로마 신화의 영웅 전설」과 「그리스·로마신화의 사랑 이야기」는 각기 다른 판본을 연구하고 조사한 다음 선택과 조직을 통해 원래의 줄거리를 간략하게 묘사하고 윤색하여 많은 독자들의 호응을 받았다.[38] 이처럼 그는 많은 문학작품을 번역하는 방법으로 '중술'을 택했고, 그가 편집을 맡은 시기의 『아동세계』에 발표한 작품들도 이 방법을 채택한 것들이 대부분이다. 정전둬가 역술의 방법으로 동화와 우화 등을 개작하는 방법은 엄밀히 말하면 창작이라고 할 수는 없으나 재창작의 방식이라고 할 수 있다.[39]

37 鄭振偉, 『鄭振鐸前期文學思想』, 人民文學出版社, 2000, 159~160쪽.

38 部鐵軍, 「鄭振鐸與外國文學」, 吉林大學博士論文, 2013, 63~64쪽.

39 陳福康, 『鄭振鐸論』, 商務印書館, 1991, 337쪽.

이는 번역의 두 가지 방법 중 독자에 충실한 대화적인 방법에 해당한다고 볼 수 있다. 마리아 니콜라예바는 번역에 두 가지 접근방법을 들고 있는데 하나는 "등가성의 보급, 즉 원 텍스트에 대한 대상 텍스트로의 최대한 밀착이다. 이 관점에서 번역은 원전에 '충실'해야만 하고 어떤 자유도 허용하지 않는다. 다른 하나의 관점은 특정 상황에서 번역된 텍스트가 처음 상황에의 본래적 기능과 유사하게 가능하다면 번역가는 항상 대상 독자를 고려해야만 한다고 생각했다. 이는 텍스트와 독자 간 적극적 대화 또는 상호작용을 전제하므로 이 관점을 대화적"[40]이라고 명명하였다.

마리아 니콜라예바는 『아동문학의 미학적 접근』에서 아동도서는 번역보다는 개작의 운명을 타고났다고 보았다. 개작adaptation은 하나의 텍스트를 번역가가 대상 청중의 요구라고 생각되는 것에 맞추는 것을 의미하는데, 이에는 삭제·추가·설명·미화·단순화·바꾸어 말하기·화합·윤색 등의 많은 중재가 포함된다. 이처럼 번역 중에는 다양한 변경이 일어나는데 기점 텍스트의 요소를 다루는 두 가지 방법으로는 자국화domestication와 이국화foreignization가 있다. 자국화는 이해하기 힘들고 이상해 보이는 것을 익숙한 현상과 개념으로 대체하는 것으로, 지역화도 자국화의 한 형태이다. 즉 외국의 음식, 무게와 치수, 화폐, 동물과 식물, 풍습, 관습을 대상독자가 좀 더 쉽게 이해할 수 있도록 변경하는 것이다. 이국화는 외국의 정취를 보존하기 위해 일부 단어를 번역하지 않은 상태로 두는 경우이다. 이러한 경우를 지지자들은 어린 독자가 번역된 책을 읽으면서 문화적 차이를 인식하게 하는 것이 근본 목적이라고 주장한다. 이 분류에 의하면 정전둬는 주로 자국화의 방법을 사용한 '중술'을 택하였다.

---

40 마리아 니콜라예바, 『아동문학의 미학적 접근』, 교문사, 2009, 296쪽.

정전둬가 말한 '중술'은 개작에 해당하며, 『아동세계』에 실린 정전둬의 번역 작품은 대부분 이 방법을 사용하였다. 당시 『아동세계』에 발표된 작품 가운데 예사오쥔을 제외한 대부분의 작가[41]의 작품이 바로 번역과 역술 등의 방식으로 이루어졌는데, 이는 아동문학 발전기의 보편적 현상이었다.[42] 그러나 정전둬가 모든 작품에 '중술'의 방법을 사용한 것은 아니었다. 그는 문학적 흥취가 있는 작품은 직역의 방법을 채용한다고 밝혔다.

정전둬는 당시 현실에서 부득이 직역 혹은 '중술'을 활용하여 해외의 작품을 소개하였지만, 궁극적인 지향점은 창작이었다. 그래서 일부분 창작을 병행한 작품들이 있는데 이러한 수법은 그림이야기에도 나타난다. 정전둬는 아동문학의 예술형식을 끊임없이 탐색하여 아동시극, 놀이시, 번역을 결합한 동화, 민간고사를 접목한 창작을 선보였다. 이러한 수법은 역시 그림이야기에서도 볼 수 있는데 그 자세한 내용은 6장과 7장에서 서술하겠다.

정전둬가 그림이야기를 도입하여 『아동세계』에 번역 또는 재가공, 재창작의 방식으로 소개한 데는 그의 아동문학에 대한 특수성과 번역 의식이 바탕에 깔려있다. 정전둬 서명이 붙은 그림이야기에 원문이 발견된 하인리히 호프만의 작품을 예로 들어보면, 그림을 거의 그대로 모사한 경우에도 글 텍스트까지 모방하고 있지는 않았다. 이러한 사례는 정전둬의 다른 나라 민담이나 동화, 우화 작품의 경우를 통해서도 알 수 있다. 이것은 '중술'에 해당하는 번역 방법이다.

『더벅머리 페터』를 살펴보면 분명하게 '중술'의 방법이 드러난다. 먼저 정전둬가 번역한 내용은 다음과 같다.

---

41 후톈웨・자오징선・옌지떵・션즈젠(沈志堅)・가오쥔전 등이 여기에 해당된다.

42 陳福康, 『鄭振鐸論』, 商務印書館, 1991, 338쪽.

페이얼은 늘 장난이 심해서 의자에 앉아서도 몸을 흔들어댔단다. 아버지가 말해도 듣지 않았지. 저런, 의자가 뒤로 넘어지면서 페이얼이 식탁보를 잡아당겼단다. 의자가 넘어지면서 식탁보가 벗겨졌고 페이얼도 넘어졌지. 그릇 깨지는 소리가 들렸고 먹을 게 모두 없어져 버렸단다.[43]

다음은 원전인 『더벅머리 페터』의 내용이다.

"필립, 오늘은 식사할 때 얌전히 앉아 있어라. 알았니?" 아빠가 아들에게 엄하게 말했어. 엄마는 말없이 식탁을 빙 둘러보았지. 그런데 필립은 아빠의 말을 전혀 듣지 않았단다. 필립은 의자에 앉아 몸을 이리저리 비틀고 앞뒤로 흔들어댔어. 발을 쾅쾅 구르며 잠시도 가만히 있지 못했지. "필립, 정말 마음에 안 드는구나!" 얘들아, 필립이 또 무슨 짓을 했는지 좀 보렴. 필립은 점점 몸을 흔들어대다가 결국 의자와 함께 뒤로 벌렁 넘어지고 말았단다. 필립은 소리를 지르며 넘어지지 않으려고 안간힘을 썼어. 식탁보를 붙잡고 버텨 보았지만 소용없지. 오히려 필립이 식탁보를 잡아끄는 바람에 고기와 빵과 접시가 바닥으로 떨어졌단다. 아빠는 화가 치밀어 올랐고 엄마는 식탁을 빙 둘러볼 뿐이었어. 필립이 식탁보에 파묻혀 버렸네. 아빠가 드시려던 음식들이 바닥에 나뒹굴고, 다른 음식들도 바닥에 떨어져 엉망이 됐어. 수프 접시는 와장창 깨졌고. 엄마, 아빠는 엄청나게 화가 났지. 필립네 가족은 이제 먹을 게 없었어.[44]

---

43 費兒終日淘氣, 坐在椅上總是搖擺不止. 父親說他也不聽. 不好了, 椅子向複跌到了. 費兒手連忙牽住桌布. 費兒隨着椅子倒下來, 棹布也隨着費兒離開棹面. 一時摔破碎盆之聲, 大家都沒得晚飯吃了. 『兒童世界』 3卷 8期.

44 하인리히 호프만, 엄혜숙 역, 『더벅머리 페터』, 마루벌, 2007, 15~16쪽.

번역문을 보면 원문의 생생한 느낌이 반감되고 지나치게 많은 부분을 삭제하여 원문의 분위기를 제대로 살리지 못한 측면이 있다. 이는 정전둬가 「아동문학의 교수법」에서 좋아하지 않는 부분은 빼도 무방하다고 말한 점과 아동문학의 교육적 측면을 의식했기 때문으로 유추해볼 수 있다. 정전둬는 아동문학은 그 특수성으로 인해 교육적 의미를 소홀히 하기 어려우며, 일반문학과 달라서 교육적 측면이 포함되어야 한다고 하였다. 이와 함께 그림이야기에서는 그림을 통해 충분히 서사가 전달될 수 있다고 판단하여 일부 글 내용을 과감히 생략하지 않았을까 생각된다. 그러나 이는 본인이 『여우의 역사』 서문에서 아동문학 작품을 편역할 때 지나치게 '도덕'을 중시하여 원문의 묘미를 잃게 하는 경우가 있다고 우려하였는데, 자신도 이러한 문제를 쉽게 극복하기 어려웠던 것으로 보인다.

3. 번역의 실제

1) 동심 연가 타고르 시

5·4신문화운동 시기에 신문화운동을 선도한 천두슈는 '문학 혁명론'을 통해 귀족문학·고전문학·산림문학을 타도하고 국민문학·사실문학·사회문학을 건설할 것을 주장하였다. 천두슈는 중국에 가장 먼저 타고르의 시를 소개하였고, 타고르의 시는 중국 전통적인 시가 가지고 있는 격률을 깨뜨리는데 아주 좋은 자료였다.[45] 정전둬도 타고르의 시를 일찌감치 접하고 이를 소개하였다. 정전둬는 문학연구회에 관여하기 이전인

45 許媛, 「A Study on the Translation of Poems in "Tagore Special Issue" of Short Story Magazine」, 西南財經大學碩士論文, 2013, 26쪽.

1920년 8월 『인도』 월간지에 『기탄잘리』 가운데 22수를 번역하여 발표[46]하였다. 이후 "문학연구회 안에 '타고르 연구학회'를 조직"[47]하여 타고르의 시 번역에 대한 토론을 하기도 하였다. 정전둬가 번역한 타고르 시집은 『길 잃은 새*Stray Birds*』와 『초승달新月集』[48] 및 자오징선과 공동으로 작업한 『타고르 시집泰戈爾詩集』[49]이 있다. 그는 "타고르의 시 가운데서도 산문시를 가장 많이 번역하였으며, 『소설월보』 편집장을 맡은 기간에는 『소설월보』를 타고르 작품 소개의 주요 무대로 삼는데 큰 공헌"[50]을 하였다.

1913년 『기탄잘리』로 노벨 문학상을 받은 타고르에 대한 관심으로 중국에서는 1926년까지 그의 작품에 대한 번역 열기가 아주 뜨거웠다. 많은 번역가들이 그의 소설, 자서전, 시, 편지, 논문, 극본 등을 번역하여 소개하였는데 타고르의 작품을 실은 잡지만 해도 30여 종[51]이 넘을 정도였다. 1924년 타고르가 중국을 방문하면서 타고르 열기는 더욱 불타올랐다. 타고르는 박해받는 자들에 대한 동정과 폭력에 반대하고 애국주의 정신을 칭송했으며 대자연을 노래하고 인간미가 있는 사상을 담은 작품을

46 陳福康, 『鄭振鐸論』, 商務印書館, 1991, 386쪽.

47 鄭振偉, 『鄭振鐸前期文學思想』, 人民文學出版社, 2000, 155쪽.

48 『길 잃은 새』는 타고르의 시 326수 가운데 257수를 번역하였는데, 이것이 중국에서 가장 먼저 소개된 타고르 시집이다. 『초승달』은 40수 가운데 31수만 번역하여 출판하였다가 1954년에 나머지 9수를 모두 번역하여 재출판하였다. 楊建民, 「鄭振鐸的"飛鳥", "新月"」, 『世界文化』, 2015, 41~43쪽.

49 李金雲, 「泰戈爾作品在中國的研究及翻譯現狀的思考」, 『蘇州科技學院學報』, 2007, 125쪽.

50 張娟, 「泰戈爾與"五四"新詩」, 曲阜師範大學 碩士論文, 2005, 26쪽.

51 『東方雜志』·『新青年』·『小說月報』·『少年中國』·『文學周報』·『晨報』·『申報』·『大公報』·『時事新報·學燈』·『民國日報·覺悟』·『京報副刊』·『晨報副鐫』·『中國青年』·『向導』·『創造周報』·『佛化新青年』·『文學旬刊』·『婦女雜志』·『平民』·『新人』·『政治生活周報』·『學彙』 등이 있다. 艾丹, 「中國現代文化史上的"泰戈爾熱"－五四學界對泰戈爾的譯介與研究(1920~1924)」, 『甘肅社會科學』, 2008, 60쪽.

써서 많은 독자들의 호응을 받았다.[52] 일본의 저명한 중국연구가인 다케우치 요시미竹內好의 글을 보면 당시 중국 지식인들의 타고르에 대한 인식과 태도를 엿볼 수 있다.

> 타고르는 日本을 3차례 訪問했는데, 아주 歡迎을 받았습니다. 누가 歡迎했느냐 하면 도련님들이지요. 도련님들 혹은 宗敎學者들로서, 民衆과는 無緣했습니다. (…중략…) 그러나 中國에 있어서는 民衆의 代辯者인 文學者가 타고르를 충분히 소개했었고, 또한 타고르와 同質의 問題를 (그들이) 提起했던 것입니다. 日本에서는 타고르를 어떻게 取扱했느냐 하면, 타고르란 한갓 亡國의 詩人이며 亡國의 노래를 부르는 詩人으로 理解되었던 것입니다. 中國에서는 그렇지 않았으니, 그는 民族解放運動의 戰士로 받아들여졌던 것입니다. (…중략…) 中國에서는 郭沫若·徐志牟·冰心 등 각기 傾向이 다른 사람들이 (다같이) 타고르를 받아들인 것입니다. 中國의 가장 有力한 文學雜誌에서 타고르 特集號를 냈던 것입니다. 그것은 植民地化되어 壓迫당하고 있는 같은 경우에 처한 (부류의) 인간으로서의 그 反抗에의 共感인 것입니다. 타고르는, 나타난 바로는 매우 약한 形으로밖에 말하지 않았지만, 그 밑바닥에는 아주 강한 노여움이 포함되어 있습니다. 社會 혹은 世界의 不正에 대한 노여움이 매우 强烈한 것입니다.[53]

위에서 언급한 유력한 문학잡지는 『소설월보』로, 바로 『소설월보』 14권 9호와 10호가 타고르 특집호로 발행되었다. 이 시기 『소설월보』의 편집장은 바로 정전둬였으며, 『소설월보』는 타고르에 관한 연구와 작품을

52　牛水蓮, 「鄭振鐸與印度文學」, 『鄭州大學學報』, 2001, 89쪽.

53　竹內好, 「方法としてのアジア」, 『思想史の方法と對象』, 創文社, 228쪽. 김윤식, 「한국 신문학에 있어서의 타고르의 영향에 대하여」, 『진단학보』, 1969, 19쪽에서 재인용.

가장 많이 실었다.[54]

정전둬는 총 61수의 타고르 시를 번역하였다. 『소설월보』 타고르 특집호 14권 9·10호1923에 정전둬는 『길 잃은 새』 6수, 『기탄잘리』 11수, 『초승달』 12수, 『정원시園丁集 : The Gardner』 8수, 『교차로歧路 : Crossing』[55] 4수, 『사랑하는 이의 선물愛者之胎 : Lover's Gift』 14수, 『세기의 종말世紀末日』 5수 등을 발표하였다.

『초승달』은 타고르의 아동에 대한 세밀한 관찰과 깊은 이해를 바탕으로 아동의 천진난만함과 생기있고 사랑스런 모습을 잘 표현한 시집으로, 아동들의 선량함과 환상적 심리 특성을 생생하고 사실적으로 묘사한 아동문학의 걸작으로 일컬어진다.[56] 정전둬는 『초승달』을 번역하면서 번역에 흥미를 갖게 되었고, 쉬디산의 격려로 시 번역을 하였다.[57] 정전둬는 타고르의 『초승달』에 실린 19번째 작품인 「종이배紙船 : Paper Boats」를 『아동세계』 1권 8기에 발표하였다.

> 날이면 날마다 나는 흐르는 물에 종이배를 하나씩 떠내려 보냈습니다.
>
> 배에는 크고 검은 글자로 내 이름과 내 사는 마을의 이름을 써놓았습니다.
>
> 낯설은 고장 어느 누구든 배를 보고 내가 누구인지 알기를 바랐습니다.
>
> 내 조그만 배에는 우리 꽃밭에서 꺾어 온 슐리꽃을 심었습니다. 그리하여 이 새벽의 꽃이 밤의 나라로 무사히 실려 가기를 바랐습니다.
>
> 내 종이배를 띄워 놓고 하늘을 유심히 보니 조각구름들이 흰 돛을 펴고 가

---

54 艾丹, 「中國現代文化史上的"泰戈爾熱"－五四學界對泰戈爾的譯介與研究(1920~1924)」, 『甘肅社會科學』, 2008, 60쪽.

55 16수는 마오둔이 번역하였다.

56 何乃英, 「論泰戈爾的散文詩」, 『南亚研究』, 1993, 62쪽.

57 陳福康, 『鄭振鐸論』, 商務印書館, 1991, 386쪽.

는 것이 보였습니다.

하늘에 있는 나와 같은 어린 장난꾼이 조각구름을 띄워 공중에 날려 보내며 내 종이배와 경주를 하려고 하는지도 알 수 없는 일입니다!

밤이 되면 나는 양팔을 얼굴에 묻고 내 종이배가 한밤중 별 밑으로 떠가고 떠가는 꿈을 꿉니다.

잠의 선녀들이 종이배를 젓고 있습니다. 선녀들의 짐을 광주리에 잔뜩 담은 꿈이었습니다.[58]

DAY by day I float my paper boats one by one down the running stream.

In big black letters I write my name on them and the name of the village where I live.

I hope that someone in some strange land will find them and know who I am.

I load my little boats with shiuli flowers from our garden, and hope that these blooms of the dawn will be carried safely to land in the night.

I launch my paper boats and look up into the sky and see the little clouds setting their white bulging sails.

I know not what playmate of mine in the sky sends them down the air to race

58 柳玲 譯, 『타고르전집』 4, 正音社, 1974, 114쪽.
我每天把紙船放在急流的溪中.
我在紙船上用大黑字寫上我的名字和我住的村名.
我希望住在異地的人會得到紙船, 知道我是誰.
我把園中長的秀麗花栽在我的小船上, 希望這些黎明開的花能在夜裏平平安安地帶到岸上.
我投我的紙船到水裏, 仰望天空, 看見小朵的雲正張著滿鼓著風的白帆.
我不知道天上有我的什麼遊伴把這些船放下來同我的船比賽!
夜來了, 我的臉埋在手臂裏, 夢見我的紙船在子夜的星光下緩緩地浮泛前去.
睡仙坐在船裏, 帶著滿載夢的籃子. 『兒童世界』 1卷 8期.

with my boats!

When night comes I bury my face in my arms and dream that my paper boats float on and on under the midnight stars.

The fairies of sleep are sailing in them, and the lading is their baskets full of dreams.[59]

「종이배」는 중국에 최초로 소개된 아동 산문시로서 지극히 서정적이면서 순진무구한 아이의 세계가 섬세하게 잘 묘사되어 있다. 그러나 이 작품을 보면 그가 애용하는 '중술'의 방법을 사용하지 않았다. 타고르의 원문과 정전뒤의 번역문을 비교해 보면 언어를 정교하게 구사하면서 가장 기본적인 '충실Faithfulness'에 바탕을 두고 있다. 문학성이 풍부한 작품은 '직역'을 사용한다고 했던 그의 번역관과 특히 시 번역의 어려움과 함께 마음대로 삭제하거나 변형하여 시의를 달라지게 하지 않기 위한 전략으로 보인다.

타고르의 문학과 사상이 소개된 시점은 중국과 우리나라가 거의 비슷하다. 타고르가 우리나라에 처음 소개된 때는 1916년으로 타고르가 일본을 방문했을 때 『신문학』에 실린 필자 미상의 「세계적 대시인, 철인, 종교가 타꼬아 선생」이라는 글이다. 이후 진학문이 『인도의 세계적 대시인 라빈드라나드 타쿠르』, 『기단쟈리』, 『원정』, 『신월新月』에서 각각 1편씩의 시와 「쫓긴 이의 노래」, 「타선생 송영기」를 1917년 11월 『청춘』에 소개하였다.[60] 또한 한용운을 비롯하여 어린이 운동의 선구자이며 근대 아동문학의 선구자로 일컬어지는 방정환도 『개벽』 창간호1920.6에 「어머니」와 「신생의 선물」

59 http://www.eldritchpress.org/rt/cmoon.htm.

60 Alok Kumar Roy, 「한국문학에 미친 타고르의 영향」, 동국대 석사논문, 1991, 19~20쪽.

이라는 제목으로 타고르의 작품을 소개하였다. 「어머니」는 『신월』 시집에 있는 「구름과 물결」 및 「동정심」을 재구성하여 번역한 것이고, 「신생의 선물」은 『기탄잘리』 시집의 5번째 시이다.[61] 타고르의 시는 서정성과 종교성, 이념 등이 큰 영향을 미쳤고, 수법이나 형식면에서도 우리나라의 문학에도 많은 영향을 주었다. 국문학계에서는 한용운의 「님의 침묵」이나 김소월의 「진달래꽃」 역시 타고르의 영향을 받았다고 보고 있다.

2) 세계 여러 나라의 민담

정전둬는 중국의 민담과 다른 나라 민담의 유사성에도 주목하였다. 당시 중국의 지식인들이 민담에 관심을 갖게 된 배경에는 19세기에 여러 나라에서 민속학에 대한 관심이 일어나게 된 것과 관련이 있다. 바로 그 원인 가운데 하나는 유럽에서 민족의식이 급격히 고조된 것에 있다.[62] 그림 형제의 민속학 연구 목적이 "자랑스럽고 위대한 게르만의 과거를 재구축"하려는 것이었듯, 신화학과 민속학의 흥기는 근대 민족주의의 형성과 국민국가를 단위로 하는 세계체제의 재편과정과 밀접한 관련이 있다.[63]

이야기의 발생과 분포에 대해서는 여러 학설[64]이 있지만 민담의 유사

---

61 장정희, 「1920년대 타고르 시의 수용과 小波 方定煥의 위치」, 『인문연구』, 2011, 4쪽.

62 Chang-tai Hung, *Going to the People : Chinese Intellectuals and Folk Literature, 1918-1937*, 15쪽. 홍윤희, 「周作人의 민속학 연구와 '신화'」, 『중국어문학논집』, 2005, 433쪽.

63 홍윤희, 「周作人의 민속학 연구와 '신화'」, 『중국어문학논집』, 2005, 434쪽.

64 '설화'의 기원 논의는 자연신화학파, 역사지리학파, 인류학파, 심리학파, 제의학파로 분류된다. 자연신화학파는 쿤(A.Kuhn)과 뮐러(M.Müller) 등이 대표적인 학자로 자연현상을 의인화한 데서 비롯된 것으로 본다. 역사지리학파는 크론(K. Krohn)과 아르네(A. Aarne)가 대표적인 학자로 '핀란드학파'라고도 한다. 이들은 설화가 한 시기나 한 자리에서 생겨난 것이 아니라 유형마다 다른 역사를 가지고 있다는 전제에서 출발한다. 어떤 유형의 민담을 택해 가능한 모든 구전을 수집하여 중요 특징에 따라 분석해서 공통적인 특징에 입각해 원형을 추정한다. 인류학파는 앤드류 랭(Andrew Lang), 에드워드

성과 관련하여 하나는 이야기의 개요가 공간을 초과하여 이동·전파되었다는 이동론혹은 전파론과 유사한 이야기는 인류가 공통으로 가지고 있는 영감과 정신에서 발생했다는 다원多元 발생론"[65]이 있다. 전파론은 일원론에 해당된다. 이들에 의하면, 이야기는 본디 특정한 장소에서 발생되었지만 결혼·전쟁·유배·천재지변·이민과 같은 인구이동이나 교육·문화교류 같은 요인으로 인해 다른 장소로 유사한 유형을 만들며 전파되는 것이다. 즉 전파에 있어서 지리적 입지조건이나 교통이 중대한 영향을 주는 요인이 된다.[66] 인류학파는 다원주의Polygenesis를 지향한다. 즉 설화에 존재하는 유사성들은 동일한 문화수준에 있는 사람들이 공통적인 신앙과 관습을 토대로 설화를 만들어 낸 결과가 나타난 현상으로, 이러한 설화들은 여러 곳에서 독자적으로 발생하였다고 믿었다.

아동문학에 가치를 부여하는 이들은 인류학파의 이론에 관심을 가졌다. 그들은 동화가 서로 다른 지역에서 서로 영향을 주지 않고 독립적으로 발생할 수 있다고 생각했다. 이들은 비슷한 조건이 주어지고, 비슷한 환경이 존재하면, 비슷한 동화가 발생할 수 있다는 다원발생설Polygenese을 주장하였다. 그래서 동화 속에서 인류에게 보편적인 생각들을 확인할 수 있다고 생각하였다. 이 개념의 핵심은 인간이 어느 시대, 어느 공간에서 살아가든 간에 인간들이 갖고 있는 원초적인 사고의 형식primitive Denkformen은 동일하고, 인간 믿음의 토대, 인간 풍습의 토대가 동일하며, 또 생명의

타일러(E. Tylor)가 대표적 학자로, 설화의 기원을 사라진 원시문학의 흔적이라고 본다. 심리학파는 설화의 기원을 인간의 심리적 현상에서 찾고자 하였다. 제의학파는 프레이저(J.Frazer), 해리슨(J.Harrison)이 대표적인 학자로 설화가 풍요제나 성년식 등의 의례에서 비롯된 것으로 본다. 안병국, 『說話文學論』, 학고방, 2012, 28~34쪽.

65 劉守華, 『比較故事學』, 上海文藝出版社, 1995, 19쪽. 張杰, 「韓中忘恩獸民間故事比較研究-以《兔子的裁判》和《中山狼傳》爲中心」, 吉林大學碩士論文, 2011, 4쪽에서 재인용.

66 안병국, 『說話文學論』, 學古房, 2012, 29쪽.

탄생과 소멸에 대해 그리고 자연의 생성과 소멸에 대해 인간이 갖고 있는 단순한 세계관은 같다는 것이다. 인간들이 공통적으로 갖고 있는 보편적인 생각을 바탕으로 한 다양한 경험들은 문학적으로 구체화된 것이 바로 문학의 원형Urform인 동화이다. 인류학적 관점에서 동화란 인간들의 기본경험들이 상호 영향이나 관여 없이 독립적으로 반영되어 발생한 문학형식이란 것이다.[67]

19세기 말 핀란드 학자들을 중심으로 시작된 '핀란드 학파'로 불리는 역사지리학파 학자들은 "이야기는 어느 한 시기 한 자리에서 생겨난 것이 아니라 유형마다 다른 역사를 가지고 있다는 전제"에서 출발한다. 이들은 이야기를 수많은 유형으로 체계를 세워 나눈 후 각 유형의 전승 양상을 추적하기 위해 유형별로 분류해서 번호와 이름을 매겼다.[68] 톰슨Thompson은 "이야기는 특정한 시공간 속에서 존재하며, 그것이 발생한 곳의 지역성, 언어적 사회적 관련성과 역사적 변화의 영향을 받는다"고 하였다. 이들은 여러 가지 변이형을 분석하고, 역사적 지리적 요소를 고려하여 원형을 구하고, 모든 변이형이 파생하게 된 변화요인을 논리적으로 설명하고자 하였다. 즉 어떤 이야기가 언제 어디서 발생하였으며 어떻게 전파되었는지를 밝히고자 하였다.[69]

역사지리학파의 대표적인 학자 안티 아르네는 동물들이 이야기의 중심에 있는 동물동화Tiermärchen를 동화 유형 가운데 가장 오래된 동화로 간주[70]하였다. 인간은 문학을 하려는 본능과 욕구를 동화와 같은 구전문학

67 김정철, 「그림형제 동화와 현실」, 『외국어로서의 독일어』, 2018, 76~77쪽.
68 김환희, 『옛이야기 공부법』, 창비, 2019, 78~79쪽.
69 스티스 톰슨, 윤승준·최광식 공역, 『說話學原論』, 啟明文化社, 1992, 15~525쪽.
70 Aarne, Antti(1961), The Types of the Folk-tale. A classification and bibliography. Translated and enlarged by Stith Thompson, Helsinki. 金貞徹, 「독일 그림형제 동화에 나타난

을 통해 충족시키면서, 자신에게 의미 있는 개인적인 것뿐만 아니라 사회·문화 현상이 동화의 텍스트에 반영되었다고 보았다. 그러므로 동화 텍스트에는 인류가 걸어온 흔적들이 숨겨져 있다. 그러나 이 흔적들은 들판에 산재해 풀들로 뒤덮여있기 때문에 예리한 눈을 가지고 찾으려 하지 않으면 발견할 수 없다[71]고 하였다.

근대 시기 '동화'는 민담과 창작동화를 아우르는 개념이었다. 방정환의 "새로 개척되는 동화에 관하야"라는 글에서도 민담을 '고래 동화古來童話'로 지칭하며 널리 민담을 수집해야 함을 강조하고 있다.

> 童話의 童은 兒童이란 童이요 話는 說話이니 童話라는 것은 兒童의 說話, 또는 兒童을 爲하야의 說話이다. 從來에 우리 民間에서는 흔히 兒童에게 들려주는 이약이를 '옛날 이약이'라 하나 그것은 童話는 特히 時代와 處所의 拘束을 밧지 아니하고 大概 그 始初가 "옛날 옛적"으로 시작되는 고로 (…중략…) 童話라는 것은 누구나 아는 바 「해와 달」 「흥부와 놀부」 「콩쥐 팟쥐」 「별주부토긔의 간」 等과 가튼 것이라고만 알아두어도 조흘 것이다. (…중략…) 일면으로는 우리 古來童話를 캐여내고 일면으로는 外國童話를 輸入하야 童話의 世上을 넓혀가고 材料를 豐富하게 하기에 努力하는 것이 順序일 것 갓기도 하다.[72]

정전둬는 『소설월보』 「중국문학연구」 특집호1926년에 중국의 민담을 연

동물의 형상과 인식」, 『東方漢文學』, 2015, 234쪽.

71 Brüder Grimm(1980), Kinder-und Hausmärchen, 3.Band, hrsg. v. HeinzRölleke, Stuttgart, 421쪽. 金貞徹, 「독일 그림형제 동화에 나타난 동물의 형상과 인식」, 『東方漢文學』, 2015, 234쪽.

72 小波, 「새로 開拓되는 童話에 관하야-特히 少年 以外의 일반 큰 이에게」, 『開闢』 31호, 1923 1월호.

구한 「중산랑 고사의 변이中山狼故事之變異」에서 중국 및 시베리아, 고려, 유럽, 노르웨이의 동물민담을 언급하였다. 이는 우리나라의 「토끼의 재판」에 해당하는 민담으로 아르네-톰슨-우더ATU[73] 155 유형[74]이다. 정전둬는 19세기 말 20세기 초에 수집된 유럽과 시베리아, 노르웨이 및 우리나라의 민담과 자국의 「중산랑전中山狼傳」 및 「중산랑잡극中山狼雜劇」 등을 거론하며 그 유사성을 비교하였다.[75]

이외에도 그림형제의 민담인 「태자와 태자비」, 「충직한 아이 필립忠厚的童子皮祿」, 「한스와 궈리」[76]를 『아동세계』에 소개하기도 하였다. 정전둬가 채택한 번역의 방법인 '중술'을 통한 작품은 대부분 내용을 많이 축약하거나 삭제하여 분량을 줄인 것이 가장 큰 특징인데, 이 작품들 역시 예외가 아니다. 사실 그림형제가 수집한 민담은 어린이를 위한 것이 아니었기에 그 내용이 잔인하고 공포스러운 장면이 많다.

「한스와 궈리」는 그림 형제의 『어린이와 가정을 위한 민담*Kinder-und Hausmärchen*』 32번째 이야기인 「영리한 한스Clever Hans」가 원작품이다. 원작품에 등장하는 「영리한 한스」에서는 어머니가 다정한 눈빛을 신붓감에게 던져주어야 한다고 하자, 이 말에 담긴 진정한 의미를 알지 못하는 한스가 외양간의 모든 송아지와 양의 눈을 뽑아서 그레텔의 얼굴에 던지는

73 아르네-톰슨-우더 지수(Aarne – Thompson – Uther Index, ATU Index)는 민속학 연구에 사용되는 설화 유형의 목록이다. ATU 지수는 국제 학자들에 의해 수정과 확장이 이루어졌다. 이 유형 분류는 최초로 핀란드 민속학자 안티 아르네가 1910년에 독일어로 작성한 분류를 미국의 톰슨(Thompson)이 영어로 수정, 확장하였으며, 이후 독일 민속학자 한스 요르구 우터(Hans-Jörg Uther)가 2004년에 다시 보완하였다.

74 Stith Thompson, THE TYPES OF FOLKTALES, Helsinki, Suomalainen Tiedeakatemia, 1973, p.56.

75 鄭振鐸, 「中山狼故事之變異」, 鄭振鐸全集5, 華山文藝出版社, 1998, 271~272쪽.

76 그림형제의 『어린이와 가정을 위한 민담』 94번째에 실린 「슬기로운 농부의 딸(The Peasant's Wise Daughter)」이다.

장면은 잔혹하기 그지없다. 앞에서 서술한 이야기 선택방법으로 "너무 흉악하고 공포스런 색채를 가진 것은 아동의 잔학한 본능을 이끌어내므로 위험하다"[77]고 생각한 정전둬였기에 「영리한 한스」는 원문의 잔혹한 장면을 배제하고 결말을 원작과 다르게 구성하였다.

또 영국 민담인 「고양이 없는 나라無貓國」를 번역하기도 하였는데, 이 이야기는 부유한 상인에서 영국의 시장을 3번이나 지냈다는 리처드 휘팅턴Richard Whittington : 1354~1423에 대한 실화로, 1600년대부터 극과 시를 거쳐 산문과 소설, 오페라로 끊임없이 회자되는 내용의 작품이다. 이 이야기는 「딕 휘팅턴과 그의 고양이Dick Whittington and His Cat」라는 제목으로 불리기도 하는데, 토머스 헤이우드Thomas Heywood에 의해 1656년 최초로 책으로 출판되었다. 이 작품은 1909년 3월 상무인서관에서 쑨위슈가 펴낸 『동화』 제1집 제1편에 「고양이 없는 나라」라는 제목으로 번역되기도 하였다. 쑨위슈의 「고양이 없는 나라」는 중국 고대 백화소설의 서술방식인 본문 앞에 설자楔子[78]를 통해 서두를 연 다음 본문으로 들어가는 형식[79]으로 이루어졌지만, 정전둬는 원문의 대부분을 삭제하고 축약하는 방식을 택하였다.

이밖에도 「대나무 공주竹公主」1권 2~9기, 「기괴한 고양이怪貓」1권 2기, 「혹부리 영감兩個生瘤的老人」2권 8기, 「쌀자루 나으리米袋王」2권 10기의 일본 민담을 소개했다. 『아동세계』에 8회에 걸쳐 연재한 「대나무 공주」는 일본 고전문학 '모노가따리物語'[80]의 원조라고 불리며, 오늘날까지도 일본인들에게 아

---

77 "不要帶太凶惡太恐怖的色彩, 倘因而引起兒童殘忍的本能更覺危險." 鄭振鐸, 「兒童文學的教授法」－王泉根 評選, 『中國現代兒童文學論選』, 廣西人民出版社, 1989, 216쪽에서 재인용.

78 인물이나 사물을 끼워 넣는 것으로 옛 소설에서 이야기의 시작하기 전, 즉 본 이야기를 이끌어 가거나 보충하는 작용을 한다. 漢典.

79 金燕玉, 『中國童話史』, 江蘇少年兒童出版社, 1992, 180쪽.

80 10세기 전후 일본에 등장한 고전문학의 한 장르이다. '모노가따리'란 작자의 견문이나

주 친근한 작품이다. 2005년에 〈가구야 공주 이야기かぐや姫の物語 : The Tale of the Princess Kaguya〉라는 애니메이션으로 제작되어 우리나라에서 상영되기도 하였다.

3) 서구의 신화와 역사시

정전둬는 서구문학에도 관심이 많아 많은 서구 신화와 역사시 등의 작품을 번역하였다. 그 중 대표적인 작품은 유럽 장편 고전인 『여우의 역사』로 1925년 『소설월보』 16권 8호부터 12호에 걸쳐 44회로 나누어 연재하였다. 정전둬는 연재를 시작하면서 서두에 "『여우의 역사』는 아동을 감안하여 '중술'의 방법을 취한다고 밝히고 있다."[81] 역사지리학파의 대표적인 학자 안티 아르네는 동물들이 이야기의 중심에 있는 동물동화Tiermärchen를 동화 유형 중에서 가장 오래된 동화로 간주하였다.[82] 톰슨은 동물 이야기의 주요 출처를 "『인도 우화』, 중세의 『이솝 우화』, 유럽의 『여우 라이네케*Reineke Fuchs*』, 러시아 및 발틱 지방 넷으로 보았다".[83] 『여우의 역사』는 『여우 이야기』로도 불리며 처음 등장한 때는 9세기에서 10세기 무렵으로 프랑스에서 유행하던 동물이야기이다. 이후 12세기 말 여우를 의인화하여 시로 변형되었고, 여러 사람의 수정과 증보를 거쳐 14세기 말에는 수만 행 이상의 장편시가 되었다. 1794년 독일의 괴테가 아름다운

상상을 기초로 하여 인물·사건에 대해 서술한 산문 문학이다. 일본의 헤이안(平安) 시대(794~1192)에 해당하며, 이때는 중국의 사상과 문화, 문학을 많이 받아들인 시기이기도 하다. 이영란, 「『竹取物語』성립에 관한 일고찰」, 『韓國傳統文化研究』, 1996, 149쪽.

81 文基, 『列那狐的歷史』, 『小說月報』 16卷 8號.

82 Aarne, Antti(1961), The Types of the Folk-tale. A classification and bibliography. Translated and enlarged by Stith Thompson, Helsinki. 金貞徹, 「독일 그림형제 동화에 나타난 동물의 형상과 인식」, 『東方漢文學』, 2015, 234쪽.

83 Stith Thompson, THE FOLKTALE, New York, Dryden Press, 1946, p.217.

서사시 『여우 라이네케列那狐』[84]로 개작하였고, 정전둬는 중국에서 가장 먼저 이 작품을 번역하여 소개하였다.[85]

천푸캉은 이 『여우의 역사』가 후에 천보췌이陳伯吹의 『동물의 왕 여우萬獸之狐』, 둥춘차이董純才의 『여우의 이야기狐狸的故事』, 쉬다녠許達年의 『동물촌獸家村』 등의 작품 창작에 영향을 준 것으로 보고 있다. 이러한 일련의 정전둬의 번역활동은 중국 아동문학의 초창기로 봉건의식이 강했던 환경에서 외국의 우수한 작품을 도입한 것으로 높이 평가[86]받고 있다.

또한 문학적 관점에서 그리스 신화에도 주목하였다. 정전둬는 『문학대강』 4장과 9장에 각각 「그리스 신화」와 「그리스와 로마」라는 제목으로 그리스·로마 신화를 소개하였다. 1927년 유럽에 도피하였을 때 더 많은 그리스·로마 신화에 관한 자료를 접하고 나서 다시 「그리스·로마 신화 전설 속 사랑 이야기希臘羅馬神話傳說中的戀愛故事」 26편을 『소설월보』 19권 3호부터 12권에 걸쳐 연재하였고, 1929년 3월에는 이를 『사랑 이야기戀愛的故事』[87]라는 제목의 단행본으로 출판하였다. 또 귀국 후에는 「그리스·로마 신화 전설 속 영웅 이야기希臘羅馬神話傳說中的英雄傳說」 16편을 역시 『소설월보』 21권 2호부터 22권 5호까지에 연재하고, 1935년 2월에 『그리스

---

84 『여우 라이네케(*Reineke Fuchs*)』는 괴테가 45세 때 출간한 작품으로, 당시는 1789년 프랑스 대혁명을 기점으로 해서 소란과 싸움으로 시대가 어지러운 때였다. 이 작품은 인간사회를 흉내낸 동물사회를 그리고 있는데, 여우 라이네케는 모든 계층의 귀족, 성직자, 서민을 가차없이 조롱한다. 괴테는 이 작품을 통해 프랑스 혁명을 풍자하고, 도착된 현실을 비판하였다. 권선형, 「정치적 현실비판과 문학의 자율성」, 『뷔히너와 현대문학』 22, 2004, 89~94쪽. 윤용호, 「괴테의 『여우 라이네케』–"세상의 거울"」, 『카프카연구』 16, 2006, 174쪽.

85 金燕玉, 『中國童話史』, 江蘇少年兒童出版社, 1992, 213쪽.

86 陳福康, 『鄭振鐸論』, 商務印書館, 1991, 342쪽.

87 『사랑 이야기(戀愛的故事)』에는 많은 그림이 첨부되었는데, 정전둬가 유럽으로 도피한 기간 동안 런던·리버풀·나폴리·파리·로마·베니스 등에서 직접 수집한 것들이다.

신화希臘神話』라는 이름으로 책을 펴냈다.[88] 정전둬는 그리스 신화번역에도 완전한 번역이 아닌 '중술'을 채택하였다.

4) 우화 및 명작·과학 동화

정전둬는 러시아, 인도, 독일 우화를 번역하여, 『소설월보』와 『문학주보』[89]에 소개하였고, 『아동세계』에 「한 어머니의 이야기一個母親的故事 : The Story of a Mother」, 「엄지공주大拇指 : Thumbelina」의 안데르센 작품을 발표하였다. 이뿐 아니라 『아동세계』에 오스카 와일드의 「행복한 왕자安樂王子」와 「젊은 왕少年皇帝」을 소개하기도 하였다. 오스카 와일드의 「행복한 왕자」는 이미 저우쭤런이 1909년 형 루쉰과 함께 번역한 외국 단편 소설집인 『역외소설집域外小說集』에 실린 작품이기도 하다. 그러나 이때는 신문화운동이 일어나기 전이었기에 백화문이 아닌 문언문으로 발표하였다. 이후 1930년대까지 오스카 와일드 동화, 시가, 산문 등의 번역이 고조에 달했다. 이는 비슷한 시기에 일본에서 오스카 와일드가 인기를 끌었고 일본에 유학 중이던 많은 지식인들이 이를 접한 것이 가장 큰 원인이었다.[90]

오스카 와일드의 「행복한 왕자安樂王子」는 가혹한 현실을 가감없이 묘사한 이야기로, 이후에 바진巴今이 번역하여 중국 국어교재인 『어문語文』 교과서에 실리기도 하였다. 저우쭤런의 「행복한 왕자」는 직역의 방법을 사용하였고 정전둬도 역시 같은 직역의 방법을 채택하였다. 저우쭤런과 정전둬의 번역이 겹치는 작품은 오직 오스카 와일드의 「행복한 왕자」뿐이

---

88 部鐵軍, 「鄭振鐸與外國文學」, 吉林大學博士論文, 2013, 87쪽.

89 「아이들의 말(孩子們的閑談 : Children's Prattle)」·「돼지 저금통(撲滿 : The Money-Box)」·「천년 뒤에는(千年之後 : In a Thousand Years)」·「불사조(鳳鳥 : The Phoenix Bird)」

90 張介明, 「王爾德研究在中國」, 『鹽城師範學院學報』, 2005, 77쪽.

다. 정전둬의 번역 작품은 1922년 1월 『아동세계』에 발표된 것이기에 저우쭤런이 발표한 시기와는 13년의 격차가 있으며 백화문으로 번역된 점도 다르다. 둘의 번역유형을 비교해 보면 저우쭤런은 원문에 충실한 '직역'을 실천하고 있다. 그러나 정전둬의 작품은 일부분을 삭제하고 등장인물도 덜어내는 '중술'의 방법을 취하고 있다. 이는 원작의 의미를 전달하는데 큰 지장이 없다는 판단과 함께 분량을 줄이려는 의도도 있었으리라 본다. 이러한 저우쭤런과 정전둬의 번역방식 차이는 독자대상이 달랐던 점도 작용했을 것으로 보인다. 즉 저우쭤런은 독자를 아동으로 인식하지 않았고, 정전둬는 『아동세계』 편집장으로서 그 대상을 초등학교 정도의 아동으로 삼았기 때문이다.

정전둬가 아동문학의 교육적 작용을 중시한 점은 이미 앞에서 서술한 바 있다. 이러한 그의 인식은 다음 번역 작품에 잘 나타난다. 곧 과학적 지식도 함께 전달하는 과학 동화인 캐서린 엘리자베스 돕Katharine Elizabeth Dopp의 『나무에 사는 사람巢人 : The Tree-Dwellers』을 통해 신문화운동의 목표 가운데 하나인 '과학' 중시를 실천하고자 하였다.

앞에서도 서술한 바와 같이 아동문학의 교육적 의의의 하나로 정전둬는 자연지식의 함양을 강조하였고, 맥클린톡의 『초등학교에서의 문학』의 이론에 입각하여 아동문학 교수 원칙과 교재 선택방법, 교수법을 논하였다. 그 중 자연고사와 동물고사 교수법의 가장 훌륭한 일례로 든 것이 바로 『나무에 사는 사람』이다. 그는 먼저 책의 각 절의 앞에 '문제Things To Think'를 내어 교사가 먼저 질문하고, 학생이 대답한 다음 본문으로 들어가고 본문 뒤에 다시 활동Things To Do하게 한 점을 격찬하였다. 그리고 본문이 끝난 후 학생들이 직접 무언가를 조작하고 그림을 그리거나 작문, 혹은 야외에 나가 관찰하도록 한 점 또한 높이 평가하였다. 또 글의 앞부분에 선사시대의 인류생활을 소개함으로써 이야기를 통해 흥미를 가질 수 있을 뿐 아니라 과학적 지식을 전달하므로 가치가 있다고 보았다. 그리고 충분히 과학에 대한 지식을 갖지 못한 중국 아동들에게 가치가 있으리라 생각하여 소개한다고 그 동기를 밝혔다.

중국은 아편전쟁 이후 서구의 근(현)대성과 접촉하며 지식인들은 물질의 측면과 과학 기술에 관심을 갖기 시작하였다. 과학은 중국인들 사이에서 근(현)대성의 핵심으로 인식되어 갑오전쟁 이후 유신운동을 하는 지식인들은 서구의 정치제도와 사회과학을 중시했고, 이는 5·4신문화운동 때도 마찬가지였다. 『신청년』 역시 '민주'와 '과학'을 목표로 내세워 서구에서 들여온 과학소설은 중국문학의 한 부류가 되기 시작하였다. 루쉰은 과학소설에 대해 "자신도 모르는 사이에 지식의 일부분을 얻기도 하고, 전해 내려오는 미신을 깨뜨릴 수 있으며 사상을 개량하고 문명을 보조해 줄 수 있다"고 하였다. 당시 지식인들은 '과학소설'이 국민들의 과학적 지식을 넓히는 기능뿐 아니라 사상을 바꾸고 중국의 문명을 개량하고 중국의 현대화 발전 과정의 역할까지 하는 것으로 보았음을 알 수 있다.[91]

실제로 『아동세계』의 구성을 살펴보면 과학부문에도 지면을 제법 많이 할애하여 1권 4기부터 표지 다음 장에 「세계 동물원」·「자연계의 작은 일꾼」·「기이한 동물」 등의 란을 두어 여러 종류의 동물을 사진과 함께 간단하게 그들의 생태를 소개하고 있다.

91 潘正文, 『『小說月報』與中國文學的現代進程』, 人民出版社, 2013, 215~216쪽.

제5장 —— 정전둬의 아동잡지 발간과 창작 모색

1. 아동잡지 『아동세계』 발간

1) 창간 취지와 발간 궤적

아동전문 잡지인 『아동세계』는 정전둬의 주도적인 제안으로 이루어졌다. 1921년 5월, 상무인서관에서 편집을 맡았던 정전둬는 마오둔의 추천으로 상무인서관에서 정식으로 편집 일을 하면서 초등학교 교과서 편찬을 맡았다. 당시는 5·4신문화운동이 활발하게 벌어지는 가운데, '아동중심'의 아동인식과 아동문학 의식이 문학계와 교육계에 광범위하게 널리 퍼진 시기였다. 이런 가운데 아동심리에 어울리며 아동 흥미를 강조하고 아동의 문학적 요구를 만족시킬 수 있는 간행물이 필요하였다. 정전둬는 아동성장에 관심을 갖고, 아동문학을 사랑하여 아동들에게 적합한 문학작품을 제공할 새로운 아동 잡지를 창간할 것을 적극적으로 주장하였다.

당시의 상무인서관은 개혁의 분위기가 무르익던 때였기에 정전둬의 제의는 아동도서 발전의 시대적 요구와도 부합하는 것이어서 찬동을 얻어냈다. 이 당시 상무인서관에는 1911년에 창간한 『소년少年』이 있었으나 그 형식과 내용이 아동들에게 맞지 않았을 뿐 아니라 문학성도 결여되어 있었다. 이에 정전둬는 해외의 선진적인 아동문학 이론을 바탕으로 1922년 1월 7일 정식으로 『아동세계』를 창간하였다.

『아동세계』 발간에는 당시 일본의 영향도 있었던 것으로 보인다. "일본 아동문학사에서 1920년대는 새로운 아동문학운동의 기운이 일어나면서, 이와야 사자나미로 대표되는 '오토기바나시お伽噺'[1]를 대신해서 '동화'라는 새로운 서사 장르가 확립되어 가던 시기였다. 이 당시 새로운 아동문학운동의 선두에 섰던 매체는 근대적 예술성을 추구하던 아동 문예잡지들로, 스즈키 미에키치가 주관하던 『아카이토리』를 비롯해서 수십 종이 넘는 아동잡지가 발간되었다. 그리고 아동잡지를 통해서 동화·동요·아동화 등 아동문학의 다양한 장르가 새롭게 형성·발전되고 작품들이 활발하게 발표되었다. 또한 이들 잡지를 발표무대로 오가와 미메이, 하마다 히로스케浜田廣介, 츠보타 죠지坪田譲治, 치바 쇼조千葉省三, 니이미 난키치新美南吉 같은 일본 근대 아동문학을 대표하는 동화작가들이 배출되었다. 바로 이 시기는 일본 근대아동문학이 확립된 중요한 시기로 아동문학의 황금시대였다."[2]

실제로 「『아동세계』 선언」에서 정전둬는 편집과 출판에 참고한 책을 언급[3]하면서, 여러 영문서적과 함께 일본 아동잡지 『아카이토리』와 『도우와童話』·『코도모コドモ』를 거론하였다. "이 당시 일본의 아동문학은 아동을 순진무구한 존재로 인식하는 '동심주의'가 주류를 이루고 있었다. 1900년 초반까지 아동은 부국강병을 위한 인재이자, 입신출세를 통해서 부모에게 효도해야 하는 존재였다. 그런데 서구 자유주의 사상의 영향을

1 동화 및 옛이야기의 시대적 명칭.

2 박종진·최경희, 「미야자와 겐지의 1920년대 문화체험과 동화창작」, 『동화와 번역』 32권, 2016, 147~148쪽.

3 ① A. Mackenzie, *Indian Myth and Legend · Tentonic Myth and Legend* ② Willistonn, *Japanese Fairy Tales* ③ Merrion, *The Dawn of the World* ④ C. Baker, *Stories From Nothern Myths* ⑤ W. B. Yeats, *Irish Fairy Tales and Folk Tales* ⑥ Grimms, *Fairy Tales* ⑦ Wilde, *Fairy Tales* ⑧ *Tales From the Field* ⑨ *The Ingoldsby Legend* ⑩ *My Magazine* ⑪ *The Youth's Companion* ⑫ 『赤い鳥』 ⑬ 『童話』 ⑭ 『コドモ』. 「『兒童世界』宣言」, 『鄭振鐸全集』 13권, 華山文藝出版社, 1998, 5쪽.

받은 '다이쇼 데모크라시'라는 새로운 사조 속에서 아동은 독자적인 가치를 지닌 존재로 재발견"[4] 되었는데, 이는 바로 중국의 아동관이 새롭게 발견되면서 아동문학이 발전한 과정과 거의 흡사하다.

그러나 이 시기 일본의 아동문학은 한편으로 '미성숙, 미분화의 문학'이라는 한계성과 작가 내면의 동심에 지나치게 경도된 '동심주의'로 인하여 현실의 아동에 대한 탐구가 미처 이루어지지 못했다는 비판도 있다. 이는 문학연구회가 주도했던 『아동세계』의 발간 당시 작품 경향에 시사하는 바가 있다. 일본의 아동문학이 지나친 '동심주의'로 말미암아 현실의 아동세계를 외면했다면, 『아동세계』는 이를 한 단계 뛰어넘어 현실주의 문학작품을 비롯하여, 다양한 장르의 작품을 소개하려고 노력하였다. 또 우리나라의 『어린이』 잡지와 비교해 볼 때, "『어린이』가 본격적으로 어린이를 대상으로 한 순수 아동잡지로서 최초의 창작동요와 창작동화를 게재하여 한국 아동문학의 근대적 형성을 이끌었다"[5]면, 중국 아동문학의 근대적 형성은 바로 『아동세계』로부터라고 말할 수 있다.

『아동세계』는 1922년부터 1925년까지는 매년 4권을 출판하였는데 한 권이 13기씩이었다. 1926년부터는 매년 2권씩 한 권당 25기씩 출판하였고, 1933년부터는 매년 2권씩 한 권당 12기씩을 출판하였다. 그리고 29권 1기부터는 새롭게 제1기로 표기하였다. 32판형으로 세로쓰기를 사용하였고, 백화문과 신식 표점부호를 사용하였다. 그러나 일본의 상해 침략으로 상무인서관이 불에 타는 바람에 1932년 1월부터 9월까지는 부득이

---

4 박종진·최경희, 「미야자와 겐지의 1920년대 문화체험과 동화창작」, 『동화와 번역』 32권, 2016, 153쪽.

5 이재철, 「아동잡지 『어린이』 연구-『어린이』 영인본 분석을 중심으로」, 단국대 논문집, 1982, 26쪽.

정간하였다가 39권 4기에서 39권 12기까지는 2기씩 합본하여 후에 홍콩에서 발행하였다. 주로 기념일이나 명절, 창간 기념일에는 특별호를 간행하였는데 이때는 평소 발행호보다 내용이 더 많아졌다.

제1대 편집장은 정전둬였고, 1923년 5권 2기부터는 쉬잉창이 편집장을 맡았다. 1932년 29권 6기1932년 12월 16일 발행 이후 '1·28' 상해사변으로 휴간하였다가 같은 해 10월 16일 복간하였다. 1937년 다시 8·13 상해사건으로 휴간하였다가 같은 해 10월 홍콩에서 복간을 거듭하다가 홍콩이 함락된 후 1941년 6월에 정간하였다.[6] 『소설월보』와 『문학주보』가 성인 문예작품을 주로 수록하고 간간이 아동문학을 수록한 것과 달리 『아동세계』는 '아동 위주'의 이념과 아동을 '독립된 인격으로 존중'하는 가치를 반영하고 아동을 주체로 삼아, 5·4신문화 사조의 물결 속에서 탄생한 최초의 백화문 아동전문 잡지였다. 외국 작품을 많이 소개한 점은 『소설월보』 및 『문학주보』와 크게 다르지 않지만, 독자 대상을 아동으로 설정하였기에 아동의 흥미와 기호를 많이 반영하였다. 또한 아동문학 작품 수록 외에도 "아동들의 기호에 맞춰 표지와 삽화를 그려 넣는 일에도 주의를 기울였다."[7]

창간 초기의 『아동세계』는 순문학 아동잡지로 출발했으나, 제3권 이후부터는 아동작품이 중심이 되는 종합 간행물로 조금씩 변모하였다.[8] 반년 정도의 준비과정을 거쳐서 1922년 1월 16일 정식으로 창간된 『아동세계』의 발간 취지와 문학연구회의 초기 아동관을 담은 『아동세계』 선언

6 陳瑩, 「民國時期『兒童世界』和『小朋友』的辦刊特色研究」, 湖南師範大學碩士論文, 2013, 7쪽.

7 簡平, 『上海少年兒童報刊簡史』, 少年兒童出版社, 2010, 31쪽.

8 周博文, 「中國現代兒童文學進程中的『兒童世界』雜誌」, 『海南師範大學學報』 10期, 2014, 25쪽.

의 첫 부분은 중국의 전통교육 비판으로 시작된다.

> 이전의 아동교육은 주입식 교육으로 죽은 지식, 죽은 교훈을 아동의 머리에 집어넣는 것으로만 그저 만족했다. 이제 우리는 이전의 교육이 잘못됐음을 알고 힘써 아동의 흥미를 계발하여야 한다고 생각하면서도 초등학교 안에서의 교육은 여전히 아동의 흥미를 끌어내지 못하고 있다. 뿐만 아니라 이러한 낡은 교육은 수동적이고 자발적이지 못하여 융통성이 없는 엄숙한 교과서만이 유일한 아동의 읽을거리이다. (…중략…) 아동이 주체가 되는 읽을거리는 아주 적다. 우리는 『아동세계』를 출판하여 바로 이러한 결점을 메우고자 한다.[9]

『아동세계』 선언은 중국의 전통 교육과 전통 도서를 비판하면서 현재 교육제도에 대한 반성과 더불어 새롭고 아동이 주체가 되는 간행물을 발간하겠다는 포부를 밝혔다. 『아동세계』는 아동간행물이 문체를 다양화하고 어린 독자들에게 풍부한 정신적 양식을 공급해야 한다고 여겼다. 『아동세계』는 명확하게 미국의 매클린톡 포터의 3가지 원칙이 창간의 이념이 되었음을 밝혔다. 매클린톡 포터가 주장한 3가지 원칙은 다음과 같다.

> 아동문학과 기타 학문은 모두 첫째, 아동의 본능적 흥미와 기호에 적합해야 하고 둘째, 이러한 흥미와 기호를 양성하고 이끌어내야 하며 셋째, 이미 흥미

9 以前的兒童教育是注入式的教育; 只要把種種的死知識, 死教訓裝入他頭腦裏, 就以爲滿足了. 現在我們雖知道之前的不對, 雖也想盡力去啟發兒童的興趣, 然而小學校裏的教育, 仍舊不能十分吸引兒童的興趣, 而且這種教育, 仍舊是被動的, 不是自動的, 刻板莊嚴的教科書, 就是兒童的唯一讀物. (…중략…) 兒童自由的讀物, 實在極少. 我們出版這個『兒童世界』, 宗旨就在於彌補這個缺憾. 『晨報副鐫』, 1921.12.30.

와 기호를 상실한 아동들을 일깨워야 한다.[10]

『아동세계』는 이 세 가지 목적에 맞춰 독자 대상인 아동의 독서 흥미에 부합하고, 외국 문학을 과감하게 받아들이되 중국 특색에 맞는 민족특징을 구현하겠다고 다짐하였다. 이를 통해 『아동세계』가 아동이 주체가 되면서 아동의 흥미와 발달단계에 부응하는 '아동 위주'의 잡지를 목표로 하고 있음을 알 수 있다. 이러한 창간 목적에 따라 『아동세계』는 아동의 흥미와 기호에 부응하는 다양한 장르의 작품을 수록하였다. 또한 『아동세계』 창간에 앞장서서 잡지를 전적으로 꾸려간 정전둬는 「아동도서 문제」라는 글에서 다음과 같은 의견을 피력하고 있는데, 이러한 생각은 바로 『아동세계』 편집에 반영되었다.

모든 아동도서는 반드시 아동 중심이어야 한다. 아동의 지혜와 정서 발전의 단계에 순응하여 제일 적합한 도서를 주어야 한다. 이 원칙은 깨뜨릴 수 없다.[11]

---

10 In literature then, as in the other subjects, we must try to do three things; (1)allow and meet appropriately the child's native and instinctive interests and tastes; (2)cultivate and direct these; (3)awaken in him new and missing interests and tastes." Macclintock, Porter Lander, *Literature in the Elementary School*, Chicago : Univ. of Chicago Press, 1907, 17쪽. Macclintock, Porter Lander의 *Literature in the Elementary School*은 周作人에게 빌린 것으로 보인다. 정전둬가 周作人에게 보낸 편지(1921년 9월 3일)에서 "『小學校裏的文學』 이 책은 제가 빌리겠습니다.『兒童世界』를 편집할 때 참고하고, 적당한 때 돌려드리겠습니다"라고 하였다. 賈植芳 編, 『文學研究會資料(上)』, 知識産權出版社, 2010, 651쪽. 그리고 周作人은 1920년 10월 26일 北平 孔德학교 강연에서 이 책의 관점을 인용하기도 했다. 周作人, 『兒童的文學·藝術與生活』, 24~33쪽; 鄭振偉, 『鄭振鐸前期文學思想』, 人民文學出版社 , 2000, 84쪽에서 재인용.

11 凡是兒童讀物, 必須以兒童爲本位. 要順應了兒童的智慧和情緖的發展的程序而給以最適當的讀物. 這個原則恐怕是打不破的. 鄭振鐸, 「兒童讀物問題」, 『鄭振鐸全集 13卷』, 華山文藝出版社, 1998, 42쪽.

『아동세계』 독자는 저우쭤런이 분류한 유아 후기6~10세에서 소년기 전기10~13세에 해당한다. 저우쭤런의 견해에 의하면, 유아 후기의 특징은 관찰과 기억력이 점차 발달하고, 각종 현실에서 경험을 얻으면서 상상작용이 제한을 받아 현실과 맞지 않음을 인정하게 된다. 표면상으로는 주동적으로 변하는데 소위 구성된 상상이다. 소년전기는 자의식이 더욱 발달하고 사회와 도덕에 대한 관념이 더 명확해지는 점이 다를 뿐 유아후기와 크게 다르지 않다.

문학연구회가 주축이 되어 아동문학운동의 일환으로 상무인서관에서 『아동세계』를 발간한 지 3개월 후에 중화서국中華書局에서도 아동잡지 『어린 동무』를 창간하였다. 『어린 동무』는 중국 잡지 발간사상 가장 오랜 기간에 걸쳐 발간되는 잡지이다. 이 잡지는 독자대상이 10세 전후의 초등학교 고학년 아동을 대상으로 하여, 『아동세계』의 독자대상과 큰 구별이 없었다. "『어린 동무』는 1937년 중일전쟁으로 정간했다가 다시 1945년에 복간한 후 중화인민공화국이 성립되면서 상해 아동출판사로 넘어가 현재까지도 발간되고 있다."[12] 『어린 동무』는 중국에서 처음으로 가로쓰기를 시행했으며 『아동세계』와 마찬가지로 백화문과 신식 표점 부호를 사용하였다. "『어린동무』의 초기 편집장은 리진후이黎錦暉[13]로 역시 문학

12 張梅, 「另一種現代性訴求-1875~1937兒童文學中的圖像敘事」, 山東師範大學博士論文, 2011, 83쪽.

13 리진후이의 형은 유명한 언어학자인 리진시(黎錦熙)로 그는 신청년의 중요 인물이었던 첸셴퉁(錢玄同)과 긴밀한 관계였기에 리진후이도 이들의 영향을 많이 받았다. 陳瑩, 앞의 글, 23쪽. 리진후이는 1922년부터 1927년까지 12편의 아동 가무극을 발표하였다. 그의 작품은 20년대 전국에 유행하여 각 학교에서 경쟁적으로 무대에 올렸고, 해외까지 전파되기도 하였다. 그의 가무극은 '인생·아동·동물 약자와 어린이 동정' 등의 사랑의 철학을 내포하여 많은 감동을 주었고, 평론가들의 호평을 받았다. 王泉根, 『王泉根論兒童文學』, 接力出版社, 2008, 173쪽.

연구회의 구성원이었다. 『어린동무』는 '아동의 성정을 도야하고, 아동 지혜를 증진陶冶兒童性, 情增進兒童智慧'을 취지로 삼았다.

곧 『아동세계』가 작품의 문학성에 치중한 편이라면, 『어린 동무』는 작품의 토착화와 통속화, 흥미를 더 중시하여 민간문학의 보고를 발굴하는데 힘썼다.[14] 리진후이는 형의 영향으로 국어운동에 참가하면서 교육부의 '국어통일준비위원회'의 초대위원을 맡았다. 이후 중화서국의 국어문학부 부장을 맡아 주음부호와 백화문 사용을 홍보하는데 앞장섰다. 이 때문에 『어린 동무』에 실린 글은 좀 더 쉽고 통속적이며 아동들의 호기심을 충족하는데 치중하였다.[15]

2) 『아동세계』의 특색

당시의 '아동 중심' 사상을 적극 반영하여 탄생한 잡지였던 『아동세계』는 아동의 기호와 정서적 발달단계에 맞춰 내용과 형식을 구성하였다. 신문화운동기의 시대적 사명을 가지고 당시의 사상을 고스란히 담아낸 『아동세계』의 특색은 다음 몇 가지로 요약할 수 있다.

첫째, 아동을 중심에 두었다. 『아동세계』는 아동 흥미와 기호를 반영한 그림과 극본, 시가, 동요 등 아동생활과 밀접한 관계가 있는 장르를 수록하였다. 『아동세계』는 그림의 비중이 높아서 아동작품 공모에도 그림이 포함되었고, 동식물 사진뿐 아니라 동화 등의 내용에도 많은 부분에서 그림이 차지하는 비중이 높았다. 그리고 1권부터 2권까지는 순문학작품만을 취급하였으나 3권부터는 수수께끼, 유머笑話, 공작, 놀이 등의 내용이

14 簡平, 『上海少年兒童報刊簡史』, 少年兒童出版社, 2010, 35쪽.

15 陳瑩, 「民國時期『兒童世界』和『小朋友』的辦刊特色研究」, 湖南師範大學碩士論文, 2013, 29쪽.

포함되었다. 곧 움직이고 조작하기 좋아하는 아동의 특성을 최대한 존중하였다. 이뿐 아니라 '아동 중심'의 기본 이념을 실행하기 위해 아동 독자와 서로 교류하였다. 『아동세계』의 작품 가운데 가장 많은 비중을 차지한 것은 '아동창작'란이었다. 『아동세계』에서는 매 기마다 아동 독자 작품을 모집하는 글을 실었다. 『아동세계』 1권 1기부터 5권 1기까지 수록된 작품과 기타 글 가운데 가장 높은 비율을 차지하는 것이 아동창작 작품으로 그림, 시, 동화, 이야기 등이 실렸다.

둘째, 외국 아동문학 작품을 많이 소개하였다. 당시 아동문학운동을 주도하는 중심 역할을 한 『아동세계』는 '중술'을 위주로 한 외국의 동화나 이야기를 많이 실어 창작보다 번역이 차지하는 비중이 더 높았다. 이는 당시 외국동화를 번역하여 소개하는 것이 크게 유행했던 시대 분위기와 함께 「제3권의 본 잡지」에서 밝힌 모든 세계 각국의 아동문학 재료 가운데 중국 아동에게 적합한 것이라면 적극 채용한다는 신념과도 관계가 있다. 즉 아동도서에는 국경이 없으며, 채용할 만한 가치가 있는 작품은 국적과 관계없이 적극 활용한다는 생각이 반영되었다.

셋째, 외국 작품을 번역하여 소개하는 열풍 속에서도 동요와 시, 동화를 창작하는데 힘을 쏟았다. 특히 중국 근(현)대 아동문학에 있어서 기념비적인 창작동화를 쓴 예샤오쥔은 현실주의에 입각한 작품들로 창작의 물꼬를 텄다. 정전둬는 아동문학의 예술형식을 끊임없이 탐구하여 아동시, 아동 산문시, 아동시극, 놀이시 등 여러 방면에서 새로운 형식을 시도했다. 그리고 정전둬는 당시 중국의 전통적 회화 기법에서 벗어나 새로운 그림과 글이 긴밀한 관계를 유지하는 그림이야기 등을 직접 창작하여 신기도 하였다.

『아동세계』보다 늦게 창간된 상무인서관의 라이벌이었던 중화서국의 『어린 동무』도 '아동 중심'을 적극 실천한 아동잡지이다. 『어린 동무』는

『아동세계』의 영향을 받은 것으로 보이지만, 『아동세계』와는 다른 전략을 취하고 있다. "『아동세계』가 창간취지를 성인 신문에 발표하여 어른들의 선택을 거쳐 아동의 손에 책을 쥐어주도록 했다면, 『어린동무』는 경품을 통해 아동들이 서로 추천하는 홍보방식을 채택하였다."[16]

『어린 동무』는 동화, 소설, 시, 극본, 우화, 유머, 기행문遊記 등과 이야기 그림故事畵, 강연 무대演講臺, 쉬운 과학小科學, 작은 농장小農場, 간이 공예小工藝, 산술算述, 놀이, 마술, 수수께끼, 매주 소식每週新聞, 세계 소식世界新聞, 자유 아동화自由兒童畵, 아동문단兒童文壇, 현상懸賞 등의 난을 운영하였다.[17]

『어린 동무』가 『아동세계』에 비해 큰 성과가 있었던 장르는 무엇보다도 아동가무극[18]이다. 초대 편집장을 맡은 리진후이는 다방면에 재주가 많아 동화, 소설, 산문, 시 등을 발표했고 그 중 가장 큰 영향력이 컸던 장르가 아동가무극이었다. 그는 '새로운 음악운동新音樂運動'을 일으키고자 했고 민속음악을 통해 이를 실현하고자 하였다. 즉 "『어린동무』는 민간문학을 중시하여 민간유머와 노래 등을 실었으며 동요도 많이 소개하였다. 이는 리진후이 자신이 유명한 음악가인 것과 관련이 있는데, 그는 아동가무극의 창시자이면서 유행가를 만든 시조이기도 하다."[19] 가무극 외에도 중국의 민담을 개작한 리진후이의 「십형제十兄弟」와 왕인루王人路의 「비밀

16 陳瑩, 「民國時期『兒童世界』和『小朋友』的辦刊特色研究」, 湖南師範大學碩士論文, 2013, 30쪽.

17 簡平, 『上海少年兒童報刊簡史』, 少年兒童出版社, 2010, 34쪽.

18 1922년 4월 『어린 동무』에 가장 먼저 발표한 가무극은 「참새와 아이(麻雀與小孩)」다. 이후 「포도신선(葡萄仙子」, 「달 밝은 밤(月明之夜)」, 「세 마리 나비(三蝴蝶)」, 「봄날의 기쁨(春天的快樂)」, 「일곱 자매의 꽃밭여행(七妹妹的遊花園)」, 「신선 누이(神仙妹妹), 「아기양이 엄마를 구하다」(小樣救母)」, 「사과가 깨어나다(蘋果醒了)」 등 동화가무극을 연속하여 발표하였다. 金燕玉, 『中國童話史』, 江蘇少年兒童出版社, 1992, 216쪽.

19 張梅, 「另一種現代性訴求-1875~1937兒童文學中的圖像敘事」, 山東師範大學博士論文, 2011, 84쪽.

의 동굴秘密洞」이라는 장편동화는 민족적 색채가 강한 작품으로 꼽힌다.[20]

저우쭤런의 글 「아동의 책에 대하여關於兒童的書」에는 이 두 아동잡지를 언급하는 내용이 나온다. 즉 자신의 아들이 제1호부터 『아동세계』와 『어린 동무』를 쭉 구독하고 있어서 어떤 잡지가 더 좋냐고 물으니 아들이 『어린 동무』를 선택했다는 것이다. 아이는 『아동세계』는 문학작품에 치중한 경향이 있고, 『어린 동무』는 아동의 흥미에 더 가깝다고 대답[21]하였다고 적고 있다.

비록 단편적인 예이기는 하지만, 두 아동잡지를 비교해보면 『아동세계』는 동화를 위주로 하면서 외국의 작품을 많이 소개하고 있어 문학작품에 무척 치중했음을 알 수 있다. 그림이야기도 역시 이 가운데 하나이다. 이에 비해 『어린동무』는 민족적 특성을 가미한 대중화와 통속적 재미에 좀 더 치중하였다. 그림에 있어서도 두 잡지가 이를 중시한 점은 마찬가지이지만, 『아동세계』가 해외 예술의 영향을 더 많이 받았다면, 『어린 동무』는 민족전통의 회화예술을 보존하고자 하였다. 이를 통해 『아동세계』가 지나치게 서구에 쏠린 경향을 보여, 정전둬 자신이 주장한 중국전통문학의 재발견에는 소홀했던 점은 그 한계로 지적할 수 있다.

3) 『아동세계』의 구성

『아동세계』 구성은 보통 표지와 다음으로 동식물 혹은 아동생활에 관한 삽화를 두 세장 정도 수록하고, 그 다음엔 악보·이야기·시·동화·통신 등의 순서로 이루어졌다. 잡지의 제일 첫 장인 표지그림은 『아동세계』에 실린 작품과 관련된 내용이 대부분이었는데, 아동들에게 익숙하면서

20 金燕玉, 『中國童話史』, 江蘇少年兒童出版社, 1992, 216쪽.

21 周作人, 劉緒源 編纂, 『周作人論兒童文學』, 海豚出版社, 2012, 204쪽.

아동들이 좋아할 만한 내용이었다. 초창기에 실린 삽화는 동식물에 관한 그림이 주를 이루었다. 이 표지그림과 삽화는 모두 일본에서 유학한 회화 예술가인 쉬둔구許敦谷[22]의 손을 거쳤다.

(1) 1권 1기~2권 13기1922.1.7~1922.7.1

초기 『아동세계』의 작품은 크게 10가지로 삽화·악보·시가 및 동요·고사·동화·희극·우언·소설·격언·유머그림골계화 및 통신 등을 수록하였다. 이 중 가장 많이 수록한 장르는 이야기와 동화로 주로 외국 작품을 번역하여 소개한 작품들이었다. 『아동세계』가 겨냥한 독자층은 현재 초등학교 수준 정도의 아동들이었으므로 이들의 기호와 발달단계에 맞추어 편집이 이루어졌다. 그래서 아동들이 이해하기 쉬운 문자와 문장을 사용했고, 그림을 많이 삽입하여 이해를 도왔으며, 최대한 정제된 언어를 사용하고 흥미를 끌기 위한 재미있는 장르가 포함되었다.

시카고대학 실험학교를 열었던 시기에 존 듀이는 아이들의 전형적인 성장발달 과정을 세분화하여 전기유아기, 후기유아기, 아동기, 청소년기의 네 단계로 구분하였다. 이때 아동기는 대략 7세부터 12세에 이르는 기간으로, 이는 오늘날 초등학교 시기에 해당한다.[23] 이는 저우쭤런이 북경 공덕학교에서 강연[24]을 통해 소개한 영아기1~3세, 유아기3~10세, 소년기10~15

22 쉬둔구는 예사오쥔의 창작동화집인 『허수아비』에 삽화를 그리기도 하였는데, 당시 중국 아동도서물의 화가로서 중요한 인물이었다. 아사노 노리코(浅野法子)는 쉬둔구의 화풍이 일본의 영향을 받았다고 말하고 있다. 浅野法子, 三宅興子先生退職記念論文集刊行会 編, 「鄭振鐸主編時期の中国児童雑誌『児童世界』考察－編集方針と誌面の変遷を中心に」, 『児童文学研究を拓く』, 翰林書房, 2007, 234쪽.

23 이태영·양은주, 「듀이의 철학적 어린이 이해와 '아동심'의 교육적 의미」, 『교육사상연구』 제28권 제2호, 2014, 114쪽.

24 1920년 10월 26일 북경 공덕학교에서 「아동의 문학(兒童的文學)」이라는 제목의 강연

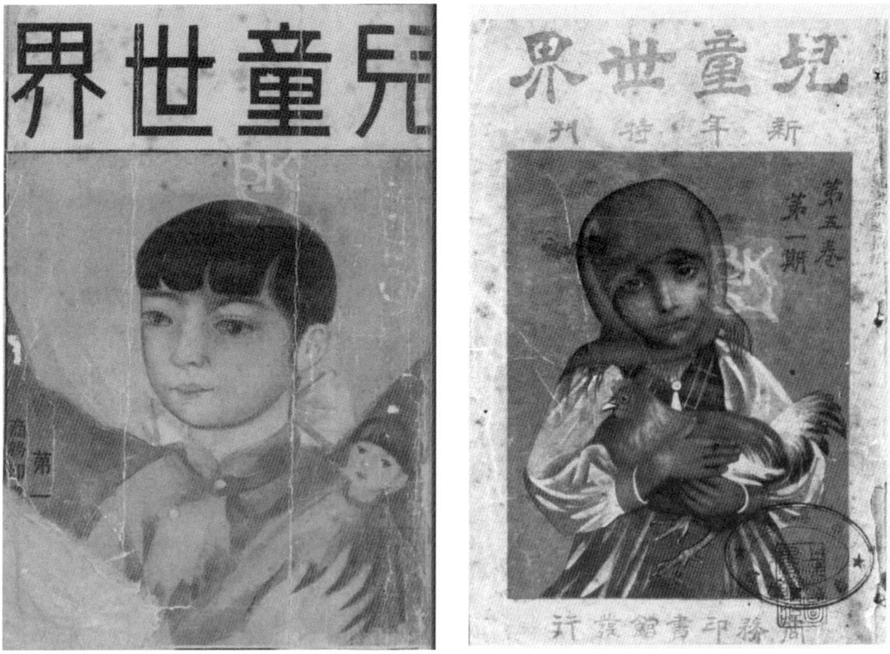

1권 1기 창간호　　　　5권 1기 신년특집호

〈그림 5-1〉『아동세계』 표지

세, 청년기15~20세와 크게 다르지 않다. 『아동세계』가 대상으로 한 독자층을 지우쭤런의 관점으로 보면 유아 후기에서 소년기 전기이다. 『아동세계』는 바로 이 시기 아동들의 기호에 부응하는 잡지였다.

『아동세계』가 삽화에 많은 지면을 할애한 것은 당시로서는 보기 드문 일이었다.[25] 『아동세계』는 그림과 글이 모두 훌륭하여, 내용이 서로 잘 어

을 하였고, 이 내용이 『신청년』 제8권 제4호(1920년 12월)에 실렸다. 공덕학교는 북경대학교 교수 자녀들을 위한 신식학교로 공덕(Isidore Marie Auguste Franç ois Xavier Comte)는 프랑스 실증주의 철학자를 지칭한다. 이 강연에서 저우쭤런은 '아동의 문학'을 '초등학교에서의 문학'으로 바꾸어 말할 수 있다고 하면서, 미국의 H. E. Scudder와 P. L. Maclintock의 저서 내용을 언급하였다.

25 陳瑩, 「民國時期『兒童世界』和『小朋友』的辦刊特色研究」, 湖南師範大學碩士論文, 2013, 17쪽.

울렸으며 비교적 깊이 있는 동화와 신화 이야기, 안데르센과 오스카 와일드 등의 외국 동화 및 중국 고대 전설과 우화 등도 실었다. 이밖에 정전둬이 창작하여 장편으로 연재한 '그림이야기'는 특히 아동들에게 열렬한 환영을 받았다.[26]

『아동세계』는 1권 발간 후 2권부터는 기본 갈래는 유지하면서 약간의 변화를 주었다. 표지그림·삽화·문장·아동 자유화에 대한 개혁을 하였고, 중국 각 지방에서 유행하는 이야기와 동요를 많이 실었다. 1권과 2권 사이에는 기본적으로 그다지 큰 변화가 없으나, 1권 11기부터 창작곡이 등장하고 2권 1기에 아동작품을 공개모집하는 글을 실은 점에 주목할 필요가 있다. 창작곡을 소개하면서 그 당시 초등학교에서 부르는 기존의 노래는 모두 옛것을 답습한 것들로, 대부분 2, 3년 전에 언니·오빠를 따라 익숙하게 부르던 것들뿐이라고 비판하였다. 새로운 내용이 전혀 없는 이러한 현실은 중국에 작곡을 하는 사람들이 너무 적은 탓이기에 교사들을 나무랄 수는 없지만, 새로운 자료를 아동에게 제공하겠다는 포부를 펼치고 있다.

이러한 다짐들로부터 바로 1권 11기부터는 주로 쉬디산이 작곡하고 정전둬가 작사한 곡[27]과 정전둬 1인이 작사와 작곡을 모두 한 노래[28]가 등장하게 된다. 행진가·공부가·목동가 등의 제목을 가진 노래 및 돌림노래[29]·동작노래表情唱歌[30]·놀이노래唱歌遊戲[31] 등의 다양한 형식의 노래와 스페인의

26 鄭爾康, 『鄭振鐸』, 河北教育出版社, 2001, 18쪽.

27 1권 11기; 〈아침과 저녁(早與晩)〉, 1권 13기; 〈여명의 미풍(黎明的微風)〉, 3권 2기; 〈여름(夏天)〉, 3권 13기; 〈호수(湖水)〉

28 2권 5기; 〈봄소풍(春游)」, 2권 7기; 〈작은 고양이(小猫)」, 4권 10기; 〈세 마리 눈먼 쥐(三个瞎鼠)」

29 3권 2기; 〈여름(夏天), 4권 1기; 〈이웃집에 불났네(鄰家失火)〉

30 3권 4기; 〈꽃밭(花園)〉

31 2권 13기; 〈놀이노래(遊戲唱歌)〉

페르난도 소르索非譜; Fernando Sor의 동요를 번안[32]한 작품도 수록하였다.

당시 『아동세계』 한 기 가격은 6푼으로 1등 상금으로는 현금 1원을 내걸었다. 1권과 2권의 가장 큰 변화는 1권 말부터는 창작곡이 등장하며 2권 2기부터 아동창작 작품이 수록되는 점을 꼽을 수 있다.[33] 이러한 시도는 당시 저우쭤런을 위시한 신문화 선구자 일원들이 신문화운동의 하나로 귀족문학을 타도하고 평범하고 서정적인 민간문학을 발굴하기 위해 벌이던 민가 및 동요 수집과도 관련이 있었으리라 생각된다. 저우쭤런은 민속학에 관심을 갖고 그동안 주목하지 않았던 민간 동화와 동요 등의 교육적 가치에 눈을 돌려 이를 적극적으로 수집하고 연구하였다.

그리고 2권 1기에서는 처음으로 주제를 정해놓고 그림과 시가 부문의 아동 작품을 공개 모집[34]하였는데, 15세 이하의 아동에 한해서만 자격이 주어졌다. 공개모집한 그림의 주제는 단색을 사용한 제비, 나비, 봄 들판이었고, 시의 주제는 어머니, 백조, 나의 학교였다. 그리고 당선작은 3권 4기에 발표하여 약 한 달 반 정도의 기간 동안 아동작품을 모집하였다.

2권 3기에 처음으로 등장한 아동작품은 10세의 민생여학교 초등 4학년 학생인 장쭝빙張宗炳의 〈고양이貓〉·〈독서讀書〉라는 노래 가사와 「동생을 재우는 노래小弟弟的催睡歌」라는 제목의 시 등 3편을 실었다. 그리고 2권 4기부터 아동들이 직접 그린 그림이 등장하는데 아래 그림은 잡지에 가장 먼저 소개된 아동작품으로, 이때부터 독자가 직접 참여하는 잡지로써의

32 4권 8기; 〈독서는 좋아요(讀書好)〉

33 권애영, 「중국 현대최초 백화문잡지 『아동세계(兒童世界)』소고」, 『동화와 번역』 33집, 2017, 22쪽.

34 모집 부문은 둘로 그림과 글로 그림 부문은 참새, 나비, 봄 들판으로 단색을 사용할 것을 명시하였고 글 부문에서는 어머니, 백조, 나의 학교의 주제를 내걸고 시를 공모하였다. 『兒童世界』 2권 1기.

면모를 갖춰나가기 시작하였다.

밥그릇과 반찬그릇

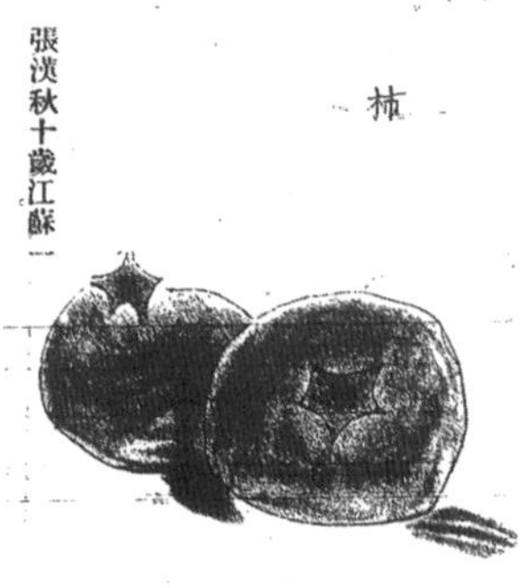

군인 감

〈그림 5-2〉 『아동세계』 2권 4기 아동 투고 작품

(2) 3권 1기~5권 1기 1922.7.8~1923.1.6

『아동세계』 초창기 작품은 외국 동화의 개작과 '중술'에 치우쳐 있고 표현법은 서구적인 색채가 짙어서 실제 아동생활과는 거리가 있었다. 그 동안의 경험 그리고 수많은 초등학교 교사와 아동들, 가까운 사람들의 권유로 3권부터 이전과는 다른 변화를 주기로 했다. 그리하여 3권부터는 1~2권에는 없던 새로운 장르인 상식문답, 마술, 자연 이야기가 등장하게 되었다. 『아동세계』는 제2권 13기에 「본지 제3권第三卷的本誌」이라는 난을 통해 3권부터는 변화가 있을 것임을 예고하였다.

> 첫째, 이전은 순문학 잡지였지만 이후로는 자연과학 및 '공작'과 '놀이' 난을 첨가하려고 한다. 단 문학에의 관심은 여전히 적극적으로 보존할 것이다. (…중략…) 둘째, 이전의 본지는 전적으로 아동을 위한 것이었고, 그들의 자발적인 독서 흥미와 습관을 양성하기 위한 것이었다. 그러나 이후에는 더 진일보하여 위의 목적 이외에, 아동들이 직접 자발적으로 흥미를 가지고 '조작'할 수 있게 하려고 한다. 이에 '공작'·'놀이'의 전문코너에 주의를 기울였다. 이러한 '조작'의 연습은 중국 아동들에게 가장 부족했던 부분이다. 셋째, 이전의 잡지는 장편 글을 많이 실었으나, 이후에는 단편에 중심을 둘 것이다. (…중략…) 넷째, 이전보다 그림을 더 많이 첨가하였다. 매 기에 채색 그림을 두 면 이상 할애하여 전체 분량에서 그림이 더 늘어났다.[35]

제3권부터의 가장 큰 변화는 아동들의 직접 조작을 겨냥한 '공작'과 놀이를 소개하는 '놀이' 부문과 아동의 흥미를 반영한 재미있는 유머笑話·마술 장르가 새로이 등장하였다는 점이다. 즉 이전까지는 순수한 문학적 장르만 실었지만, 3권부터는 아동의 수요를 고려하여 문학 외의 놀이나 공작 등의 장르를 보완하였다. 그리고 이전에도 있던 장르일지라도 1~2권과 3~5권 1기 사이에 큰 변화를 보인다. 1~2권은 모두 26기, 3~5권 1기는 모두 27기로 3~5권이 한 기 더 많음을 감안하더라도 3권 이후는 아동작품이 대폭 늘어났다. 아래의 표를 보면 그 변화를 쉽게 알 수 있다.

---

35 (1)以前的本誌是純文學的, 以後則欲參加些自然科學及手工遊戲等材料進去; 但文學的趣味仍舊要極力保存. …(2)以前的本誌是專門供給兒童讀的, 是欲養成他們自動的讀書的興趣與習慣的, 以後則欲更進一步, 除了這個目的以外, 還要使他們去"做", 使他們自動的去做他們感得興趣的工作. 因此對於"手工""遊戲"諸欄, 也十分注意. 這種"做"的練習, 中國兒童是最缺乏的. (3)以前的本誌是多等長篇的文字, 以後則注重於短篇的材料. …(4)圖畫較前加多, 每期並加彩色的圖畫兩幅以上. 全書的篇幅也較前增加許多. 『兒童世界』 제2권 13기.

〈표 5-1〉『아동세계』 1~2권(A)과 3~5권 1기(B)의 장르별 작품 수 변화

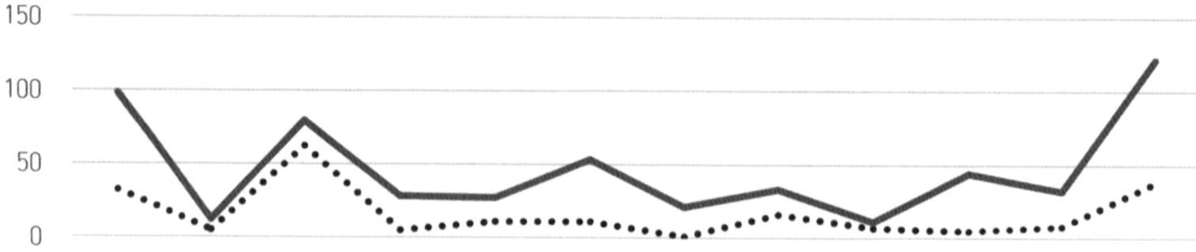

	이야기	극본	동화	수수께끼	표지그림	유머	공작	시가	우화	놀이	동요	아동창작
••• A	32	5	62	5	11	11	1	16	7	5	8	38
━ B	98	12	79	28	27	53	21	33	11	44	32	121

〈표 5-1〉을 통해 3권 이후에 이야기·극본劇本·수수께끼謎語·유머·공작·시가詩歌·놀이·동요兒歌·아동창작兒童創作 작품이 큰 폭으로 증가했음을 알 수 있다. 이는 지면 수가 늘어난 이유도 있지만, 전체적인 편집 방향이 바뀌었음을 말해준다. 『아동세계』는 3권부터 그동안 순문학 잡지에서 탈피하여 종합잡지로써의 면모를 갖추어 나가기 시작하였다. 이 가운데 3권부터의 변화에서 특히 주목할 점은 「본지 제3권」에서 밝혔듯이 '공작'과 '놀이'를 새로 개설한 점이다.

'공작'과 '놀이'의 등장은 존 듀이의 인식과 연결시켜 보면 그 목적을 잘 알 수 있다. 듀이는 본능 충동이 아동의 신체 내부에 잠재되어 능력이 생겨나는데, 이것이 아동발전과 교육의 근본 기초라고 하였다. 아동에게 잠재되어 있는 네 가지 본능은 ① 언어와 사교의 본능으로 사교성의 충동 ② 만들기建造性의 본능으로 만들기의 충동 ③ 연구와 탐색의 본능으로 탐구성의 본능 ④ 예술적 본능으로 표현성의 충동이라고 하였다. 이 네 가지 본능 중에서 듀이는 제작의 본능 즉 손을 움직여 조작하는 본능을 가장 중요하게 생각하였다. 아동은 태어날 때부터 활동하기를 좋아하는 본능을 타고났으며, 활동을 통해 즐거움과 괴로움을 조절하고 통제할 수 있게 되는데, 적절한 환경이 필요하다고 하였다. 여기에서 '조작 가운데 배

우는' 중요한 명제가 생겨났다.[36] 이처럼 '공작'과 '놀이'의 란은 아동의 천부적 능력을 존중한 것이며, '아동 본위'의 사상을 잘 실천한 예이다.

스위스 심리학자 장 피아제Jean Piaget는 한 사람의 아동기가 사람의 발달과정에서 핵심적이고 중요한 역할을 하며, 인간의 인지발달은 환경과 끊임없는 상호작용을 통해 이루어지는 적응과정으로 보았다. 이러한 관점에서 보면 구체적 조작기7~11세에서 형식적 조작기11세 이후의 활동은 아동의 인지발달을 도모할 수 있으므로, '공작'과 '놀이'는 인지발달과 더불어 아동의 정서에도 교육적 효과를 기대할 수 있는 중요한 항목이다. 당시 아동문학 이론 수립의 선구자이며 문학연구회의 주요 일원이었던 저우쭤런 역시 「놀이와 교육遊戲與教育」이라는 글에서 아동의 생활 속에는 놀이가 많은 부분을 차지하고 있으므로 교육은 바로 놀이 가운데 이루어져야 한다고 하였다. 아동교육에는 지육·덕육·체육 및 취미교육도 포함되므로 만일 놀이를 배제한 교육을 실시한다면 이는 교육을 제대로 이해하지 못하는 것이라고 하였다.[37] '공작'과 '놀이'의 란은 바로 이처럼 아동의 타고난 능력을 존중하면서 아동교육도 함께 반영한 것으로 '아동중심'의 사상을 잘 실천한 예이다.

'공작'의 구체적인 내용은 2권 8기에 처음으로 땅콩을 엮어 인형을 만드는 방법이 등장한 이후 나무로 비행기 만들기3권 1기, 천으로 해먹 만들기3권 3기, 야광 그림 그리기3권 4기를 소개하고 있다. 또 불에 그을려야 글씨를 볼 수 있는 비밀 편지 쓰기3권 6기, 날씨를 예측할 수 있는 청우계 만들기3권 9기, 부채 만들기 및 연꽃과 수박을 이용한 등 만들기3권 12기, 바나나·귤·호두·콩꼬투리·달걀 혹은 오리알 껍질 등으로 각종 다양한 배 만들

36 李峰·黃勤, 「杜威的兒童觀述評」, 『教學研究』, 2004, 533쪽.

37 周作仁, 劉緒源 編纂, 「遊戲與教育」, 『周作人論兒童文學』, 海豚出版社, 2012, 32쪽.

기[3권 13기] 등 주변에서 구할 수 있는 재료를 가지고 스스로 만들어 볼 수 있는 다양한 공작을 안내하였다.

그리고 '놀이'의 종류에는 혼자나 둘이 하는 놀이와 여럿이 하는 놀이가 등장했다. 혼자 하는 놀이로는 과학 놀이와 그림을 이용한 놀이가, 둘이 하는 놀이는 숫자 놀이나 고누 놀이 등이다. 여럿이 하는 놀이는 주로 밖에서 하는 것으로 2권 13기에 처음으로 줄다리기撥河가 등장하고, 두 편으로 나누어 하는 놀이와 여럿이 한 편이 되고 술래나 대장을 세워 편을 갈라서 하는 놀이로 나뉜다. 편을 나누어 하는 놀이로는 규칙에 따라 제 자리를 찾지 못하면 술래가 되는 「산에 불이 났네山上火燒」[3권 5기], 노래를 부르다가 멈추는 사람을 대장이 붙잡는 「노래가 멈추면 잡힌다네歌罷捕人」[3권 11기], 상대의 술래를 찾아내는 「나는 탐정我是偵探」[4권 1기], 다른 편의 깃발을 뺏는 「깃발 뺏기奪旗」[4권 2기] 등이 있다. 그리고 여럿이 하나가 되어 술래나 대장을 세워서 하는 놀이로는 우리에게는 「여우야, 여우야 뭐하니?」로 알려진 술래가 아이들을 잡는 「여우의 병아리 잡기狐捉小雞」[3권 4기], 7의 배수에는 숫자를 입으로 말하지 않고 박수를 치는 「일곱에 박수치기拍七」[3권 5기], 손으로 문을 만들어 지나가는 친구를 잡으면 술래가 되는 「성문을 지나서走過城門」[4권 3기] 등이 있다.

2. 재창작과 그림이야기의 도입

1) 새로운 예술형식 탐색

5·4신문화운동 시기에는 신사조의 영향 아래 창작에 있어서도 전통문학과 구별되는 새로운 시도가 나타났다. 첸리췬은 『중국 현대문학 30년中國現代文學三十年』에서 제1기 10년1917~1927의 창작 조류와 추세의 특징 가운데 하나로 다양한 창작 방법의 시도를 들고 있다.[38] 이러한 흐름은 아동문학 분야에서도 예외가 아니어서 정전둬는 아동문학의 예술형식을 끊임없이 탐색하여 아동 시극, 놀이시, 번역을 결합한 동화 창작, 민간고사를 활용한 창작 등을 선보였다. 그는 한 작품 안에 다양한 문학양식을 녹여 독특한 표현수법의 창작을 시도하였다. "그의 창작에는 동화와 노래가사와 극본이 서로 어우러져 동화의 상상력과 시의 함축, 동화의 정취와 시의 선율, 극본의 줄거리와 시의 의경이 서로 교차하여 아동문학 양식을 종횡으로 교차하여 다양한 색채의 새로운 형식을 탄생시켰다."[39]

정전둬가 둘 이상의 장르를 혼합한 방식을 사용한 작품은 크게 다섯 가지 유형이다.

먼저, 시가 형식으로 된 극본인 〈바람의 노래風之歌〉를 들 수 있다. 정전둬는 '『아동세계』 선언'에서 "중국에서는 아직까지 아동용 극본이 발견되지 않았다. 근래 각 초등학교에서 예술제를 거행할 때 사용하는 극본은 임시로 편집한 것이기에 우리는 2, 3기 정도의 간격을 두고 한 편 정도의 희극을 싣고자 한다. 단막극이 위주이며 학교뿐 아니라 가정에서도 사용

38 錢理群·溫儒敏·吳福輝, 『中國現代文學三十年』, 北京大學出版社, 1998, 19~23쪽.

39 陳振文, 「童心中流淌的天籟之音論-鄭振鐸兒童詩歌的音樂性」, 『重慶工商大學學報』, 2012, 98쪽.

할 수 있다"[40]고 하였다.

〈바람의 노래〉는 '북풍이 부네北風起了'와 '바람이 한 일風做了什麼事'의 두 부분으로 나누어져 네 명의 학생이 각기 동·서·남·북풍을 맡아 시를 통해 봄·여름·가을·겨울바람이 동반하는 각기 다른 자연현상과 동식물의 생활 변화를 알려준다. 아동시극 형태를 빌려 과학지식을 아동들에게 알려주는 새로운 형태의 시극이다.

북풍이 부네
첫 번째 학생이 노래한다.
북풍이 부네, 곧 눈이 내릴거야.
불쌍한 제비야, 이제 어떻게 해야 하나?
그저 둥지 안에서 웅크린 채
두 날개 속 머리를 저으며
혼자서 몸을 덥히고 있네.
가여운 제비!

두 번째 학생이 노래한다.
북풍이 부네, 곧 눈이 내릴거야.
불쌍한 제비, 이제 어떻게 해야 하나?
너 모르고 있었니? 벌써 다른 데로 갔어.
겨울이 지난 따뜻한 곳으로 벌써 갔어.
가여운 제비![41]

---

40 王泉根,『現代兒童文學的先驅』, 上海文藝出版社, 1987, 104쪽.

41 北風起了. 第一個學生唱一北風起了. 天要下雪了. 可憐的雀子呀, 他要怎麽辦呢？他只

2명의 아이가 제비에 대해서 노래를 하면 세 번째 아이와 네 번째 아이는 추운 겨울에 잠을 자며 지내야 하는 벌과 고슴도치에 대한 노래를 한다. 이렇게 네 번째 아이까지 노래가 끝나면 합창이 이어진다. 합창이 끝나고 나면 '바람이 하는 일'이라는 주제로 다시 네 명의 아이들이 각기 자신이 맡은 동풍, 서풍, 남풍, 북풍이 하는 일을 노래로 부른다.

두 번째 형식인 3권 11기에 실린 〈농부農夫〉는 노래와 동작을 결합한 놀이시表情唱歌 형태로 악보와 가사를 수록하였다. 작가가 아동들에게 노래를 부르며 씨를 뿌리고 벼를 베는 율동을 함께 하도록 주문한 형식이다. 즉 단순히 노래만 부르는 것이 아니고 간단한 동작을 병행하여 일종의 놀이를 하며 부르는 동요이다. 아동이 볍씨를 뿌리고 타작하는 동작을 취하면서 노래하는 새로운 형식이다. 이는 움직이고 모방하기 좋아하는 아동의 특성과 자연을 잘 관찰하여 흉내내며 여럿이 함께 즐길 수 있는 오락을 겸한 동요이다. 그러나 이 동요는 당시 유치원 교육이 보급되고 동요운동이 활발했던 일본의 작품을 번역했을 가능성이 싶다.

1. 봄에는 농부가 쟁기로 밭을 갈지. 봄에 농부는 땅을 갈아엎네. 농부가 보리씨를 뿌리네, 밭에 뿌리네. 어떻게 뿌릴까?

농부가 이렇게 씨 뿌리는 모습을 보렴, 농부가 이렇게 씨 뿌리는 모습을 보렴. 농부가 보리씨를 뿌리네, 봄에 보리씨를 밭에 뿌리네.

2. 가을엔 농부가 보리를 거두지. 가을엔 농부가 보리를 수확하지. 농부가 보리를 터네; 마당에서 보리를 터네; 어떻게 털까?

好躲在巢裏, 把頭擺在翼膀裏, 他使自己暖和暖和, 可憐的雀子呀!第二個學生唱－北風起了. 天要下雪了. 可憐的燕子呀!, 他要怎麼辦呢？你不知道嗎？他早已到別的地方去了, 早已到暖和的地方過冬去了! 可憐的燕子呀! 『兒童世界』1卷 7期.

농부가 요렇게 보리타작하는 걸 보렴. 농부가 요렇게 보리타작하는 걸 보렴. 농부가 보리를 타작하네; 가을에 마당에서 보리타작을 하네.[42]

세 번째 유형으로는 창작과 번역을 혼용하여 할머니가 손자, 손녀에게 재미난 이야기를 들려주는 형태로 자신이 번역한 작품을 액자 형태로 끼워 넣는 방식이다. 이런 방식의 작품에는 인도 전설을 빌린 「총명한 심판관聽明之審判官」과 역시 자신이 번역한 인도 우화 4편을 삽입한 「꽃그늘 아래서花架之下」가 있다. 먼저 『아동세계』 제1권 8기에서 10기에 연재한 「총명한 심판관」은 8개의 작은 토막으로 나누어져 있는데 첫 번째 장면은 세 아이가 침대 머리맡에 앉아 할머니에게 재미난 이야기를 들려달라고 재촉하는 것으로 시작된다.

할머니는 「총명한 아이聽明的孩子」, 「잃어버린 보물 되찾기失寶複歸」, 「보물을 훔친 도둑偷珠賊」, 「두 친구兩個朋友」, 「닭을 훔친 이웃頭雞之鄰人」, 「빌려준 반지 이야기借指環之故事」, 「죽은 코끼리와 깨진 병死象與破瓶」이라는 7가지 이야기를 들려준다. 인도의 한 지방에 라멍拉孟이라는 현명한 심판관이 있어 해결하기 어려운 문제들을 하나씩 해결해 가는데 이야기 두, 세 토막이 끝날 때마다 아이들과 할머니 사이에 벌어지는 소소한 일상적인 활동과 서로 주고받는 대화가 덧붙여진다.

「꽃그늘 아래서」는 「총명한 심판관」 형식과 비슷하지만 또 다른 새로운 양식을 첨가하여 이야기를 전개하였다. 「총명한 심판관」에는 그저 세

42 農夫春時. 耕犁田地. 農夫春時. 耕犁田地. 農夫撒麥, 撒在田地. 怎麼做呢？看看農夫這樣撒麥. 農夫撒麥, 春時把麥撒在田地. 農夫秋時, 割了麥子. 農夫, 收獲麥子. 農夫打麥, 在場上打, 怎麼打去？看看農夫這樣打麥, 看看農夫這樣打麥. 農夫打麥, 秋時在麥場上打麥. 『兒童世界』 3卷 11期.

아이들로 등장인물을 지칭한 반면, 「꽃그늘 아래서」에는 아이들의 구체적인 이름이 제시되고 서두 부분도 묘사가 더 자세해졌다. 큰 형이 학교에서 돌아오자 동생들이 형에게 재미난 놀이를 하자고 조르고, 형이 이야기를 들려주기로 하자 세 아이는 신나서 어머니까지 합세하라고 한다. 그러나 어머니가 할 일이 있다며 동생들을 데리고 꽃밭에 가서 놀라고 한다. 꽃들이 한창 만발한 여름날 저녁 큰 형은 꽃그늘 아래서 학교에서 선생님께 들었던 이야기를 동생들에게 들려준다.

형이 들려준 이야기는 「호랑이와 곰과 여우虎與熊狐」, 「까마귀와 뱀烏鴉與蛇」, 「총명한 사람과 그의 두 학생聰明人與他的兩個學生」, 「공작과 여우孔雀與狐狸」로 모두 『소설월보』 15권 11, 12호1924에 자신이 발표한 인도우화다. 정전둬는 『아동세계』 편집장에서 물러난 이후 『문학』과 『소설월보』에 이 인도우화를 실었다. 그가 번역한 인도우화는 당시 일본의 영어 교과서에도 실린 라마스바미 라주P. V. Ramasvami Raju의 『인도우화』 영역본으로 1925년에 그동안 번역한 우화를 모아서 단행본으로 출판하였다. 「꽃그늘 아래서」에 등장한 우화는 그 중 일부에 해당한다.

위의 이야기를 다 들려주고 나자 날이 어두워진다. 어두워진 꽃밭에 반딧불이 등장하자 맏형은 동생들과 같이 이전에 자신이 가르쳐 주었던 〈반딧불螢火〉 노래를 부르자고 제안한다. 다장조 3/4박자의 노래의 악보까지 곁들여서 『아동세계』에 아동들에게 부를만한 창작동요까지 동화 속에 결합한 새로운 형식이다.

〈그림 5-3〉 〈반딧불〉 악보[43]

위의 악보는 「꽃그늘 아래서」에 삽입된 〈반딧불〉의 가사와 악보이다. 〈반딧불〉은 다장조 3박자의 노래로 경쾌하고 아동들이 쉽게 부르기 좋은 가락과 박자로 이루어져 있다. 음계 또한 주로 도, 레, 미, 솔로 부르기 간단한 가락과 가사 역시 부르기 쉽고 기억하기 좋은 네 글자로 이루어져 있다. 이 노래를 신나게 부르고 있을 때 어머니가 저녁을 먹자고 부르자 네 아이가 집안으로 들어가면서 다음날도 오빠에게 얘기를 해달라고 하면서 이야기는 끝이 난다.

네 번째 유형은 동화 속에 음악성이 아름다운 신시를 삽입한 새로운 형식이다. 「바람이 하는 일風的工作」[44]이라는 동화에는 장밍張名이라는 아이

43 『兒童世界』 3卷 1期.

44 "風呀, 吹來! 把我的風車轉開, 使我的磨石磨米磨麥! 麥粉磨成, 米磨白, 窮人才不會歎氣悲哀 好風呀! 吹來, 吹來!""風呀, 吹來! 把磨房的風車轉開, 使我的麥粉磨白, 做成好餅賣! 風不來, 我的餅就沒有賣了! 好風呀! 吹來! 吹來!""風呀, 吹來! 我早上起來, 洗刷了許多衣裳, 曬在當街. 風呀, 吹來! 把我的衣裳吹幹吹白. "風呀, 風呀! 吹來, 吹來! 可愛的風呀, 快把我的船吹送出海. 洶湧的白濤, 無邊的綠海, 是我的家鄉, 是我的和平之宅. 船上滿載著客人, 滿載著貨財. 好風呀, 吹來! 吹來! 把我的船吹送出海!""好風來了! 好風來了! 吹得風車動, 吹得旗兒飄. 水手們速速上船, 開船的鑼聲響了.""好風來了! 好風來了! 我的衣裳快

가 형이 만들어준 연을 가지고 아침 일찍부터 연을 날리기 위해 밖으로 나서면서 벌어지는 이야기다. 장밍은 곳곳에서 바람이 불기를 간절히 기다리는 방앗간 주인, 빈대떡집 주인, 빨래하는 아낙네, 뱃사람, 거리 사람들의 노래를 듣는다. 바로 이들이 부르는 노래에서 정전둬는 창작시의 음악성과 더불어 자연스레 아동들에게 바람이 하는 역할을 전달하고 있다.

「바람이 하는 일」은 성운과 격률에 있어서 형식적인 구속은 받지 않으면서도 "바람아, 불어라風呀, 吹來!", "바람아, 바람아! 불어라, 불어!風呀, 風呀! 吹來, 吹來! 형태로 변화를 주기도 한다. 그리고 풍차를 돌리기도 하고, 빨래가 마르기도 하며, 연을 날릴 수도 있고, 배를 바다에 띄울 수도 있는 바람의 고마움을 동화 속에 노래로 자연스럽게 녹여내고 있다.

이처럼 정전둬는 비록 수량은 많지 않지만, 독특하고 다양한 방식의 여러 장르를 혼합한 형식을 실험하고 있다. 그는 각기 다른 형태의 양식을 서로 혼합하고 교차시켜 새로운 아름다움을 보여주려고 하였다.

마지막 유형은 본서에서 다루는 그림이야기의 재창작이다. 필자는 그림책이 영국을 통해 미국과 다른 유럽 국가들로 발전해 온 과정과 정전둬의 창작수법을 볼 때, 그의 그림이야기가 순수한 창작이 아닌 재번역 혹은 번안한 작품이 다수 포함됐을 것으로 판단하였다. 이에 원전을 찾고자 노력[45]하던 중 몇 작품이 1845년 독일의 하인리히 호프만Heinrich Hoffman

---

要幹了. 感謝呀, 好風! 使我的白衣, 雪片似的飛飄."“好風呀, 好風呀, 吹上我的風箏, 上他天上的家, 吹幹我的衣裳, 潔白如白蓮之花. 好風呀, 感謝, 感謝!好風呀, 感謝, 感謝!”『兒童世界』1卷 5期.

45 2019년 9월 28일 국립어린이청소년도서관 연구자료실에서 '방정환과 세계 어린이책 여행·독일편' 발표가 있었다. 「독일어권 현대 아동청소년문학의 발달과 주요 작가들」이라는 제목으로 숙명여자대학교 독일언어문화학과 장영은 교수가 『더벅머리 아이(*Der Struwwelpeter*)』를 소개하였다. 본 이미지는 독일어 원본으로 구텐베르크 프로젝트에 수록된 것을 활용하였다.

이 만든 근대적인 그림책 『더벅머리 페터*Der Struwwelpeter*』[46]를 번안한 것임을 알게 되었다.

『더벅머리 페터』의 원제목은 『재미난 이야기와 웃긴 그림들*Funnny Stories and Droll Pictures*』로 익살맞고 반어적인 작가의 의도를 넌지시 보여주고 있으며 현대의 포스트모던 그림책 예고[47]편을 마주하는 느낌의 도발적인 그림책이다. 이 책은 총 10편의 에피소드로 이루어져 있다. 이 가운데 「잠시도 가만히 있지 못하는 필립Die Geschichte vom Zappel-Kaspar」, 「한눈파는 한스Die Geschichte vom Hanns Guck-in-die-Luft」, 「하늘로 날아간 로베르트Die Geschichte vom fliegenden Robert」의 3편이 「팡얼과 강아지方兒與狗」, 「물에 빠진 팡얼方兒之落水記」, 「페이얼의 액운費兒之厄運」, 「바람을 타고 날은 뤄천羅辰乘風記」의 네 편으로 나뉘어 3권 5~8기에 수록되어 있다.

〈그림 5-4〉부터 〈그림 5-11〉의 자료를 통해 해당 그림이야기의 그림은 다른 잡지나 책에서 가져오고 글 텍스트에만 변형을 가했음을 알 수 있다. 앞의 4장 2절에서 서술한 바와 같이 정전둬는 많은 문학작품을 '중술'의 방법을 택해 번역했고, 그가 편집장한 시기의 『아동세계』에 발표한 작품들도 '중술'의 방법 사용한 것들이 대부분이다. "'중술'의 방법으로 동화와 우화 등을 개작하는 방법은 엄밀히 말하면 창작이라고 할 수는 없으나 재창작의 방식"[48]이라고 할 수 있다. 위 그림이야기의 예를 통해 정전둬가 '중술'의 방식을 동화나 민담, 우화에 그치지 않고 그림이야기에

46 정신과 의사였던 호프만은 세 살짜리 아들의 크리스마스 선물로 그림책을 사러 돌아다니다가 마땅한 것을 찾을 수 없어 자신이 직접 만들기로 했다. 친구의 권유로 출간한 그의 책은 세상에 나오자마자 대성공을 거두었고, 이후 수십 개국의 언어로 번역되어 전 세계에서 가장 유명한 아동서 중 하나가 되었다. 정미경, 「구속과 해방의 양가성 – 「더벅머리 페터」 연구」, 『독어교육』, 2011, 405쪽.

47 마틴 솔즈베리·모랙 스타일스, 서남희 역, 『그림책의 모든 것』, 시공사, 2012, 14쪽.

48 陳福康, 『鄭振鐸論』, 商務印書館, 1991, 337쪽.

〈그림 5-4〉「한눈파는 한스」

〈그림 5-5〉「팡얼과 강아지」(『兒童世界』 3卷 5期)

〈그림 5-6〉「한눈파는 한스」

〈그림 5-7〉「물에 빠진 팡얼」(『兒童世界』 3卷 6期)

〈그림 5-8〉
「잠시도 가만히 있지 못하는 필립」

〈그림 5-9〉
「페이얼의 액운」(『兒童世界』 3卷 8期)

〈그림 5-10〉
「하늘로 날아간 로베르트」

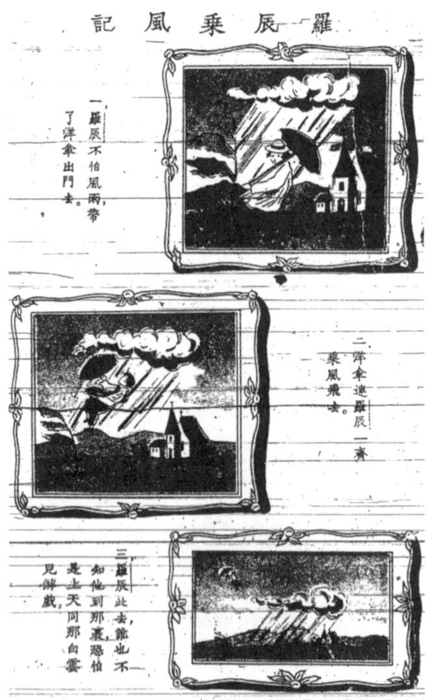

〈그림 5-11〉
「바람을 타고 날은 뤄천」(『兒童世界』 3卷 7期)

도 적용하고 있음을 알 수 있다.

실제로 정전둬가 말한 '중술'은 개작에 해당하며, 이는 아동문학 발전기의 보편적 현상이었다. 저자는 그림이야기에는 개작의 방식을 사용한 재창작, 즉 그림을 모사하면서 약간의 편집을 가하고, 글의 내용도 적절하게 변형하거나 삭제, 요약 등의 방법을 사용한 것만이 아니라 직접 창작한 작품도 병존한다고 생각한다. 특히 후반기로 갈수록 창작한 작품이 비교적 많아지는데, 이는 그림의 풍취와 그림과 글의 서사관계를 통해 알 수 있다. 그림이야기에서 재창작으로 보이는 작품 분석은 6, 7장에서 자세히 다루고자 한다.

2) 글과 그림의 행복한 만남

그림책은 문장과 그림이 서로 보완하면서 하나의 이야기 세계를 재현하여 분명한 이미지를 구축하는 매체이다. 즉 글로 표현하기 어려운 부분은 그림으로, 그림으로 표현하기 어려운 부분은 글로 설명해 준다.[49]

그림이 있는 도서가 가장 먼저 등장한 것은 1476년에 발행된 『이솝 이야기*Vita et Fabulae*』로 라틴어를 독일어로 번역하여 출간한 것이다.[50] 이후 체코의 교육이론가인 코메니우스 요한 아모스Comenius Johann Amos가 1658년에 펴낸 『세계의 그림世界圖解』을 역사상 공인된 가장 이른 아동 그림책으로 본다.[51] 『세계의 그림』을 그림책의 출발점으로 보는 이유는 삽화로 내용을 알기 쉽고 정확하게 이해할 수 있도록 시각적으로 잘 설명하고 있기 때문이다.

49 신명호, 『그림책의 세계』, 주니어김영사, 2009, 25쪽.

50 신명호, 『그림책의 세계』, 주니어김영사, 2009, 26쪽.

51 孫曉光, 「淺析兒童繪本的發展演變」, 『戲劇之家』, 2017, 260쪽.

그림책의 발달과정은 삽화라는 표현 양식의 변화 발전과 맞닿아 있으며, 우리나라의 경우에도 조선시대까지 서적은 어른과 어린이의 구분이 따로 존재하지 않았다. 조선시대 『불설대보부모은중경佛說大報父母恩重經』1432, 세종 14년은 불교의 교리를 쉽게 표현하기 위해 삽화를 그려 넣었고, 『삼강행실도三綱行實圖』1434, 세종 16년는 유교의 교리를 교육하기 위해 삽화가 활용되었다. 당시에는 문자 해독력이 낮은 백성들에게 효과적으로 의미를 전달하기 위한 시각적인 표현 수단으로 삽화가 활용되었다. 삽화는 글을 읽지 못하는 대상을 위한 좁은 범위에서 활용되었지만 읽는 사람의 주관적인 해석이 요구되는 특징을 가진다. 삽화의 이러한 특징은 그림책으로 나아가는 중요한 요인으로 작용했으므로 그림책을 제대로 이해하기 위해서는 삽화를 먼저 살펴볼 수밖에 없다.[52]

중국의 경우도 크게 다르지 않아서 정전둬는 「아동도서 문제」라는 글에서 몇 권의 중국 아동 그림책의 원류를 거론하고 있다. 첫 번째로 명나라 가정嘉靖 황제 때인 1542년에 출판된 『일기고사日記故事』로 이것이 중국 최초로 글과 그림이 병행된 아동도서로 보고 있다. 이 책은 위에는 삽화가, 아래에는 간략하게 글을 실어 전적으로 아동을 위해 창작한 것이기는 하나 서술의 주체는 글자이고 그림은 그저 독자의 주의를 끌기 위한 효과에 불과하였다. 내용의 대부분은 지혜를 계발하는 아동들의 이야기로 교훈에 많이 치우쳐 있다.

왕리쥔 등은 삽화를 동반한 이 『일기고사』가 현대적 의미의 그림책은 아니지만 중국 그림책의 배아라고 평하고 있다.[53] 중국의 연구자들은 이

52 조성순, 「한국 그림책의 발달과정 연구-삽화에서 그림책으로의 변화과정을 중심으로」, 인하대 박사논문, 2019, 3쪽.

53 王黎君, 「鄭振鐸與中國圖畫書的發生」, 『魯迅研究月刊』, 2014, 68쪽.

책이 코메니우스의 『세계의 그림』보다 116년 앞선 것으로 세계에서 첫 번째로 삽화가 있는 아동도서라고 자부하고 있다.[54] 또 후지종胡繼宗이 수집하여 명나라 만력萬歷 17년1589에 출판된 『서언고사대전書言故事大全』은 그 형식이 『일기고사』와 가까우며 아동들이 좋아하는 이야기들로 꾸며졌고, 특히 해박한 지식을 기억하고 암송하기 쉽도록 하는 데 중점을 두었다. 이는 과거제도 아래에서 생긴 특수한 현상으로 보고 있다. 이밖에도 『몽양도설蒙養圖說』, 『이십사효도설二十四孝圖說』이 있다. 이들은 모두 글과 그림이 병행되기는 했지만, 글과 그림의 상호관계에 있어서 그림은 글의 내용을 전달하는 역할 혹은 글을 보조하는 수단으로 사용되었다. 청 말기에는 서구의 발달된 문명과 지식을 배워야 한다는 의식 속에 도서의 장정이나 디자인도 서구의 것을 받아들였다. 곧 그림이 포함된 도서가 백성들의 교육수준을 높이고 새로운 지식의 내용을 전파하는데 유용한 양식이었다.

아동 잡지의 경우는 기독교를 전파하기 위하여 외국 선교사가 1874년 창간한 『소해월보小孩月報』를 중국 최초의 그림이 포함된 잡지로 본다. 이후 1897년 중국인이 창간한 가장 이른 아동 정기간행물인 『몽학보蒙學報』 역시 중국 전통도서 형식을 그대로 차용하여 위에는 그림, 아래에는 글을 배치했고 대부분 전통회화의 백묘수법을 사용했다.[55]

5·4신문화운동 시기에는 본격적으로 글과 그림이 어우러져 하나의 이야기가 되는 그림이야기가 등장한다. 중국 연구자들은 "그림이야기는 정전둬가 창조하고 개척한 문체"[56]로 인식하고 있다. 정전둬는 '아동 중심'의

---

54 韓進, 「以圖畫爲本位的文學－圖畫書的演變史」, 『出版科學』 第24卷 第5期, 2016, 9쪽.

55 張梅, 「另一種現代性訴求-1875~1937兒童文學中的圖像敘事」, 山東師範大學博士論文, 2011, 19~34쪽.

56 ① 王泉根 主編, 『兒童文學教程』, 北京師範大學出版集團, 2009, 259쪽 ② 黃可, 「鄭振鐸與兒童美術」, 『上海美術史劄記』, 上海人民美術出版社, 2000, 158쪽 ③ 王黎君, 「鄭振鐸

사상에 입각해 아동들이 좋아하는 그림을 중시하여 『백조』 서문에서 "동화책에는 그림을 생략하면 안 된다."[57] 고 하면서 "그림은 아동 서적의 생명이다"[58]라고 말하였다. 신흥 목각운동의 창도자이면서 정전둬와 함께 채색 목각 판화집을 펴낸 루쉰도 "아직 책을 읽지 않은 자들에게 책을 사보도록 유인하고 읽는 이의 흥미와 이해를 더해주며 (…중략…) 어떤 아이들은 그림 때문에 문장까지 보게 되니, 내 생각에 삽화는 재미있을 뿐 아니라 의미도 있는 것이다"[59]라고 하며 삽화가 딸린 도서출판을 적극 지지했다.

루쉰은 아동문학 방면에서 표지 설계, 장정, 삽화에 대해서도 언급하였다. 그는 삽화의 목적이 아동문학 작품의 주제와 사상을 형상화하는 것으로 작품 내용을 특정한 사회 환경에서 재현하고, 선명한 전형적인 형상을 묘사하며, 어린 독자들의 독서에 대한 흥미와 작품 이해에도 도움을 준다고 하였다.[60] 일본 아동문학 출판 전문가인 마쓰이 다다시松居直[61]는 "그림책은 성인이 아동에게 줄 수 있는 가장 좋은 선물"[62]이라고 하였으며, 저우쭤

與中國圖畫書的發生」, 『魯迅研究月刊』 9期, 2014, 67쪽. ④ 張梅, 「另－種現代性訴求-1875~1937兒童文學中的圖像敘事」, 山東師範大學博士論文, 2011, 60~71쪽.

57 "童話的書圖畫是不可省略的. " 鄭振鐸·高君箴, 『天鵝童話集』, 商務印書館, 1924, 4쪽.

58 鄭振鐸, 「挿圖之話」, 『小說月報』 18卷 1號, 92쪽, 1927, 1, 10.

59 金秀玹, 「中國現代兒童文學 形成過程 研究-梁启超 魯迅 周作人을 中心으로」, 연세대 석사논문, 2000, 181쪽에서 재인용.

60 蔣風, 『兒童文學教程』, 希望出版社, 1992, 175~176쪽.

61 1926년 일본 동경 출생, 1951년 동지사대학 법학과를 졸업하고 복음관서점(福音館書店) 편집을 맡았다. 1968年 사장을 역임, 1985년 회장이 되었다. 일본 출판학회 회원, 일본국제 아동도서 평의회(JBBY)이사, 연합국 교과서 아시아 문화중심평의원, 중일 아동문학 미술교류 센터 부회장 1963년 월간 그림 잡지 『아동의 벗(兒童之友)』로 아동출판문화 대상을 받았고, 1965년 그림책 『모모타로(桃太郎)』로 아동출판 문화상 등을 받았다. 저서로는 『무엇을 그림책이라 하는가(什麼叫圖畫書)』·『그림책을 보는 눈(看圖畫書的眼睛)』『그림책 시대(圖畫書時代)』·『그림책의 숲에 이르는 발걸음(到圖畫書的森林中去散步)』 등의 그림책론이 있다.

62 "圖畫書是成人送給孩子的最好的禮物" 肖涓, 「論圖畫書閱讀與兒童發展」, 『湖南第－師

런 역시 아동도서에서 그림의 중요성을 인식하고 다음과 같이 말하였다.

> 그림을 넣는 일은 여전히 어렵다. 지금 중국의 화보에 들어있는 그림은 거의 쓸 만한 것이 없다. 아동 서적에 넣을 그림을 찾기란 더 어렵다. 이는 참 아쉬운 일이다.[63]

정전둬는 아동문학을 교수할 때는 반드시 그림의 도움을 받아야 한다고 강조하였다. 구조적으로 이야기를 전개할 때의 아동의 심리와 원시인류는 서로 비슷하기 때문에 그림에서 특별한 감정을 느낀다고 보았다. 그 예로 유럽과 미국의 각종 아동도서를 거론하면서 이들 나라의 도서는 그림에 주의를 많이 기울이고 있다고 말하였다. 그러나 중국의 초등학교에서 흔히 사용하는 아동문학 교수 인쇄물은 그림이 없으므로 앞으로는 개선해야 한다고 강조하였다.

이러한 그의 인식은 『아동세계』의 출판과 그가 창작한 그림이야기에 반영되었다. 실제로 『아동세계』에는 채색 삽화를 비롯하여, 동화나 이야기에 그림이 많이 포함되었으며, 그림이야기의 비중이 높아 아동들의 독서 흥미를 자극하는 데 도움이 되었다. 그리고 아동작품을 모집할 때도 그림이 중요한 부분을 차지하였으며, 표지와 첫 장은 전면 그림으로 장식하였다. 곧 『아동세계』는 중국 그림책의 발전 역사상 이정표적인 의미를 가지고 창간호부터 그림이야기에 대한 관심과 열정을 보여주었다.

그림책의 독자대상은 일반적으로 아동으로 인식하고 있지만 현재는

範學報』3期, 2004, 116쪽.

63 插畫－事乃是爲難現今中國畫報上的插畫幾乎沒有－張過去的要尋能夠爲兒童書作插畫的自然更不易得了這真是可惜的. 周作人, 「兒童的文學」, 『新青年』8卷 4號, 1920.12.

꼭 아동에 한정하지 않고 성인을 위한, 혹은 아동과 성인을 함께 포괄하는 작품들도 생산되고 있다. 에드워드 호드넷Edward Hodnett은 '문학작품 속 일러스트레이션은 문학작품과 분리하여 평가할 수 없으며, 문학과 관계없는 그림과 동일한 논리를 적용해서는 안 된다'고 말하였다.[64]

실제로 문자가 없던 시절 원시인들은 동굴에 그림을 그려 상세하게 수렵과 일상생활 속의 의사를 전달하였다. 중국의 돈황벽화에도 생동적으로 묘사된 그림을 통해 당시의 사회생활과 생산 방식, 문화 오락 활동과 많은 불교역사 이야기와 신선이야기가 형상화되어 있다. 이러한 벽화는 구도 면에서 그림이 이야기의 줄거리 순서대로 출현하므로 연속해서 보면 일종의 그림이야기라고 할 수 있다.

정전뒤는 본인이 어린 시절 그림에 매료되었던 이야기와 함께 아동도서에서의 그림에 대해 다음과 같이 의견을 말하고 있다.

> 그림은 아동도서에서 생명이며, 아마 문자보다 더 중요할 것이다. 아동은 문자보다 그림을 훨씬 좋아하며, 때로는 그림으로 글자를 보도록 유도할 수 있기 때문이다. 이제 막 말을 할 줄 아는 아동도 종종 그림책을 넘기고 또 넘기고, 보고 또 보면서 손에서 책을 놓지 않기도 한다 (…중략…) 그러므로 아동의 책 속에 그림은 아주 중요한 위치를 차지한다. 어떤 나라의 아동도서도 거의 그림이 없는 것이 없는데, 이들 그림은 대부분 아주 사랑스러워서 소년과 아동뿐 아니라 어른들도 빠져들 수 있다.[65]

---

64 Edward Hodnett, Image and Text : Studies in the Illustration of English Literature , London : Scolar Press, 1982, pp1~2. 조성순, 「한국그림책의 발달과정연구-삽화에서 그림책으로의 변화과정을 중심으로」, 인하대 박사논문, 2019, 1쪽.

65 插圖在兒童書中, 是一種生命, 也許較之文字更爲重要. 因爲兒童是喜歡插畫, 比之文字更甚些, 往往可以由圖畫而誘引起要看文字的需要. 幾個剛學會說話的兒童, 往往把一本

실제로 정전둬는 미술 연구 방면에도 관심을 기울여 큰 공헌을 하였다. 회화사, 판화사, 조각사 및 공예사 등을 살펴서 많은 논문을 발표하고, 중요한 화집과 도판 등을 출판하였다. 그가 저술한 『문학대강文學大綱』 안에는 오랜 시간 힘들여 수집한 목각 그림들이 포함되어 있다. 또한 루쉰과 함께 『북평전보』를 펴냈고 『십죽재전보』·『중국역사참고도보中國歷史參考圖譜』 등의 화집을 출판하기도 했다. 특히 『삽도본 중국문학사』에서는 중국문학과 관련된 진기한 고대 목각화와 회화 등이 수록되어 있다. 미술계의 대가인 황커黃可는 그의 저서 『상해미술사찰기上海美術史札記』와 『중국아동미술사석습中國兒童美術史摭拾』에서 정전둬의 그림이야기를 다음과 같이 평가하고 있다.

> 정전둬가 창작한 그림이야기는 바로 아동 연환화連環畫이다. 중국 근현대 미술사에서 아동연환화가 언제 시작되었는지 연원을 거슬러 올라가 본다면, 정전둬가 개척자라고 말할 수 있다. 그 전에는 아동 연환화가 보이지 않기 때문이다. 정전둬가 그린 그림이야기는 글 편집에서부터 그림창작까지 혼자 완성하여 명실상부한 '자신이 편집하고 자신이 그림을 그린' 연환화의 창작이다. 그러므로 만일 중국 근대아동미술 역사상 '자신이 편집하고 자신이 그림을 그린' 아동연환화의 창작이 누구로부터 시작되었는지 그 근원을 찾아보면 바로 정전둬로부터 시작됐다고 할 수 있다.[66]

圖書翻了又翻, 看了又看不忍釋手. 所以兒童書中的插圖, 是占極重要的地位的. 無論那一國的兒童書, 差不多沒有無插圖, 那些插圖差不多沒有不是異常可愛的, 不僅可以迷糊了少年和兒童抑且可以迷糊了老年人. 鄭振鐸, 「插圖之話」, 『小說月報』 18卷 1號, 92쪽, 1927.1.10.

66 鄭振鐸創作的圖畫故事, 就是兒童連環畫. 所以, 如果追溯中國近現代兒童美術史上的兒童連環畫始於何時? 那末可以說鄭振鐸是開創者. 因爲, 在此之前, 還不曾見過有兒童連環畫. 鄭振鐸筆下的圖畫故事, 從編寫文字腳本到圖畫創作, 都由一個人完成, 是地地道道的'自編自繪'連環畫創作. 所以, 如果追溯中國近現代兒童美術史上的兒童連環畫'自編自

연환화란 여러 폭의 그림이 연속되어 이야기나 사건이 발전하는 과정을 표현한 회화형식으로 만화와 가깝다. 민국시기는 인쇄기술의 발달로 연환화 출판이 성행하였고, 당시 연환화 출판의 중심지는 상해였다.[67] 황커는 그림이야기를 아동 연환화와 같은 것으로 인식하여, 아동연환화의 창시자를 정전둬로 보고 있다. 황커는 자오징선의 말을 빌려 그림이야기의 그림작가는 정전둬라고 확신하고 있다.

> 특히 놀라운 일은 정전둬가 회화에 뛰어난 재주를 가지고 있다는 것이다. 각기 다른 이야기의 줄거리와 주제에 근거하여 생명력 있게 형상과 구도, 장면과 줄거리 배치를 하고, 유기적인 연결 관계를 처리하는데, 단선으로 윤곽을 그리거나 수채 혹은 석회를 사용하는 등 회화의 여러 표현 방법을 잘 사용하였다.[68]

그러나 그림에 많은 관심과 소양이 있는 정전둬였지만, 장메이는 그가 혼자 그림이야기의 글과 그림을 완성했다고 보기에는 무리가 있다고 보고 있다. 즉 『아동세계』의 책임편집자가 정전둬이지만, 거대 출판사였던 상무인서관에는 회계부·통계부·도판부·미술부·교열부·잡무부 등의 부서가 조직되어 있었다. 그러므로 정전둬 혼자서 편집·원고 작성·번역·그림·교열·출판·판촉·발행을 담당했을리는 없다고 보았다. 더욱이 2권 1기부터는 표지그림에 쉬둔구 서명이 나타날 뿐 아니라 완라이밍萬籟鳴의 회

繪'創作始於何人？那末, 亦可以說始於振振鐸. 張梅,「另－種現代性訴求--1875~1937兒童文學中的圖像敘事」, 山東師範大學博士論文, 2011, 178쪽에서 재인용.

67 曹新哲,「中國連環畫出版研究」, 武漢大學碩士論文, 2004, 1~9쪽.

68 特別使人驚訝的是, 鄭振鐸有著多方面的繪畫才能. 他不僅能根據不同題材的故事情節和主題, 靈活地進行造型, 構圖, 鋪展情節和場景, 以及處理承上啟下的銜接關系, 而且善於采用或單線勾勒, 或單線平塗, 或水彩, 或水粉等多種繪畫手段表現之. 張梅,「鄭振鐸主編『兒童世界』期間 的繪者考辨」,『編輯之友』, 2012, 116쪽에서 재인용.

고에도 이를 뒷받침하는 내용이 있음을 상기시켰다.

> 내가 상무에서 일할 때 주로 『아동세계』의 삽화와 표지화를 출판하는 일을 했다. 이 잡지 화보의 그림 종류에 대한 요구는 수채화 · 유화 · 연필화 · 구아슈화 · 목각화 · 광고화 등 다양했다.[69]

또한 정전둬 연구사료 가운데 그가 직접 그렸다는 어떤 그림도 발견되지 않은 것 또한 그가 직접 그림을 창작했거나 그렸을 가능성이 적다는 점을 말해준다. 펑루彭璐는 "정전둬 편집장 기간에는 일본에 유학한 경험이 있던 쉬둔구가 전문적으로 표지와 삽화, 디자인을 담당했고, 황빈훙黃賓虹이 이끄는 미술팀은 전문적으로 명화의 편집과 감정 등의 일을 맡았다. 그러나 당시에는 그림판권에 대한 의식이 없었고, 그림을 그리거나 디자인을 하는 사람들 역시 권리의식이 부족하여 그림작가의 서명이 아주 혼란스럽다"[70]고 개탄하고 있다.

이러한 현상에 대해 필자는 당시 『아동세계』는 물론 아동문학계의 풍토가 번역이 주였고 창작은 맹아기 상태였음을 충분히 감안해야 한다고 생각한다. 모든 작품에서 원전의 출처를 밝히지 않은 탓에 그 실상을 제대로 알기는 어려우나, 그림의 화풍이나 등장인물 등을 살펴보면 전통적인 풍취가 아니라 서구적 느낌이 풍기는 작품이 많다. 이 당시의 아동문

---

69 我在商務的工作, 主要是爲商務出版的『兒童世界』等兒童讀物插畫和封面畫. 這些雜志, 畫報對畫種的要求是多種多樣的, 從水彩畫, 油畫, 鋼筆畫, 水粉畫, 木刻畫到廣告畫. 張梅, 「另一種現代性訴求—1875~1937兒童文學中的圖像敘事」, 山東師範大學博士論文, 2011, 180쪽에서 재인용.

70 彭璐, 「許敦谷《兒童世界》封面, 插圖設計(1922~1923)」, 『南京藝術學院學報』 3期, 2012, 191쪽.

학 작품들은 외국작품을 모방하거나 일부 개편하는 정도에 그쳤으므로 역시 정전뒤의 그림이야기도 초기에는 서양과 일본의 아동잡지에 실린 작품을 모사했을 가능성이 크다. 즉 그림은 그대로 모사하고 글의 내용만 일부 개편하거나 수정을 가했을 것으로 보인다.

번안 원문을 모두 찾아내지 못해 단정하긴 어렵지만, 그림이야기는 '토착화' 즉 중국적 특색에 맞게 인명과 지명 등을 바꾸고, 적절히 내용을 삭제하거나 추가하여 재구성했을 가능성이 아주 높다. 이런 관점에서 보면 사실 그림은 정전뒤와 함께 잡지사에서 근무하던 사람들이 협동해서 그렸거나 아예 정전뒤는 그림에는 관여하지 않았을 가능성도 있다. 그렇지만 글 텍스트의 내용과 그림의 분위기를 살펴보면 시간상 뒤로 갈수록 그림이야기에 창작을 시도한 흔적을 발견할 수 있다. 이는 외국의 작품을 소개하는 과정을 거치면서 궁극적으로는 창작을 지향했던 그의 이상을 엿볼 수 있는 대목이다. 하지만 정전뒤의 그림이야기는 약 1년여의 기간에 발표된 것이어서 획기적인 변화는 감지되지 않는다.

정전뒤는 「『아동세계』 선언」에서 영국 아동잡지 『마이 매거진*My Magazine*』[71]과 미국의 아동잡지 『더 유스 컴패니언*The Youth's Companion*』[72], 그리고 일본 아동잡지[73] 『아카이토리』와 『도우와』, 『코도모』를 참고했다고 밝혔

71 *My Magazine*은 1908년부터 1933년까지 영국에서 발행된 아동을 위한 잡지이다. Amalgamated Press에서 발행하였고 과학, 기술, 지리, 시사에 관한 내용을 담았다. 1908년 처음 발간될 때는 *The Children's Encyclopaedia*였다가 1910년대에 여러 번 이름이 바뀌었다. 1911부터 1914년까지는 *My Magazine*이라는 이름을 사용했다.

72 후에 *The Companion : For All the Family*로 알려진 *Youth's Companion*(1827~1929)은 1929년 결국 *The American Boy*와 합병할 때까지 100년 넘게 존재했던 미국의 어린이 잡지였다. *The Companion*은 페리 메이슨 컴퍼니에 의해 매사추세츠 주 보스턴에서 출판되었고 창립자가 죽은 후 "페리 메이슨 & 코"로 이름을 바꾸었다.

73 1905년에 『소년 지식화보』와 『소녀 지식화보』가 창간되었고, 역시 같은 해에 『가정교육 그림 이야기』가 1906년에는 『유년화집』이 등장하였다. 이후 1912년 다이쇼시대가

다. 이는 아동도서의 발달과정과 그 신문화운동 시기의 외국문학 번역열기를 돌이켜보면 충분히 예견할 수 있는 상황이다. 영국에서 발행된 아동잡지 『마이 매거진』과 『아동세계』 그림이야기와는 연관성이 있을 것으로 짐작되나 자료 확보가 어려워 그 실제를 파악할 수 없었다.

〈그림 5-12〉
My Magazine 표지(1921)[74]

〈그림 5-13〉
My Magazine, Vol 18(1922)[75]

이에 비해 미국에서 발행된 『더 유스 컴패니언』은 아동전문 잡지가 아닌 종합적인 가족잡지로 「더 칠드런스 페이지The Children's Page」란이 따로 존재하였다. 하지만 여기에 실린 그림을 포함한 이야기 구성은 『아동세계』의 그림이야기 형식과는 거리가 있어 보인다.

시작될 무렵에는 민본주의 사상이 퍼지면서 아동교육에 대한 관심이 높아지면서 그림잡지가 다수 창간되었다. 1914년에 교육자들이 중심이 되어 만들어진 『코도모(コドモ)』와 주부대상 잡지였던 『슈후노토모(主婦之友)』 여성 편집자들이 독자들의 자녀를 대상으로 한 『코도모노토모(子供之友)』를 창간하였다. 이후 1918년에 동화, 동요, 자유시, 자유화 운동을 전개한 아동잡지 『아카이토리(赤い鳥)』와 『긴노후네(金の船)』, 『도우와(童話)』, 『오토기노세카이(おとぎの世界)』 등이 창간되었다. 현은자 외, 『세계 그림책의 역사』, 학지사, 2008, 243쪽.

74 http://www.philsp.com/data/images/m/my_magazine_192105.jpg, 검색일 : 2020년 10월 15일.

75 https://www.abebooks.co.uk/servlet/BookDetailsPL?bi=11755727827&searchurl=an%3Darthur%2Bmee%26fe%3Don%26sortby%3D20%26tn%3Dmagazine&cm_sp=snippet-_-srp1-_-image2, 검색일 : 2020년 10월 15일.

〈그림 5-14〉 *The Youth's Companion* 표지(1921)[76]

〈그림 5-15〉 *The Youth's Companion* 어린이란(1912)[77]

일본의 경우 "1920년대를 전후한 아동문학계는 예술성을 앞세운 동화와 동요 잡지의 황금시대였다".[78] 『아카이토리』[79]에는 주로 삽화가 포함된 동화와 동요가 실렸다. "『도우와』는 다이쇼 9[1920]년에 코도모사에서 창간하여, 다이쇼 15[1926]년 7월호로 종간되었다. 『아카이토리』와 『긴노후네[金の船]』가 문단인의 작품을 게재했던 것에 비해, 『도우와』는 기성작가보다 신진 동화작가를 다수 기용하여 아동들에게 재미있고 유익한 동화를 제공하고자 하였다."[80] 일본 아동문학 연구자 박종진의 도움으로 살펴본

76 The Youth's Companion1921 Archives : The Youth's Companion, 검색일 : 2020년 10월 15일.

77 http://magazinemuseum.net/covers-pages-38.html, 검색일 : 2020년 10월 15일.

78 박종진·최경희, 「1920년대 아동 자유화 운동과 아동 문예 잡지–『어린이』와 『긴노후네』를 중심으로」, 『한국아동문학연구』, 2017, 96쪽.

79 당시 아동잡지의 명칭은 『日本少年』, 『少年世界』, 『少女世界』 등 모두 소년 혹은 소녀의 이름이 들어갔는데, 『赤い鳥』라는 상징적 명칭은 매우 참신하여 그 영향이 순식간에 퍼졌다. 日本兒童文學學會 編, 『日本兒童文學概論』, 東京書籍, 1976, 57쪽. 『아카이토리』를 창간한 스즈키 미에키치 '충군애국'의 창가교육을 비판하고 순수한 동요를 창작하여 예술적인 동요를 아동들에게 선사해야 한다는 신념으로 문학적 운동을 전개하였다. 이러한 동요운동은 1920년대의 우리나라에도 영향을 미쳐 『어린이』를 비롯한 『신소년(新少年)』(1923.10), 『샛별』(1923), 『새벗』(1925.11), 『소년계(少年界)』(1926.1), 『아희생활』(1926.3), 『별나라』(1926.5) 등이 창간되며 동요가 확산되었다. 심수경, 「근대기 일본과 조선에서의 동요운동에 관한 연구」, 『일본문화연구』, 2016, 164쪽.

80 日本児童文学学会編, 『日本児童文学概論』, 東京書籍, 1976, 63~34쪽.

바, 그림이야기 형식의 작품은 당시 일본잡지에서도 많이 발견되었다.

이 시기에 발간된 대표적인 그림잡지는 『코노모노토모子供之友』와 『코도모노쿠니コドモノクニ』로 알려져 있다. 이들 자료는 접근성이 용이하지 않은 자료[81]로 알려져 있으나 다행히 일본국제교류기금 서울문화센터[82]에서 『코도모노쿠니 명작선コドモノクニ名作選』을 소장하고 있어 춘·하·추·동 네 권을 살펴보았다. 그 결과 『코도모노쿠니』는 섬세하고 정교하며 화려한 그림의 예술성이 강조된 아동용 잡지로 본서의 종합적인 형식의 아동 종합잡지와는 성격이 달랐다. 곧 『코도모노쿠니』는 그림을 위주로 한 그림 전문잡지로써 연속된 그림과 글이 있는 그림이야기 형식은 찾아볼 수 없었다.

〈그림 5-16〉 『코노모노토모』 창간호 표지(1914)[83]

〈그림 5-17〉 『코노모노토모』 수록 작품(1914)[84]

81 일본 아동문학 연구자 김영순은 2017년 『현대문학의 연구』에 발표한 논문 「『어린이』지와 일본 아동문예잡지에 표상된 동심 이미지 고찰」에서 이 두 자료의 접근성이 용이하지 않아 연구에서 제외했다고 하였다.

82 https://jpf.or.kr. 서울시 용산구 한강대로 366 트윈시티 남산 2층 & 4층.

83 1914년 1월호, 「婦人之友社『子供之友』原画展今週末から」, 板橋区立美術館, 2016.2.16. https://www.city.itabashi.tokyo.jp/artmuseum/4000614/4000831/4000988.html, 검색일 : 2020년 10월 9일.

84 婦人之友社. https://www.fujinnotomo.co.jp/book/picture/b6533/, 검색일 : 2020년

〈그림 5-18〉『아카이토리』 창간호 표지(1918)[85]

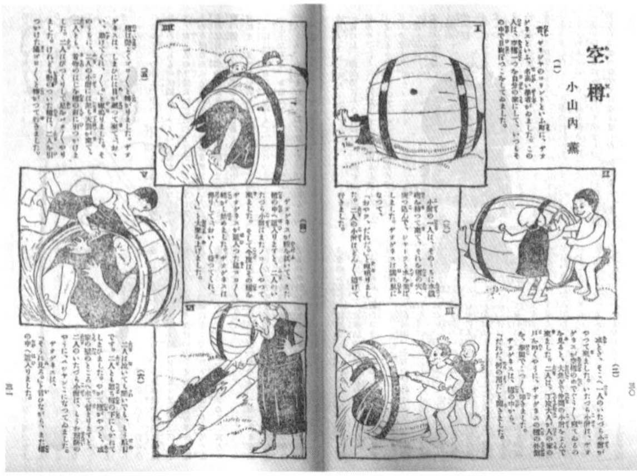

〈그림 5-19〉『아카이토리』 창간호 수록 작품(1918)

〈그림 5-20〉『긴노후네』 창간호 표지(1919)[86]

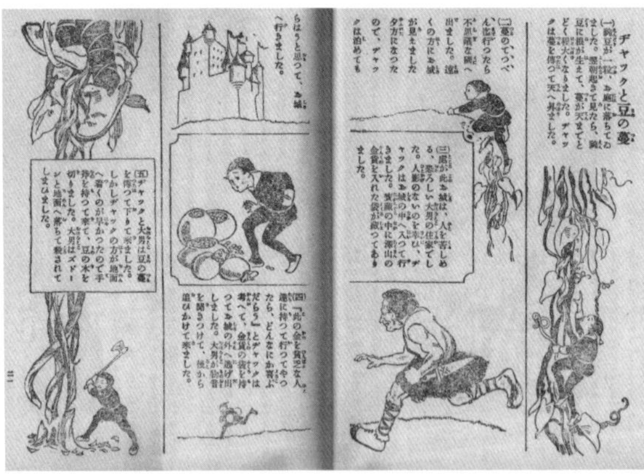

〈그림 5-21〉『긴노후네』 창간호 수록 작품(1919)

10월 9일.

85 ちひろ美術館・東京. https://chihiro.jp/tokyo/blog/74228/, 검색일 : 2020년 10월 9일.

86 金の船社. https://www.kinnohoshi.co.jp/archive/result.php, 검색일 : 2020년 10월 9일.

〈그림 5-22〉『도우와』 창간호 표지 (1920)

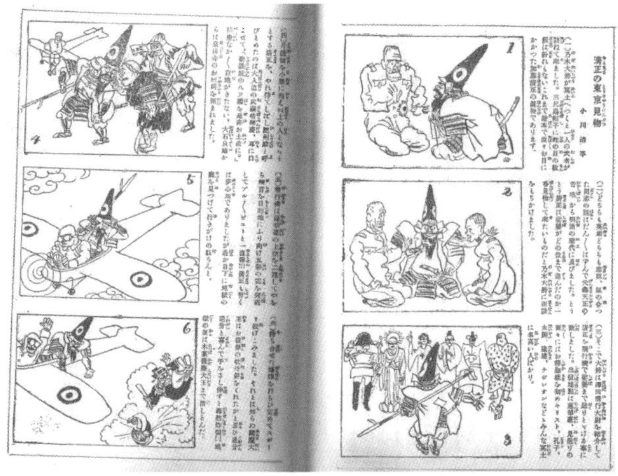

〈그림 5-23〉『도우와』 창간호 수록 작품(1920)

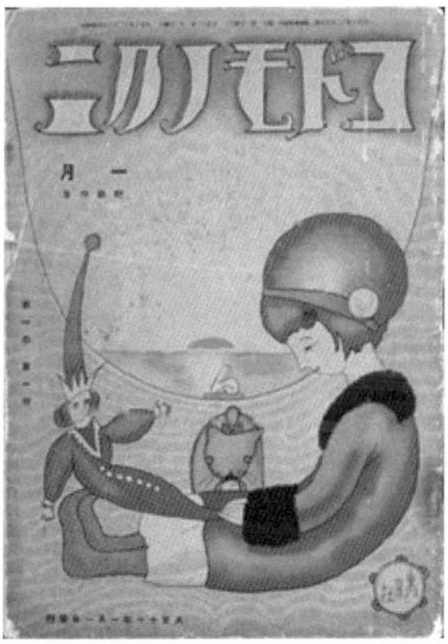

〈그림 5-24〉『코도모노쿠니』 창간호 표지(1922)[87]

〈그림 5-25〉『코도모노쿠니』 수록 작품(1925)[88]

---

87 https://www.kodomo.go.jp/gallery/KODOMO_WEB/commentary/artists_j.html, 검색일 : 2020년 10월 9일.

88 https://www.kodomo.go.jp/gallery/KODOMO_WEB/commentary/children_j.html, 검색일 : 2020년 10월 9일.

1910년대 이후 일본 아동잡지의 그림이야기 작품을 보면 이 시기 일본에는 그림과 글이 병행된 양식이 무척 발달했음을 알 수 있다. 이 가운데 일본 근대 아동문예잡지의 대표인 『아카이토리』 취지문을 살펴보면 『아동세계』와는 그 성격이 다름을 알 수 있다. 『아카이토리』 취지문은 다음과 같다.

> 현재 세간에 유행하고 있는 아동의 읽을거리는 거의 대부분 속악한 표지가 다면적으로 상징하고 있듯이 수많은 의미에 있어서 그야말로 저급하기 그지없는 것이다. 이런 것이 아동의 순진함을 침해하고 있다는 것은 그저 생각만 해도 두렵다. (…중략…) 『아카이토리』는 세속적이고 천박한 아동의 읽을거리를 배제하고, 아이들의 순진한 마음純性을 보전 개발하기 위해서 현대 일류 예술가의 진지한 노력을 모으고 또한 어린 아동을 위한 창작가의 출현을 맞이하기 위한 일대 구획적 운동의 선구이다.[89]

그러나 이 시기 일본의 아동문학은 앞에서도 언급했듯이 지나친 '동심주의'로 인하여 현실의 아동에 대한 탐구가 미처 이루어지지 못한 측면이 강하다.

문학연구회가 주도한 『아동세계』는 이러한 문제를 극복하고자 하였다. 『아카이토리』가 순수 예술지향의 '아동 동심주의'에 중점을 두었다면,

89 現在世間に流行してわる子供の読物の最も多くは, その俗悪な標紙が多面的に象徴してわる如く, 種々の意味に於て, いかにも下劣極まるものである. こんなものが子供の純眞を侵害しつ, あるといふことは, 單に思考するだけで佈ろしい. (…중략…) 『赤い鳥』は世俗的な下卑た子供の讀みものを排除して, 子供の純性を保全開發するために, 現代第一流の藝術家の眞摯なる努力を集め, 兼て, 若き子供のための創作家の出現を迎ふる, 一大區劃的運動の先驅である. 鈴木三重吉 主幹, 『赤い鳥』 제1卷 1號, 赤い鳥社, 昭和 11년 10월 1일.

『아동세계』는 아동을 주체로 하여 그들의 흥미와 기호를 충족하는 도서를 지향하는 점이 다르다.

본서의 연구 대상인 정전둬 그림이야기는 『아동세계』의 취지를 가장 잘 반영한, 즉 아동이 좋아하는 그림을 동반한 장르로 총 67편이다. 본서에서는 정전둬의 서명이 붙어있으면서 그림과 글을 병행하여 하나의 서사를 이루는 연속된 작품은 모두 선정하였다. 그 목록은 다음과 같다.

〈표 5-2〉 그림이야기 목록

순	제목	수록 권 기	비고[90]
1~6	두 원숭이의 모험기 (兩個小猴子的冒險記1-6)	1권 1~6기	골계화/골계도화
7	누가 지빠귀를 죽였나(誰殺了知更雀)	1권 3기	시가
8	아이의 피리소리(兒童之笛聲)	1권 7기	시가
9	암탉의 모험(鷄之冒險記)	1권 9기	그림이야기
10	할아버지의 꿈 여행기(小老人夢遊記)	2권 9기	그림이야기
11	개구리의 먹이 사냥(青蛙尋食記)	2권11기	그림이야기
12	강아지 이야기(狗之故事)	2권12기	그림이야기
13	앵무새와 도둑(鸚鵡與賊)	2권13기	그림이야기
14	의로운 독수리(仁俠之鷹)	3권 1기	그림이야기
15	선원과 독수리(水手與大鷹)	3권 1기	그림이야기
16	사슴과 곰(鹿與熊)	3권 2기	그림이야기
17	잠자리와 개구리(蜻蜓與青蛙)	3권 3기	그림이야기
18	코끼리와 원숭이(象與猴子)	3권 4기	그림이야기
19	사과나무 아래서(蘋菓樹下)	3권 5기	그림이야기
20	팡얼과 강아지(方兒與狗)	3권 5기	삽화
21	다친 여우가 살아남다(傷孤避害記)	3권 6기	그림이야기
22	물에 빠진 팡얼(方兒落水記)	3권 6기	삽화
23	자동차 모험기(汽車歷險記)	3권 6기	그림이야기

90 비고란에 기재된 내용은 『아동세계』 원문 목차에 실린 것을 그대로 옮겼다.

순	제목	수록 권 기	비고[90]
24	검은 고양이의 실패(黑貓之失敗)	3권 7기	그림이야기
25	바람을 타고 날은 뤄천(羅辰乘風記)	3권 7기	채색삽화
26	아기 양 여행기(小羊旅行記)	3권 8기	그림이야기
27	페이얼의 액운(費見之厄運)	3권 8기	채색삽화
28	아기 물고기 수난기(小魚遇險記)	3권 9기	삽화
29	원숭이 왕(猴王)	3권 9기	그림이야기
30	꼬리 잘린 여우(斷尾狐)	3권 9기	그림이야기
31	강아지의 변신(狗之變化)	3권10기	채색삽화
32	쥐 선생 초상화 모델기(鼠先生畫像記)	3권10기	채색삽화
33	가여운 위에커가 겪은 일(苦約克之經歷)	3권11기	그림이야기
34	시냇가에서 벌어진 이야기(溪旁發生的故事)	3권13기	채색삽도
35	말썽꾸러기 강아지(禍首之狗)	4권 1기	그림이야기
36~46	하마 유치원(河馬幼稚園1-11)	4권 3~13기	골계화/그림이야기
47	오래된 꽃병을 깨뜨리다(古瓶碎了)	4권 3기	그림이야기
48	여름날의 꿈(夏天的夢)	4권 3기	시가
49	옷이 더러워졌네(衣服汚了)	4권 5기	삽도
50	쥐부인 자녀 교육 이야기(鼠夫人教子記)	4권 6기	
51	잡화점에서(雜貨店裏)	4권 6기	삽도
52	새 잡기(撲鳥記)	4권 7기	그림이야기
53	자전거 보관소(自行車場)	4권 7기	그림이야기
54	아기 돌보기(嬰兒看護)	4권 8기	삽화
55	고양이와 거울(描與鏡子)	4권 9기	도화
56	고양이와 거위(描與鵞)	4권 10기	그림이야기
57	전시(戰時)	4권 11기	채색삽도
58	성탄절 전야(聖誕節前夜)	4권 12기	그림이야기
59	장사의 실패(大力士的失敗)	4권 12기	채도
60	섣달 그믐날의 공놀이(除夕的球戲)	4권 13기	삽화
61	새해 모임(新年會)	5권 1기	그림이야기
62~67	아이메이의 피리(愛美之笛1-6)	5권 2~8기	그림이야기

〈표 5-2〉를 보면 그림이야기는 골계화滑稽畵, 삽도插圖, 삽화插畫, 도화圖畵, 그림이야기圖畵故事등의 다양한 명칭을 사용하고 있다. 또 시가詩歌라는 명칭을 사용하거나 장르 구분이 되지 않은 작품도 있다. 「아이의 피리소리」와 「누가 지빠귀를 죽였나」, 「여름날의 꿈」은 그림과 자유시가 병행된 형식이다.

한전漢典[91]에 의하면 삽도는 문자 위주의 서적이나 간행물에 삽입되어 내용 설명을 도와주는 그림이다. 삽화는 책이나 신문 잡지에 삽입된 사진이나 그림으로 독서의 흥미와 취미를 높이고 내용 이해를 보조하는 역할을 한다고 정의하였다. 삽화는 '일러스트레이션Illustration'이라고 하며 문자의 의미를 더 명확하고 분명하게 해주는 역할을 한다. 『사해辭海』에서는 삽도插圖와 삽화插畫를 똑같은 의미로 다루면서, 좁은 의미로는 책이나 간행물 가운데 들어간 그림을 말하며, 본문의 중간에 인쇄되거나 삽입되는 방식으로 본문 내용을 보충 설명하거나 예술 감상 작용을 한다고 설명하고 있다.

그러나 이러한 구분이 신문화운동 시기에는 정립되지 않았다. 실제로 『아동세계』의 삽도와 삽화는 어떤 기준으로 나누었는지 그 기준이 모호하다. 이는 골계화와의 구분에서도 마찬가지다. 단지 그림과 글의 배치 형식에 있어서 골계화와는 다른 다양한 방법을 시도했고, 그림이야기와 비교하여 분량이 더 적은 차이가 있을 뿐이다. 일반적인 삽화나 삽도는 글의 이해를 돕는 단편적인 그림이지만, 정전둬의 삽화나 삽도는 내용은 짧으나 연속적인 서사를 가지고 있고 그림이야기와의 구별점도 찾아볼

91 한전은 2004년에 만들어진 인터넷 사전으로 수많은 글자와 단어, 성어가 수록되어 있다. 한전은 중국문화, 역사와 언어를 소개하고 중문 학습과 연구에 관심이 있는 자들에게 도움을 주며, 아울러 중문 문자사용의 규범과 표준을 연구하는 것을 목표로 한다.

수 없다.

이 당시는 새로운 양식을 받아들여 소개하는 단계였기에 용어 정의가 분명하지 않았으므로 본서에서는 글과 그림이 병행되고 연속적인 서사를 가진 작품 모두를 '그림이야기'로 보고 작품 분석에 활용했다.

제6장 전통적 아동인식에서 벗어난 그림이야기

1. 개성적인 인물 장난꾸러기 아동의 등장

1) 자발적 행위로서의 놀이

놀이정신은 아동문학에서 중요한 명제이며, 아동의 생활에 있어서도 중요한 일상생활의 하나이기도 하다. 아동과 놀이는 서로 떼어낼 수 없는 긴밀한 관계로 아동이 놀이를 좋아하는 것은 천성이며, 원시상태의 심리를 직접적으로 표현한 것이기도 하다. 아동놀이에 관한 학설로는 피아제의 이론이 교육계에 가장 널리 받아들여지고 있다. 피아제는 아동은 심리발전 과정에서 놀이를 통해 성장하므로 놀이는 아동의 발전을 위해 필요한 것이며, 아동의 잠재적 능력을 표현하는 것이라고 여겼다.[1]

일반적으로 우리가 어린 시절을 떠올려 보거나 주변의 아동들을 보면 규율과 학습에 얽매이지 않으려 하고 자유롭게 생활하려는 특성을 지니고 있다. 놀이는 인간이 발달하고 성장하는 과정에서 인간이 하는 가장 자연스러운 행위이며, 신체적 정신적으로 꼭 필요하다. 프랑스의 철학자이며 교육학자였던 루소는 그의 저서 『에밀』에서 아동을 즐겁게 뛰어놀게 하라고 권유한다.

하루종일 즐겁게 뛰어노는 것이 아무 가치도 없다는 말인가? 일생 중 그는

1 張輝,「論兒童文學中的遊戲精神」, 東北師範大學碩士論文, 2005, 3쪽.

이렇게 또 분주하지는 않을 것이다. 플라톤은 그토록 위엄있는 작품으로 간주되는 그의 『국가론』에서 아이들을 축제와 유희와 노래와 오락으로만 교육시킨다. 마치 그는 아이들에게 즐기는 법을 잘 가르치기 위해 최선을 다했던 것 같다. 세네카는 옛 로마 젊은이들에 대해 이렇게 이야기한다. "그들은 항상 서 있었다. 그들에게 앉아서 배워야 하는 것을 아무것도 가르치지 않았던 것이다." 그렇다고 그들이 성년에 이르렀을 때 더 모자란 점이 있었던가? 그러므로 당신이 말하는 이른바 그 무위無爲를 두려워하지 말라. (…중략…) 어린 시절은 이성이 잠자는 시기라고 생각하라.[2]

놀이정신은 미학정신의 일종으로 18세기 칸트는 그의 비판철학에서 '놀이'의 개념을 제기하면서 '예술 놀이설'을 주장하였다. 영국의 철학자 러셀Bertrand Arthur William Russell 역시 "놀이유희를 좋아하는 것은 어린 동물 — 인간이나 그 밖의 다른 동물 — 들을 식별할 수 있는 가장 좋은 특징"이라고 하였다. 무엇보다도 모든 놀이는 자발적 행위이다. 어린아이와 동물은 재미있어서 놀이를 하는 것이며, 거기에 그들의 자유가 깃들어 있다.[3] 특히 아동은 놀이를 통해서 세상을 이해한다. 아동의 놀이는 본능이고 성장하는 과정에서 생기는 여러 가지 어려움을 놀이를 통해 해소하면서 성장하고 삶을 이해하게 되므로 필수적이다.

네덜란드의 문화사학자인 요한 하위징하Johan Huizinga는 놀이의 개념을 학문 연구의 대상으로 삼은 최초의 학자다. 그는 1938년에 발표한 저서 『호모 루덴스*Homo Ludens*』에서 인간의 본질은 놀이라고 파악했다. 호모루덴스는 '놀이하는 인간'이라는 뜻으로, 놀이는 기능적인 목적을 추구하지

2 장 자크 루소, 김중현 역, 『에밀』, 한길사, 2003, 38~39쪽.

3 요한 하위징하, 이종인 역, 『호모루덴스』, 연암서가, 2019, 43쪽.

않는다는 점에서 노동이나 생산 활동과 구분된다. 상상력과 감성을 자극하는 놀이는 문화 기능을 형성하는 데 필수적이기에 다양한 창조 활동의 바탕이 된다.

> 무엇보다도 모든 놀이는 자발적 행위이다. (…중략…) 어린아이와 동물은 재미있어서 놀이를 하는 것이며, 거기에 그들의 자유가 깃들어 있다. (…중략…) 놀이는 그 자체로 만족감을 얻는 일시적 행위이며 (…중략…) 놀이가 정기적으로 발생하는 긴장이완의 행위가 될 때, 생활 전반의 동반요소, 보완요소 나아가 필수요소가 된다. 그것은 인생을 장식하고 풍요롭게 한다.[4]

하위징하는 놀이의 비합리적 특성으로 인간이 합리적 존재 이상의 존재가 된다고 보고 그 특징이 자발적, 일상적인 실제 생활에서 벗어나는 점, 시간과 공간의 제약을 받는 점이라고 말한다. 이러한 놀이의 특징은 아동들이 놀이에 몰두하며 즐거움과 해방감을 느끼게 되는 이유를 설명하는 하나의 근거가 될 수 있다.

루쉰은 "놀이는 아동에게 가장 정당한 행위이고, 장난감은 아동의 천사"[5]라고 하였다. 저우쭤런 역시 1913년 『소흥교육회월간紹興教育會月刊』에 발표한 「놀이와 교육」에서 놀이, 곧 취미교육이 아동교육에 있어서 얼마나 중요한지를 강조하고 있다. 저우쭤런의 이 글은 쿠로다 토모노부黑田朋信[6]의 영향을 받아 아동교육의 취미성을 주장하고, 주입식 도덕위주의 전

4 위의 책, 43~45쪽.

5 遊戲是兒童最正當的行爲, 玩具是兒童的天使. 魯迅, 「風箏」, 『野草』, 人民文學出版社, 1981, 22쪽.

6 쿠로다 호우신(黒田鵬心, 1885~1967). 미술평론가로 건축과 도시에 대한 평론 활동을 하면서 일본에서 미적 관점에서 도시를 언급한 최초의 논자로 꼽힌다. 본명은 쿠로

통교육을 비판한 것으로 추정된다.

> 아동의 생활에서는 놀이가 대부분을 차지한다 (…중략…) 그러므로 교육 또한 놀이 속에서 이루어지지 않으면 안 된다 (…중략…) 만일 놀이를 없앤다면 교육을 하지 않는 것인데, 이는 큰 잘못으로 대개 교육에 대한 오해 때문에 벌어진다. 사람들이 말하는 교육은, 학교에만 한정시켜서 이외의 것은 모두 비교육이라고 한다. (…중략…) 지금 학교에서 받는 아동들의 교육은 실제로는 인생교육의 한 부분에 지나지 않는다.[7]

쿠로다 토모노부의 글을 번역하여 발표한 지 1년 후 저우쭤런은 아동의 놀이가 아동기를 준비하는데 꼭 필요한 행위임을 다음과 같이 말하였다.

> 사람의 일생에는 20여 년의 아동기가 있는데, 체력을 기르고 정신을 발달시키고 세상살이를 준비하는 기간이다. (…중략…) 놀이가 하찮은 것이라 중요하지 않다고 한다면, 일거일동이 쓸모가 없는 것과 마찬가지다. 인생교육의 출발은 여기에서부터이다. (…중략…) 놀이는 아동의 일이다.[8]

프로이드는 인간의 인격구조를 본능Id, 자아Ego, 초자아Super ego로 구별

다 토모노부이다. 大正6년(1917) 児童教養研究所에서 발행한 『児童教養講習録』에 「아동의 취미(兒童的趣味)」를 발표하였다.

7 小兒生活中, 遊戲一事占其大半 (…중략…) 故其教育亦不可不於遊戲中行之. 若或欲去其遊戲, 別施教育, 則爲大謬, 是蓋由於對於教育之誤解而來. 周作人 著, 劉緒源 編纂, 「遊戲與教育」, 『周作人論兒童文學』, 海豚出版社, 2012, 32쪽.

8 人生有兒童期, 歷二十餘歲, 所以長養其體力, 發達其精神, 爲世之預備. (…중략…) 遊戲瑣屑, 若不足重, 而一舉一措, 莫不有用, 人生教育, 造端於是. (…중략…) 遊戲者兒童之事業. 周作人 著, 劉緒源 編纂, 「完具研究」, 『周作人論兒童文學』, 海豚出版社, 2012, 53쪽.

하고 본능에 의해 일어난 행동은 현실을 고려하지 않고 작용하기 때문에 이 본성을 '쾌락의 원칙'이라고 하였다.[9] 어른은 인지능력의 발달로 인해 현실을 인식하고 사회, 환경적 제약으로 인해 이러한 쾌락을 발산하는데 제약이 따른다. 그러나 도덕의식이 발달되기 전 단계의 아동에게 어른과 같은 수준의 도덕적 행동을 요구해서는 안 되고 요구할 수도 없다. "현대 아동교육의 이론적 토대를 확립한 로렌스 콜버그Lawrence Kohlberg는 도덕성 발달단계 6단계 중 제1수준3~11세은 인습 이전의 수준으로 도덕적 선악을 이해하는 정도에 불과하다고 하였다. 이때는 맹목적 주관성을 갖고 욕구 충족을 우선시하며, 도덕발달은 일정한 원칙을 가지고 진행되므로 하룻밤 사이에 지고의 도덕군자가 될 수 없다"[10]고 하였다. 이러한 견해는 저우쭤런이 진화론과 인류학을 연계한 논리로 인식한 아동기에 보이는 특성과도 맥락을 같이 한다.

> 유아기4~8세의 기간에는 감각이 점점 예민해지고 정서와 욕망이 생기기 시작하며 자발적으로 활동하고 노는 것이 왕성해진다. (…중략…) 소년기9~14세에는 순환기과 발달이 완만하고 서로 적응하지 못하는 까닭에 싫증을 잘 느끼고 잃어버리기를 잘한다. (…중략…) 정신적인 면의 변화가 더욱 복잡해지고 개인의 감정도 발견함으로써 상상력과 호기심 모두 왕성하다. (…중략…) 생물학에서는 개체 발생과 계통 발생 순서가 같다고 한다. 인간이 태아일 때는 아메바 형태였다가 어류 · 양서류 · 조류 · 수류의 형태를 거쳐 사람에 이르는 280일간 모든 생물진화의 형상을 보인다. 세상에 처음 태어난 미개인이 유목 · 공예 · 공상

9 신명렬, 「프로이드의 성격구조이론」, 『대한한보』, 1999, 183쪽.

10 손흥철 · 손영수, 「발달과정으로 본 아동의 도덕의식함양」, 『溫知論叢』 제34집, 2013, 306~607쪽.

업의 시대를 거쳐 성인에 이르러 마치 문명인이 되는 것과 마찬가지다.[11]

즉 어른들의 기준에 어긋나는 것일지라도 아동의 장난은 일정한 발달 단계에서 거쳐야 하는 아동의 놀이 가운데 하나다. 아동이 사회체제를 인식하고 보편적 원리로 도덕성을 인식하는 단계로 나아가는 데는 일정한 시간과 과정이 필요하다.

아동문학에는 사회적 가치와 태도, 지식이 반영될 수밖에 없다. 그러므로 아동도서에 나타난 인물은 사회적 규범과 당시의 인식을 고스란히 드러내는 주체이다. 작가가 인물을 나타내는 데 사용할 수 있는 기본적인 인물화 장치들로는 묘사, 다른 인물과의 관계, 화법, 행동과 반응, 내레이터의 코멘트, 내적 표현 등이 있다. 이 가운데 묘사, 코멘트, 행동, 발화를 포함하는 외재적 표현은 인물을 드러내는 가장 덜 복잡한 방법이다.[12] 우리가 일반적으로 인물의 성격을 파악하는 가장 쉬운 방법은 인물의 말과 행동이 나타나는 외재적 표현이다. 외재적 인물은 독자의 인지적 수준을 반영하기에 적절한 방식이다.

장난꾸러기 아동은 놀이정신을 표현하는 동시에 아동의 편에 선 작가의 의도를 잘 보여주는 인물형상이다. 서구에서는 1876년 미국의 마크 트웨인Mark Twain에 의해 발표된 『톰소여의 모험』을 시작으로 장난꾸러

11 幼兒期, 自四歲以至八歲. 感覺益敏, 情緒欲望亦始發生, 又以自發活動, 遊戲乃盛. (…중략…) 少年期, 自九歲以至十四歲. 第以循環機管發達遲緩, 不相適應, 故善倦健忘. (…중략…) 其精神一面變化益繁, 個人感情漸以發見, 想象作用與好奇心皆至旺盛. (…중략…) 生物學言, 個體發生與系統發生同序. 人類據胚胎中, 自阿彌巴形, 歷經魚類兩棲類鳥類獸類之情狀, 以至於人, 二百八十日間, 遍示生物進化之象. 出世之初, 乃若野人, 又歷經遊牧樹藝工商之時代, 以至成人, 則猶文明之民矣. 周作人 著, 劉緒源 編纂, 「兒童硏究導言」, 『周作人論兒童文學』, 海豚出版社, 2012, 40쪽.

12 마리아 니콜라예바, 『아동문학의 미학적 접근』, 교문사, 2009, 207쪽.

기 아동이 문학작품에 주요 인물로 등장했다. 이후 1883년 『피노키오』, 1904년 스코틀랜드의 제임스 메튜 배리James Matthew Barrie가 장난꾸러기 소년 『피터팬』을, 1945년에는 스웨덴의 린드그렌Astrid Lindgren의 『삐삐 롱스타킹』이 연속적으로 탄생하였다. 이들 작품에 등장하는 주인공들은 어른들이 정해놓은 규칙을 위반하고 말썽을 피우는 장난꾸러기들로 기존의 아동관을 해체하는 역할을 했다. 이 가운데 특히 『삐삐 롱스타킹』은 "아동문학에 있어서 아동의 권리를 신장시킨 가장 설득력 있는 작품 가운데 하나이다. 삐삐는 처음부터 가지고 있던 힘과 부, 자신감과 독립심을 가지고 사회제도에 도전하고 자신을 받아들이지 못하는 사람들에게 대항"[13]하였다.

그러나 전통 중국사회에서는 봉건적 사회분위기 속에서 아동을 독립된 하나의 인격으로 생각하지 않았다. 아동들은 규율과 도덕에 갇혀 어른들에게 순종하고 정해진 규범 안에서 생활하도록 교육받았다. 그러므로 아동도서에 등장하는 아동은 자신의 생명도 아끼지 않고 부모에게 효도하고, 어려운 환경에도 굴하지 않고 글공부에 몰두하며, 바른생활을 실천하는 모범적인 아이들이다. 이러한 아동형상은 성인들이 아동에게 도덕적 의식을 강요하고 억압하여 만들어졌다.

『아동세계』에서 전통적인 아동의 형상을 통쾌하게 전복시켜 새로운 아동을 보여주는 장르로는 그림이야기를 단연 으뜸으로 꼽을 수 있다. 즉 전통적인 아동도서에서는 전혀 다루지 않던, 기존의 질서를 뛰어넘는 아동이 해맑게 등장하였다.

13 마리아 니콜라예바, 고선주 외역, 『어린이 문학에 나타난 힘과 목소리, 주체성』, 교문사, 2010, 75쪽.

2) 익살과 해학이 넘치는 아동

『아동세계』에서는 현실에서 해방된 재미와 환상, 놀이를 즐기는 아동의 특성을 이해하고 교훈위주에서 벗어난 장난꾸러기 아동을 창간호부터 등장시켰다. '골계화'라는 명칭으로 가장 먼저 소개된 「두 원숭이의 모험기兩個小猴子的冒險記」는 뛰어난 유머를 선보이는 그림이야기이다. 「두 원숭이의 모험기」는 창간호인 1권 1기부터 6기까지에 한 편씩 실은 연재물로, '골계화'라는 장르명에서 그 특색을 짐작할 수 있다. '골계'의 사전적 의미는 '익살을 부리는 가운데 어떤 교훈을 주는 일'로 문학에서 말하는 '골계미'는 자연의 질서나 이치를 의의 있는 것으로 존중하지 않고 추락시킴으로써 미의식이 나타나는데, 풍자와 해학의 수법으로 우스꽝스러운 상황이나 인간상을 구현하며 익살을 부리는 가운데 어떤 교훈을 준다고 정의하고 있다.[14]

「두 원숭이의 모험기」는 익살과 해학이 뛰어난 그림이야기로 ① 악어가 집을 부수다鱷魚毀屋 ② 돼지가 고발하다肥豬告狀 ③ 타조알 훔쳐먹기偷吃鳥卵 ④ 호랑이와 장난치기和老虎遊戲 ⑤ 뱀과의 한 판 승부大戰蟒蛇 ⑥ 시내에서 놀다가 집으로 돌아오다市遊歸來의 연재 작품으로 이루어져 있다. 이 작품에는 장난꾸러기 원숭이 두 마리와 이들과 함께 사는 펠리칸이 주요 인물이며 각 편마다 악어, 돼지, 타조, 호랑이, 뱀이 이들의 장난으로 곤경에 처하는 인물로 등장한다.

먼저 2화인 「돼지가 고발하다」에서는 사과를 이고 가는 돼지 아주머니를 보고 암컷 원숭이가 사과가 먹고 싶다고 한다. 사과를 사 먹을 돈이 없던 이들은 꾀를 써서 돼지로 하여금 사과를 바닥에 떨어뜨리게 한다. 원

14 국립국어원 표준국어대사전.

숭이들은 떨어진 사과를 주워 펠리칸의 입속에 숨기지만 경찰서에 잡혀 가서 사과세례를 받는다.

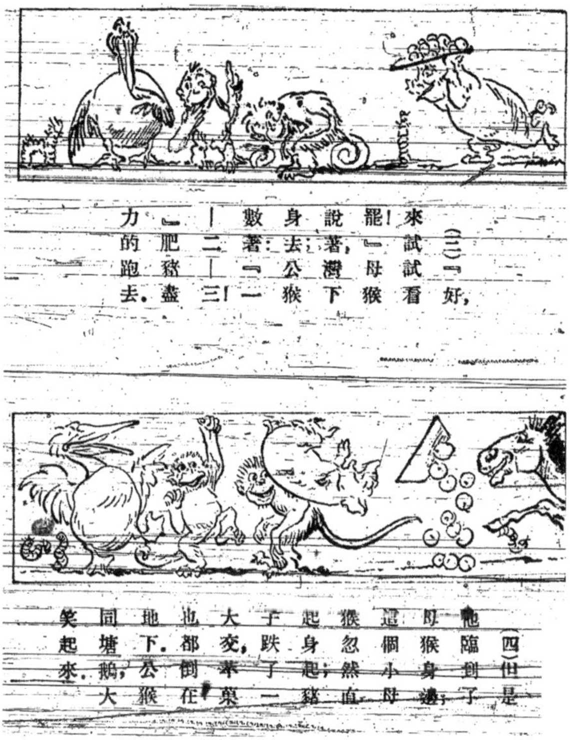

〈그림 6-1〉「두 원숭이의 모험기-돼지가 고발하다」[15]

장난꾸러기 아동의 행동은 일종의 놀이다. 이처럼 전통적 교육관을 깨뜨리는 제재를 통해 윤리도덕으로부터 해방되어 개성을 마음껏 발휘하는 아동을 보여줌으로써 상상과 환상 속에서 정신적 자유를 선사하였다. 「두 원숭이의 모험기」의 나머지 다섯 일화도 그동안 아동들을 교육하던 윤리와 도덕을 벗어나 온갖 말썽을 피우는 동물들이 나온다. 3화「타조알

15 『兒童世界』1卷 3期.

훔쳐먹기」는 그 제목에서부터 발칙한 장난을 짐작할 수 있다.

두 원숭이는 펠리칸은 집안에 두고 나와서 산보를 하다가 큰 알 두 개를 발견한다. 타조알이라는 것을 알게 된 한 원숭이가 배가 고프니 먹자고 하자 다른 원숭이가 동조한다. 타조알을 먹는 도중 타조부인이 오는 걸 알아차리고 알껍질 속에 숨는다. 다행히도 타조부인은 이를 눈치채지 못하고 알을 품는다. 그러나 알이 깨지면서 안에서 어린 타조가 아니라 두 원숭이가 부화되어 나오자 타조부인은 크게 놀란다. 타조는 몹시 화가 나서 소리를 지르면서 발을 들어 멀리 차버렸는데 하필 선인장 위에 떨어진 두 원숭이는 온몸에 가시가 박히고 만다.

그런데 〈그림 6-2〉는 곰방대를 입에 물고 장난을 치는 숫컷 원숭이가 등장한다. 이는 현재의 시각에서 볼 때 아동도서에 등장할 만한 내용으로는 부적절해 보인다. 그런데 『하멜 표류기』1668에 의하면 조선시기 우리나라에는 담배가 매우 성행하여 4~5세 때에 이미 이를 배우기 시작하며 남녀간에 이를 배우지 않은 사람이 드물다는 기록이 있다. 또 『열하일기熱河日記』에도 "젖먹이들까지도 담배를 즐겨 피우지 않는 이가 없을뿐더러"[16]라는 글을 통해 근대시기 이전에는 어린아이들도 담배를 피우는 일이 흔했음을 알 수 있다.[17]

---

16 이광모, 「가치와 문화-여성, 문화정책; 조선후기 흡연문화 형성과정과 국가 권력」, 『한국 정책학회 동계학술대회』, 2009, 328쪽에서 재인용.

17 담배는 동서양을 막론하고 초기에는 약초로 인식되었다. 담배가 소화를 돕고 추위를 막아주며 구충작용까지 한다고 믿었기에 아동흡연이 조장되었던 것이다. 이 때문에 아동이 체하거나 소화가 안 될 때 억지로 담배를 피우게 하였다. 이광모, 「가치와 문화-여성, 문화정책; 조선후기 흡연문화 형성과정과 국가 권력」, 『한국 정책학회 동계학술대회』, 2009, 336쪽.

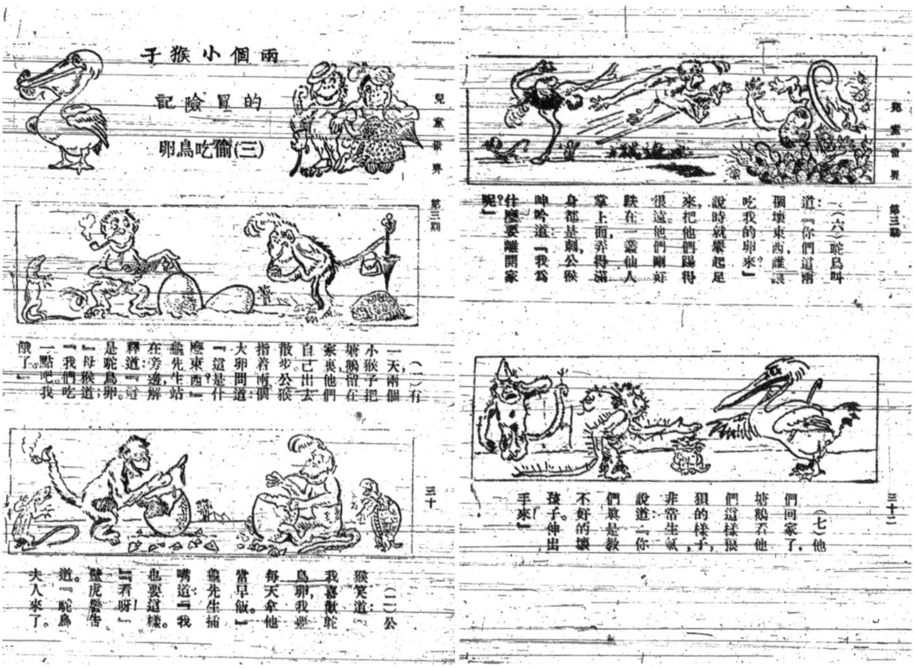

〈그림 6-2〉「두 원숭이의 모험기-타조알 훔쳐먹기」[18]

「두 원숭이의 모험기」의 4화에서 6화까지도 앞의 내용과 크게 다르지 않다. 「호랑이와 놀기」에서는 호랑이와 함께 시소놀이를 하다가 호랑이만 남겨두고 원숭이들만 내려와 호랑이를 연못에 빠지게 한다. 「뱀과의 한 판 승부」에서는 자고 있는 뱀의 껍질을 벗기려다 원숭이들이 잡아먹히자 펠리칸이 뱀을 협박하여 토해내게 한다. 「시내에서 놀다 집으로 돌아오다」는 집 밖에 나가 장난을 치다가 새우를 훔쳐서 잡혀가는 펠리칸을 쫓아 경찰서에 갔다가 유치장 자리가 부족해 집으로 돌아오는 두 장난꾸러기 원숭이 이야기다. 이렇게 규칙과 도덕을 지키지 않고 말썽을 부

18 『兒童世界』1卷 3期.

려대는 아동의 등장은 전통적인 윤리를 뒤흔드는 통쾌한 해학을 담고 있다. 이런 시도는 당시 전통적인 관념에 사로잡힌 중국인들의 입장에서 이해하기 어려운 장면들로, 해외의 아동도서로부터 제재와 주제를 차용했음이 분명해 보인다.

이는 어른의 부속물이 아닌 주체적이고 독립적으로 활동하는 아동의 등장은 아동을 바라보는 시각과 밀접한 관련이 있다. 아동문학의 성립을 위해서는 결국 아동을 바라보는 근대적인 시각이 필수적이었으므로, 당시 중국보다 앞선 근대적인 문물과 사상을 도입할 수밖에 없었다. 즉 그동안 미성숙한 인간으로 아동을 인식하고 있었던 전통적인 아동관의 변화를 위해서는 근대적인 인식이 절실히 요구되었다. "전근대사회에서 근대로 가는 아동에 대한 인식은 아동과 어른을 대립적으로 인식하지 않고 연속적인 단계로 받아들인다는 점이다. 그 과정에서 아동은 생애에 걸쳐 서서히 성숙해가는 존재로 이해되고 생애를 주기로 하여 어른과 변별되기에 이른다. 즉 아동은 어른이 되지 못한 미성숙한 '작은 어른'이 아니라 특별한 의미를 지닌 아동기의 분할과 연결되어 인식되기 시작한 것이다. 유아에서 아동으로, 그리고 청소년에서 다시 성인으로 성장해가는 인간의 생애는 단계별로 상이한 사회적 조건에 처하게 되고, 아동 역시 아동기childhood라는 생애의 단계를 필수적으로 환기한다."[19]

『아동세계』 제2권 제13기「본지 제3권」에는 이를 뒷받침하는 내용이 실려 있다.

모든 세계 각국의 아동문학 재료에서 중국 아동에게 적합한 것이라면 적극

19 김화선,「아동의 발견과 아동문학의 기원」,『문학교육학』 제39호, 2012, 118쪽.

활용할 것이다. 그것들을 '외국 것'이라고 하면서 사용하지 않는 것은 완전히 무지몽매한 자의 말이다. 많고도 많은 아동도서에는 모두 국경이 없다.[20]

위의 글은 정전둬가 「문학대강」 서언에서 밝힌 것과 일맥상통하는 것으로 성인문학과 아동문학의 구별없이 중국문학의 발전과 성숙을 위해서는 해외 문학의 소개가 꼭 필요한 시점이었다. 이들 그림이야기는 아동을 바라보는 시선을 달리하는 획기적인 작품이지만 창작이 아닌 '중술'을 활용한 작품으로 보인다. 즉 정전둬는 문학을 연구하거나 감상하는 데는 동서고금, 공간이나 시간에 구애받지 말고 도움이 되는 것이라면 적극 활용해야 한다고 여겼음을 알 수 있다.

3) 모험과 장난을 즐기는 아동

그림이야기에는 익살과 재치가 넘치는 아동만큼 모험과 장난을 즐기는 말성꾸러기들이 많이 등장한다. 이 가운데 "「하마유치원」은 『아동세계』 그림이야기 가운데 가장 반응이 좋았던 작품으로 4권 3기부터 13기까지에 걸쳐 연재되었고 '중국 근(현)대아동문학사에서 가장 이른 장편작품 중 하나'"[21]였다. 이후 서우이守一, 수윈叔蘊, 예샤오쥔 등이 잇달아 「하마유치원」을 모방한 「곰부인 유치원熊夫人幼稚園」 등의 작품을 썼다.[22] 「두 원숭이의 모험기」와 마찬가지로 동물들이 서사를 이끌어가는 「하마유치원」은 초기에 실린 「두 원숭이의 모험기」에 비해서는 유머 기법이 약하고

20 一切世界各國裏的兒童文學的材料, 如果是適合於中國兒童的, 我們卻是盡量的采用的. 因爲他們是"外國貨"而不用, 這完全是蒙昧無知的話. 有許多許多兒童的讀物, 都是沒有國界的. 「第三卷的本誌」, 『兒童世界』 2卷 13期.

21 劉佳璽, 「對兒童圖畫書的研究－以上海地區爲例」, 上海師範大學碩士論文, 2010, 22쪽.

22 王泉根, 「鄭振鐸與早期中國圖畫書」, 『中華讀書報』, 2017, 2쪽.

기발한 재치가 부족하다. 이는 「두 원숭이의 모험기」1922.1와 「하마유치원」1922.4이 실린 시기는 3개월 정도의 시간차이가 난다. 창간호에 실린 「두 원숭이의 모험기」가 외국의 작품을 거의 그대로 모방했다면, 「하마유치원」은 약간의 보완과 수정에 어느 정도 창작을 덧붙였을 가능성이 있다.

「하마 유치원」은 아동문학과 아동교육과의 긴밀한 상호관계를 주장한 정전둬가 자신의 생각을 실천한 작품으로, 하마부인이 개설한 유치원을 배경으로 아기 코끼리와 아기 호랑이, 아기 원숭이, 아기 돼지 등 동물들이 교내외에서 벌이는 각종 말썽을 묘사하고 있다. 이 작품들 역시 천진난만하면서도 장난스러운 동물의 형상을 잘 묘사하면서 아동의 심리 특징과 기호 및 흥미에 부합하여 독자들의 환영을 받음으로써, 널리 영향을 미쳤다.[23] 「하마 유치원」은 "글과 그림이 다채롭고 풍부하여 특별히 어린 아동의 독서 수준에 부합하여 인기를 끌었다"[24]는 평가를 받는 작품이다. 이러한 평가의 측면에는 바로 아동들의 감정이나 발달과정에 부합하는 서사와 등장인물을 꼽을 수 있다.

「하마 유치원」에 등장하는 동물들은 늘 말썽을 일으키는데, 제2화 「낚시釣魚」부터 본격적으로 희극성을 드러내는 에피소드로 이루어져 있다. 「하마 유치원」에 등장하는 아기 동물들은 선생님인 하마부인을 속이고 유치원을 나가 무언가 일을 꾸미고, 아무 일도 없었다는 듯 유치원으로 돌아오는 줄거리가 대부분이다. 「낚시」는 선생님이 쉬는 시간에 운동장에서 야구를 하라고 내보내 주었으나, 호랑이와 코끼리가 주도하여 선생님 몰래 낚시가방과 수영복을 챙겨서 나간다. 아이들은 낚시질과 수영을 하다가 하마 선생님이 찾으러 오자 이정표 방향을 돌려서 선생님을 따돌

23 文娟, 「鄭振鐸的兒童文學教育觀初探」, 福建師範大學碩士論文, 2008, 44쪽.

24 佟欣, 「文學研究會與現代兒童文學的發端」, 東北師範大學碩士論文, 2008, 24쪽.

린다. 선생님이 다른 방향으로 따돌린 아이들은 재빨리 유치원으로 돌아와 아무 일 없었다는 듯 잠자리에 든다.

〈그림 6-3〉
「원숭이가 사 온 과일」[25]

〈그림 6-4〉
「페인트 칠」[26]

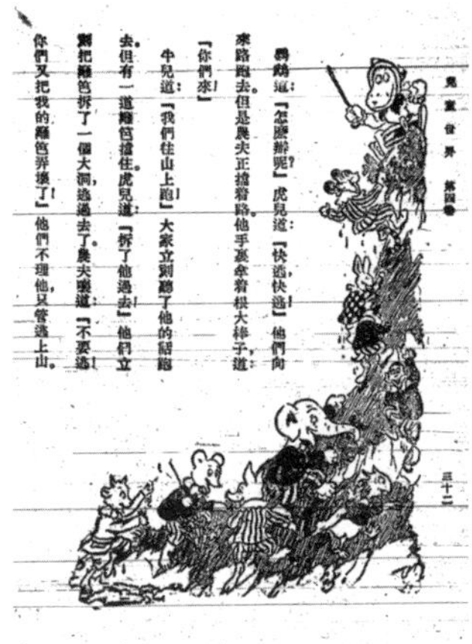

〈그림 6-5〉
「산 오르내리기」[27]

3화「원숭이가 사 온 과일 猴兒買果」에서 아이들은 잠을 자야 할 시각에 규칙을 어기고 과일을 사다 먹기로 결의를 하고 돈을 걷는다. 그러나 교문이 닫혀있는 까닭에 밖으로 나가지 못한다는 점을 알고 길가의 가로등에 걸어놓은 줄을 타고 원숭이가 밖에 나가 과일을 사가지고 돌아와서 나눠 먹는다.

6화「페인트 칠漆匠」은 말썽쟁이 동물들의 장난이 거의 소동으로 번질 정도로 심해진다. 평소 페인트칠을 하는 모습을 보지 못했던 하마유치원 아이들은 이를 구경하러 갔다가 페인트공들이 바닥에 페인트 통을 놓고 아침을 먹으러 간 사이에 붓과 페인트 통을 들고 사다리로 올라가 벽에

25 『兒童世界』 4卷 5期.

26 『兒童世界』 4卷 8期.

27 『兒童世界』 4卷 9期.

페인트칠을 하기 시작한다. 아무 색이나 제멋대로 신나게 색칠을 하던 중 페인트공들이 큰소리를 치며 잡으려 하자 사다리를 치워버리고 페인트 통과 붓을 땅에 던져버린다. 화가 난 페인트공들이 지붕 꼭대기로 올라가서 아이들을 잡으려고 하자 사다리를 통해 내려와 어른들을 골탕 먹이는 내용으로 이루어져 있다.

7화 「산 오르내리기上山下山」는 휴일 날 바깥의 농장으로 가서 닭이랑 오리를 놀라게 해 흩어지게 하고, 농장 문을 열어서 소를 내몰고, 또 울타리를 부서뜨린 후 농장 주인에게 쫓겨 산을 오르락내리락 하는 서사이다.

보통 말 잘 듣는 착한 아이의 이야기는 아동들에게 큰 재미를 주지 못하지만 장난꾸러기 아동들이 벌이는 사건들은 통쾌한 즐거움을 선사한다. 「하마 유치원」 속의 동물들이 일으키는 소동이나 말썽은 생동감이 있고, 성인들이 정한 규정에 도전하는 내용으로 유쾌한 어린 시절을 묘사하고 있다.[28] 그러나 하마 유치원 아이들의 장난이나 말썽은 누군가를 괴롭히거나 곤경에 빠뜨리기 위한 악의를 가지고 저지르는 것이 아니다. 단지 눈앞의 재미나 호기심에 휩싸여 신중하게 생각하지 않고 일을 벌이다가 의외의 사건들이 벌어지게 되고 또 이를 모면하기 위해 다른 잘못이 더해지며 사건이 커지고 만다.

「쥐 선생 초상화 모델기鼠先生畫像記」에 등장하는 화가의 아들 아기 쥐도 사리분별이 부족한 행동으로 손님으로 온 신사를 곤경에 빠뜨리는 장난꾸러기다. 쥐 선생이 와서 자신의 초상화를 그려달라고 하자 아기 쥐의 아버지인 화가는 모델을 단 위에 서게 한다. 손님이 의기양양하게 자세를 취하면서 서 있게 된 단상은 쥐덫이었다. 쥐 선생이 단상에 올라가 멋지

28 張梅, 「另一種現代性訴求-1875~1937兒童文學中的圖像敘事」, 山東師範大學博士論文, 2011, 125~126쪽.

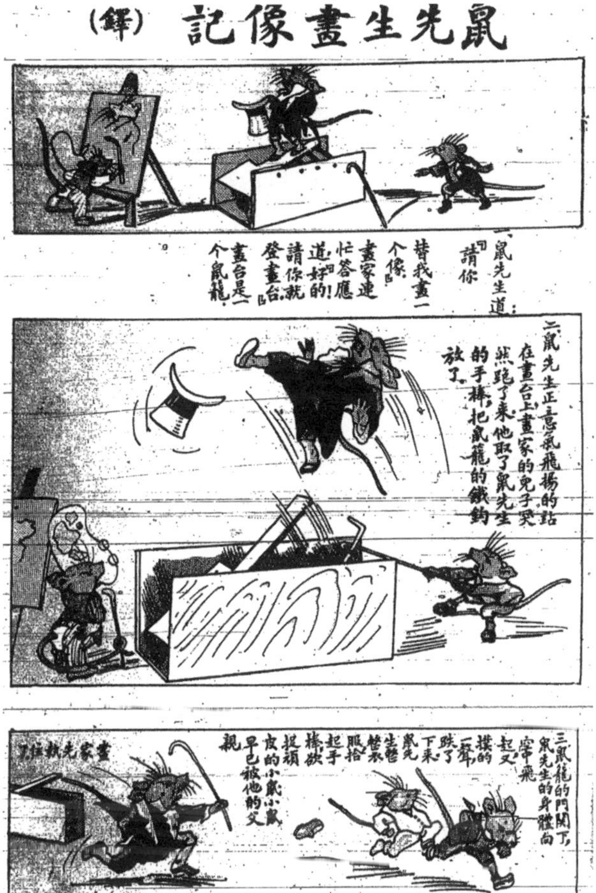

〈그림 6-6〉「쥐 선생 초상화 모델기」[29]

게 자세를 잡고 있는 사이에 화가의 아들이 갑자기 뛰어와서 손님이 들고 온 지팡이를 아무 말도 하지 않고 들고 간다. 그런데 지팡이가 쥐덫의 쇠갈고리를 건드리면서 쥐덫이 풀리자 쥐 선생은 공중으로 솟아오르고 비명을 지르며 떨어진다. 쥐 선생이 지팡이를 쥐고 장난꾸러기 아기 쥐를

29 『兒童世界』 3卷 10期.

잡으려고 뛰어가는데 벌써 화가 아버지가 아기 쥐를 잡아버렸다.

장난꾸러기 아기 쥐의 묘사가 엉뚱하면서도 무척이나 생생하여 독자들로 하여금 유쾌한 웃음을 불러일으킨다. 그런데 이 그림이야기의 결말은 열려있다. 아기 쥐가 어떤 식으로 벌을 받을지, 의외의 반전이 있을지는 순전히 독자인 아동의 상상에 맡기고 있다.

이처럼 「두 원숭이의 모험기」, 「하마 유치원」, 「쥐 선생 초상화 모델기」에 등장하는 장난꾸러기는 고정관념, 즉 인습이나 관습, 규칙과 도덕을 우습게 알고 넘나드는 존재이다. 관습이나 도덕에서 벗어나는 주인공들의 행동은 하나의 놀이이며 아동들은 여기에서 대리적 즐거움을 느끼게 된다. 이러한 아이들의 신나는 모험이나 장난은 아이들이 재미를 느끼는 놀이의 한 측면이라고 볼 수 있다. 사실 "아동들에게 놀이의 즐거움을 배제하고 좋은 문학작품을 선사하기란 거의 불가능에 가까움"[30]에도 중국에서는 전통적으로 아동도서나 문장에도 지나치게 교훈적이고 이성적인 내용을 강조하여 놀이 정신이 순조롭게 발달하기가 어려웠다.

위에서 언급한 작품들이 의인화 수법을 활용하여 동물을 장난꾸러기 아동으로 등장시켰다면 실제 아동을 그린 그림이야기도 등장한다.

새장 속에 갇힌 새를 위로해주러 오는 다른 새를 잡기 위해 장난꾸러기 아푸阿福는 나뭇가지 위에 아교를 발라놓고 기회를 노린다. 그러나 의도한 대로 새가 나뭇가지에 앉지 않자 손으로 잡으려다가 새는 날아가고 아교는 그만 아푸의 머리 위로 쏟아진다. 결국 새를 잡으려던 아교는 엉뚱하게도 아푸의 머리카락에 붙어버리고 만다. 약하고 여린 새를 잡아서 골탕을 먹이려던 장난꾸러기 아이는 오히려 자신의 꾀로 인해 곤란을 겪게 된다.

30 高小弘, 「論兒童文學創作中的遊戲精神」, 內蒙古師範大學碩士論文, 2003, 23쪽.

〈그림 6-7〉「새 잡기」[31]

여기에 등장하는 장난꾸러기 아동은 앞의 다른 작품들에 비해 등장인물의 표정이나 행동에서 생동감이 떨어진다. 이 작품은 서구의 장난꾸러기 아동에서 영감을 받아 정전둬가 창작을 시도한 작품일 가능성이 많다. 이 작품은 비교적 후에 발표되었고 중국인들은 전통적으로 새를 키우는 가정이 많았으므로 제재가 아주 친숙하며, 등장인물의 복장도 민국시기에 일반인들이 흔히 착용하던 것이기 때문이다.

장난꾸러기 아동이 중국 아동문학사에서 본격적으로 등장하는 때는 1980년대이다. 바로 정완제鄭淵潔, 저우루위周銳, 펑이彭懿, 거빙葛冰 등 '시끌벅적파熱鬧派'로 불리는 유파[32]의 작품들에서다. 이들은 아동의 놀이성을

31 『兒童世界』 4卷 7期.

32 정완제의 작품은 차오원쉬안(曺文軒) 다음으로 현재 우리나라에 가장 많이 번역되어

존중하며 쾌락주의 동화창작을 원칙으로 하였다. '시끌벅적파'의 작품은 구속받지 않는 행위·인물·물체의 조합과 유머와 풍자 및 만화적, 희극적 혹은 황당한 표현방식을 사용하여 아동들에게 웃음을 선사하였다.[33]

정완제로 대표되는 '시끌벅적파'는 중국 아동문학사에서 가장 먼저 출현한 유파로 기존의 동화의 내용과 형식을 모두 바꾸었다. '시끌벅적파'의 작가들은 문화대혁명 당시 시골로 강제로 보내졌던 지식청년들로 그들의 공통된 생활경험이 이 유파를 형성하게 한 기본적인 요인이 되었다.[34] 이들은 전통교육의 폐해를 절감했기에 전통교육에 대한 반란을 꾀하였고, 아동의 주체적 지위를 회복하고 아동의 인격과 개성을 존중하고자 상상력과 유희정신을 중시하였다.[35]

이러한 예에서 알 수 있듯이 아동을 주체적인 인격으로 대우하고 자유로운 아동의 상상력을 허락하는 형식이 바로 유희정신이다. 아동문학에 있어서 유희정신의 본질은 유쾌함, 자유성, 환상성으로 이 셋은 서로 긴밀하게 연결되어 있다. 이 가운데 가장 핵심은 유쾌함이며, 환상은 놀이정신을 실현하는 중요한 수단이고, 자유로움은 환상을 제공하는 주요한 전제이다. 유희, 곧 놀이는 아동과 아동교육의 존재 방식이며, 아동에게 있어서 놀이는 서로 뗄 수 없는 불가분의 관계이므로, 놀이를 향유하지 못한 아동은 진정한 아동기의 즐거움과 행복함을 맛보지 못한 것이라고 할 수 있다. 놀이는 상상과 환상이 결합하여 이루어지므로, 놀이를 통해 현실의 압박에서 벗어나기도 하고 무한한 환상의 세계를 구축할 수도

있고, 저우루위와 거빙의 작품도 보림 출판사에서 번역되어 있다.

33 원종찬 외, 『동아시아 아동문학사』, 청동거울, 2017, 327~328쪽.

34 金燕玉, 『中國童話史』, 江蘇少年兒童出版社, 1992, 497~498쪽.

35 王雅琴, 「中國"熱鬧派"童話形成原因探析」, 『昆明學院學報』 01期. 2014, 9쪽.

있다. 이러한 놀이정신은 여러 가지 수법으로 나타낼 수 있는데 정전뤄의 그림이야기 서사에서는 장난꾸러기 아동들의 엉뚱한 장난을 통해서 유쾌함과 자유로움, 그리고 환상성을 유감없이 드러내고 있다.

2. 교훈탈피 주제 억제된 내면 표현의 난센스

1) 도덕을 배제한 과장과 역설

중국에서는 서한西漢 이후부터 청말淸末까지 부분적으로 쇠퇴기가 있기는 했지만 전반적으로 꾸준히 유가 위주의 교육을 실시했다. 그러므로 아동도서가 따로 있었던 것이 아니고 공자와 맹자로 대표되는 유가 성현의 글을 반복해서 읽고 외워야 했다. 이후 송나라 시기에 들어서면서 아동을 위한 도서가 등장하였다. 이 가운데 많이 활용된 전통 아동용 도서는 『삼·백·천三·白·千』이라 하여 『삼자경三字經』·『백가성百家姓』·『천자문千字文』 이 세 종류가 아동도서의 주류[36]를 이루었다. 『삼자경』은 유가의 바탕 위에서 사람이 살아가는 기본 도리, 실생활에서 알아야 할 기본적인 지식, 역사와 경전에 관한 소개, 학문하는 태도와 방법 등을 여러 인물과 고사의 예를 들어 알기 쉽게 접근하고 있다.

이들 외에도 영향력이 컸던 아동도서로는 『제자규弟子規』가 있는데 『제자규』는 아동들의 문자교육을 위한 여러 종류 중 '훈계류'에 해당하는 교재로 청대 중엽에 가장 유행하여 영향력이 가장 큰 책 중의 하나였다.[37] 『제자규』는 공자의 핵심사상과 유가의 예법을 아동의 눈높이에 맞게 서

36 곽제가 저, 이경자 역, 『중국의 고대학교』, 원미사, 2004, 165~169쪽.

37 張志公 著, 『傳統語文教育初探』, 上海教育出版社, 1962, 46쪽.

술한 도덕 교과서이다. 즉 『논어·학이論語·學而』편 제6조의 "어린아이는 들어가서는 효도하고 나와서는 공손하며 행실을 삼가고 말을 성실하게 하며, 널리 사람을 사랑하되 어진 사람과 가까이 하여야 하고, 이러한 일을 행하고 여력이 있으면 공부를 해야 한다"[38]를 핵심으로 하여 공자의 핵심사상인 효·제·인·애를 서술하였다.[39] 즉 '문장을 통해 이치를 담는' 것에 바탕을 둔 교육적 효과를 우선으로 삼았기에 아동의 흥미와 발달단계는 고려의 대상이 아니었다.

이처럼 전통적인 사회에서는 '유가경전'을 통해 부모에게 효도하고, 웃어른에게 예의를 지키며, 질서에 순응하고 얌전하며 말 잘 듣는 착한 아이를 만드는 것이 목표였다. 특히 교육내용에는 뛰거나 장난치고 부모의 말을 어기는 일이 일체 일어나지 않도록 엄격히 훈계하였다. 이러한 봉건적 가치관은 아동의 특성을 인식하지 못하고 발달단계를 전혀 고려하지 않은 사고에서 출발한 것이었기에, 정전둬는 근대적 가치를 반영한 아동의 읽을거리를 제공하고자 하였다.

봉건적인 전통아동관에 비판적이었던 저우쭤런은 형식이나 내용면에서 '아동성'을 지닌 문학작품으로 안데르센의 동화와 루이스 캐롤의 『이상한 나라의 앨리스』를 거론하였다. 안데르센의 동화는 아동의 흥미에 부합하면서 지나치게 현실과 괴리되거나 허황되지 않은 환상성을 가지고 있으면서, 교훈을 전면적으로 부각시키지 않고 새로운 제3의 세계를 창조하면서 '아동중심'을 표현한 내용이라고 여겼다. 또 「아동의 책」에서 아동문학의 교육적 작용은 문학적인 것이지 도덕적인 것이 아니어야 한다고 주장하면서, '무의미의 의미'라는 용어를 사용하였다. 저우쭤런은

38 『論語』, "弟子入則孝, 出則悌, 謹而信, 汎愛眾, 而親仁, 行有餘力, 則以學文"
39 권애영, 「중국 계몽교재《弟子規》고찰과 그 활용 사례」, 『한자한문교육』, 2016, 177쪽.

영국의 비평가이며 수필가인 드 퀸시De Quincey의 말을 인용하여 비상한 재주가 있는 사람만이 '무의미한' 작품을 쓸 수 있으며, 무의미에는 철학적 의미가 있다고 하였다.[40]

> 사실 예술 속에 교훈이 없을 수 없지만, 과즙 젤리를 만들 때 과일 맛이 젤리에 녹아 들어가게 하려면 그저 과일 껍질을 젤리에 올려놓기만 해서는 안 되는 것과 마찬가지다. 이러한 작품이 아동문학 안에 있는데 가장 수준 높은 작품이라고는 할 수 없지만 내가 가장 흥미를 갖는 것은 무의미의 의미 작품이다. 안데르센의 「미운오리 새끼」가 훌륭한 작품이라고 모두들 인정하지만, 「꽃들의 무도회Little Ida's Flowers」가 더 좋은 작품이다. 이는 그가 꽃의 무도회를 얘기하고 범신론을 주입해서가 아니다. 실제로 그는 비교훈적이고 무의미함, 진부하지 않은 공상과 즐거운 웃음으로 노련한 문자들보다 훨씬 아동의 세계에 근접했기 때문이다. 내가 말하는 무의미의 의미는 이 무의미가 원래 저절로 그 작용을 가지고 있는 까닭이다. 아동은 한창 공상이 왕성할 때 그들이 원하는 것을 얻을 수 있고 아동들이 유쾌하게 활동할 수 있게 하므로 이것이 가장 큰 실익이다.[41]

이는 지나치게 교훈을 앞세운 문학을 비판하고 자연스레 그 의미가 녹

40 周作人,「阿麗思漫遊奇境記」,『晨報副鐫』, 1922, 3, 12.

41 其實藝術裏未嘗不可寓意, 不過須得如做果汁冰酪一樣, 要把果子味混透在酪裏, 決不可只把一塊果子皮放在上面就算了事. 但是這種作品在兒童文學裏, 據我想來本來還不能算是最上乘, 因爲我覺得最有趣的是有那無意思之意思的作品. 安徒生的「醜小鴨」, 大家承認他是一篇佳作, 但「小伊達的花」似乎更佳; 這並不因爲他講花的跳舞會, 灌輸泛神的思想, 實在只因他那非教訓的無意思, 空靈的幻想與快活的嬉笑, 比那些老成的文字更與兒童的世界接近了. 我說無意思之意思, 因爲這無意思原自有他的作用, 兒童空想正旺盛的時候, 能夠得到他們的要求, 讓他們愉快的活動, 這便是最大的實益. 周作人,「兒童的書」,『自己的園地』, 岳麓書社, 1987, 111쪽.

아들어 아동들을 즐겁게 해주어야 함을 의미한다. 의미가 없어 보이는 '무의미의 의미'가 아동의 세계를 잘 표현하여 오히려 아동들이 상상하는 바를 얻어내어 즐겁게 생활할 수 있으므로 그 의의가 크다고 보았다. 이 '무의미의 의미'는 곧 오늘날 우리가 사용하는 난센스의 개념과 통용된다.

센스란 일상 삶과 관련된 보편적인 일들에 대해 인식하고, 자신의 삶의 방식을 거기에 적응시켜 적절하고도 적합한 관계를 유지하는 것이다. 이에 비해 난센스란 '센스가 없음'을 말한다. 엘리자베스 슈얼은 "어떤 상황이나 진술이 일반적인 사실에 일치하지 않을 때, 더 단순히 말해서 진실로 여겨지지 않을 때 난센스라는 단어를 사용한다"고 하였다.[42] 센스가 있다는 것은 세련되고 품위가 있으며 생각에 여유가 있음을 의미한다. 이에 비해 난센스는 센스가 없음을 노출시키는 행위를 말한다. 즉, 행위자의 부적절한 사회성과 윤리성의 폭로, 부적절한 사고 노출을 가리키는 말로, 일상적인 인간관계에서는 억제되어 쉽게 표면화되지 않는 사고의 내면을 가리키는 말이 난센스이다.[43]

그러나 문학에서의 난센스는 작가가 의도하는 바를 실현하기 위해 사용하는 하나의 장치이며 이를 통해 모순과 부조리를 드러내기도 한다. 또 "순간적이고 반사적으로 드러나는 난센스는 일상성을 부정하고 형식화된 사고를 수정하여 자기 원점으로 돌아가며 웃음이 발생한다. 난센스 감각은 인간의 기본욕구인 '놀이' 감각이기에 긴장으로부터 해방되는 통쾌함을 안겨준다."[44] 난센스는 판타지를 동반한 상상의 세계로 아동들이 특히 좋아하는 주제이다. 난센스를 통해 보여주는 세계는 유쾌하고도 발랄

42 오규호, 「난센스 문학의 미학」, 연세대 석사논문, 2006, 8쪽.

43 신명호, 『그림책의 세계』, 주니어김영사, 2009, 174~175쪽.

44 신명호, 『그림책의 세계』, 주니어김영사, 2009, 175쪽.

한 뒤집힘이다. 정전뒤는 그림이야기에 상식을 파괴하는 난센스를 드러내고, 엄격한 질서에서 해방된 자유로운 아동을 등장시킴으로써 기존의 가치로부터 탈출하는 자유로움과 즐거움을 선사하고 있다. 문학작품 속에서 가장 전형적으로 표현되는 난센스의 주인공은 '바보'이다. 3권 11기에 실린 「가여운 위에커의 내력苦約克之經歷」은 전형적인 바보 이야기로 과장의 수법을 통해 웃음을 자아낸다.

연못의 물이 아직 제대로 얼지 않았는데 위에커는 얼음을 지치러 갔다. 콱 소리가 나며 위에커는 연못에 빠졌다. 위에커의 안주인이 우유통을 주며 우유를 짜서 가져오라고 했다. 위에커는 암소 발에 차여 우유는 얻지도 못하고 땅에 넘어져 울었다.[45]

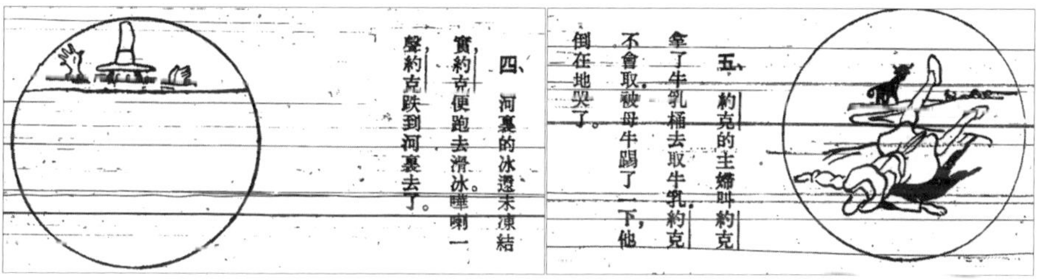

〈그림 6-8〉「가여운 위에커의 내력」[46]

일반적으로 바보 이야기는 웃음을 유발하기 위한 목적으로 만들어진 이야기다.

웃음은 다른 동물에게는 없는 것으로 오직 인간만이 자신이 소속된 사

45 河裏的冰還沒凍結實, 約克便跑去滑冰. 嘩啦一聲, 約克跌倒河裏去了. 約克的主婦叫約克拿了牛乳桶去取牛乳, 約克不會取, 被母牛踢了一下, 他跌倒在地哭了. 『兒童世界』 3卷 11期.

46 『兒童世界』 3卷 11期.

회에서 동질감을 느끼게 하고 인간으로서의 자신을 발견하게 하며 그 집단의 사회적 관습, 관념과 상호관계가 있다.[47] 그러므로 바보는 일반적으로 통용되는 사회적 관습이나 행위, 생각을 제대로 읽어내지 못하는 약점으로 인하여 다른 사람들로 하여금 우월감을 느끼게 하는 일면을 지니고 있다. 위에커는 지극히 상식적으로 알고 있어야 할 기본적인 인식이 부족하여 늘 실수를 하는 바람에 넘어지거나 다치고 결국은 주인집에서도 쫓겨나는 신세가 된다.

기존사회가 지향하는 도덕과 가치관을 완전히 뒤집으면서 과장과 역설의 난센스로 스스로 자신의 생활을 돌아보게 하는 그림이야기로는 4장 2절과 5장과 2절에서 언급했던 하인리히 호프만의 『더벅머리 페터』를 옮긴 4편이 있다.

1845년 독일의 프랑크푸르트 정신과 의사인 하인리히 호프만이 지은 『더벅머리 페터』는 오늘날까지도 세계 여러 나라의 아동들에게 사랑받는 작품이다. "19세기 중엽의 어린이 교육은 "착한 어린이는 거짓말해서는 안 된다." "어린이는 항상 청결하지 않으면 안 된다." 등의 훈계가 주를 이루었다. 즉 좋은 일, 착한 일이라는 종교적 사고에서 비롯된 '선'이 교육이라는 주제 아래 시행되었다. 그러나 『더벅머리 페터』는 기존사회의 교육내용을 담고 있으면서도 경고의 목소리보다는 아동의 판단을 배려하는 형식을 취하였다."[48]

이 "『더벅머리 페터』는 현대 그림책에 직접적인 영향을 미쳤다. 못된 짓이 빚어낸 엄청난 결과를 묘사한 호프만의 이야기들은 상당히 잔인하

47 김복순, 「웃음을 통해 본 바보사위 민담의 의미」, 『인문과학연구』 17, 2007, 3쪽.
48 신명호, 『그림책의 세계』, 주니어김영사, 2009, 165쪽.

고 폭력적임에도 오랫동안 자리를 지키며 다양하게 재해석되었다"[49]. 그러나 과장된 모습과 익살스러운 동작은 아동들에게 재미를 주면서도, 지나치게 폭력적이고 잔인하며 슬픈 결말로 인해 현대에도 그 교육성에 대해 논란의 여지가 있다.[50]

정전뒤 역시 이 점을 의식한 것으로 보인다. 바로 『아동세계』에 실린 『더벅머리 페터』는 비교적 잔인하지 않은 에피소드만 골라 싣고 있기 때문이다. 「팡얼과 강아지」, 「물에 빠진 팡얼」, 「페이얼의 액운」, 「바람을 타고 날은 뤄천」은 바른생활을 하지 않음으로써 겪게 되는 불운한 상황을 전달하고 있다. 특히 이 작품들은 과장과 역설의 기법이 아주 뛰어나, 독자에게 큰 웃음을 안겨준다.

다음은 『더벅머리 페터』 속의 「한눈파는 한스」의 전체 내용이다.

한스는 학교에 갈 때마다 늘 하늘만 보면서 걸었단다. 높이 솟은 지붕들, 하늘에 떠있는 구름, 하늘을 나는 제비를 보느라 정신이 없었어. 자기 발 앞에 있는 것은 보지도 못하고 말이야. 모두들 한스가 지나가면 한마디씩 했단다. "저기 하늘만 보며 걷는 한스가 간다!" 개 한 마리가 한스를 향해 달려오는데도 한스는 알아차리지 못한 채 하늘만 쳐다봤어. "한스, 개와 부딪치겠어. 조심해"라고 알려주는 사람도 없었지. 어떻게 됐을까? 쾅! 우당탕! 한스와 개 둘 다 벌러덩 넘어졌단다. 한번은 한스가 책가방을 들고 강가를 지나가고 있었어. 역시나 제비가 날아다니는 높고 푸른 하늘을 쳐다보면서 말이야. 그러는 사이 한스는 점점 물가 쪽으로 다가가고 있었단다. 물속에서 헤엄치던 물고기 세 마리가 놀라 한 줄로 서서 한스를 바라보았어. 한스가 흠뻑 젖었네. 이런! 꼴이 말이 아니군. 불쌍한

49 마틴 솔즈베리·모랙 스타일스, 서남희 역, 『그림책의 모든 것』, 시공사, 2012, 14쪽.
50 현은자·김세희, 『그림책의 이해』 1, 사계절, 2005, 74쪽.

한스의 머리에서, 옷에서, 팔에서 물이 줄줄 흘러내렸단다. 그리고 젖은 몸은 꽁꽁 얼어 버렸지. 이 광경을 지켜보고 있던 물고기 세 마리가 재빨리 헤엄쳐 와서 머리를 물 위로 내놓고 한참을 깔깔대며 웃었단다. 주위 사람들 모두가 들을 만큼 큰 소리로 말이야. 한스의 책가방은 멀리 떠내려가 버렸지.[51]

정전뒤는 이 이야기를 「팡얼과 강아지」과 「물에 빠진 팡얼」이라는 제목으로 『아동세계』 3권 5기와 6기에 나누어 실었다.

팡얼이 하늘을 쳐다보며 길을 걸어가고 있었지. 팡얼은 날아다니는 새를 쳐다보다가 앞에 있는 위험을 보지 못했어. 팡얼의 발이 미끄러지면서 강아지 위로 넘어졌어. "아이고." 소리를 내며 넘어졌단다.[52]

팡얼은 하늘을 쳐다보면서 날아가는 새를 보다가 앞에 있는 위험은 보지 못했어. 풍덩 소리를 내며 팡얼이 물에 빠졌단다. 온 몸이 물에 젖어 아주 화가 났지. 물고기들은 숨어서 크게 웃어댔어.[53]

두 작품의 내용을 살펴보면 대폭적으로 전체 내용은 축약하면서 약간의 변형이 가해졌다. 즉 원래 하나인 이야기를 둘로 나누어 실으면서 주인공의 성격과 행동을 반영한 문장을 한 번 더 서술하였고, 원문에는 없는 주인공의 감정이 드러나는 문장을 삽입하는가 하면 원문과는 다르게

---

51 하인리히 호프만, 엄혜숙 역, 『더벅머리 페터』, 마루벌, 2007, 17~19쪽.

52 方兒走路頭上天. 他貪看天上的飛鳥, 看不見前面有危險. 方兒一走路在狗身上, "噯呀!" 一聲躺下了. 『兒童世界』 3卷 5期.

53 方兒走路頭上天. 他貪看天上的飛鳥, 看不見前面有危險. 噗咚一聲, 方兒落水了. 渾身濕淋淋, 好不可惱. 魚兒卻躲在水裏笑. 『兒童世界』 3卷 6期.

표현한 부분도 있다.

『더벅머리 페터』는 주제는 물론 구성에 있어서 기존의 아동을 바라보는 시각에 변화를 주었고, 이러한 구성을 아동들이 선호함을 증명하였다. 즉 기존사회의 도덕관에 입각한 습관과 생활태도를 어른이 일방적으로 전달하는 것이 아니라 난센스의 기법으로 아동이 스스로 깨닫게 하는 효과를 주었다. 역설을 통해서 오히려 강력한 효과를 얻어내는 전략을 취한 이 같은 작품의 번안과 수록은 정전뒤의 인식과도 일치했으리라 짐작된다. 이 밖에 『더벅머리 페터』의 다른 이야기도 그림은 거의 모사에 가까우나 글 텍스트는 많은 부분을 삭제하여 간결한 그림이야기로 재탄생시켰다.

2) 웃음을 유발하는 재치와 위트

그림이야기에는 일상생활 속 제재를 통해 웃음을 자아내는 작품이 많다. 그 중 「개구리의 먹이 사냥青蛙尋食記」은 그림과 글이 잘 어우러지면서 재치와 위트가 돋보이는 작품이다. 먹이를 찾다가 실패한 청개구리가 우여곡절 끝에 전혀 예상치 못한 방법으로 배를 채우고 만족하는 모습에서 독자들은 현실의 고단함을 벗어나는 여지를 맛본다. 특히 이 그림이야기는 그림에서 보여주는 풍자와 유머가 뛰어나다.

> 청개구리 한 마리가 먹을 게 없어서 막대기를 들고 사냥을 하려고 하였단다. 나비 한 마리가 청개구리 머리로 날아왔지. 청개구리는 막대기로 힘껏 때렸단다. 그런데 나비는 잡지 못하고, 청개구리는 돌에 걸려 넘어지고 말았지. 청개구리의 오른쪽 다리가 부러졌어. (…중략…) 청개구리는 앉아서 살짝 잠이 들었단다. 풍선 하나가 머리 위로 날아가지 뭐야. 청개구리는 깨어나서 풍선의

끈을 잡고 풍선과 함께 올라갔단다. 아뿔싸! 풍선이 나무와 부딪쳐 버렸어. 풍선이 터지면서 청개구리는 하늘에서 떨어졌어. (…중략…) 청개구리는 어느 집 굴뚝으로 떨어졌지 뭐야. 마침 쥐부인이 아침을 준비하고 있었는데 청개구리는 굴뚝에서 주방으로 떨어졌단다. 쥐부인은 놀라 달아났어. 청개구리는 주방에 앉아서 실컷 밥을 먹었단다. 주방에 있는 음식을 모두 먹어버려서 청개구리 뱃가죽은 큰 북처럼 부풀어 올랐고.[54]

이 작품의 그림서사에 관한 자세한 서술은 7장 1절에서 살펴보고자 한다. 난센스의 재미를 극대화시키는 작품 가운데 서구풍의 모방이 아닌 중국풍의 향토적인 분위기를 자아내는 작품으로 「시냇가에서 벌어진 이야기」가 있다. 이 작품은 회화성이 뛰어나 그림 자체만으로도 충분히 서사를 잘 전달하고 있다.

맑고 아름다운 시냇가에서 왕선생은 앉아서 잠이 들었단다. 세찬 바람이 불어와 왕선생의 모자가 시냇물에 빠져버렸어. 왕선생은 지팡이로 모자를 건지려 했어. 아이고, 가발마저 바람에 물속으로 빠져버렸네. 왕선생은 당황해서 지팡이를 물로 내던졌단다. 아름다운 시냇물은 모자와 가발, 지팡이를 싣고 천천히 동쪽으로 흘러가 버렸어. 왕선생도 물가를 따라 쫓아갔어. 모자가 거의 잡히려고 할 때, 왕선생이 미끄러졌어. 왕선생이 힘을 다해 몸을 일으키려고 하

54 有一青蛙, 因爲沒有早飯吃, 拿了一根棒子, 想去打獵. 一只蝴蝶, 青蛙頭上. 青蛙手使棒子用力打去. 蝴蝶打不著, 青蛙倒被石塊絆了一跤. 青蛙的右腿跌斷了. (…중략…) 青蛙坐在地上微睡. 一個輕氣球飛過他頭上. 青蛙醒來, 手執著由輕氣球上垂下的繩子, 跟著輕氣球上升. 不好了, 輕氣球要與樹幹相撞了!輕氣球破了. 青蛙由空中跌下. (…중략…) 青蛙墮在一家煙突中. 鼠夫人正在預備早餐. 青蛙由煙突中墮到廚房中. 鼠夫人驚跳. 青蛙坐在廚房中, 盡量的吃飯吃菜. 青蛙把廚房中的食物都吃完, 肚皮脹大如鼓. 『兒童世界』 2卷 11期.

였지만 물에 빠졌지 뭐야.[55]

〈그림 6-9〉「시냇가에서 벌어진 이야기(溪旁發生的故事)」[56]

이 그림이야기에 등장하는 주인공은 그 이름부터 전형적인 왕씨 성을 가진 중국 신사다. 이 작품은 과장과 변형의 난센스를 통해 독자들에게 웃음과 즐거움을 안겨준다. 즉 예기치 못한 바람에 의해 전혀 희극적인

55 清淨美麗的溪旁, 王先生坐在那裏睡覺. 大風起了, 把王先生的帽子吹落溪中. 王先生用手棒去拾帽. 哎呀!假髮也吹下溪去了. 王先生心裏一慌, 又將手棒落在水裏. 美麗的溪水載了帽子, 假髮和手棒, 緩緩的向東流去, 王先生沿溪岸追去. 帽子快拾著了, 又被他流去, 王先生用力過猛, 一翻身也落在溪裏. 『兒童世界』 3卷 13期.

56 『兒童世界』 3卷 13期.

요소를 간직하지 않았던 중년신사가 갑자기 우스꽝스러운 모습의 사람이 된다. 그리고 어떻게든 이를 만회해보려는 그의 노력은 오히려 희극적 요소를 더욱 강화하고 있다.

뿐만 아니라 근엄하게 잘 차려입은 중년 신사가 잠시 냇가에 앉아 졸다가 불어오는 바람에 모자가 날아가고, 다시 가발이 날아가고, 지팡이마저 물에 빠뜨리고 허둥대는 모습이 아동의 눈에는 유쾌한 반란으로 느껴질 여지가 충분하다. 바람에 모자가 벗겨지면서 지팡이로 모자를 주우려다가 가발이 벗겨지는 설정은 아동들에게 통쾌한 재미와 웃음을 선사하는데 부족함이 없어 보인다. 이처럼 근엄하고 엄숙한 어른의 위엄을 무너뜨리는 제재는 전통적인 아동도서에서는 전혀 볼 수 없었다. 그동안 엄격하고 아이를 훈계하던 점잖은 어른이 우스꽝스러워지면서 권위는 완전히 망가져 버리는 난센스가 발생한 것이다.

위트가 넘치는 그림이야기에는 「강아지의 변신狗之變化」도 있다.

아이와 흰털을 가진 강아지가 같이 집을 나섰는데, 토끼를 뒤쫓던 강아지가 뒤를 쫓다가 진흙탕에 빠져 검은 개로 변해버렸다. 아이가 자신의 강아지를 부르자 검게 변한 강아지가 다가가지만 주인 아이는 검은 강아지를 쫓아버린다. 주인에게 외면당한 강아지가 맑은 개울에 들어갔다가 나와서 흰 강아지로 변하자 주인은 다시 반갑게 맞아준다. 이처럼 흰 강아지의 털이 검은색으로 물들면서 주인에게도 외면을 당하였지만, 개울물에 진흙을 씻어낸 다음 원래로 돌아가는 이야기는 조금은 엉뚱하지만 가벼운 재치로 웃음을 안겨준다.

그리고 일상생활 속 에피소드를 유머로 치환하는 그림이야기도 있다. 「말썽꾸러기 개禍首之狗」, 「오래된 꽃병을 깨뜨리다古瓶碎了」, 「옷이 더러워졌네衣服汙了」, 「잡화점에서雜貨店裏」, 「자전거 보관소自行車場」, 「아기 돌보기嬰兒

〈그림 6-10〉「강아지의 변신」[57]

看護」는 일련의 연재코너를 번역한 것으로 짐작되는 작품들이다. 이 작품들의 그림은 7장 1절에서 확인할 수 있다.

「말썽꾸러기 개」는 늘 말썽을 피워 묶여있던 강아지가 고양이의 놀림에 뛰다가 세탁통을 뒤집어엎는다. 물이 바닥에 다 쏟아지면서 일하는 아주머니는 곤란한 상황에 처하게 된다.「오래된 꽃병을 깨뜨리다」에 등장하는 일

57 『兒童世界』 3卷 10期.

하는 아주머니는 주인이 건네는 값비싼 화병을 닦아야 하고 문도 빨리 열어 주어야 하는 상황에서 서두르다가 그만 화병을 깨뜨리고 만다. 주인은 거듭 비싼 화병이라며 조심해야 한다고 당부하다가 오히려 일하는 아주머니의 마음을 불안하게 하여 비싼 화병을 잘 보존하지 못하고 깨뜨리게 하고 만다. 「옷이 더러워졌네」는 일하는 아주머니가 주인의 여행 가방을 꾸리면서 꼭 필요한 물건을 넣으라는 당부에 옷과 보온병을 가방에 넣는다. 그런데 뜨거운 물이 담긴 보온병으로 인해 옷을 모두 얼룩지게 만든다.

「잡화점에서」는 잡화점에 갓 취직한 사환이 손님들이 원하는 물건을 제대로 찾아주지 못해 곤욕을 당할 처지가 되자 도망을 가버린다. 「자전거 보관소」에서 일하는 점원 소년은 관리인 대신 자전거 번호표를 잘 붙이려다가 오히려 자전거 바퀴를 망가뜨리고 만다. 「아기 돌보기」는 아기들을 돌봐주는 보모로 취직한 소년이 제대로 임무를 수행하지 못해 일자리에서 쫓겨나고 만다. 이 작품들에서 곤경에 처하는 인물들은 모두 고용인들로, 사회적으로나 경제적으로 약자에 해당한다. 힘들고 어려운 삶을 사는 서민의 애환을 유머로 표현하여 이들의 아픔을 상쇄해 버리고, 삶을 관조하도록 유도하고 있다.

3) 사고의 전환과 긴장의 이완

모리스 센닥은 "어린이들은 (…중략…) 모호함과 기이함과 비논리적인 것들에 너그러울 것이다. 그들은 아무렇지도 않게 그것을 받아들이고 성심껏 대할 것이다. (…중략…) 예술가는 어느 정도 남을 당황시키기도 하고 제멋대로여야 한다"[58] 고 말하였다.

58 마틴 솔즈베리·모랙 스타일스, 『그림책의 모든 것』, 시공사, 2012., 75쪽에서 재인용.

그림이야기에는 합리적이지는 않지만 긴장감을 해소하고 순간적인 웃음을 선사하는 난센스형 작품들이 있다. 「자전거 보관소」는 아주 짧은 글과 네 컷의 그림이 등장하는데 아이의 무지로 인한 어이없는 행동이 독자에게 유쾌한 웃음을 안겨준다.

> 운동장에서 축구대회가 열렸다. 운동부원들은 자전거를 자전거 보관소에 보관했다. 관리인이 아무阿茂에게 말했다. "나 점심 먹고 올 테니 나 대신 잠깐만 지켜. 누군가 와서 자전거를 맡기면 그 위에 번호표만 붙이면 돼." 어떤 사람이 와서 자전거를 맡겼다. 아무는 번호표를 붙여놓았다. 갑자기 바람이 불어 잘 붙어있던 번호표가 모두 날아갔다. 아무는 '아무래도 풀이 잘 붙지 않으니 쇠못을 박아 바퀴에 붙여 놔야겠다'고 생각했다. 아뿔싸! 바퀴가 모두 망가졌다. 바퀴의 바람이 모두 빠져 자전거가 움직이지 않았다.[59]

오로지 눈에 보이는 현상에만 집중하다가 일의 본질을 이해하지 못하는 무지한 아이가 성실하게 자기의 임무를 수행하다가 오히려 일을 망쳐 곤란한 상황에 처하는 이야기다. 뒤늦게 자전거가 망가졌다는 것을 알게 된 운동선수들이 떼로 몰려와 아무는 몰매를 맞을 처지가 된다. 심각하고 어려운 상황에 맞닥뜨린 아무는 경찰의 도움을 받아 위기를 모면한다. 실제로는 아주 곤란하고 힘든 상황임에도 비현실적인 방법으로, 논리적인 설명을 배제한 채 가볍게 해결해 버린다.

---

59 運動場裏開足球會, 運動員的自行車都停在自行車場裏. 看守人對阿茂道 : "我去吃飯, 你代我看守一會; 有人來寄存車輛, 你每輛替它貼一張號碼上去. "有人來寄放車輛了. 阿茂把號碼紙給它貼上去. 大風一起, 好些號碼紙都吹飛了. 阿茂道 : "漿糊不牢, 我拿圖釘替他們釘在橡皮輪上吧!"不好了!橡皮輪都破了!自行車都漏了氣, 不能轉動. 『兒童世界』 4卷 7期.

그리고 일종의 메타픽션metafiction 장치로 볼 수 있는 그림이야기로 「전시戰時」가 있다. "메타픽션은 텍스트의 리얼리티에 대한 환상을 무너뜨리며 이야기의 허구성을 강조하는 멋진 장치다. 시각적 이미지는 메타픽션의 코멘트로서의 역할이 크다."[60] 군인이 되기 싫었으나 강제로 끌려간 리밍李明은 무슨 방법을 써서라도 살아남기 위해 묘수를 생각해 낸다. 리밍은

〈그림 6-11〉 「전시」[61]

60 마리아 니콜라예바 외, 서정숙 외역, 『그림책을 보는 눈』, 마루벌, 2015, 324쪽.

61 『兒童世界』 4卷 11期.

큰 자석을 나무 위에 걸어놓고 나무 근처에 숨어서 총을 쏘아 자신의 목숨을 보전하면서 적군이 쓴 총탄은 자석에 달라붙게 한다. 전쟁이 끝나고 리밍은 다치지 않고 살아남았을 뿐 아니라 많은 총탄까지 얻게 된다.

이 그림이야기는 전쟁터라는 긴박한 상황에서 등장인물의 행동을 통해 삶과 죽음이 오가는 전장의 긴장을 단번에 이완시킨다. 목숨이 위험한 전쟁터에서 기지를 발휘해 자신의 목숨을 구하는 병사의 행동은 비록 현실에서 벌어질 수 없는 난센스이지만, 사고의 전환과 상상을 펼칠 수 있는 계기를 마련해 준다.

전쟁과 같은 소재는 사실 아동에게 보여주기 어렵고 심각한 현실의 문제다. 이러한 난해한 소재를 그림이야기에서는 유머와 역설로 반전을 시도한다. 곧 현실의 군대에서는 도저히 존재할 수 없는 군인의 모습이지만, 전쟁터를 희화화시키고 창의력을 발휘해서 자신의 목숨을 보존한 리밍을 통해서 아동들로 하여금 전쟁의 공포와 위기에서 벗어나는 효과를 주고 있다.

「장사의 실패大力士的失敗」에서는 다른 사람들 앞에서 재주를 부려 사람들의 인기로 살아가는 어릿광대가 그만 어이없는 사고로 곤경에 처하는 난센스를 유감없이 보여준다.

> 성탄절 전 날 장사는 무대에 올라가 공연을 했다. 두 손으로 물통을 빙글빙글 돌리기 시작했다. 이런! 물통 밑바닥이 빠져버렸다. 장사의 몸이 물통에 끼어버렸다.[62]

62 聖誕前夜, 大力士在台上獻技. 雙手把一桶水起來, 叫他轉來轉去. 不好了!桶底脫了!大力士全身陷在桶中. 『兒童世界』 4卷 12期.

멋지게 관객들 앞에서 자신의 재주를 한창 뽐내던 장사는 늘 자신이 다루던 기구를 자세히 살피지 못한 불찰로 인해 망신을 당한다. 씩씩하고 자신감 넘치던 장사가 졸지에 물통에 갇혀 물을 뒤집어쓰고 사람들의 웃음거리가 되어버리는 상황은 아동들에게 통쾌한 재미를 선사한다.

아동을 위한 문학작품은 굳이 논리에 맞지 않고 보편적인 가치에 충실하지 않아도 일반적으로 허용되는 범위 안이라면 그다지 문제가 되지 않는다. 위에서 제시한 그림이야기는 성현의 경지에 도달하도록 강조하던 교훈적인 아동도서와 비교해 보면 아무런 의미도 찾을 수 없고, 가치를 논하기도 어려운 '무의미'로 가득 차 있다. 유머, 풍자, 위트를 포함한 난센스는 당시 아동들에게 강요되던 전통적인 교육관과 아동에 대한 인식을 전환하는 작용을 하고 있다. 이러한 난센스는 아동들에게 묘한 즐거움과 상상을 즐기며 속박된 세계를 벗어나는 자유로움을 제공해 준다.

아동은 동심을 가지고 무의미한 작품 속에서 그들만의 '의미'를 발견해 낸다. 어른이 생각하는 '무의미'는 결코 아동들에게는 무의미하지 않다. '무의미'는 아동들에게 즐거움과 해방감을 선사하는 '의미'를 지니고 있다. 이처럼 그림이야기는 전통의 관념으로 눌려있던 아동들에게 자유로운 상상의 공간과 즐거운 웃음을 제공하여 아동을 고정적인 사고체계로부터 과감히 해방시키고 있다.

이상에서 언급한 작품 대부분은 해외 아동문학 작품을 '중술' 혹은 번역의 방법을 사용한 것으로 보인다. 무엇보다도 그림에서 나타나는 풍격이 서구적이고 서사 내용도 그러하다. 이들은 비교적 초기에 발표된 작품들로 해외의 작품을 적극 소개하고자 했던 의지를 엿볼 수 있다.

3. 민간문학 수용 원시인류의 문학과 지혜

1) 원시인류와 아동의 유사성

아동문학은 발생 당시부터 전통적인 구전문학의 특성인 형식의 원시성과 단순명쾌성을 지니고 있다. 이것은 아동과 원시인류가 심리적인 측면과 사고적인 측면에서 같은 성질을 지니고 있기 때문이다. 구전동요, 전래동화에서 볼 수 있는 소박하고 건전한 원시인의 생활과 꿈의 표현은 바로 아동의 사고와 꿈을 반영한 것이다. 그러므로 원시인의 종교나 사상이나 세계관은 아동과 일치하고, 단순소박한 원시인적 사고방식은 아동의 일반적 성정이다.[63]

5·4신문화운동 시기 신문학을 선도한 선구자들은 민간문학을 '귀족문학' 혹은 '정통문학'과 대립하는 개념으로 보았다. 즉 민간문학은 노동하는 대중이 창작하고, 입으로 전해지면서 대중의 가공과 간결함을 특징을 지니고 있으며 개인이 창작하고 수식과 묘사를 일삼는 귀족문학과 구별된다. 이들은 주로 문언을 사용하고 내용은 알기 어려운 부패한 관념과 허위의 도덕을 비판하면서 진실하고 새로운 신문학을 건설하고자 하였다. 바로 이러한 배경 아래 당시에는 엄격하게 민간문학·속문학·민중문학·평민문학에 대한 개념이 성립하지는 않았지만 대체로 '집체 창작'과 '입으로 구전'되는 두 가지 특징에 대해서는 일치하였다.[64]

후위즈는 「민간문학을 논함」에서 민간문학 연구자의 선봉으로 독일의 그림 형제를 들었다. "이들이 펴낸 『어린이와 가정을 위한 민담*Kinder und Hausmärchen*』, 『독일신화』는 수식을 가미하지 않고 민담을 충실하게 써 내

63 李在徹, 『兒童文學概論』, 瑞文堂, 1998, 23~24쪽.

64 王文氮, 「五四新文學的民間文學資源」, 蘭州大學博士論文, 2004, 2쪽.

려가 그 진면목을 보여준 것으로 큰 가치가 있다. 그림형제 이후에 민속학을 연구하는 자들이 날로 늘어나면서 각종 민담집, 신화집, 동화집, 민요집 등이 나타났다."[65] 후위즈는 민간문학의 특징을 두 가지로 들었다. 첫째, 창작의 주체가 민족 전체로 개인이 아니라는 것이다. 즉 수많은 사람들의 집체적 창작으로 천재적인 개인이 작가가 아니라 민족 공통의 사상과 정감을 가진 전 민족의 작품이며 둘째, 입으로 구전되어 내려온 구술 문학이라는 점이다.

글로 전해지는 작품은 고정적이어서 완성된 후 변하기가 쉽지 않지만, 민간문학은 유동적이어서 지역이나 시대에 따라 달라지는 특성이 있다. 당시 신문화 인사들은 민간문학을 연구할 가치가 있다고 판단하였다. 곧 원시인류의 예술충동이 바로 신화나 가요·전설 등으로 표현되었고, 민간문학 만이 사람들의 사상과 감정을 진솔하고 자연스럽게 표출한 것이기에 민족의 생활과 민족의 심리, 인류학이나 비교 종교학 등에서도 결코 놓칠 수 없는 자료가 바로 민간문학이었기 때문이다. 그리고 교육적으로도 민간문학은 원시인류의 본능적인 결과물이기에 아동의 성정과 가장 부합하기에 가장 좋은 아동문학이 될 수밖에 없다고 강조하였다.[66]

민중문학의 대표적 장르인 신화와 전설, 민담이 주목을 받게 된 데는 헤르더가 '창작문학'의 상대 개념으로 '민중문학'의 가치를 주장하면서다. 이러한 헤르더의 이념을 계승하여 체계적으로 정리한 사람이 독일의 그림 형제인데 이들이 펴낸 『독일신화론*Deutsche Mythologie*』, 『독일전설*Deut-*

65 胡愈之, 「論民間文學」, 『婦女雜誌』 第7卷 제1號, 1921. 王泉根 評選, 『中國現代兒童文學論選』, 廣西人民出版社, 1989, 691쪽에서 재인용.

66 胡愈之, 「論民間文學」, 『婦女雜誌』 第7卷 제1號, 1921. 王泉根 評選, 『中國現代兒童文學論選』, 廣西人民出版社, 1989, 689쪽.

sche Sagen』, 『아동과 가정을 위한 이야기*Kinder-und Hausmarchen*』는 그 구체적인 결산이다. 이 문헌들은 세계 문학사상 최초로 학술적인 토대 위에서 채록된 신화집, 전설집, 민담집으로 이후 유럽 전역에서 본격적인 신화와 전설, 민담 채집이 시작되었다.[67]

문헌학자이면서 역사가, 철학자이기도 했던 그림형제는 전설과 민담을 수집하면서 친구들이나 농부들, 하녀들에게까지 이야기를 들려달라고 한 다음 이를 채록하였다. 그림 형제의 민담의 가치는 첫째, 민담의 중심인물이 나무꾼이나 농부, 군인 등의 주변 인물로 영웅호걸이 아니다. 이는 문학의 소재를 일상적 경험에서 찾는 낭만주의 특성이기도 하며 주변 인물들을 주인공으로 삼은 그림 형제 작품의 특징이기도 하다. 둘째, 여러 문화권에 분포된 민담은 그 기본 뼈대는 같으나 시대적 토양에 따라 다양하게 변용되는 것을 볼 수 있다. 그림형제는 독일의 민담을 채록하면서 그 안에 담긴 인류가 공유하는 민간전승의 핵심을 놓치지 않은 것이다. 셋째, 상상력과 영감을 중요시하는 것이다. 그림형제가 민담을 채록하여 발표했던 시기는 낭만주의 특성으로 상상력과 영감에 기초한 모험 이야기와 판타지 등이 많이 나타났다.[68]

저우쭤런은 『신보』 부속지에 그림형제의 「짚과 숯과 잠두콩Strohhalm, Kohle und Bohne」, 「순무Die Rübe」를 번역하여 소개하였고, 그림형제 작품의 가치를 민속학적 측면에서 비추어 다음과 같이 평가하였다.

우리는 외국문학을 대부분 그림형제와 안데르센의 동화를 통해 처음 접했

67 손은주, 「민간 전승문학 갈래로서의 신화·전설·민담」, 『뷔히너와 현대문학』, 2005, 343쪽.

68 공인숙 외, 『아동문학』, 양서원, 2009, 56~57쪽.

다. 당시에는 유치하고 황당한 이야기에 그다지 매력을 느끼지 못했다. 우리가 가진 견식이 부족하고 얕아서 그의 작품이 도대체 어디가 좋은지 알 수 없었다. 후에 민속학류의 책을 접하고 나서야 그림동화집의 가치를 알게 되었다. 그들 형제는 학자로서 민간전설을 채록하여 조금도 더하거나 빼지 않아 학술적 연구가 가능하도록 하였다.[69]

민간문학 연구에서 신화학의 흥기는 5·4 민간문학 운동과 신문학 건설 과정에서 두드러진 위치와 특별한 의의를 갖고 있다. 5·4신문화운동으로 인한 문학혁명은 중국의 지식인들 사이에 중국 전통문학에 대한 깊은 반성과 비판을 가져왔다. 이와 함께 이들은 서구의 각종 문화 관념을 흡수하여 중국 민족의 문화정신을 새롭게 만들고자 하였다. 바로 이러한 조류 속에서 서구의 신화학설과 함께 신화가 중국에 소개되기에 이르렀다. 당시 지식인들 사이에서는 신화가 서구 문화의 원류라는 것을 발견하고 신화연구에 관심을 가졌고, 신화연구의 사조가 일어났다.[70] 5·4신문화운동 시기 민족정신 발양의 표현으로 마오둔, 루쉰, 궈모뤄, 선충원沈從文, 원이둬聞一多 등도 각기 신화연구나 신화를 제재로 하여 창작을 한 연구자들이다. 저우쭤런은 신화의 가치를 다음과 같이 말하였다.

신화는 문학과 아주 긴밀한 관계를 가지고 있기에, 중국에서는 근년 잡지에

69 我們初讀外國文時, 大抵先遇見格林兄弟同安得森的童話. 當時覺得這幼稚荒唐的故事沒甚趣味; 不過因爲怕自己見識不夠, 不敢非薄, 卻究竟不曉得他好處在那裏. 後來涉獵民俗學一類的書, 才知道格林童話集的價值—他們兄弟是學者, 采錄民間傳說, 毫無增減, 可以供學術上的硏究. 秦弓, 「"五四"時期的安徒生童話翻譯」, 『涪陵師範學院學報』 4期, 2004, 2쪽에서 재인용.

70 吳新平, 「中國現代神話題材文學硏究」, 吉林大學博士論文, 2003, 15쪽.

서 여러 사람들이 신화를 중시하고 있음을 자주 볼 수 있다. 유럽 문학사의 처음은 바로 신화연구로, 이것은 확실히 아주 흥미로운 일이다. 그리스의 신화는 자주 산문과 시 속에 사용되고 있고, 역사적으로 유명한 저작 안에는 신화가 있다. 그러기에 우리는 유럽의 문학을 이해하려면 먼저 신화의 흥미를 이해하지 않으면 안 된다. 이것이 신화의 흥미를 말하는 첫 단계임을 알아야 한다. 두 번째로 신화는 늘 문학과 섞여 있으므로, 신화는 문학이라고 말할 수 있음을 알아야 한다. 세 번째로 알아야 할 것은 우리가 신화를 문학으로 보고 연구하는 것은 고대 원시민족의 문화적 정도(그들은 아주 유치한 심리와 사상을 지녔음)를 추측할 수 있음을 알아야 한다.[71]

저우쭤런은 19세기 영국인 앤드류 랭의 저서 『신화와 종교*Ritual Myth of Religion*』1887에서 말하는 인류학 방법으로 신화류의 기원과 풍습을 설명하였다. 즉 인류학파의 진화설을 토대로 태아는 생물사적 재연이며, 아동기는 인류사의 재연이고, 신화류는 원래는 하나로 단지 그 성질에 따라 신화Mythos=Myth, 전설Saga=Legend, 동화Märchen=Fairy tale로 나누었다.[72] 즉 원시인류의 신앙이 신화이며, 전설은 원시인류의 역사이며, 동화는 원시인류의 문학이라고 정의했다.[73]

---

71 神話是與文學有最密切地去關系的, 中國近年來在報章雜志上亦常見到有許多人正注重神話了, 而在歐洲每一文學裏, 開首既要研究神話, 這確是一件很有趣味的事. 希臘的神話是常常用在散文和詩歌裏面, 無論歷來哪個名家的著作, 其中多雜有神話在內; 所以我們要了解歐洲的文學非先懂得神話的趣味不可. 這是講神話之趣味第一層要知道的. 第二要知道神話常與文學混在一起, 可以說神話既是文學. 第三要知道我們研究神話應把它當作文學看, 因爲我們由此可以窺測古代野蠻民族的文化的程度-他們很幼稚的心裏和思想. 周作人,「神話的趣味」,『周作人論兒童文學』, 海豚出版社, 2012, 221쪽.

72 周作人,「神話的趣味」,『周作人論兒童文學』, 海豚出版社, 2012, 222쪽.

73 周作人,「童話略論」,『兒童文學小論中國新文學的原流』, 河北教育出版社, 2002, 5쪽.

신화Mythos는 무엇일까? 어떤 이는 황당무계하다고 생각할 뿐 아니라 연구할 가치가 없고 배척해야 한다고 여기는데, 이러한 인식은 잘못되었다고 생각한다. 신화는 민속학적으로 연구할 가치가 있을 뿐 아니라, 예술방면과도 아주 깊은 관계가 있다.[74]

5·4신문화운동 시기 중국에서는 문학혁명의 일환으로 민간문학에 대한 관심이 높았고 저우쭤런은 민속학에 많은 관심을 가지고 있었다. 저우쭤런은 『아동문학 소론』 서문에서 신화와 동화는 인간의 심성을 도야시킬 수 있는 첩경이라고 말하고 있다. 이런 까닭에 저우쭤런은 민속학적 입장에서 가요연구에도 심혈을 기울여 동요를 수집하고 연구하기도 하였다. 저우쭤런은 앞장에서 언급했듯이 중국에 가장 먼저 우리나라 근대문학작품인 「조선 전설」을 『어사』에 카이밍開明이라는 필명으로 소개하기도 하였다. 그리고 류반눙의 딸인 류샤오후이劉小蕙가 번역하여 단행본으로 출판한 『조선민간고사朝鮮民間故事』의 서문을 쓰기도 했다. 여기에서 저우쭤런은 입으로 전해지는 전승문학이 지닌 예술의 정신보존성을 높이 인식하고 있다.

고금의 문예변천에는 두 시기가 있는데, 하나는 집단적인 것이고, 다른 하나는 개인적인 것이다. 문학사 일반에 기재된 바는 대개 후자의 것이나 일부 이른 시기의 전승, 즉 노래 등을 통해 이전 시기의 영향을 백분의 일이나마 추정할 수 있다. (…중략…) 민간의 사도가 전수한 제도는 이러한 류의 민족적 예술

74 神話是什麼？有些人以爲是荒唐無稽之言, 不但沒有研究它的價值而且有排斥它的必要, 這種思想我認爲實是錯誤. 神話不僅於民俗學上有研究的價值, 就是在文藝方面也極有關系. 周作人,「神話的趣味」,『周作人論兒童文學』, 海豚出版社, 2012, 221쪽.

의 정신을 가장 잘 보존할 수 있었던바 (…중략…) 귀와 입으로 전해지는 예술은 그 유동성이 당연히 크다. 그러나 그 요소와 형식은 그래도 일정한 궤적과 규범이 있게 마련이다.[75]

정전둬 역시 이러한 신화와 민담에 대한 관심이 많아 『소설월보』에는 코카서스 민담을, 『아동세계』에는 독일, 영국, 일본의 민담을 소개하였다. 그는 아돌프 디르Adolph Dirr의 『코카서스 민간고사』[76]를 중역하여, 『소설월보』에 소개한 3편의 이야기와 후에 28편을 더해 1925년에 한 권의 책으로 펴냈다. 정전둬는 민담의 구술적 가치와 민간문학의 원형에 가까운 순박함을 중시하여, 이후 그리스·로마신화를 번역하여 엮은 「그리스·로마신화와 전설 속 사랑이야기希臘羅馬神話與傳說中的戀愛故事」와 「그리스신화와 영웅전설希臘神話與英雄傳說」1935을 펴내기도 하였다. 저우쭤런은 「그리스신화와 영웅전설」 서문에서 자신과 정전둬의 공통점은 특별히 그리스·로마신화에 대한 흥미라고 말하고 있다.

우화의 기원은 민간으로, 구체적 발생 시기는 알기 어렵지만 신화보다는 늦게 출현하였다. 우화의 역사는 먼 옛날로 거슬러 올라간다. 우화는 최초의 문학방식은 아니지만 상고시대에 널리 전파된 양식이다. 신화는

75 我想古今文藝的變遷曾有兩個大時期, 一是集團的, 一是個人的, 普通文學史上所記大都是後期的事, 但有些上代的遺留如歌謠等, 也還能借以推知前期的面影的百一. (…중략…) 民間使徒傳授的制度最能保存此類民族的藝術之精神. (…중략…) 耳口相傳的藝術其流動性的自然較多, 但是其成分與形式總還有一種規範. 周作人, 「序」, 『朝鮮民間故事』, 上海女子書店, 1932, 2쪽.

76 아돌프 디르는 독일의 유명한 언어학자로 코카서스에서 몇 년간 거주하면서 그 곳 사람들의 이야기를 수집하여 한 권의 책으로 펴냈다. 코카서스는 유럽과 아시아 사이에 위치에 있어서 약 60여 민족이 섞여 사는 복잡한 곳이다. 바빌론과 아시리아의 고대 국가가 생겼다가 없어진 곳이어서 몽고인, 터키인, 로마인, 슬라브족 등이 뒤엉켜 코카서스 민담의 내용은 다양하고 풍부하다.

원시인류가 자연을 정복하고자 하는 소망을 표현한 사유방식으로 원시적이고 몽매했다면, 우화는 인류의 이성과 정신이 각성하면서 나온 산물이다. 곧 인류가 자각한 인식과 경험 그리고 지혜를 반영한 문체가 바로 우화이다. 우화는 신화를 계승하기도 했고 비판한 두 측면을 가지고 있다.[77] 우화가 생겨났을 당시 인류는 아직 어린아이와 같은 원시인류의 생각을 가지고 있어서 만물이 사람처럼 영혼을 지니고 있으며, 말도 할 수 있고, 생각을 할 수 있으며, 인간처럼 행동할 수 있다고 여겼다. 그러기에 동물이 인간의 옷을 입고 말을 하며 사람처럼 행동할 수 있었다.

또한 "우화는 각 민족과 각 시대의 현실생활이라는 토양에 뿌리박고 있어 공동의 문체적 풍격을 가지면서 민족과 시대를 반영하는 아동문학이면서 성인문학이기도 하다. 우화 가운데는 아동들이 읽기에 적합한 작품이 많고 고대 그리스, 고대 인도와 현대의 여러 나라들이 모두 우화를 아동의 교재로 삼고 있을 뿐 아니라 우화의 의인화 수법은 아동의 심리적 특징에 적합하다. 그리고 우화는 민간문학이면서 작가 문학이기도 하다. 우화는 민간에서 기원하고 매우 우수한 작품들이 전승되고 있지만, 우화 작가의 가공을 통해 더 깊은 특수한 의미를 부여하고 있기"[78] 때문이다.

중국에서 우화가 가장 먼저 출현한 것은 『장자·우화편莊子·寓言篇』으로, '우寓'는 '기탁'이라는 뜻을 가지고 있다. 곧 작가의 생각을 이야기 속에 맡겨 전달하는 것으로 줄거리는 허구이며, 주인공은 사람이거나 사물이다. 우화의 분량은 비교적 짧으면서 언어는 단순하고 구조도 간단하지만 표현력은 오히려 풍부하다. 우화는 선명한 풍자성과 교육성을 가지고 있으며 다양한 비유의 수법으로 교육적인 주제나 심각한 도리를 간단한 이야

77 蔣風, 『兒童文學教程』, 希望出版社, 1992, 369~371쪽.

78 첸푸징, 윤주필 역, 『세계의 우언과 알레고리』, 지식산업사, 2010, 78~86쪽.

기 속에 나타낸다. 보통 비유, 과장, 상징, 의인화의 수법을 많이 사용[79]하는데 이는『아동세계』의 그림이야기를 설명하는 좋은 자료가 된다.

천보췌이는「우화와 아동문학을 논함論寓言與兒童文學」에서 문자로 되어 있고 내용은 동화 같지만 동화가 아니며, 동화보다 더 곡절이 많고 흥미가 있으며, 격언인 것 같지만 격언보다 더 생동감 있고 교훈이 분명한 것이 우화라고 하였다.[80] 세계 우화의 발전사를 살펴보면 기원전 6세기 고대 그리스에서 가장 먼저 우화의 시조라고 불리는 이솝이 출현하였다. 이솝 우화의 영향은 아주 커서 이솝 이후 로마 우화 및 프랑스의 라퐁텐, 독일의 레싱[81], 러시아의 이반 끄르일로프Ivan Andreevich Krylov[82] 등이 제재와 표현 형식에 있어서 이솝 우화를 계승하였다.[83]

중국에 가장 먼저 소개된 이솝우화는 "1625년 프랑스 선교사가 구술한 내용을 장경張賡이 기록하여 책으로 엮은『항의況義』가 있다. 이후 여러 잡지에 단편적으로 소개되다가 1902년 린수林紓와 얜취嚴璩가 번역하여 단행본으로 펴낸『이솝우화』에는 그림을 포함하여 298편의 우화가 수록"[84]되었다. "중화민국 초기에는 우화가 아동교육의 영역으로 유입되

79 王泉根 主編,『兒童文學教程』, 北京師範大學出版集團, 2009, 166쪽.

80 陳伯吹,「論寓言與兒童文學」,『東方雜誌』, 第40卷 제21號, 1944. 王泉根 評選,『中國現代兒童文學論選』, 廣西人民出版社, 1989, 551쪽.

81 고트홀트 에프라임 레싱(Gotthold Ephraim Lessing : 1729~1781). 독일의 극작가로 계몽주의 문학의 대표적 존재이다.

82 본명은 Fedor Kuzinich Teternikov(1863~ 1927)이며 러시아의 상징주의 데카당파를 대표하는 소설가이며 극작가이다. 보통 학교 교사를 거쳐 페테르스부르크 중학교 교장(1892)을 역임, 러시아 상징파 전기(前期)의 대표자로 멸망해 가는 소련 부르주아 인텔리겐치아 작가의 한 사람으로서 그의 사상은 염세적·퇴폐적이었다. 그의 창작은 '악몽과 공포의 예술'로 불리며, 생의 부정적인 면과 죽음을 찬미한 예술로서 알려지고 있다.

83 蔣風,『兒童文學教程』, 希望出版社, 1992, 369~371쪽.

84 萬瀅安,「文本的旅行－－《伊索寓言》在中國的譯介傳播」,『華中學術』03期, 2019, 207~208쪽.

어 학교 교과서와 보조 교재의 형태로 아동을 위한 우화 작품이 번역되었다."[85] 이처럼 우화가 아동문학의 영역으로 들어온 것에 대해 천보췌이는 "우화가 아동문학으로 들어온 것은 언어와 문자가 소박하고 화려하지 않으며, 적당한 분량에 동물들이 말을 하고, 익살스러운 동물들의 행동과 유머러스한 풍자가 아동문학이 추구하는 신기, 유머, 명랑 등의 독서 흥미와 어울리기 때문"[86]이라고 하였다.

1917년 마오둔은 27종의 중국 고전 서적에서 중국 문학사상 처음으로 아동이 읽을 만한 우화를 골라내어 『중국우화초편中國寓言初編』을 발행하였다.[87] 이 당시는 "중국 고대 우화 수집 정리 및 서구 우화의 번역과 소개가 하나의 풍조였다. 이 당시 『신청년』·『신조』·『소설월보』 등의 간행물에는 이솝을 비롯한 끄르일로프, 레싱의 우화들이 실렸다. 당시 시대적 갈망 아래 중국 신문학에서 우화는 아동문학의 영역으로 다루어졌다."[88] 저우쭤런 역시 1920년 12월 『신청년』에 발표한 「아동의 문학」에서 아동교육에 있어서 우화의 교훈성에 관해 언급하고 있다. 곧 우화는 아동의 지혜 발달을 돕는데, 그리스 및 유럽 우화작가의 작품 및 중국 고문이나 불경 속에도 좋은 비유가 있다고 하였다. 그러나 우화의 교훈은 이론에서가 아니라 대부분 경험에서 나온 것이므로 고집스럽거나 터무니없어서는 안 된다고 하였다.

중국 아동문학사에 근(현)대시기 우화의 생산과 발전과정에 공헌을 세운 정전둬는 「아동세계 선언」에서 우화를 아동문학의 주요 문체로 언급

---

85 杜傳坤, 『中國現代兒童文學史論』, 中國社會科學出版社, 2009, 79쪽.

86 王泉根 主編, 『兒童文學教程』, 北京師範大學出版集團, 2009, 174쪽.

87 王泉根, 『現代中國兒童文學主潮』, 重慶出版社, 2000, 33쪽.

88 王黎君, 「兒童的發現與中國現代文學」, 復旦大學博士論文, 2004, 93~94쪽.

하였는데, 이때부터 우화는 독특한 특색을 가진 문체의 하나로 뿌리를 내리게 되었다.[89] 이후 정전둬는 러시아의 이반 끄르일로프와 표도르 솔로고프Fjodor Kuzmich Sologub[90], 독일의 「레싱우화萊森寓言」, 「인도우화」, 「코카서스우화」[91] 등을 번역하기도 했다.

또한 『문학주보』에 「우화를 논함-인도우화 서論寓言-印度寓言序」와 「우화의 부흥寓言的復興」[92]이라는 제목으로 우화에 대한 글을 발표하기도 하였다. 그는 「우화를 논함-인도우화 서」에서 '이야기'와 '비유'를 들어 서로 비교하였다. 즉 이야기와 우화는 단편적인 사실을 서술하는 점에서 서로 같고, 비유와 우화는 역시 일종의 숨겨진 뜻을 표출하는 점에서는 같지만, 우화는 반드시 교훈을 내포하고 있다고 하였다. 즉 우화는 도덕적 격언, 인간적 도리를 가장 잘 표현하고 있으며 가장 훌륭한 우화는 위대한 목표를 포함하고 있어 인간의 진리를 말하고, 교훈도 인류를 직시하여 창조된 인물의 언어와 행동 가운데 잘 숨겨 놓는다고 하였다. 이들 인물은 가축이기도 하고, 공중의 새이기도 하며, 숲속의 나무가 되기도 하고, 산속의 동물이 되기도 한다. 바로 우화 작가는 이들의 말과 행동을 통해 그가 하고자 하는 교훈을 전달하지만, 그 교훈을 전면에 드러내지는 않는다.

---

89 王泉根, 「論五四時期的中國兒童文學」, 『西南師範大學學報』 4期, 1984, 75쪽.

90 본명은 Fedor Kuzinich Teternikov(1863년 ~ 1927년)이며 러시아의 상징주의 데카당파를 대표하는 소설가이며 극작가이다. 보통 학교 교사를 거쳐 페테르스부르크 중학교 교장(1892)을 역임, 러시아 상징파 전기(前期)의 대표자로 멸망해 가는 소련 부르주아 인텔리겐치아 작가의 한 사람으로서 그의 사상은 염세적·퇴폐적이었다. 그의 창작은 '악몽과 공포의 예술'로 불리며, 생의 부정적인 면과 죽음을 찬미한 예술로 알려져 있다.

91 王泉根, 『現代中國兒童文學主潮』, 重慶出版社, 2000, 46쪽.

92 「論寓言-印度寓言序」은 『문학주보』 제 181기(1925.7.12)에, 「寓言的復興」은 『문학주보』 제 183기(1925.7.26)에 각기 발표하였다. 鄭振偉, 『鄭振鐸前期文學思想』, 人民文學出版社 , 2000, 89~90쪽.

그러므로 우화의 교훈은 논쟁보다 더 강력한 효과가 있고 우화는 고사나 비유를 초월한다고 말하고 있다.

또한 우화는 사실을 서술할 때 간명해야 하고, 번잡한 배경을 끌어들이지 않아야 하며, 도덕적 준칙도 명백하여 누가 읽더라도 그 해석이 같아야 한다고 하였다. 동식물의 성격을 서술할 때는 본연의 특성을 고찰하여 공인된 성격을 갖도록 해야만 좋은 우화로 볼 수 있다고 주장했다.

> 우화는 아주 빈약한 문체로 화려한 수식을 필요로 하지 않으며, 복잡한 내용을 담고 있지도 않다. 서술도 시원스럽고 간단하며 교훈 역시 완곡하지 않고 함축적이지도 않다. 그렇지만 이런 이야기를 아동들은 아주 좋아하며, 그 교훈은 성인들에게도 깊은 감동이 된다.[93]

이를 통해서 정전둬는 우화의 독자 대상을 단순히 아동에만 그치지 않고 성인까지 생각했음을 알 수 있다. 정전둬는 우화의 역사가 고대까지 올라가는데 이것이 최초의 문학형식으로, 우화의 기원은 인류가 자신들의 생각을 구체적으로 표현하고자 하는 충동이 있던 때, 언어로 비유를 사용했던 시기까지 거슬러 올라간다고 말하고 있다. 즉 원시인들이 만물에도 사람처럼 영혼이 있고, 말을 할 줄 알고, 생각하며 인간처럼 행동할 수 있다고 생각했는데, 이러한 사고가 동식물의 이야기로 창조되고 전해졌다고 하였다.

정전둬는 저우쭤런이 지적한 바와 같이 "지나치게 심각한 철학적 원리

93 寓言是很簡陋的文體, 它並不需華麗的雕飾, 並沒有繁複的內容; 敘述直捷而簡明, 教訓也淺陋而不稍含蓄. 然其故事卻爲兒童所最愉悅, 其教訓也爲成人所深感動. 鄭振鐸, 「印度寓言序」, 『鄭振鐸全集13卷 · 兒童文學』, 華山文藝出版社, 1998, 12쪽.

와 교훈"의 우화는 아동들이 이해하기 어려우므로 적합하지 않다고 생각하였다. 실제로 우화는 아동문학과 성인문학의 경계에 있다고 할 수 있는데, 결국 그 판단과 기준은 우화를 통한 재미와 그 속에 담긴 도덕적 함의를 아동이 얼마나 이해할 수 있느냐에 달려있다고 할 수 있다.

2) 민담을 차용한 창작

민담은 나라나 혹은 지역마다 유사한 이야기가 수없이 존재한다. 그 명칭도 우리나라에서는 설화, 중국은 민간고사, 일본에서는 민간설화라고 다르게 칭하지만, 내용이 비슷한 이야기를 쉽사리 찾아낼 수 있다.

정전뤄는 신화와 민담에 대한 관심을 『아동세계』에서 실험적 형식으로 시도하였다. 민담을 차용한 작품 3편은 모두 정전뤄의 창작 혹은 재창작으로 보인다. 먼저 5권 1기에 실린 「새해 모임新年會」은 방학을 맞은 아이들이 3일 동안 프로그램을 짜서 같이 활동하는 이야기다. 여기에는 당시 『아동세계』 잡지에 실린 동요와 놀이, 민담, 연극대본, 수수께끼 등 다양한 장르를 이야기 속에 녹여 넣었다.

> 왕이 순찰을 나왔는데 목동이 길을 비키지 않았다. 국왕은 목동을 불러 물었다. "너는 왜 길을 비키지 않느냐?" (…중략…) "내일 궁전으로 오너라. 내가 문제 셋을 내어 만약 네가 알아맞히면 내 자리를 너에게 넘겨주고, 알아맞히지 못하면 네 목을 벨 것이다"라고 말했다. (…중략…) 다음 날 목동은 궁전으로 갔다. 국왕이 "무엇이 제일 깊은고?"하고 물으니 목동은 "사람의 마음입니다. 왜냐하면 사람의 마음은 무엇으로도 채울 수 없기 때문입니다"라고 대답했다. 국왕은 잠시 쉬었다가 다시 물었다. "무엇이 제일 빠른고?" 목동은 "생각입니다. 왜냐하면 사람의 생각은 순식간에 변하므로 그 어느 것보다 빠릅니다"라고

대답했다. 국왕은 세 번째 질문을 했다. "아침에는 네 발로, 낮에는 두 발로, 저녁에는 세 발로 걷는 것은?" 목동이 "사람입니다. 어려서는 네 발로 기고, 커서는 두 발로 걸어 다니고, 늙어서는 지팡이를 짚고 다닙니다"라고 대답했다.[94]

이 연극의 극본은 민담을 바탕으로 하고 있다. 왕이 목동에게 내는 세 가지 문제는 민담에서 자주 쓰이는 세 가지 어려운 상황을 무사히 해결하는 숫자 3의 유형이다. 그리고 마지막 문제는 그리스·로마신화에 나오는 오이디푸스가 낸 스핑크스의 수수께끼이다. 즉 아버지를 죽이고 친어머니와 잠자리를 하게 될 것이라는 신탁을 받고 이를 피하기 위해 테베로 가던 오이디푸스가 길에서 마주친 스핑크스가 낸 문제의 정답을 맞혀서 스핑크스에게 잡아 먹히는 화를 면한다는 이야기다. 정전둬는 민담을 연구하고 여러 지역의 민담을 번역하였기에 자연스럽게 그림이야기 속에 민담을 끼워 넣을 수 있었던 것으로 보인다.

민담은 구전을 특징으로 하며, 원래는 성인들을 위한 성인들의 이야기였다. 그림 형제의 『어린이와 가정을 위한 민담』이 민담의 전형으로 간주되는데, 이 책은 독일은 물론 전 세계 아동문학의 고전이 되었으며, 전승문학이 아동문학으로 성립되는데 큰 공헌을 하였다. 이 책은 시기적으로나 언어적으로 볼 때 독일의 낭만주의 시기와 일치한다. 19세기 독일에서는 국민들 대다수가 글을 읽을 수 있는 처지가 되지 못했는데, 단조로운

94 國王出巡, 牧童不避道. 國王叫牧童來問 : "你爲什麼不避道 ? " (…중략…) 明天到我宮裏來. 我出三個問題叫你答. 你如果答出, 我的國王便請你做. 你如果答不出, 我便要斬你的頭. (…중략…) 第二天, 牧童到宮裏去了. 國王問道 : "什麼東西最深 ? "牧童道 : "人心. 因爲人心是填不滿的. "國王停了一會又問道 : "什麼東西最快 ? "牧童道 : "思想. 因爲人的思想瞬刻千變, 比什麼都快. "國王出了第三個問題 : "什麼東西是早上四腳走, 中午兩腳走, 晚上三腳走的 ? "牧童道 : "是人. 少時四足著地爬, 壯時用兩足走路. 老是便要拐杖了. " 『兒童世界』 5卷 1期.

노동과정을 보다 즐겁게 하기 위해 민담이나 기타 이야기들이 소그룹 모임을 통해 형성된 것으로 보고 있다. 이 당시 책을 소유하거나 읽고 쓰는 행위는 부자나 성직자들만의 특권이었으므로, 민담에는 사회적으로 가난하거나 부당하게 불이익을 당하는 사람들이 성공과 부를 추구하면서 보다 자유롭고 행복한 삶을 꿈꾸는 관점들이 반영된 것이다. 민담의 세계에서는 희망을 잃은 사람이 외지로 나가 행복을 얻고, 억압받은 사람들이 기적과 마법을 통해 사회적 상승을 이루는 소망의 세계가 표현된다.[95]

> 같은 전설이 갑이라는 지역에서는 신화가 되고 을이라는 지역에서는 동화로 바뀌는데, 대략 문화가 변하면서 전이되는 것이므로 (…중략…) 그 유행하는 지역이 아동에게만 한정되지 않는다. 특별히 문명이 발달한 나라에서는 옛 풍속이 점점 쇠퇴하면서 이러한 종류의 전설을 아동들이 좋아하기에 보존이 될 수 있었다. 그러나 농민사회에서 유행하고 널리 퍼진 것은 그 심리가 단순한 것이 아동과 같았고 원시사상과 맞아서이다.[96]

민담은 구전으로 전승되었기에 그 기원을 밝히기가 어렵다. 민담이 여러 지역을 넘나들며 약간의 변형이 가해졌지만, 여전히 그 흔적이 남아있는 것은 원시사상과 아동의 심리가 일치한 때문으로 보는 견해가 있다.

정전뤄는 문학연구회를 만들고 난 후 종사했던 『시사신보·학등』 부속 잡지 편집장과 『아동세계』 창간 시기부터 민간문학에 관심을 가져왔다.

---

95 최연숙, 『민담·상징·무의식』, 知&智, 2007, 20~21쪽.

96 故有同一傳說, 在甲地爲神話者, 在乙地則降爲童話, 大抵隨文化之變而爲轉移, 其流行區域非僅限於兒童, 特在文明之國, 古風益替, 此種傳說多爲兒童所喜, 因得籍以保存. 然在農民社會流行亦廣, 以其心理單純, 同於小兒, 與原始思想合也. 周作人, 「童話略論」, 『兒童文學小論中國新文學的原流』, 河北教育出版社, 2002, 5쪽.

그는 개인의 뛰어난 저작보다 구전과 집체적인 창작을 통해 전해 내려오는 민간문학을 중시하였다. 「민간고사의 일치와 전변民間故事的巧合與轉變」이라는 글에서 그는 민담의 유사성에 주목하면서 유럽의 19세기 이래 민간문학 연구의 발전단계와 대표적인 이론[97]을 소개하고 있다. 정전둬가 발표한 민간문학과 관련된 글은 수없이 많지만, 가장 먼저 「돈황의 속문학敦煌的俗文學」에서 '속문학俗文學'이라는 개념을 언급하였다. 이 글이 『소설월보』1929년에 수록[98]된 시기로 미루어보면 정전둬가 속문학을 개척하고[99] 그 기초를 다지는 데는 아동문학에 관계한 이력이 작용했음을 충분히 짐작할 수 있다.

전설, 곧 민담은 전승과정 중 각 계층의 문화와 사상이 깊이 배어있으며 그 중에서도 특히 민중의 사상과 감정이 잘 배어있는 민간문학 양식의 하나로 여긴다. 비슷한 시기 우리나라의 최남선도 「외국으로서 귀화한 조선고담」이라는 글에서 이야기의 속성을 다음과 같이 지적하고 있다.

---

97 비교 신화학파의 '인도 발원설', '아리안 내원설'과 '인도 고사 전변설' 및 인류학파의 '필연 일치설(必然巧合說)' 등의 이론을 소개하였다. '아리안 내원설'은 그림형제가 제기한 이론으로 이들은 민담의 근원이 고대 신화에 있으며, 아리안 민족의 신화가 다른 민족에게 퍼지면서 시간이 지남에 따라 변형되고 변화되어 각기 민속동화가 생겨났다는 것이다. '인도 발원설'은 범어학자인 테오도르 벤파이가 주장한 것으로 기원전 2세기와 기원 후 6세기 동안 불교의 영향 아래 생겨난 이야기 모음집인 인도의 『판찬트라』 서언에서 모든 동화는 인도에서 비롯되었다는 이론이다. 여기에서 정전둬는 모든 민담의 기원이 아리안에서 나왔다거나 인도가 발원지라는 주장에 찬성하지 않고, 신화와 고사의 드러난 실마리를 보면 같은 기원에서 나왔거나 어떤 한 곳에서 나와 변한 것이라는 주장을 펼쳤다. 鄭兒康·盛巽昌, 『鄭振鐸和兒童文學』, 少年兒童出版社, 1982, 46쪽.

98 劉錫誠, 「中國民間文藝學史上的俗文學派－鄭振鐸, 趙景深及其他俗文學派學者論」, 『廣西師範學院學報』 2期, 2004, 48쪽.

99 '속문학'이라는 개념을 가장 먼저 사용한 사람은 일본학자 가노 나오키(狩野直喜)이고, 처음으로 중국 속문학을 연구한 연구자들도 중국학자가 아닌 일본학자들로 고다 로한(幸田露伴)·모리 오가이(森鷗外)·모리 카이난(森隗南) 등이 있다. 李英, 「趙景深和20世紀俗文學研究」, 復旦大學博士論文, 2003, 15~24쪽.

사람끼리는 겨레라는 담을 쌓고 나라끼리는 경계라는 간을 질러서, 네것 내것하고 쪽쪽이 가르기를 좋아할 시절에도, 아무것으로도 막을 수 없는 큰 힘으로써 아무것이라도 뛰어넘어 다니면서, 세계를 한 집안 만들고 인류를 한 식구 노릇하게 한 갸륵한 무엇이 있었다. 그것은 문화라는 것이다.

문화는 언제 아무데서든지 「한세상」이요, 「같은 사람」이라는 생각으로써 아무 거리끼는 것 없이, 조금도 기울어지는 일 없이, 또 잠시도 멈추는 동안 없이, 사람 사는 곳에는 샅샅이 들어가고 골고루 퍼졌다. 문화는 어떻게 욕심 사나운 임금에게도 소유권을 붙잡힌 일 없었고, 아무리 강대한 나라에게도 혼자차지獨占權가 되어 보지 아니하였었다. 어디든지 가고 아무에게든지 용납되고 뉘게든지 요긴한 물건이 되었다

문화라는 벌판에서는 네니 내니, 네것 내것이 당초부터 잇서보지를 아니하얏다. 통틀어 한 살림이엇섯다. 인류의 정신생활은 본대부터 세계적이엇다. 그 가장 자미있는 증거를 이악이의 써도는 자최說話의 傳播性에서 볼 수 잇다 (…중략…) 우리 조선의 넷날 이악이란 것도 가민히 치저보면 분명히 외국으로서 언젠지 들어 온 것임을 알 것이 퍽 만타. 먼나라의 것이 아득한 넷날에 써들어와서 천연덕스럽게 멀씀한 조선이악이 노릇하는 놈이 허다하다.

소견거리와 교훈감 됨으로 목적을 삼는 이야기는 그 성질이 극히 단순하고 그 재료가 극히 평상하므로, 알기 쉽고, 옮기기 좋고, 기억하기 편하며, 누구라는 붙박이 임자와 아무 데라는 붙박이 처소가 있는 것 아니라, 아무든지 아무데든지 휘뚜루 맞는 성질이 있기 때문에 감만 좋으면 아무 막힘새 없이 온 세계로 퍼져 나간다. 퍼져 나가는 동안이 어떻게 빠르고, 퍼져 나가는 데가 어떻게 넓은 것은 살펴볼수록 놀랄 만하다.

본래부터 제 나라 제 민족에서 생겨난 이야기라고 오랫동안 믿어 내려오던 것도, 자세히 상고하여 보면, 수백 년 전, 혹 수천 년 전, 또 짐작할 수 없는 아득

한 옛날에 남의 곳으로서 떠들어온 것임을 알게 된다. 널리 찾고 오래 파 보면, 所料 밖의 이야기에 所料밖의 출처가 있음을 알아내는 일이 많이 있다. 우리 조선의 옛날이야기란 것도 가만히 찾아보면, 분명히 외국으로서 언젠지 떠들어온 것임을 알 것이 퍽 많다.[100]

즉 "어대서 생겻달 것도 업고, 언제부터 시작하얏다고 할 것도 업시" "조선에 와서는 조선 사람에게 긴착하게 변화가 되고, 일본에 가서는 일본 사람에 긴착하게 변화된 것을 볼 것이요"라고 말하는 최남선의 관점[101]은 민담의 속성을 잘 말해준다. 즉 민담은 국경을 초월하여 사람들의 입을 통해 구전되고 전파되면서 그 지역에 맞게 토착화되므로 특정한 나라나 지역이 원류라고 주장하는 건 의미가 없으며, 자국의 이야기라는 것도 결국은 먼 옛날부터 서로가 섞이고 엉켜서 이루어졌다는 최남선의 관점은 저우쭤런의 인식과 일치한다.

정전둬의 민담에 대한 관심이 반영된 그림이야기에는「아이의 피리소리兒童之笛聲」가 있다. 이 그림이야기는 그림형제의 독일 설화집에 나오는「피리 부는 사나이」를 떠올리게 한다. 그림형제의「피리 부는 사나이」이야기 원형은 다음과 같다.

1284년 독일의 하멜른 거리에 여러 색깔로 꾸민 옷을 입은 '얼룩무늬 남자'가 나타난다. 남자는 자신을 쥐 사냥꾼이라고 하면서, 약간의 보수만 주면 거리의 쥐를 모두 퇴치해주겠다고 하였다. 시민들과 남자 사이에 계약이 성립되

100 최남선,「外國으로서 歸化한 朝鮮古談」, 한국저작권 위원회, http://gongu.copyright.or.kr.

101 최남선,「外國으로서 歸化한 朝鮮古談」,『東明』1卷 12號, 1922, 6쪽.

었고, 쥐 사냥꾼은 피리를 꺼내 불기 시작했다. 그러자 온 거리의 집에 있던 쥐들이 모두 바깥으로 나와 남자의 주위로 모여들었다. 남자는 쥐떼를 거느리고 거리를 벗어나 강까지 간 다음 옷을 벗고 물속으로 들어갔다. 쥐떼도 남자의 뒤를 따라 강물로 들어가 빠져 죽었다.

시민들은 쥐로부터의 재난에서 벗어나자 이런저런 구실을 대어 남자에게 돈을 주지 않으려고 했다. 남자는 화를 내며 거리를 떠났다. 그리고 6월 26일 남자는 다시 하멜른의 거리에 나타났다. 이번에는 무서운 사냥꾼 차림을 하고 빨간 모자를 쓰고 있었다. 남자가 골목길에서 피리를 불기 시작하자 네 살 이상의 아이들이 달려 나왔다. 그 가운데는 하멜른 시장의 딸도 있었다. 아이들은 남자의 뒤를 따라 산으로 갔다가 남자와 함께 갑자기 사라졌다. 부모들이 아이들을 찾아 사방을 헤맸으나 아무 소용이 없었다. 어린이 130명의 행방은 아무 데도 찾을 수가 없었다.[102]

전설Saga은 옛날이야기나 동화와는 달리 어떤 역사적 사실을 핵으로 하여 형성되고 변형되어 간다. '하멜른의 피리 부는 사나이'라는 말은 약 700년 전의 사건과는 상관없이 선도자 혹은 유혹자의 상징이 되었다. 그리고 16~17세기 이래 '하멜른의 피리 부는 사나이' 전설은 문학이나 음악 분야에서도 멋진 소재가 되어 괴테가 1823년에 발표한 『쥐 사냥꾼』이란 제목의 어린이를 위한 그림책이 널리 읽혔고, 슈베르트나 볼프 등의 음악가도 전설을 소재로 음악을 만들었다.[103] 이렇게 이 전설이 전 세계에 널리 알려지면서, 당시 신문화운동의 세례를 받았던 중국의 지식인들도 분명 이 이야기를 여러 경로로 접했을 것으로 짐작된다.

102 아베 긴야, 양억관 역, 『하멜른의 피리 부는 사나이』, 한길사, 2008, 29~30쪽.
103 위의 책, 33~251쪽.

그림이야기 중 민담이 제재가 된 「아이의 피리소리」는 「피리 부는 사나이」에서 모티브를 취하여 모방과 창작을 결합한 작품으로 보인다.

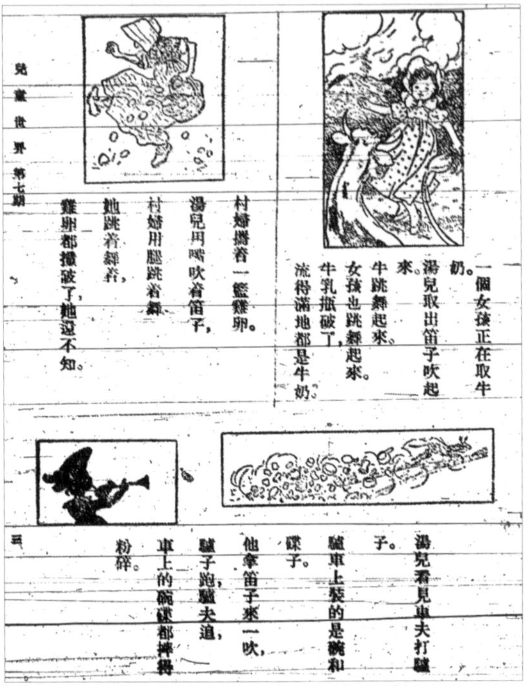

〈그림 6-12〉「아이의 피리소리」[104]

「아이의 피리소리」의 내용을 보면 탕얼은 피리 만드는 장인의 아들로 어려서부터 피리를 배웠고, 탕얼이 불 줄 아는 가락은 오직 〈산봉우리를 지나 멀리 가네走過山頭走到遠處〉이다. 탕얼이 이 가락을 연주하면 많은 아이들이 좋아하며 주변을 떠나지 않고, 자기도 모르게 춤을 춘다. 이 곡을 들은 아기 돼지들도 뒷발을 들고 서서 탕얼의 뒤를 따르며 춤을 추고, 암소 역시 춤을 추자 젖을 짜던 소녀는 우유병을 깨뜨려 사방에 우유를 흘리고 만다. 달걀을 들고 가던 아낙은 춤을 추다가 계란이 깨진 것도 알아차리지 못한

104 『兒童世界』 1卷 7期.

다. 차부가 당나귀를 때리는 것을 보고 탕얼이 피리를 불자 당나귀가 뛰는 바람에 마차에 싣고 있던 접시와 그릇이 모두 떨어져 깨지고 만다.

두 작품 사이의 유사점은 '피리 소리'이며, 이 곡을 듣는 사람은 자기도 모르게 빠져들어 여태까지 일어나지 않았던 일상생활에 변화를 보인다는 점이다. 물론 「피리 부는 사나이」에 등장하는 남자는 그 대상을 선택할 수 있는 능력을 가지고 있었기에 자신과의 약속을 지키지 않은 사람들에게 마법과도 같은 피리소리를 이용하여 복수를 한다. 그러나 「아이의 피리소리」는 여자 아이의 우유병이 깨지고, 시골 아주머니의 달걀이 깨지는 상황이 발생하기도 하고 동물을 학대하는 마부가 곤경에 처하기는 하나, 궁극적으로 탕얼의 피리소리로 인해 돌이킬 수 없는 가슴 아픈 재앙이 일어나지는 않는다. 즉 「아이의 피리소리」에 등장하는 주인공을 원작처럼 유혹자나 혹은 선도자로 취급하지 않고 가치중립적 인물로 묘사하고 있다.

이밖에도 「성탄절 전야聖誕節前夜」와 「새해 모임新年會」에도 액자 플롯의 형태로 민담이 포함되어 있다. 「성탄절 전야」는 현실과 비현실을 오가는 환상의 매개로 '꿈'을 활용하는데 꿈속에 나타난 산타클로스가 두 아이에게 들려주는 이야기 세 토막 안에 아래와 같은 민담이 담겨 있다.

> 한 병사가 그의 친한 친구가 적군의 포로로 잡혔다는 소식에 급히 말을 타고 친구를 구하러 갔단다. 가는 길에 수많은 어려움을 겪고 사자와 싸웠지. 나중에 머리 다섯 달린 용과 싸우고 나니 큰 뱀이 한 마리의 백마로 변했단다. 병사는 날듯이 성에 들어가서 친구를 구출해냈어. 두 번째 이야기는 한 아름다운 공주가 용에게 잡혀갔단다. 국왕은 아주 마음이 다급했지. 다행히 한 용사가 날카로운 칼로 용을 무찔렀단다. 국왕과 공주가 다시 만났고, 국왕은 이 용사에게 감사하며 공주를 시집보냈단다. 후에 국왕이 죽자 용사가 왕위에 올랐단

다. 마지막 이야기는 여러 상인이 배에 물건을 싣고 해외로 나갔단다. 도중에 태풍을 만나 배가 뒤집혔지. 배에 탄 사람은 모두 죽고, 단지 소년 하나만 살아남아 파도에 휩쓸려 물가에 닿았단다. 섬에 올라가 많은 어려움을 겪으며 혼자 지내다가 10년이 지난 후에야 돌아올 수 있었단다.[105]

「새해 모임」에서 아이들은 짧은 방학을 보내기 위해 서로 머리를 맞대고 하루하루의 프로그램을 짜서 같이 모여서 논다. 이 그림이야기에는 한 아이가 다른 아이에게 들려주는 형식으로 민담이 등장한다.

옛날에 아주 무섭게 생긴 거인이 있었는데, 그 거인에게는 두 날개가 있었어. 거인은 아딩亞丁이라는 나라의 공주가 아주 예쁘다는 이야기를 듣고 아딩 나라에 날아가서 공주를 데려왔어. 국왕과 왕후는 매일 울었어. 아딩 나라에 한 장사가 있었는데 이 이야기를 듣고 거인을 찾으러 떠났어. 장사는 수많은 어려움을 겪고 마침내 공주와 거인을 찾아냈어. 그는 거인과 삼일 밤낮을 싸워 마침내 거인을 죽일 수 있었어. 그는 공주를 데리고 아딩 나라에 왔어. 국왕과 왕후는 공주를 보고는 슬픔과 기쁨이 교차했어. 왕과 왕후가 장사에게 고맙다고 사례하려고 했는데, 그가 이미 산으로 가버려서 다시는 찾을 수 없었대.[106]

105 一個武士, 聽見他的好朋友被仇人l擄去了, 趕快騎馬去救他. 經過許多危險, 同獅子打仗, 同五個頭的龍打仗. 後來, 一條大蛇, 化成一匹白馬. 他騎在上面, 飛入城內, 才把他的朋友救出. 一個美麗的公主被龍搶去了. 國王著急非常, 虧得一個武人, 用了飛刀, 把這條龍斬了, 國王與公主才得父女重聚. 國王感謝這個武士, 便把公主嫁給他. 後來國王死了, 武士便登了大寶. 許多商人帶貨到外洋去賣. 途中遇大風, 船被風吹翻了. 船上的人都死了, 只剩下一個少年, 就浪卷到岸邊. 他在島上, 自己照顧自己. 經了許多困苦, 十年後才得復歸.『兒童世界』4卷 12期.

106 古時有一個可怕的巨人, 身上生了兩個大翼. 他聽見亞丁國的公主得非常美麗, 便飛到亞丁國, 把她搶了來. 國王和王后終日涕哭. 亞丁國山中, 住著一個力士. 他聽見這個消息, 便出去找這巨人. 他經過許多經驗, 才在大荒山找到他和公主. 他和巨人打了三日三夜,

이러한 이야기는 어디선가 들었음직한 내용으로 딱히 그 출처가 분명치 않다. 이는 바로 민담의 특성으로 "한 이야기가 갑이라는 지역에서는 신화가 되고 을이라는 지역에서는 동화로 바뀌기도 하는데, 이는 대략 문화가 변하면서 전이되며 그 유행하는 지역에서 아동에게만 한정되지 않는다"라는 저우쭤런 인식의 타당성을 떠올리게 한다. 정전둬 또한 「아동도서문제」에서 "신화, 전설, 신선 이야기 등은 아동을 위해 쓴 것이 아니라 인류 동년시대의 산물이다. 그러므로 인류의 동년시대와 오늘날의 아동은 그 지혜와 정서가 거의 같고 원시시대 '어른'의 산출물이 아니니 근대의 아동들이 읽고 있다. 우린 그 중에서 신중하게 선택해야 한다"고 말하고 있다.

그림이야기 가운데 민간문학인 신화나 민담이 삽입된 「성탄절 전야」과 「새해 모임」 등 작품은 정전둬의 창작으로 파악된다. 이 작품들은 상대적으로 발간 시기상 후반에 발표되었고, 글 텍스트에서 느껴지는 문체도 전반에 수록된 작품들과는 사뭇 다르다. 또 이야기를 이끌어가는 서사구조도 비교적 단순하면서 당시 아동의 생활을 반영하고 있어 번안이 아닌 순수 창작으로 보인다. 이는 정전둬 자신이 민담에 관심을 갖고 번역활동을 해 온 것과 밀접한 관련이 있다고 판단된다.

한편 정전둬가 여러 나라의 민담을 소개하면서, 지나치게 외국 작품에 치우쳐 있었던 까닭에 작품 가운데 중국 민담이나 우화 등 민간문학과 관련된 것은 단 2편[107]에 불과하다. 그렇지만 정전둬는 『아동세계』 편집장에서 물러난 후에는 자국의 민담을 연구하고 알리는데 힘을 기울였다.

才把巨人殺了. 他把公主送回亞丁國. 國王和王后見了公主, 非常交集. 他們正想向力士拜謝, 他已回到山上去, 再也尋不見了. 『兒童世界』 5卷 1期.

107 2卷 9期에 실린 「발묘조장(拔錨助長)」과 3卷 3期의 「붉은 실(紅線領)」이다.

곧 1924년 9월 『문학』에 유명한 전설인 '맹강녀孟姜女'에 관한 글을, 『소설월보』의 「중국문학연구」 특집호1926년에는 「중산랑 고사의 변이中山狼故事之變異」, 「우렁 각시螺殼中之女郎」, 20권 5호에는 「호랑이 할머니老虎婆婆」의 민담을 소개하였다. 물론 이러한 글들은 아동을 독자 대상으로 한 것은 아니지만 아동문학으로 활용할 수 있는 이야기들을 연구하고 정리하여 소개함으로써, 중국 전통고사를 아동문학의 영역으로 끌어들여 그 지평을 넓히는데 일조하였다.

3) 우화의 번역과 패러디

18세기에 가장 사랑받았던 문학장르인 우화는 계몽주의 정신을 전제로 하고 있다. 계몽주의는 반종교적, 반형이상학적 사고방식을 자연인식뿐 아니라 사회인식에 확장시키면서 넓은 의미로 교육을 통하여 사회적 부자유와 불평등을 제거해야 한다고 생각하였다. 인류의 교육을 중시한 철학적 운동으로써의 계몽주의는 도덕적이고 지적인 교육을 지향했는데, 이 가운데 우화가 가장 대중적인 방식이었다.[108] 우화가 『아동세계』에 주요 장르로 자리하게 된 데는 바로 이러한 계몽의 가치, 즉 교육적 가치를 중시한 것과 관련이 있다.

정전뒤의 그림이야기에 교훈적 내용이 담긴 우화형 작품은 6편이다. 여기에는 인도우화 번역이 2편, 이솝 우화의 패러디가 3편, 그리고 순수창작으로 보이는 작품이 1편 있다. 패러디의 개념은 하나의 텍스트가 다른 텍스트를 '조롱하거나 희화화시킨다'는 좁은 의미로 쓰이기도 하고, 텍스트와 텍스트간의 '반복과 다름'이라는 넓은 의미로 사용하기도 한다.

108 윤시향, 「계몽주의와 우화 – 레싱의 우화이론과 관련하여」, 『괴테연구』, 2002, 136~137쪽.

패러디는 서양에서 비롯된 용어이기는 하나, 이와 유사한 창작기법[109]이 동양의 고전시학에도 있어 왔다. 패러디는 기존의 텍스트에 대한 의식적이고 인정된 모방인용의 행위이므로 독자가 패러디임을 자각했을 때 그 기능을 발휘할 수 있다. 그리고 의식적이고 동기적인 비평적 창작행위이므로 패러디 텍스트는 원텍스트와 '대화성'을 유지할 수밖에 없고, 바로 이 대화성은 원텍스트와의 차이를 강조함으로써 획득된다고 본다.[110]

3권 4기에 실린 「코끼리와 원숭이象與猴子」와 3권 6기의 「다친 여우가 살아남다傷孤避害記」는 인도우화를 번역한 것이다. 「코끼리와 원숭이」는 정전둬가 『소설월보』 15권 11호에 실은 21편의 인도우화 중 10번째에 등장한다.

> 코끼리와 원숭이가 친구가 되었다. 둘은 각기 자신의 재주가 뛰어나다고 허세를 부렸다. 둘이 부엉이를 청해 판단해 줄 것을 청하니 부엉이는 건너편 언덕에 있는 과일을 따오라고 하였다. 원숭이는 코끼리 등에 올라타 강을 건너 건너편 언덕에 가서 나무 위에 올라가 과일을 땄다. 둘은 과일을 따가지고 강을 건너 되돌아왔다. 부엉이는 "원숭이는 코끼리가 없었으면 강을 건너지 못했을 거야. 코끼리는 원숭이가 없었더라면 과일을 따지 못했을 거야. 그리니 누

109 ① 용사(用事) : 전고(典故)나 사실을 인용하여 쓰는 것 ② 환골탈태(換骨奪胎) : 뼈대를 바꾸고 태를 바꾸어 쓴다는 뜻으로, 선인(先人)의 시문(詩文)을 본떠서 더욱 아름답고 새로운 글로 만들어 내는 것. ③ 점철성금(點綴誠金) : 자기 나름의 새로운 이치를 발명하여 선인의 말이나 뜻을 새롭게 만드는 방법. 반대의 개념이 '점금성철'로 자기 나름의 새로운 이치를 발명하지 않고 선인의 말이나 그 뜻을 그대로 씀으로써 답습에 머무는 것. ④ 점화(點化) : 이전 사람의 시문(詩文)의 격식을 취하여 새로이 고쳐 이전의 작품보다 훌륭하게 시문을 지음. ⑤ 습용·도습(襲用蹈襲) : 그전의 것을 그대로 좇아 쓰고 남의 것을 슬쩍 자기 것으로 하는 것으로 표절과 유사하다. 정끝별, 『패러디 시학』, 문학세계사, 1997, 31쪽.

110 정끝별, 『패러디 시학』, 문학세계사, 1997, 31쪽.

구 능력이 더 뛰어난지는 말할 수 없지. 다만 자신의 능력을 써야 할 곳에 쓰면 되는 거지"라고 말하였다.[111]

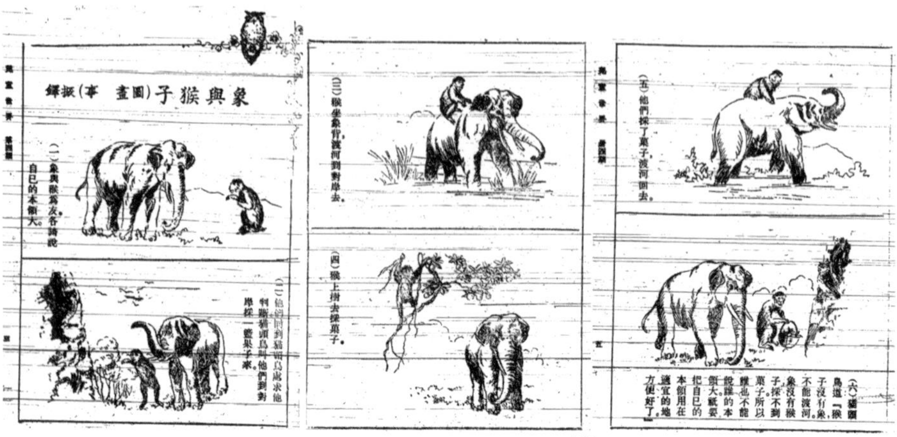

〈그림 6-13〉「코끼리와 원숭이」[112]

코끼리와와 원숭이는 서로 자기 능력이 뛰어나다고 뽐내다가 힘을 합쳐서 문제를 해결한 다음에 서로의 능력이 다르다는 것을 깨닫는다는 내용으로, 이 둘 사이를 조정하고 훈계하는 역할을 하는 부엉이가 등장한다. 정전둬는 인도우화[113]가 재치있으면서도 깊은 풍자를 함유하고 있어서 사람들이 아주 좋아한다고 평가하였다. 이들 우화는 비록 먼 옛날에 쓰였음에도 현대인에게도 시사하는 바가 있다고 보았다. 그러기에 이러

111 象與猴子爲友. 各誇說自己的本領大. 他們同到貓頭鷹處求他判斷. 貓頭鷹叫他們到對岸采一籃果子來. 猴坐象背, 渡河到對岸去. 猴上樹去采果子. 他們采了果子, 渡河回去. 貓頭鷹道; "猴子沒有象, 不能渡河; 象沒有猴子, 采不到果子. 所以誰也不能說誰的本領大. 只要把自己的本領用在適宜的地方編好了!"『兒童世界』3卷 4期.

112 『兒童世界』3卷 4期.

113 인도 승려가 편찬한 불교 우화집인 『백유경』에 나오는 우화 및 『소설월보』 15권 11호와 12호(1924년)에 『인도우화』를 상하로 나누어 2회에 걸쳐 총 48편의 이야기를 소개하였고, 뒤이어 『문학』 15권 5·6·7호(1925년)에도 「인도우화」를 번역하여 소개하였다.

한 우화를 초등학교에서 교재로 사용한다면 아동들의 환영을 받을 수 있고, 아동들은 어른들의 도움 없이 별로 힘들이지 않고 독서를 할 수 있는 장점이 있다는 견해를 밝혔다.

「다친 여우가 살아남다」 역시 인도우화로 후에 『소설월보』 15권 12호 「인도우화」 하下의 27편 중 5번째에 「매와 까마귀와 여우鳶與烏鴉與狐狸」라는 제목으로 실린 작품이다. "호랑이와 표범이 싸우면 둘 다 패하고 상처를 입는다는 말이 있다. 오히려 약한 동물들이 이익을 얻어 목숨을 건지기도 한다. 지금부터 얘기하는 내용이 바로 이런 종류이다"라는 서두로 이야기를 전개하는데 이 설명은 정전둬가 덧붙인 것으로 보인다.

「다친 여우가 살아남다」의 내용은 다음과 같다. 산속에 살던 매들과 까마귀들은 사냥한 동물을 모두 공평하게 분배하기로 약속하였다. 이 때, 사냥꾼의 손에서 간신히 도망쳐 중상을 입은 여우 한 마리가 나무 아래 누워 있었다. 매와 까마귀들은 무리를 지어 여우 옆에 모여 서로 의논하여 까마귀는 여우의 상반신을 먹고 매는 하반신을 먹기로 결정하였다. 이 이야기를 듣고 있던 여우는 놀랐지만 한 가지 꾀를 내어 매에게 당신들처럼 고상한 종족이 뇌나 눈처럼 깨끗한 부분을 드셔야지 어째서 하반신을 먹으려 하냐고 말하였다. 여우의 말을 들은 매들은 까마귀들에게 결정한 것을 바꾸자고 했다. 까마귀들은 그럴 수 없다고 하고 까마귀들과 매들은 서로 죽을 때까지 싸웠다. 마침내 싸움이 끝나 새들은 모두 죽었고 다친 여우만 주검에서 벗어날 수 있었다. 여우의 상처는 점점 좋아졌고 결국 죽은 매와 까마귀는 오히려 여우의 다친 몸을 치료하는 양식이 되었다.

이솝우화를 패러디한 작품은 「사슴과 곰鹿與熊」, 「꼬리잘린 여우斷尾狐」, 「원숭이 왕猴王」의 총 3편이다. 「사슴과 곰」은 이솝의 「여우와 황새」를 패러디한 것이다. 「여우와 황새」에서 교활한 여우는 배고픈 황새를 초대하여 식사를 대접하면서 납작한 접시에 수프를 담아 주니 황새는 먹지 못하고 언짢은 채 집으로 돌아갔다. 황새는 여우에게 복수하기 위해 목이 가느다랗고 긴 그릇에 수프를 담아 대접하여 여우도 음식을 먹지 못했다. 「사슴과 곰」은 둘의 관계 설정이 서로 골탕을 먹이려고 식사에 초대하는 「여우와 황새」와는 판이하게 다르다. 「여우와 황새」가 포유류와 조류인 근본적으로 서로 다른 두 동물을 등장시켜 이야기를 전개했다면, 곰과 사슴은 사촌형제로 서로 친숙하고 사이가 좋은 관계로 설정되어 있다. 즉 둘 다 네 발 가진 포유류로 일정 부분 공통점을 가진 동물로 등장인물을 설정하여 내용 전개를 무난하게 하기 쉬운 구도로 각색하였다.

어느 날 곰은 토끼를 사냥하여 사슴을 초대하지만 사슴은 초식동물이라 곰이 준비한 토끼고기를 먹지 않았다. 이에 곰이 화를 내며 사슴을 잡으려고 하자, 사슴이 재빨리 도망갔다. 숲으로 도망치던 사슴이 뿔이 나뭇가지에 걸려 큰 소리로 울자 이리가 나타나 자초지종을 듣고 자신이 중재를 하겠다고 나선다. 곰이 나타나 사슴을 잡으려고 하자, 이리가 곰을 가로 막으며 화를 가라앉히길 권고하고, 대신 사슴은 사과의 뜻으로 식사를 대접하겠다고 하였다. 곰이 이를 승낙하고 사슴이 온갖 풀로 음식을 차리지만, 곰은 다시 화를 내며 음식을 먹지 않았다. 이리가 각자 갖고 있는 성정이 다르므로 다른 사람을 탓하면 안 된다고 설득하자 곰은 부끄러움을 느꼈다. 이후 곰과 사슴은 각자 기호가 다름을 알고 자신이 먹을 수 있는 음식을 먹으며, 다시는 오해를 하는 일이 없었다.[114]

114 有一天, 熊出去打獵, 打了兩只兔子回來. 熊請鹿吃兔肉. 鹿因爲向來是吃素的, 不敢開葷. 熊大怒, 以爲鹿有意看不起他, 想把鹿捉住了. 鹿驚逃. 鹿跑到林中, 角被樹枝住了, 大聲呼救. 狼聞聲走出, 問鹿何事. 鹿告之, 狼允爲調停. 熊追上了. 正要捉鹿, 被狼擋住了. 狼再三勸熊釋怒, 要鹿向賠罪, 並請熊吃飯. 他們都答應了. 熊應鹿約, 偕狼赴宴. 熊見席上的菜都是素的, 又發怒不吃. 狼對熊說道 : "不要生氣!鹿兄向來是吃素的, 所以沒有肉請客. 他之

우화는 표면적으로 진술된 이야기를 바탕으로 거기에서 산출되는 별도의 의미를 기탁함을 목적으로 한다. 그러므로 우화는 의미의 직접적 진술이 아닌 간접적 진술이며, 작품 전체가 하나의 알레고리이고, 그 자체가 고도의 문학성을 지니게 된다. 특히 동물이 주인공으로 등장하는 우화에서는 동물 이야기를 빌어 인간 또는 인간사회를 우의한다. 따라서 우화 속의 동물은 동물 그 자체가 아니다.[115]

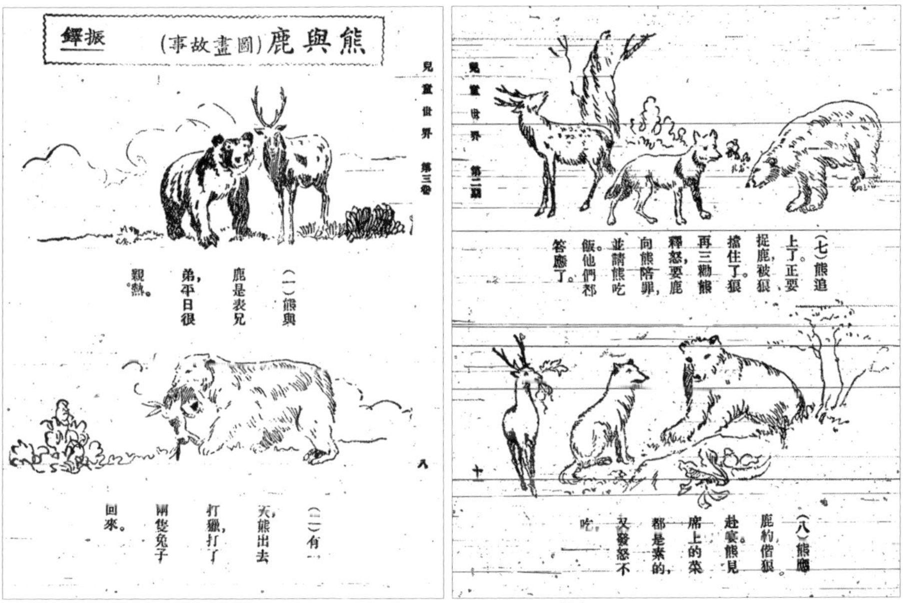

〈그림 6-14〉「사슴과 곰」[116]

그러므로 이 작품에 등장하는 곰과 사슴은 서로 다른 유형의 인간 군

不會吃肉, 正如兄之不能吃素. 個人的性情不同. 熊兄不該怪他. "熊無話可答, 自覺慚愧. 自此熊鹿和好如初, 他們同遊的時候也各不相仿. 鹿在道旁吃草, 熊追逐白兎之後. 他們各吃各的東西, 知道各人嗜好不同, 再也不會因誤會而生氣了. 『兒童世界』3卷 2期.

115 윤승준, 『우언의 재미와 교훈』, 명인, 2000, 19쪽.

116 『兒童世界』3卷 2期.

상을 지칭하는 것으로 볼 수 있다. 우화는 이야기 자체의 의미에 초점을 맞추지 않고 이야기 속에 숨겨진 의미에 초점을 맞추어야 한다. 정전뒤는 등장인물의 행동과 말을 통해 다양한 속성이나 생각을 가진 주변 사람들에 대한 이해와 배려를 당부하고 있다. 이숍의 「여우와 황새」와 정전뒤의 「사슴과 곰」이 지닌 우의는 큰 범주 안에서 같은 것이라고 볼 수 있으나, 정전뒤의 우화는 좀 더 평화적이고 갈등상황이 해결된 상태이다.

그렇지만 「사슴과 곰」은 원텍스트의 재치와 재미를 뛰어넘는 새로움을 구축하지 못하고 지나치게 교훈이 드러나는 결점이 있다. 정전뒤가 의미의 폭을 넓히고 윤색하는 과정에서 이숍우화가 지닌 풍자와 우의를 부각시키지 못하고 단순한 이야기가 되어버렸다. 이는 문학성 측면에서 볼 때는 지나치게 교훈이 드러나 있다는 점에서 낮게 평가될 수 있다. 그림 이야기의 독자가 유아 혹은 나이 어린 아동이므로 우의가 지나치게 함축적인 것은 도리어 독자들이 이해하지 못할 수 있다는 우려가 지나치게 개입되어 벌어진 현상으로 보인다.

우화에서의 인물은 바깥으로 드러나는 외재적 특징과 내재적 특징이 서로 일치한다. 우화는 분량의 제한을 받기 때문에 이러한 내외의 특징이 일치하는 인물을 선택하여 그 형상을 완성한다. 그러기에 여우는 교활하다거나, 이리는 흉악하고, 곰이나 돼지는 미련하게 표현된다. 그리고 이러한 인물의 성격을 표현하기 위한 장치의 하나로 이용되는 인물의 이름이나 지위, 직업, 생리적 결함 등에도 주의를 기울여야 한다. 즉 인물의 내재적 특징과 무관한 이름이나 외모, 경력, 기질 등은 출현하지 않는다.[117]

이숍 우화의 「꼬리없는 여우The Fox Without a Tail」를 옮겨 놓은 「꼬리잘린

117 蔣風, 『兒童文學教程』, 希望出版社, 1992, 378~379쪽.

여우」와 「원숭이 왕」에 출현하는 여우가 이에 해당된다. 「꼬리잘린 여우」에서 사냥 중에 덫에 걸려 간신히 도망치다가 꼬리가 잘린 여우는 다른 여우들이 놀리자 "나를 비웃지 마. 난 지금 꼬리가 없어서 얼마나 좋은지 몰라. 너희들도 꼬리를 잘라보렴"이라고 말한다. 그리고 오히려 자신의 처지가 오히려 행복하다는 듯 포장하는 교활함을 보여준다. 그러자 다른 늙은 여우가 "멍청한 소리 그만둬. 네 부끄러움을 가리려고 우리 모두가 꼬리를 잘라야 돼?"라고 소리치며 한심하게 꼬리 잘린 여우의 꾀에 넘어가지 않는다. 바로 이 늙은 여우는 경륜과 지혜가 많음을 나타내는 하나의 상징이 된다. 꼬리 잘린 여우는 속셈이 드러나자 부끄러워서 여우 무리를 떠나 자신의 동굴로 숨는다.

「원숭이 왕」에 나오는 여우는 별다른 능력도 없이 단지 다른 동물들을 재미있게 해주었다는 이유만으로 왕이 된 원숭이를 제자리로 돌려놓는 역할을 하는 꾀 많은 캐릭터를 지니고 있다. 다른 동물들을 웃기는 재주를 가진 원숭이가 개와 고양이 등 여러 동물들에 의해 왕으로 추대된다. 그러나 원숭이가 왕이 된 것에 질투심을 가진 여우는 원숭이를 골탕먹여 왕의 자리에서 쫓아낼 생각을 한다. 여우는 처마에 두툼한 고깃덩어리를 매달아 놓고 원숭이 왕에게 바치는 것이라고 말한다. 원숭이가 손을 내밀어 고기를 잡으려고 할 때, 꾀많은 여우가 설치한 올가미가 원숭이의 손을 감아버린다. 이를 지켜본 여우는 자신도 보호하지 못하면서 우리를 어떻게 보호해 주겠냐며 무리를 이끌고 사라져 버린다. 원숭이의 왕위는 그만 이렇게 어이없이 취소되어 버린다.

이 두 이야기에 등장하는 꼬리 잘린 여우와 원숭이를 왕위에서 쫓아내는 여우는 교활함과 모사의 전형으로 우리에게 익히 알려진 동물이다. 포스터는 『소설의 양상』에서 인물의 유형을 평면적 인물과 입체적 인물로 구별하였다. 평면적 인물이란 작품 속에서 한 번 등장하면 거의 변화하지 않는 인물을 말하고, 입체적 인물은 작품 속에서 사건의 전개에 따라 변화하고 발전하는 인물을 말한다. 평면적 인물은 늘 일관된 성격만을 유지하므로 작품 속에 등장하면 독자가 쉽게 알아볼 수 있으며, 아무런 변화가 없기 때문에 항상 독자의 마음속에 남아있어 나중에라도 독자에게 쉽게 기억이 된다. 또 이러한 인물은 실제 인물보다 과장되기 쉬워서 희화적인 인물이 되기 쉽다.[118] 바로 이러한 관점은 우화의 특징을 말하는 것으로, 우화는 인물을 다각도로 복잡하게 묘사하여 그 속에 나타내고자 하는 의미를 발견하지 못하고 헤매는 걸 방지하기 위해 정형화되고 고정적인 인물 형상을 선택한다. 그러므로 우화성 그림이야기에 등장하는 인물은 지극히 평면적이고 전형적일 수밖에 없다. 바로 정전둬의 그림이야기에 등장하는 여우가 이에 해당된다.

그리고 우화는 어린 독자를 사로잡아 독서의 흥미를 높이면서도 그 안에 교훈을 담고 있기에 몇 가지 특징을 가진다. 첫째로 현실 생활에 충실하면서도 또 현실 생활을 초월하기도 한다. 이것은 반드시 줄거리가 현실에서 출발하거나 현실 생활에 근거를 둔 기초 상태에서 이야기가 전개된다는 점이다. 레싱은 이솝 우화를 평가하면서 다음과 같이 말하였다.

> 이솝의 대부분 우화는 모두 진실한 사건에 근거를 두고 있는데, 그의 뒤를 잇는 자들이 쓴 사건의 대다수는 허구이다. 혹자는 우화를 쓸 때 전혀 사건을 생각하지 않고 단지 이것 혹은 저것의 보편적인 진리만 생각한다. (…중략…) 만약에 일반적인 교훈에서 출발한다면 (…중략…) 그렇다면 안전하기는 하나,

118 김종회·신덕룡·심상교, 『문학의 이해』, 한울 아카데미, 2007, 182~185쪽.

나온 작품은 분명 형편없는 우화일 것이다.[119]

「우화를 논하다-인도우화 서문」에서 정전둬는 진정한 우화의 발생지는 '힌두스탄'으로 여기에서 우화의 원시형식을 발견할 수 있다고 하였다. '힌두스탄'은 인도의 옛 페르시아식 이름으로 여기로부터 아라비아, 그리스, 페르시아, 라틴으로 우화가 전파된 것으로 보았다. 유럽 우화작가의 시조라고 불리는 이솝도 인도의 영향을 받아 작품을 썼으며, 중국에는 불교의 전파로 인해 인도우화가 들어온 것으로 보고 있다.[120] 천보췌이도 인도는 우화의 발생지이면서 일부 학자들은 이솝의 우화 제재도 인도에서 취한 것이라는 의견을 피력하였다.[121]

번역을 제외한 이솝우화를 패러디한 그림이야기들은 재창작으로 짐작된다. 바로 정전둬가 러시아의 이반 끄르일로프와 표도르 솔로고프, 독일의 『레싱우화』·『인도우화』·『코카서스우화』·『백유경百喩經』 등을 번역한 경험이 작용했을 것으로 보인다.

이 가운데 3권 8기에 실린 「아기 양 여행기」만은 정전둬의 창작으로 판단된다. 이는 3장 2절에서 서술한 재창작의 방식으로 본인이 번역한 우화를 삽입하여 서사를 전개하고 있기 때문이다. 천푸캉 또한 그림이야기 대다수가 정전둬의 창작이라고 말하면서 「아기 양 여행기」를 거론하고 있다. 그 근거로 문자가 비교적 단순하고 상상력과 비합리성을 띠고 있으며

119 伊索的絕大部分寓言都是以真實事件爲依據的, 他的後繼人寫的事件大多是憑空虛構的, 或者他們寫作寓言的時候根本不想任何事件, 想的只是這件或那件普遍真理. (…중략…) 倘若從一般教訓出發 (…중략…) 那麼可以保險, 寫出來的誰是一個惡劣的寓言. 蔣風, 『兒童文學教程』, 希望出版社, 1992, 380쪽에서 재인용.

120 鄭振鐸, 「印度寓言序」, 『文學周報』 제181기.

121 陳伯吹, 「論寓言與兒童文學」, 『東方雜誌』 제 40권 제 21호, 1944.11.15. 王泉根 評選, 『中國現代兒童文學論選』, 廣西人民出版社, 1989, 551쪽.

줄거리가 단순하며, 의인화 수법을 사용하였으며 교육적 의의를 지녔기 때문[122]이라고 말한다. 이러한 분석은 논리성이 결여되었지만, 「아기 양 여행기」를 창작으로 인지하는데 도움이 된다. 그의 창작작품에는 미숙함이 엿보이지만 애써 창작을 실천하려는 초보적인 시도들이 눈에 띈다.

「아기 양 여행기」는 선생님이 아기 양 네 마리에게 도덕 과목을 가르치면서 각자 도덕과 인의를 직접 경험하고 돌아오라고 학생들을 바깥으로 내보낸다. 첫째 양은 이리가 자신은 위험을 피하고자 친구인 노새를 호랑이에게 유인하여 데려갔다가 오히려 자기가 잡아먹히는 장면을 본다. 둘째 양은 자신들은 노력을 하지 않고 꿀벌에게 먹이를 얻어먹던 나나니벌이 배고픔에 죽는 모습을 목격한다. 셋째 양은 토끼의 거짓말로 주인에게 두들겨 맞은 개가 결국 토끼를 물어 죽이는 장면을 본다. 넷째 양은 주인에게 사랑받는 개의 모습을 보고 자신도 환심을 사고자 사람 곁으로 가까이 가서 오히려 두들겨 맞아 죽는 뱀의 모습을 본다. 네 마리 아기 양들은 학교로 돌아와 자신들이 몸소 본 장면을 말하고 선생님은 여기에서 얻을 수 있는 교훈을 정리해 준다.

> 너희들은 이제 알았느냐? 나쁜 일을 하는 사람에게는 좋은 일이 없다. 나쁜 사람이 되면 다시 좋은 일을 해도 사람들은 그를 믿지 않는단다. 또 게으른 사람은 굶어 죽을 수밖에 없다. 자신이 노력하여야 하지 남에게 구하는 건 쓸모가 없다." 이렇게 말하고 몸을 돌려 칠판에 글씨를 썼다. "근신. 나쁜 일을 하지 말자."[123]

122 陳福康,『鄭振鐸論』, 商務印書館, 1991, 345쪽.

123 "你們現在知道了麼？做壞人是沒有好處的. 已做了壞人, 就是再想做好, 也沒有人肯相信他了. 再說, 懶惰的人餓死也應該. 自己努力, 求人是無用的. "他說完了話, 又轉身在黑板

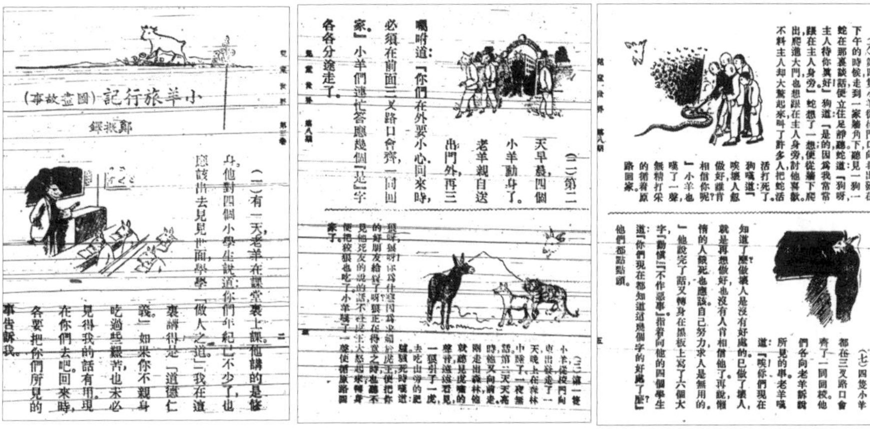

〈그림 6-15〉「아기 양 여행기」[124]

이 그림이야기는 다른 우화들을 차용하면서 교훈이 전면에 노골적으로 드러나 있다. 이러한 우화형식의 그림이야기 창작에는 그가 관심을 가지고 번역한 수많은 우화 작품과 불가분의 관계가 있다. 그는 『여우의 역사』 서문에서도 우화 속 동물들의 행동과 성격이 생동감이 있으며, 많은 우의를 자유로이 운용하고 있는 점을 높이 평가하고 있다.

그리고 『레싱 우화』를 번역하면서 우화는 도덕적 교훈이지만 간단한 예로 그것을 설명해야 한다고 말하였다. 우화 작가가 주시할 점은 모든 인간이어야 하고, 불변하는 도덕규범으로, 심오한 인간진리여야지 일시적인 사회 현상과 당대인의 어리석음과 소소한 잘못을 밝히는 것이 아니라고 하였다. 정전둬는 자신이 번역한 우화를 초등학교에서 교재로 사용하거나 아동들이 읽으면 아주 좋을 것이라고 말하고 있다. 그 안에 심오한 도덕규범을 아동들이 비록 이해하지 못하더라도 이야기 자체만으로

上寫了六個大字, "勤慎""不做惡事". 『兒童世界』 3卷 8期.

124 『兒童世界』 3卷 8期.

도 충분히 아동들을 즐겁게 해줄 수 있다[125]고 여겼다.

또한 『아동세계』 선언에서 우화는 번역을 위주로 한다고 분명히 밝히면서 "우화는 창작하기 쉽지 않다. 옛날부터 지금까지 성공한 우화가는 손으로 꼽을 정도로 10여 명이 채 되지 않는다"고 말하고 있다. 이런 까닭에 그림이야기의 우화형 작품은 정전둬 자신이 우화의 번역을 통해 익히 알고 있던 우화들을 패러디하거나 차용했을 가능성이 있다. 정전둬는 아동문학의 교육적 작용을 중시했기에 우화를 통해 교훈을 전달하고자 했을 것이다. 이에 최대한 아동의 흥미와 발달단계에 부응해서 아동들이 재미있게 받아들일 수 있도록 그림을 동반하여 이를 효과적으로 전달하고자 한 것으로 보인다.

125 鄭振鐸, 「萊森寓言·序」, 『鄭振鐸全集 13 兒童文學』, 15쪽.

제7장 — 아동 본연의 특성을 반영한 그림이야기

1. 그림의 주체화 독서흥미와 미적 감수성 함양

1) 그림과 그림책의 가치

그림책은 아동만을 위해 만들어진 예술작품은 아니지만 가장 큰 독자 대상은 아동이다. 그리고 그림책은 아동이 예술을 처음으로 경험할 수 있는 매체로 동서고금을 따지지 않고 대부분의 아동들은 그림이 있는 도서를 선호한다. 아동이든 성인이든 독서에 있어서 흥미는 매우 중요하다. 아무리 좋은 내용을 담고 있다 하더라도 흥미를 자극하지 못한다면 독자에게 외면을 받을 수밖에 없기 때문이다. 저우쭤런 역시 독서에 대한 관심을 유발하는데 있어서 그림의 역할이 얼마나 큰지를 자신의 경험을 통해 말하고 있다.

> 내 경험을 말해보자면, 어렸을 때 읽은 것은 '성현의 책'이고, 완전히 문학과는 접촉을 하지 못했는데 (…중략…) 후에 다른 연유로, 그렇게 읽은 것들 이외에 볼만한 책이 있다는 것을 발견한 것은 사실 우연한 행운이었다. (…중략…) 중국은 본래부터 아동은 당연히 경서를 읽어야 한다고 여겨서, 그 이외의 것은 절대로 준비해 주지 않았기에 아동 스스로 발버둥쳐서 정신적 굶주림을 멈추어야 했다. 기회가 좀 좋으면, 가끔 문자 더미 가운데 — 바로 마치 더러운 흙더미 속에서 타다 남은 석탄 쪼가리를 줍듯이 — 조금 뭔가를 파내서 잠시 배를 채웠는데 사실 참으로 불쌍하다. 아동이 필요로 하는 것은 무엇

인가? 내 경험으로 대신 대답해보면 이야기와 그림책이다.[1]

저우쭤런의 경험이 아니더라도 그림이 있는 도서는 흥미를 자극하여 독서의 즐거움을 느끼는데 큰 몫을 담당하고 있음을 누구나 실제로 경험한다. 글과 그림으로 이루어진 그림책은 문학성과 언어적 측면뿐 아니라 시각예술 측면에서도 중요한 역할을 한다. 그러나 전통적인 아동도서에서 그림은 아예 그 가치를 인정받지 못했거나 글을 보충하는 차원에 불과했다. 『아동세계』 창간될 당시 중국에서는 오늘날과 같은 그림책에 대한 개념이 발달하지는 않았다.

서구에서는 1600년대에 그림책이 등장하기 시작하였고 그림책의 글과 일러스트레이션을 동등하게 보는 시각은 1800년대 영국의 랜돌프 칼데콧Randolph Caldecott[2]에 의해 이미 생겨났다. 칼데콧은 글과 그림의 연관성을 처음으로 탐구하고 실험한 '현대 그림책의 아버지'로 거론된다. 칼데콧 이전의 일러스트레이션은 일반적으로 글이 이야기를 전달하는 것과 같이 단순한 내용만을 전달하는 중복적인 역할을 하였다. 그러나 그의 그림책에 대한 연구를 통해 글과 그림이 하나로 보일 때 비로소 완벽하게

---

1 據我自己的經驗講來, 我幼時念的是"聖賢之書", 卻也完全不曾和文學接觸 (…중략…) 後來因爲別的機緣, 發見在那些年過的東西以外還有可看的書, 實在是偶然的幸運。(…중략…) 中國向來以爲兒童只應該念那經書的, 以外並不給預備一點東西, 讓我們自己去掙紮, 止那精神上的饑餓; 機會好一點的, 偶然從文字堆中-正如在穢土堆中撿煤核的一樣-掘出一點什麼來, 哪以充腹, 實在是很可憐的。這兒童所需要的是什麼呢? 我從經驗上代答一句, 便是故事與畫本。周作人, 「兒童的書」, 『自己的園地』, 岳麓書社, 1987, 109쪽.

2 영국의 풍속화가이며 일러스트레이터이다. 현대 그림책의 아버지로 불리며 1937년부터 미국 도서관협회에서는 전년도 미국에서 출판된 미국 국적 작가의 그림책 중 가장 문학성이 뛰어난 도서를 선정하여 칼데콧 상을 수여하고 있다. 이지현, 「그림책의 역사, 그리고 현대문학 이론과 기호학적 관점에서의 그림책의 커뮤니케이션 분석」, 『조형미디어학』, 2007, 37쪽.

조화를 이룬다는 사실을 알게 되었다.[3]

제1장에서 언급한 그림책의 발전구조는 처음에 삽화가 있는 책에서 출발하여 점차 그림의 역할이 커지면서 오늘날의 그림책으로 발달하는 과정을 설명해준다. 이처럼 삽화가 있는 책에서 그림책으로 비중이 옮겨가는 데는 인쇄기술의 발달과 직접적인 관련이 있다. 20세기에 들어서면서 인쇄 공정과 기술, 그리고 디지털 테크놀로지의 발달로 다양한 표현과 기법으로 제작된 질 높은 칼라 일러스트레이션이 돋보이기 시작한 것이다. 20세기 현대 그림책은 영국의 일러스트레이터인 베아트릭스 포터Beatrix Potter[4]가 독보적이다. 미국에서는 베아트릭스 포터의 영향으로 1920년대부터 아동도서를 출판하는 전문 부서를 두기 시작하였고, 제1차 세계대전 이후에는 유럽에도 소개되기 시작하였다. 일본 또한 1680년대에 그림책이 등장하여 1890년대 말에는 근대 아동문학과 아동문학의 선구자였던 이와야 사자나미嚴谷小波 : 1870~1933가 여러 화가들과 함께 『일본 옛이야기 그림책』을 발간하기도 하였다.[5]

이미지를 보고 정보를 수집하고 소통할 수 있는 능력인 '시각적 문해력'은 아동발달단계와 깊은 관계가 있다. 그림책의 그림들을 통해 아동들은 자기의 나이에 걸맞는 기대치보다 훨씬 앞서 상상하고 조정하고 해석하고 실험할 수 있다. 많은 교육자들과 심리학자들은 그림을 자세히 관찰

---

3 마틴 샐리스버리, 경노훈 역, 『어린이책과 일러스트레이션』, 아트나우, 2005, 11쪽.

4 Helen Beatrix Potter(1866.7.28~1943.12.22)영국의 아동문학 작가이자 일러스트 작가로, 평생 환경 보호에 헌신한 환경 운동가이기도 하다. 포터는 영국 문학계의 살아있는 신화이자, 대표적인 아동문학 작가로 기억되며, 지난 100년 동안 전 세계 1억 5천만 부 이상 판매되며, 30개 언어로 번역된 동화의 『피터 래빗』 작가로 유명하다. 피터 래빗의 캐릭터는 20세기는 물론 21세기에도 아이들의 사랑을 받고 있다.

5 이지현, 「그림책의 역사, 그리고 현대문학 이론과 기호학적 관점에서의 그림책의 커뮤니케이션 분석」, 『조형 미디어학』, 2007, 37쪽.

함으로써 아동들이 무한한 잠재력을 키울 수 있다고 말한다.[6] 이처럼 글과 그림이라는 두 매체가 서로 결합하여 의미를 전달하는 그림책의 독특한 특성을 설명하기 위해 전문가들은 비유를 사용하고 있다.

러셀Russell은 그림책을 '글과 그림의 행복한 결혼'이라고 하였고, 노들먼Nodelman은 그림책을 문학과 미술이라는 서로 다른 예술형식이 독특하게 결합한 형태라고 정의하였다. 그림책 작가인 바버러 쿠니Barbara Cooney는 그림책을 진주 목걸이에 비유하고 있다. 진주는 그림을, 목걸이 줄은 글 텍스트를 비유한다. 줄은 그 자체로는 아름다움의 대상이 아니지만 목걸이는 줄 없이 존재하지 못한다. 이러한 비유는 비록 그림책에서 글 텍스트가 분명히 아름다워야 하고 그 자체로 기쁨을 주어야 하지만 그림과 글의 상호 의존성을 통해 그림책이 존재할 수 있음을 말하고 있다.[7]

마리아 니콜라예바Maria Nikolajeva는 그의 저서 『그림책을 보는 눈*How Picture books Work*』에서 "그림책의 '그림'과 '글'의 관계를 아동문학의 사상을 표현하는 중요 매체인 동시에 아동이 문학과 문화를 접촉하는 좋은 도구"[8]로 보았다. 그리고 그림책에 '보완complementary'이라는 용어를 사용하였는데 이는 그림은 글로 쓰인 것을 반영하고 확장시키거나, 각자가 서로의 빈자리를 메워준다는 의미이다.[9]

부드러운 색채와 섬세한 선으로 이루어진 그림책은 아직 민감하고 여린 아동의 미적 감각을 배양해 주고, 풍부한 시각적 경험과 심리적 느낌

---

6 마틴 솔즈베리·모랙 스타일스, 서남희 역, 『그림책의 모든 것』, 시공사, 2012, 56~79쪽.

7 현은자·김세희, 『그림책의 이해』 1, 사계절, 2005, 17쪽.

8 圖畫書中"圖"與"文"的關系作用, 並且認爲, "圖片"是兒童文學表達思想的重要媒介, 同時也是讓兒童接觸文學, 接觸文化的重要工具. 劉佳璽, 「對兒童圖畫書的研究－以上海地區爲例」, 上海師範大學碩士論文, 2010, 3쪽.

9 마틴 솔즈베리·모랙 스타일스, 서남희 역, 『그림책의 모든 것』, 시공사, 2012, 92쪽.

을 제공해 준다. 정서적인 측면 외에도 글자와 그림이 적절하게 잘 어우러진 그림책은 상상력을 풍부하게 해주고 독서의 즐거움을 높여주고, 이해력·탐구력·관찰력도 기를 수 있으며 지적 능력을 촉진하며 글자 습득에도 도움이 된다. 일본 도서계의 거장 마쓰이 다다시는 이런 기능 외에도 교육적인 가치를 들기도 했는데, 그림책은 독서의 즐거움과 더불어 심신의 성장도 가져온다고 하였다.[10]

루돌프 아른하임Rudolf Arnheim, 1904~2007은 『시각적 사고』에서 인간의 오감 중, 지식을 흡수하는 원천으로 시각이 제일 크다83%고 하였다.[11] 일반적으로 시각적 사고는 시각적 이미지를 사용하여 정보를 처리하는 인지적 과정이다. 먼저 시각적 사고란 머릿속으로 이미지를 만들어 내거나 떠올려 그것을 조작하고, 덮어씌우고, 해석하고, 유사한 형태와 연관짓기도 하고, 회전시키고, 크기를 늘리거나 줄이기도 하고, 왜곡시키고, 하나의 익숙한 이미지에서 다른 이미지로 단계적으로 변형시키기도 하는 사고방식이라고 할 수 있다. 이와 같은 의미에서 시각적 사고의 개념의 특징은 언어가 아닌 이미지를 사용하여 사고하는 것으로 사고의 매체로 이미지를 사용한다.

시각적 사고 개념에서 이미지 사용이 정의적 특성으로 강조되면, 시각적 사고를 기존의 이성적이고 논리적으로 상징을 조작하는 정보처리의 개념적 틀 속에서 개념 대신 이미지를 사용하여 사고하는 인지과정이다. 이러한 예술의 인지적 기능은 언어를 매개로 한 개념에 의한 인지방식과 비교하여 결코 열등한 인지과정도 아니고, 또한 비합리적 사고에 기초하고 있지도 않다. 예술은 지각적 경험의 형태로 사물의 본질을 발견하고,

---

10 劉佳璽, 「對兒童圖畫書的研究－以上海地區爲例」, 上海師範大學碩士論文, 2010, 3쪽.

11 정은주, 「유아의 상상력 교육을 위한 초현실주의적 그림책 일러스트레이션에 관한 연구」, 고려대 석사논문, 2010, 10쪽.

탐구하고 이해하는 것으로 고도로 발달된, 독특한 인지의 한 형태"[12]이다. 이처럼 시각적 인지기능은 아동의 인지발달에 도움을 주어 상징을 조직하여 논리적 사고를 할 수 있도록 하여 준다. 그러므로 그림책에서의 그림은 단순히 문자를 보완하는 것이 아니고 언어 못지않게 중요한 역할을 하며, 문자로는 대체할 수 없는 정서적 풍부함을 안겨주기도 한다.

또한 최근 현대 사회에서 그림책이 독서문화 속의 새로운 총아로 떠오르고 있는데, 이는 시대의 흐름과 깊은 관련이 있다. 인류는 미첼W.J.T. Michell이 '이미지 전향圖像轉向'이라고 칭하는 조류변화를 겪고 있다. 신세기 이후, 인터넷과 디지털 과학기술의 보급으로 그림과 영상 텍스트의 보급은 더 촉진되고 있다. 그림 서사를 주축으로 하는 그림이야기 혹은 그림책의 특질은 바로 인터넷을 매개로 전파되는 특성을 만족시키고, 간단한 이야기의 길이 역시 현대인의 가볍게 책을 읽는 기호 추세와도 부합한다.[13]

5·4신문화운동 시기 신진 지식인들 중에는 일본을 비롯한 서양에 유학했던 자들이 많았으며 당시 넘쳐나던 서구와 일본의 서적을 통해 아동에 대한 인식을 전환할 수 있었다. 실제로 본 연구에서 참고한 1920년대 전후에 발간된 영어 동화책들은 삽화의 비중이 아주 높고 저자와 일러스트레이터의 이름을 함께 병기하고 있으며, 일러스트레이션 목록도 텍스트의 목차와 반드시 함께 싣고 있다. 그리고 페이지 전체를 그림으로 채운 전면 일러스트가 등장하는 등 글 텍스트 못지않게 일러스트레이션을

12 이모영, 「문화인지로서 시각적 사고–시각적 사고의 본질, 역할 및 주요 특징에 대한 고찰」, 『문화예술교육연구』, 2013, 21~22쪽.

13 이 흐름은 기술적인 측면에서 본 급격한 도상기술의 폭발을 의미하며 미첼은 컴퓨터 보조 설계, 합성 홀로그램, 비행 시뮬레이터, 컴퓨터 애니메이션, 로봇 이미지 인식, 방사선 추적, 텍스트 그래픽, 운동 제어, 가상 환경 보호, 자기공명 영상, 스펙트럼 센서 등이 있다고 하였다. 유페이윈, 권애영 역, 「Why "picturebook"?–대만에서 유행하는 도화서 혹은 회본에 대한 관찰」, 『대만연구』 18호, 2021, 95쪽.

매우 중시하고 있다. 물론 초기의 그림책은 옛날이야기와 안데르센 동화와 같은 기존 문학작품의 내용을 쉽게 이해할 수 있도록 삽화를 곁들인 형태였다. 이때의 그림은 그림으로 이야기를 전개하거나 문장에 없는 장면을 묘사하는 작업은 거의 하지 않았고, 단지 문장의 어느 장면을 그려야 하는지에 대해 주의를 기울였다. 따라서 그림은 글을 보조하는 역할에 머물렀다.

앞에서도 서술했듯이 이러한 그림의 역할은 그림책으로 발전하면서 글과 그림이 서로 보완되거나 확장 혹은 강화, 상호의존하는 형태로 나아가고 있다. 『아동세계』의 그림이야기는 기존의 그림이 담당하던 삽화의 역할에서 조금 발전되어 독자적인 위치를 확보하려는 과정의 초보적 위치에 자리하고 있다.

2) 글과 그림의 긴밀한 결합

중국에서도 『아동세계』 이전에 그림을 중시한 출판물이 없었던 건 아니다. 아동잡지인 『몽학보』[14]·『계몽화보啟蒙畫報』[15]도 연속적인 화면으로 이야기를 서술하는 형태가 있었다. 특히 상무인서관에서 1909년에 창간한 『아동교육화兒童教育畫』는 가장 완전한 형태의 아동을 위한 화보집으로 제29기에 '골계화滑稽畫' 란이 등장하였다.[16]

---

14 청나라 말기 전적으로 아동의 교육문제 연구를 위해 계몽단체인 몽학공회에서 발간한 기관지로 1897년 11월 24일에 창간하여 1899년까지 72기를 발행하였다. 李豔利, 「『蒙學報』與晚清中國兒童文學的覺醒」, 華東師範大學碩士論文, 2011, 1쪽.

15 청말 계몽운동의 일환으로 발간된 일종의 교과서 같은 형태로 1902년 6월 23일 창간하여 약 2년간 발간하다가 1904년 초 정간하였다. 1년간은 월간으로, 이후에는 반월간으로 발행하였으며, 그림이 많이 포함되었으나 중요한 것은 글이었다. 王娟, 「『啟蒙畫報』簡介」, 『出版史料』 제1기, 2010, 82~87쪽.

16 張梅, 「另一種現代性訴求-1875~1937兒童文學中的圖像敘事」, 山東師範大學博士論文,

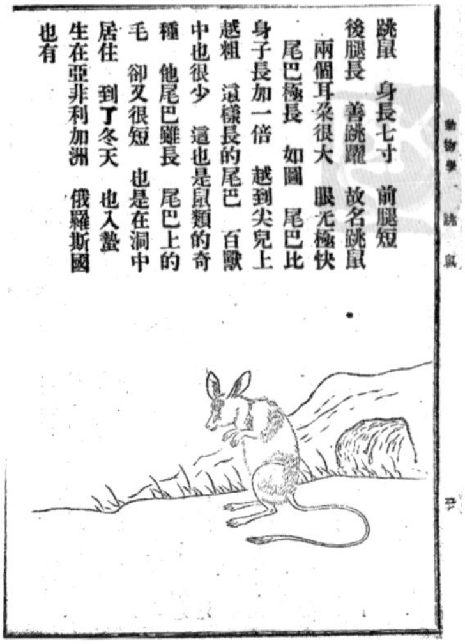

〈그림 7-1〉
『계몽화보』 10기(1903)

〈그림 7-2〉
『아동교육화』 29기(1913)

『아동세계』 창간호에 가장 먼저 발표된 「두 원숭이의 모험기-악어가 집을 부수다鱷魚毀屋」는 '골계화'라는 명칭으로 발표되었다. 이 작품은 7장의 연속적인 그림을 3쪽에 걸쳐 게재하였는데, 그림만으로 이야기의 줄거리를 뚜렷하게 전달하고 있다. 『아동세계』의 골계화는 그림이 중심이 되어야 할 것 같으면서도 글과 그림사이에 서로 발전하고 보충하는 관계가 형성되었다.

『아동세계』의 작품은 그림책의 특성에 더 가깝다. 이전의 잡지에 실린 유머 그림은 그림과 서사가 병행되는 형식으로 그림의 서사 기능이 압도적이어서 글의 존재는 있어도 되고 없어도 괜찮은 것이었다.

예를 들어, 그림에 높은 나무다리를 타고 있는 한 남자아이의 다리 밑에 중

2011, 58쪽.

기기관차 한 대가 통과하고 있었다. 그림 옆에 "높은 나무다리 타는 사람의 다리 밑에 기차도 통과할 수 있다"는 해설문이 적혀 있다. 『兒童教育畵』 제75卷 그림만으로도 충분히 다 이해할 수 있으니 해석 글이 없어도 아이들이 이 그림을 이해하는 데에 전혀 지장이 없다. 그리고 글은 그림 내용에 대해 중복적으로 서술한 것이어서 이러한 글과 그림의 결합은 글이나 그림 자체의 내재적 의미를 더 확대한 것은 아니다.[17]

이처럼 글과 그림의 관계가 긴밀해지는 『아동세계』의 그림이야기는 창간호에 등장한 「두 원숭이의 모험기」에서 잘 드러내고 있다.

〈그림 7-3〉「두 원숭이의 모험기-악어가 집을 부수다」[18]

장난꾸러기 두 원숭이가 펠리칸 한 마리와 같이 살았다. 두 원숭이가 늘 말

17 王黎君, 「『아동세계』-중국 그림책의 원점」, 『어린이에게 꿈을 심어주는 문학』, 도서출판 "가꿈". 2014, 206쪽.

18 『兒童世界』 1卷 1期.

썽을 부려대서 악어는 원숭이를 바로잡으려 했다. 이들은 살 집을 구하지 못해 아주 곤란했다. 하루는 하수구를 만드는데 쓰는 기와통을 발견하고 몰래 훔쳐 가지고 왔다. 두 원숭이가 집안에서 "방이 정말 편하네!"라고 말하자, 펠리칸은 "그렇지, 내가 아침을 지을게" 하였다.[19]

글 내용과 함께 살펴보면, 그림에 나타난 기와통을 훔치는 두 원숭이의 묘사가 아주 익살스럽고 재미있다. 기와통을 메고 가는 두 원숭이는 기뻐서 어쩔 줄 몰라 하는 표정으로, 한 원숭이는 기와통을 어깨에 받치고 다른 원숭이는 두 팔로 떠받들고 간다. 펠리칸은 의기양양한 표정으로 멋진 모자까지 쓴 채 씩씩하게 걷고 있고, 오른쪽 귀퉁이에 그려진 신사는 주먹을 쥐고 커다란 입을 벌려 화를 내는 모습이 묘사되어 있다. 글에서는 설명되지 않은 부분이 그림을 통해 세밀하게 잘 묘사되어 있다.

그리고 원숭이들은 기와통을 집으로 삼아 창문 두 개와 출입문 하나를 만들고 문 앞에는 작은 길까지 냈다. 지붕 위의 굴뚝에서는 연기가 피어오르고 지붕 위에는 화분 하나가 앙증맞게 놓여있다. 이처럼 연기가 피어오르는 굴뚝과 세세한 풍경 묘사는 그림을 더 풍부하고 재미있게 만드는 요소가 된다. 부연 설명된 글이 있어 더 재미난 이야기가 되기는 하지만, 굳이 부연 설명한 글이 없더라도 그림만으로도 충분히 이야기의 흐름을 알 수 있는 것이 골계화이다.

글 텍스트에서는 그림이 설명해주지 못하는 펠리칸과 두 원숭이의 관

---

19 兩個最會淘氣的小猴子, 同一只塘鵝住在一起. 小猴子常常的鬧了許多過失, 都是塘鵝來糾正他們. 他們找不到房子住, 非常著急. 有一天, 他們看見一個人類做陰溝用的瓦筒, 就把他偷走了. 兩個小猴子在房子裏叫道"這間房子真舒服呀!" 塘鵝說道"好的, 我幫助你們做早飯吃. "『兒童世界』1卷 1期.

계, 기와통을 훔치는 이유, 신사의 분노 등을 잘 나타내고 있다. 이 작품에서는 그림이 글을 보조하거나 설명하던 기존의 형태에서 벗어나 글과 상호작용하는 역할을 담당하고 있다. 이러한 글과 그림의 관계는 최근 그림책에 관한 이론과도 부합한다. 즉 "내가 이해하기로는 문학형태의 측면에서 볼 때 그림책은 문자와 미술의 상호 배합이다. 서로 보충하면서 서로 풍부해지고 서로 분발하도록 하는 관계로 단순하게 무엇이 무엇을 설명하는 관계가 아니다."[20] 이처럼 문자와 그림이 '서로 보충하고 풍부하게 하며 서로 분발하도록 하는 관계'가 되는 「두 원숭이의 모험기」는 중국 그림책의 초기 형태 혹은 맹아라고 볼 수 있다.[21]

「두 원숭이의 모험기」의 다른 작품도 글과 그림의 상호 구성이 「악어가 집을 부수다」와 크게 다르지 않다. 오히려 등장하는 동물들이 늘어나고 장난꾸러기 두 원숭이의 표정이 더 익살스러워졌으며, 에피소드가 다양해져 아동들에게 즐거움을 주는 요소가 풍부해졌다.

「두 원숭이의 모험기」 이후의 작품부터 정전뒤는 골계화에서 그림이야기로 명칭을 바꾼다. 이것은 글과 그림의 처리가 달라지는 것을 의미한다. 골계화가 중심을 그림에 두고 글과 그림은 서로 설명만 해주는 관계였다면, 그림이야기는 겉으로 드러난 문자의 의미를 그림으로 이야기해주는 점이 다르다. 즉 그림과 문자 이야기의 결합이면서 중점은 이야기에 두고 있어 문학적 색채가 더 짙어졌다.[22] 시각적 문해력은 아동의 인지발달과

20 在圖畫書裏面, 我的理解是, 從文學形態上講, 他是文字和美術的相互配合, 而且是相互補充, 相互豐富, 相互激發的這樣一種關系, 而不是簡單誰說明誰的關系. 梅子涵·彭懿·方衛平等, 『中國兒童文學 5人談』, 新蕾出版社, 2001, 35쪽.

21 王黎君, 「鄭振鐸與中國圖畫書的發生」, 『魯迅研究月刊』 第9期, 2014, 68쪽.

22 王黎君, 「『아동세계』-중국 그림책의 원점」, 『어린이에게 꿈을 심어주는 문학』, 도서출판 "가꿈". 2014, 210~211쪽.

정서발달에 많은 영향을 준다. 일반적으로 아동이 글을 완전히 깨우치기 전에 경험하는 문학은 글과 그림이 공존하는 책이나 작품일 가능성이 높다. 프랑스의 실존주의 철학자인 장 폴 사르트르는 "유년기가 모든 것을 결정한다"[23]고 하였는데. 글과 그림을 병행한 그림이야기는 아동의 정서발달을 촉진하고 상상력과 창의력을 자극하는 좋은 매체가 될 수 있다.

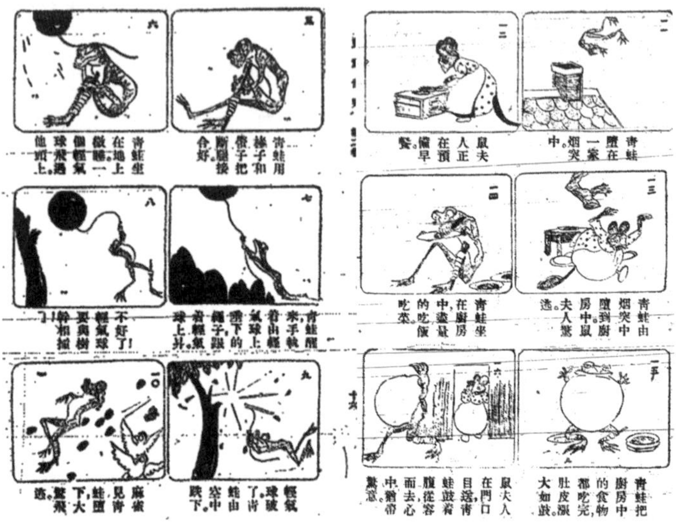

〈그림 7-4〉「개구리의 먹이 사냥」[24]

「개구리의 먹이 사냥」은 그림을 통해 얻을 수 있는 시각적 유쾌함을 아주 잘 표현한 그림이야기이다. 먹을 게 없어서 기운이 없는 개구리가 막대기를 들고 먹이를 찾다가 오히려 다리만 다치고 힘없이 앉아 졸다가 하늘을 나는 풍선을 타게 된다. 갑자기 풍선이 터지면서 어이없게 어느 집 굴뚝으로 떨어지는 불운한 상황은 오히려 개구리에게는 행운이 된다.

23 마틴 솔즈베리·모랙 스타일스, 서남희 역, 『그림책의 모든 것』, 시공사, 2012, 86쪽에서 재인용.

24 『兒童世界』 2卷 11期.

아침 식사를 준비하는 어느 집 부엌으로 가게 된 개구리는 고픈 배를 실컷 채우고 나서 둥근 북처럼 불룩해진 배를 끌어안고 집으로 돌아온다.

이 그림이야기는 간략한 선으로 개구리의 특징과 상황을 효과적으로 표현하여 내용을 전달하고 있다. 배가 고파 막대기에 의지해 먹이를 찾는 모습과 풍선을 잡고 당황스레 하늘로 날아가는 모습, 그리고 굴뚝에 거꾸로 쳐박히는 가련한 개구리의 모습이 실감나게 잘 묘사되어 있다. 어느 집 부엌으로 떨어져 내린 불운은 오히려 전혀 의도치 않은 결과를 안겨준다. 그토록 원하던 먹을 것이 바로 눈앞에 있었기에 개구리는 실컷 배를 채울 수 있었다. 불룩 솟은 배를 드러낸 만족스런 개구리의 모습을 실감나게 시각적으로 실감나게 보여주고 있다. 이 그림이야기는 그림을 통해 서사를 충분히 잘 전달하면서 아동들의 상상력과 호기심을 자극하는 효과를 거두고 있다. 또 생활 속에서 벌어질 수 있는 어려움이 예기치 못한 다른 결과를 가져올 수도 있다는 의외의 지혜도 선사해준다.

많은 그림책 연구자들은 이미지를 보고 정보를 수집하고 소통할 수 있는 능력인 시각적 문해력Visual Literacy과 아동의 발달단계가 밀접한 관련이 있음을 강조하고 있다. 그림을 통해 아동들은 정교하게 의미를 해석할 수 있을 뿐 아니라 조직화하는 능력도 길러진다고 보았다. 그동안 선동적인 중국의 아동도서에는 그림을 동반한 양식이 거의 없었던 것을 보면, 아동의 취향과 기호에 얼마나 무심했는지를 충분히 알 수 있다. 그림이야기는 「『아동세계』 선언」에서 이미 밝힌 바와 같이 아동의 본능적 취미와 기호에 적합하고, 아동의 취미와 기호를 양성하며, 아동의 새로운 기호와 취미를 이끌어 내는 전략이었다. 정전뒤는 그림이야기를 통해 이 같은 부족함을 메꾸려고 했다.

3) 그림이 주도하는 서사

그림이야기에서는 그동안 글의 보조역할을 하던 그림이 오히려 글을 주도하며 전면에 드러나는 것도 있다. 3권 6기에 실린 「자동차 모험기」는 상상력을 마음껏 발휘하게 하는 한 편의 재미있는 그림이야기로 만화에 가깝다. 이 작품은 한 면을 12화면으로 분할하여 글을 위에, 그림을 아래에 배치하는 형식을 사용하였다.

〈그림 7-5〉「자동차 모험기」[25]

25 『兒童世界』 3卷 6期.

이 작품의 전체 구성을 살펴보면 그림이 무척 중요한 역할을 하고 있다. 설사 글 전체가 없더라도 그림 자체만으로 충분히 이야기의 흐름을 알 수 있을 만큼 그림이 가진 서사능력이 뛰어나다. 간단하고 명료한 그림의 연속적인 서사를 통해 오히려 글이 그림을 보완하는 역할을 하고 있다.

아이가 감은 태엽의 힘으로 자동차는 화분을 뒤집고, 강아지와 부딪히고, 신발에 걸려도 멈추지 않는다. 신발까지 끌고 계단을 오르는 자동차의 괴상한 모습에 생쥐도 도망치고 만다. 자동차는 여전히 기세를 몰아 아이가 자고 있는 침대에까지 올라가고 만다. 자고 있던 아이가 놀라 깨어났지만 당황하지 않고 베개로 자동차를 멎게 하자, 결국 자동차는 뒤집히면서 멈추게 된다. 특징을 잘 잡아낸 그림과 간단한 글로 멋진 한 편의 이야기가 탄생한 것이다. 이 작품은 간결한 그림과 글로도 충분히 상상력을 확대해주고, 흥미롭게 내용을 전개한다.

또 글과 그림의 구성에 있어서 기존의 형식을 완전히 달리한 작품도 있다. 앞서 5장 2절에서 소개한 「말썽꾸러기 개」, 「오래된 꽃병을 깨뜨리다」, 「옷이 더러워졌네」, 「잡화점에서」, 「자전거 보관소」, 「아기 돌보기」 등 6편의 그림이야기는 앞쪽에는 그림만 싣고, 잡지의 맨 마지막에 글을 실어 글과 그림을 분리하였다.

이들 작품은 모두 앞부분에 그림을 먼저 내세워 그림 자체만으로도 서사를 충분히 전달하면서, 독자로 하여금 상상력을 발휘하여 서사를 만들어보게 한다. 이는 마치 포스트모던의 '글없는 그림책'을 연상시킨다. "삽화가 있는 책에서 그림이 이야기하는 책으로 비중이 이동하는 추세는 영상과 감성을 중시하는 포스트모더니즘 시대에 들어서면서 특히 가속화되고 있다. 최근의 경향은 그림의 역할이 더욱 중요해지고 있는데 아예 글 없이 그림만으로 훌륭하게 메시지를 전달하는 그림책들이 증가하고

〈그림 7-6〉
「말썽꾸러기 개」[26]

〈그림 7-7〉「오래된 꽃병을 깨뜨리다」[27]

〈그림 7-8〉
「옷이 더러워졌네」[28]

〈그림 7-9〉
「잡화점에서」[29]

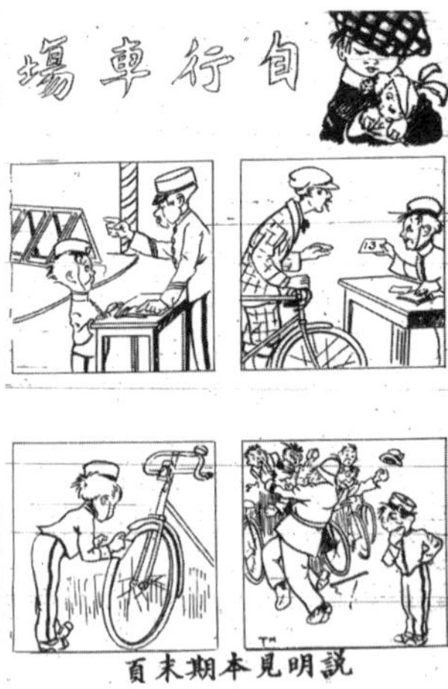

〈그림 7-10〉
「자전거 보관소」[30]

〈그림 7-11〉
「아기 돌보기」[31]

26 『兒童世界』 4卷 1期.

27 『兒童世界』 4卷 3期.

28 『兒童世界』 4卷 5期.

29 『兒童世界』 4卷 6期.

30 『兒童世界』 4卷 7期.

31 『兒童世界』 4卷 8期.

있다. 이는 시각적인 요소와 다중적 독자의 반응을 옹호하는 포스트모더니즘의 경향과 상당 부분 일치한다."[32]

이들 그림이야기는 먼저 그림을 먼저 보면서 전체적인 서사를 구조화하면서 그림 자체로 이야기를 상상하도록 한 뒤 이후 잡지의 마지막 페이지 혹은 다음 호에 글을 실어 그림의 서사를 보완한다. 이들 작품은 그림이야기의 특징을 잘 나타내주는 하나의 본보기라고 할 수 있다. 그림도 글과 마찬가지로 서사와 서정을 표현할 수 있는 시각언어이기 때문이다.

교훈을 배제한 "유머와 풍자, 위트, 난센스의 문학은 18~19세기 영국으로부터 시작되었다. 이 시기는 영국 역사상 가장 엄하고 윤리적인 빅토리아 시대였고, 권위적이고 보수적인 상류계층은 위엄을 내세우며 권위적인 체제를 확립했다. 영국인들은 보수적인 사회체제에 저항하는 유머감각으로 현실을 자유롭게 이야기하고 비판하는 방식이 채택되었다. 이러한 문학작품의 대표적인 작품이 『이상한 나라의 앨리스』"[33]이며, 위의 작품들 역시 이러한 생각이 반영되었을 가능성이 크다.

이러한 경향으로 미루어 볼 때 위의 그림이야기들은 서양 아동잡지의 연재코너의 작품을 번역했을 가능성이 높다. 무엇보다도 등장하는 인물들의 옷차림과 모자 등의 복색을 보면 서구적인 느낌이 물씬 난다. 노 선개되는 에피소드에서 나타나는 등장인물 간의 관계와 생활 속 환경에서도 중국적인 분위기와는 사뭇 거리가 있다.

또 이 작품들은 그림만으로도 충분히 그 내용을 파악할 수 있지만, 글을 통해 인과관계가 더 분명해진다. 그림만으로는 내용을 잘 이해하기가 어렵고 글만으로는 재미가 반감된다. 이밖에도 글과 그림 배치에서 실험적

32 현은자 외, 『그림책의 그림읽기』, 마루벌, 2004, 31쪽.

33 신명호, 『그림책의 세계』, 주니어김영사, 2009, 178쪽.

인 다양한 방법을 시도하여 오히려 그림의 역할이 더 부각된 작품도 있다.

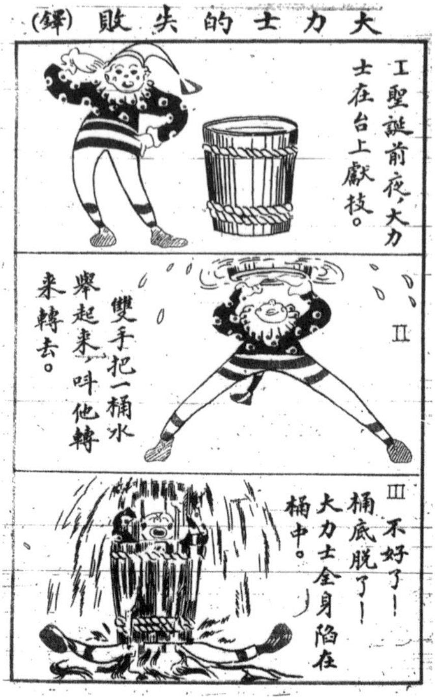

〈그림 7-12〉「장사의 실패」[34]

「장사의 실패」는 역동적인 그림의 묘사로 글만으로는 전달할 수 없는 내용을 오히려 실감나게 표현하고 있다. 자신만만하게 무대에 서서 재주를 뽐내던 장사가 어이없게도 물통의 바닥이 빠지면서 물벼락을 맞는 장면을 통해 아동들은 유쾌한 즐거움을 맛보게 된다. 「장사의 실패」는 짤막한 세 컷의 그림과 글로 서로의 빈 곳을 잘 메워주고 있다.

그림이 주도적인 역할을 감당하는 그림이야기로는 「검은 고양이의 실패黑貓之失敗」와 「선달 그믐날의 공놀이除夕的球戲」도 있다.

34 『兒童世界』 4卷 12期.

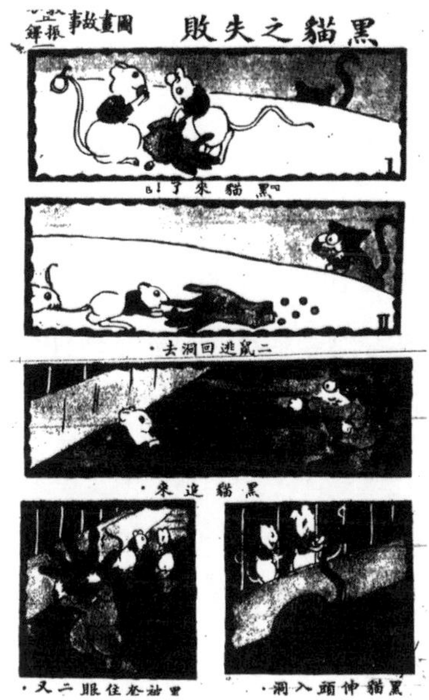

〈그림 7-13〉
「검은 고양이의 실패」[35]

〈그림 7-14〉
「섣달 그믐날의 공놀이」[36]

「검은 고양이의 실패」는 「자동차 모험기」와 마찬가지로 글이 차지하는 분량이 아주 적다. 두 마리 쥐가 먹이를 담아놓은 주머니에서 먹이를 꺼내 먹고 있을 때 검은 고양이가 나타난다. 두 마리 쥐는 재빨리 구멍으로 달아나고 고양이는 쥐를 뒤쫓는다. 고양이가 머리를 들이밀고 구멍으로 들어가려고 하자 장갑 모양의 주머니로 눈을 가려버린다. 하마터면 고양이에게 잡아먹힐 수 있는 상황에서 장갑주머니로 고양이의 두 눈을 가리고 위기를 벗어나는 쥐의 행동에서 아동들은 안도감을 느끼게 된다. 또 쥐를 위협하던 고양이가 자신보다 약한 쥐에게 곤욕을 겪는 모습에서는 통쾌함마저 맛볼 수 있다. 이 그림이야기는 그림 서사는 글 서사를 지지

35 『兒童世界』 3卷 7期.

36 『兒童世界』 4卷 13期.

해주고 있고, 글 서사는 그림 서사에 의존하는 형태를 보인다.

「선달 그믐날의 공놀이」는 남매가 새해 첫날에 공놀이를 하는 표정과 행동이 모두 생동감있게 표현되었다. 이긴 사람이 진 사람 얼굴에 붓으로 그림을 그리는 벌칙을 내리는데 누나가 붓으로 동생 얼굴에 수염을 그린다. 무엇보다도 이 그림 이야기에서는 각 장면마다 등장하는 강아지의 행동에 각별히 주목해보아야 한다. 강아지의 생동감있는 풍부하고 다양한 동작은 아동의 미적 감수성 향상에 도움을 준다.

이처럼 『아동세계』에 실린 정전둬의 그림이야기는 아동들의 관심과 흥미를 불러일으키는 유쾌하고 익살스러운 그림이 많이 등장한다. 그러나 단순히 재미있는 그림을 배치하는 것에 그치지 않고 그림이 시각언어로써의 기능을 수행하고 있다. 그림책은 의도적 시각환경 자료로 인간의 정서에 미치는 효과가 매우 크다. 정전둬는 문자가 없던 시절의 원시인은 그림으로 의사를 전달하였으며 아동의 심리는 원시인과 비슷하므로 그림에서 특별한 감정을 느낀다고 보았다. 그의 그림이야기는 바로 이러한 아동들의 취향을 존중한 인식을 반영하였다.

2. 구성의 다양화 형식과 내용의 새로운 시도

1) 탈프레이밍 수법

프레임의 사전적 의미는 틀, 뼈대라는 물리적 특성과 더불어 특정한 표현방식이라는 의미를 갖는다. 즉 프레임은 어느 한 부분을 취해서 이야기 세계의 틀을 짓는 선택의 기능이며 평면화 기능이기도 하다.[37] 프레임은 대상물을 시각적으로 담아내는 것으로 외적 프레임과 내적 프레임으로 구별한다. 외적 프레임은 판형을 말하는데, 그림이야기는 현대의 그림책처럼 독립적인 형태의 책이 아닌, 잡지 속에 존재하므로 모두 직사각형의 고정된 외적 프레임을 갖게 된다. 그러므로 외적 프레임은 본 논의의 대상에서 제외한다.

그림이야기는 한 장면만을 연출하는 삽화와는 달리 그림과 글이 연속성을 띠어야 하기에 한 페이지에 화면을 분할하여 서사가 전개된다. 본 연구에서 살피는 프레임은 내적 프레임으로 이 "내적 프레임은 작가가 선택하고 사용하는 표현어휘라 할 수 있다. 내적 프레임은 다양한 형태와 크기로 의미를 생성"[38]하고 있기 때문이다. 시각적 표현으로 전달되는 그림이야기는 텍스트를 전달하는 토대이면서 방향성을 보여주는 것이리고 할 수 있다. 『아동세계』 이전에 발행된 『소해월보』, 『몽학보』 그리고 『계몽화보』 잡지의 프레임은 기본적으로 사각틀이며, 글과 그림 역시 상하 배치 형태를 취하고 있다.

---

37 김정선, 「그림책 언어로서의 프레임-데이비드 위즈너의 그림책 텍스트를 중심으로」, 『조형미디어학』 16권 1호, 2013, 62쪽.

38 김정선, 「그림책 언어로서의 프레임-데이비드 위즈너의 그림책 텍스트를 중심으로」, 『조형미디어학』 16권 1호, 2013, 62쪽.

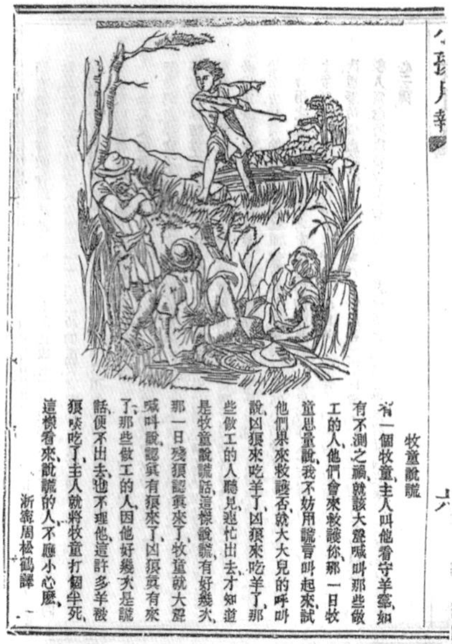

〈그림 7-15〉『소해월보』 1기(1879)

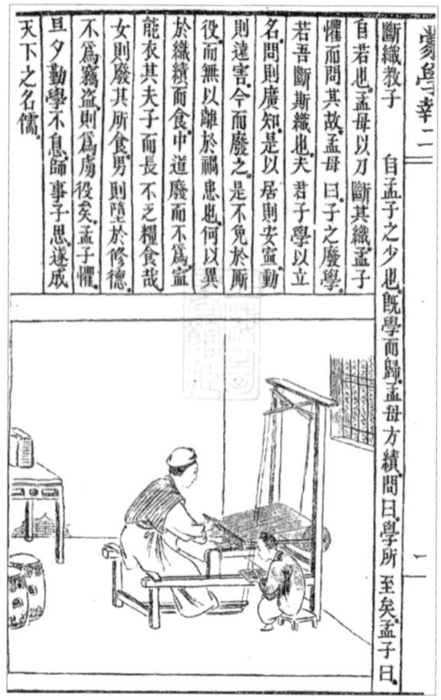

〈그림 7-16〉『몽학보』 2기(1897)

이후 1900년대로 들어서면서 그림서사 위주의 『아동교육화』와 『중화동자계中華童子界』, 및 『동화童話』를 보면 글과 그림의 배치는 좀 더 자유로워졌지만, 직사각형 프레임에는 변함이 없다.

〈그림 7-17〉『중화동자계』 24기 (1916)

〈그림 7-18〉『아동교육화』 74기 (1917)

〈그림 7-19〉 『동화』(1922)

정전뒤 그림이야기 67편 중 가장 반응이 좋았던 작품은 「하마 유치원」으로 제1화에서는 골계화로 명명하고, 전형적 사각 프레임 속에 그림과 글을 배치하고 있다. 그리고 2화인 「하마 유치원·낚시」부터는 처음에 비해 일단 페이지가 늘어나면서 그림이야기라는 명칭으로 바뀐다. 「하마 유치원」의 총 11화 중 8회에 걸친 에피소드는 사각프레임을 사용하였으나 6화 「페인트칠」에서는 탈 프레이밍의 기법을 사용하여 속박에서 벗어난 아이들의 자유로움을 마음껏 드러내고 있다.

"탈프레이밍이란 중심을 비워내는 탈중심화, 비화면 배치이다. 정지된 이미지에서 탈프레이밍은 미학적 가치를 갖는다. 그림책에서의 탈프레이밍은 프레임의 조합과 분해방식에 따라 다양한 의미작용을 하게 되고, 독자적인 의미작용을 유도한다."[39] 이들의 글과 그림 배치는 기존의 형식에서 많이 벗어나 있다. 「산 오르내리기」의 경우에는 그림과 글의 배치가 훨씬 자유로워지면서 탈프레이밍을 통해서 그림과 글이 역동적으로 움식이는 느낌을 준다. 「성탄절 전야」는 사각의 프레임을 유지하면서도 일률적이지 않고, 새로운 형태를 보여준다.

「하마 유치원」 외에도 프레임에 변화를 준 작품이 여럿 있다. 「개구리의 먹이 사냥」, 「다친 여우가 살아남다」를 살펴보면 기본적인 사각 프레임의 형태를 취하면서 글과 그림의 배치에 변화를 주어 새로운 형태로 발전했다. 「다친 여우가 살아남다」의 경우에는 사각의 프레임을 사용하면서도 넓은 하나의 창이 열려있는 듯한 여백의 여운을 주고 있다.

---

39 김정선, 「그림책 매체적 특성에 따른 프레임의 의미작용」, 『한국디자인포럼』 47권, 2015, 420쪽.

〈그림 7-20〉
「페인트칠」[40]

〈그림 7-21〉
「산 오르내리기」[41]

〈그림 7-22〉
「성탄절 전야」[42]

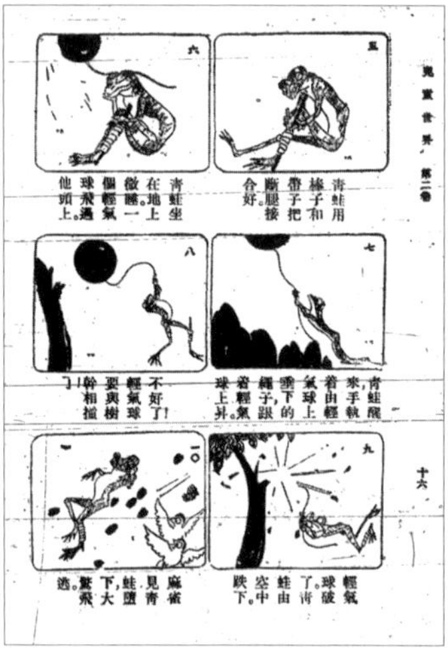

〈그림 7-23〉
「개구리의 먹이사냥」[43]

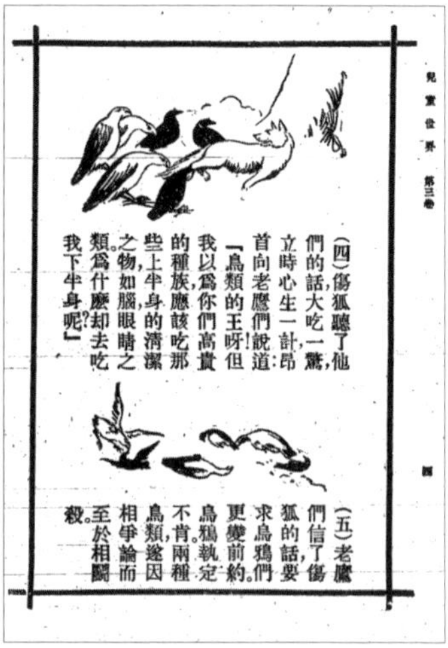

〈그림 7-24〉
「다친 여우가 살아남다」[44]

40 『兒童世界』 4卷 9期.

41 『兒童世界』 4卷 10期.

42 『兒童世界』 4卷 13期.

43 『兒童世界』 2卷 11期.

44 『兒童世界』 3卷 6期.

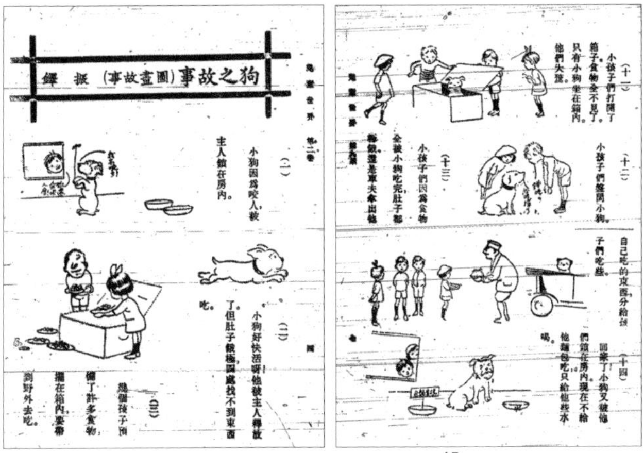

〈그림 7-25〉「강아지 이야기」[45]

그림을 둘러싸고 있는 프레임은 그림을 더욱 단정하게, 또는 덜 역동적인 것으로 만든다. 그림책에서 만화 양식은 같은 면 위에 서로 분리되어 있는 여러 그림들이 있는 체제가 아닌 한, 보통은 신체적인 움직임에 초점을 두며 틀이 없는 것이 일반적이다. 엄격하게 규정된 경계의 틀 안에서 사건을 바라본다는 것은 거리두기와 객관성을 의미한다. 왜냐하면 틀을 통해 우리가 보는 세상은 우리 자신의 세계와 분리되며, 우리가 주목해 바라보아야 할 세계이기 때문이다.[46]

「강아지 이야기「狗之故事」」는 내적 프레임 자체를 사용하지 않음으로써 말썽을 부려 아이들의 소풍을 망치는 자유분방한 강아지의 행동과 맞물린 서사가 잘 드러나는 효과를 연출하고 있다.

그림과 글의 상대적 배치는 책 전체와 한 화면 전체를 읽는 데에 많은 영향을 미친다. 영향을 미치는 방식 가운데 하나가 책의 펼친 면마다 시각적인 균형을 형성하거나 깨뜨리는 것이다.[47]

45 『兒童世界』 2卷 12期.

46 페리 노들먼, 김상욱 역, 『그림책론』, 보림, 2011, 101쪽.

47 페리 노들먼, 김상욱 역, 『그림책론』, 보림, 2011, 106쪽.

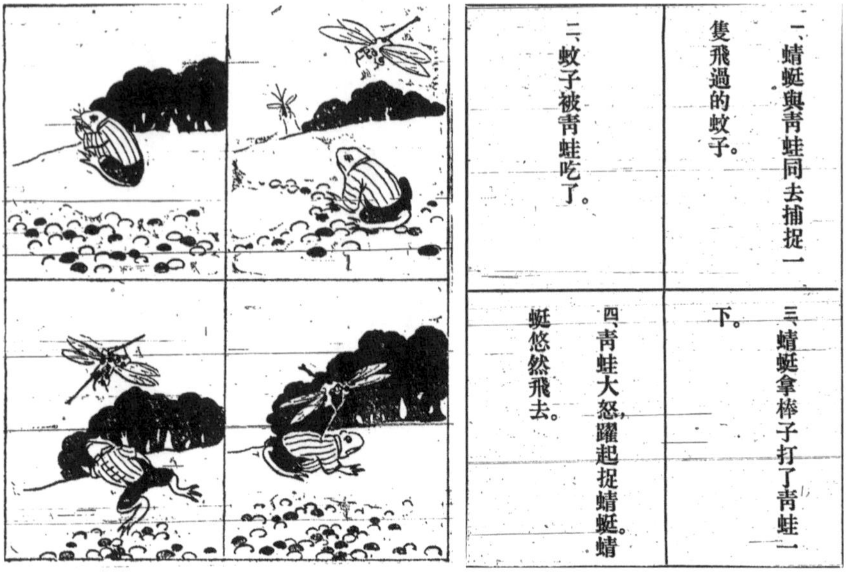

〈그림 7-26〉「잠자리와 개구리」[48]

「잠자리와 개구리」는 글과 그림의 배치에 변화를 주어 앞 장에 그림, 그리고 바로 뒷장에 글을 배치한 독특한 형식을 취하고 있다. 이 그림이야기는 시각적인 균형을 의도적으로 깨뜨리고 있으며, 현대에 등장하고 있는 글없는 그림책에 가깝다. 그림책은 글과 그림이 각각의 정체성과 독자성을 갖고 서로 대화하는 형태인데, 이를 의도적으로 분리하여 그림을 먼저 제시함으로써 아동의 상상력을 한껏 자극하고 있다.

윌리엄 뫼비우스William Moebius에 의하면 틀이 있는 그림은 세계를 바라보는 제한된 눈을 제공하고, 틀이 없는 그림은 그 속에서의 관점인 총체적인 경험을 구성한다[49]고 하였다. 이는 프레임에도 작가가 독자들에게 전달하고자 하는 의미가 작동하고 있음을 의미한다. 프레임으로 강조 혹

48 『兒童世界』 3卷 3期.

49 페리 노들먼, 김상욱 역, 『그림책론』, 보림, 2011, 103쪽.

은 주의를 기울이게 할 수도 있고, 그림이야기 속 인물의 성격이나 상황을 두드러지게 할 수도 있다.

이처럼 정전둬는 실험적이고 다양한 형태의 그림이야기를 수록하여 고정된 인식을 바꾸는데 기여하고 있다. 여기에는 기본형에 해당하는 사각형 프레임에 약간 변형을 가하거나 사각형 프레임에 흑백의 효과를 주기도 한다. 「암탉의 모험」은 사각 프레임의 유형에 속하지만, 직사각형이 아닌 위를 늘인 오각형에 가까운 프레임으로 변형을 가했다. 그리고 골계화에 비해서 글이 간결해졌고 그림과 글의 관계는 서로 보완하는 형태를 띠고 있다.

「고양이와 거울貓與鏡子」 및 「고양이와 거위貓與鵝」는 기본 프레임은 유지하면서도 빗금으로 처리하여 글을 표현하는 부분과 서로 흑백의 대조를 주고 있다. 「고양이와 거울」은 프레임의 테두리를 강조함으로써 액자의 효과를 주었지만 「고양이와 거위」는 또 다른 형태를 취하고 있다.

〈그림 7-27〉「고양이와 거울」[50]

〈그림 7-28〉「고양이와 거위」[51]

50 『兒童世界』 4卷 9期.

51 『兒童世界』 4卷 10期.

「사과나무 아래서苹果樹下」는 한 그림이야기 속에 두 가지 유형의 글과 그림의 배치를 사용하고 있다. 즉 한쪽 면에는 그림을, 한쪽 면에는 글을 배치하는 형태와 한 면 안에 사각형 프레임 안에는 그림을, 프레임 바깥쪽에는 글을 배치하는 형식을 사용하고 있다. 이는 시각적 텍스트인 그림을 먼저 제시하는 효과를 보여준다. 오늘날 거의 대부분의 그림책은 가로쓰기로 왼쪽에서 오른쪽으로 시선이 옮겨가지만, 당시 중국어는 세로쓰기로 오른쪽에서 시작하여 왼쪽으로 시선이 움직였기 때문이다.

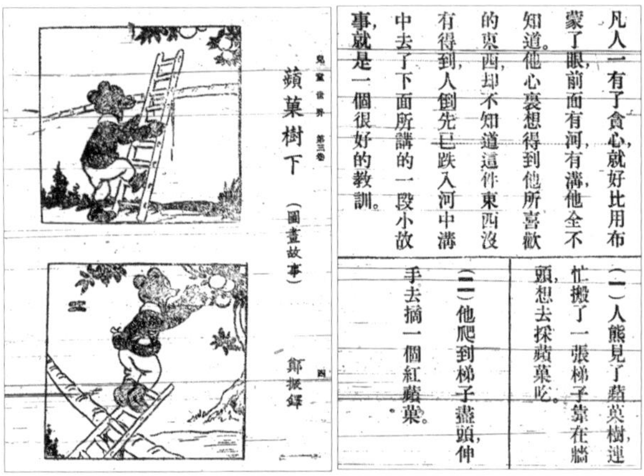

〈그림 7-29〉 유형 ①
「사과나무 아래서」[52]

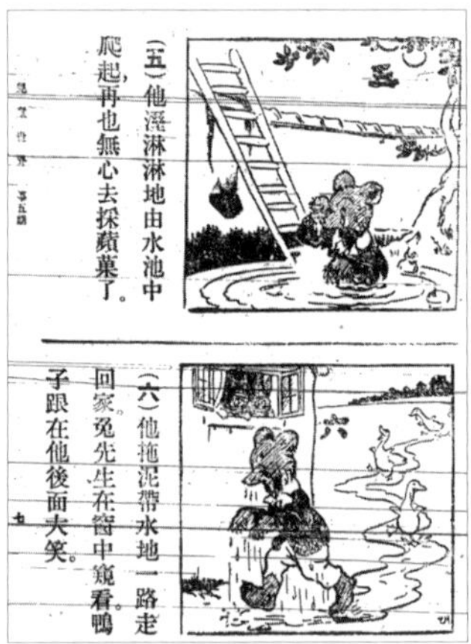

〈그림 7-30〉 유형 ②
「사과나무 아래서」[53]

가장 보편적이고 일반적인 직사각형의 프레임을 벗어난 그림이야기는 「가여운 위에커의 내력」이다. 「가여운 위에커의 내력」은 12컷의 그림으로 이루어져 있는데, 위에 제시한 것 이외에도 모두 원형 프레임을 사용하고 있다. 원형의 내적 프레임을 사용한 경우는 67편의 그림이야기 가운데 이 작품이 유일하다. 주인공 위에커의 어리석은 행동은 원형 프레임

52 『兒童世界』 3卷 5期.

53 『兒童世界』 3卷 5期.

을 통해서 더욱 희화화되는 효과를 주고 있다.

〈그림 7-31〉「가여운 위에커의 내력」[54]

위에커가 눈덩이를 굴리며 주방으로 들어갔다. 눈덩이는 열기에 금방 녹아 버렸다. 위에커는 갑자기 넘어져 버렸다. (…중략…) 위에커는 자신이 탈 말이 없어서 양을 탔다. 양의 몸이 작아 위에커의 발이 땅에 닿았다. 긴 발이 땅을 끌어 제대로 탈 수 없었다. (…중략…) 위에커는 과일을 따러 나무에 올라갔다. 나무가 너무 높았다. 위에커는 벌벌 떨며 기어올랐다. 어이없게도 시든 가지를 밟았다. 시든 가지는 무게를 견디지 못하고 부러졌다. 위에커도 굴러 떨어졌다.[55]

프레임 안에서 등장인물과 함께 등장하는 모든 이미지는 하나의 텍스트로서 플롯을 전개해 나가는 스토리텔러의 역할을 하며, 프레임은 글 텍스트 그림 텍스트와 더불어 의미를 생성한다.[56] 그림이야기에 등장하는 인물은 그 위치와 자세, 표정 및 주변 배경 등이 모두 어우러져 서사를 전개해 나간다. 즉 프레임은 그림이야기를 완성해가는 중요한 구성요소의 하나로

54 河裏的冰還未凍結實, 約克便跑去滑冰. 嘩啦一聲, 約克跌到河裏去了. 約克的主婦叫約克拿了牛乳桶取牛乳, 約克不會取, 被母牛踢了一下, 他倒在地哭了. 『兒童世界』 3卷 11期.

55 『兒童世界』 3卷 11期.

56 전연우·김태경·조희숙, 「그림책 『새가 된 청소부』에 나타난 프레임의 의미 분석」, 『유아교육학논집』, 2014, 439쪽.

볼 수 있다. 그러므로 프레임은 작가의 의도가 담겨있는 하나의 메시지이므로 아동들이 이러한 부분을 감각적으로 받아들이면 미적 감수성도 자연스레 길러지게 된다. 그림이야기의 다양한 프레임은 바로 고정되고 규격화된 틀에 얽매이지 않는 자유로운 감성을 배양하는 역할을 담당하게 된다. 그림이야기의 내적 프레임의 변화는 다양한 형태의 아동도서가 출현하는 현재의 시각으로 보면 너무나 당연하기도 하고 그다지 혁명적이지도 않다. 다양한 외적 프레임과 입체적이고도 촉감까지 동원한 그림책이 등장하고 있으니 오히려 고전적이기까지 하다. 그러난 100여년 전의 중국 아동도서에서는 엄청난 변혁이었으며 기존도서의 형식을 뒤엎는 전복이었다. 이것은 아동에 대한 세계관을 반영한 것이며, 오랜 세월 동안 지속되던 아동에 대한 인식을 전환한 것이었다.

2) 타이포그래피의 변주

문자언어와 시각언어는 서로 다른 방식으로 메시지나 이야기를 전달하지만 한 가지 공통점을 갖고 있다. 글 텍스트를 구성하는 단어는 음성언어를 가시적으로 표현해 주는 기호로써, 의미를 전달한다. 글 텍스트의 문자는 소리와 의미를 전달하기 위한 상징기호이기도 하지만 시각예술과 불가분의 관계를 가진다.

문자언어의 시각예술화가 바로 타이포그래피인데, 이는 크기와 형태, 배치 차원에서 다양하게 문자언어를 표현함으로써 의미 효과를 극대화시키는 방법이다. 즉, 문자를 해당 면의 어디에 어떤 크기로, 어떤 서체로 표현할 것인가를 결정하는 의사소통의 수단이다. 타이포그래피는 무한한 표현력과 폭넓은 다양성을 지닌 예술의 한 형태이다. 잰 화이트는 타이포그래피에 대해서 다음과 같이 말하였다.

타이포그래피는 목소리의 톤을 구체화할 수 있다. 높은 톤을 내게 하거나 낮은 톤을 내게 할 수 있고, 큰 소리로 고함을 치게 할 수도 있다. 혹은 아주 낮은 목소리로 속삭이게 할 수도 있다.[57]

그러므로 그림책에서 활용된 타이포그래피는 미학적 차원에서 뿐만이 아니라 의미 차원에서도 중요하다. 특정 타이포그래피를 작품 전체에 사용할 때와 특정한 일부분에 사용할 때, 그 의도하는 목적이 달라진다. 그림책에서 타이포그래피는 단지 글자를 아름답게 표현하려는 장식 효과만이 아니라, 다양한 의미 효과나 유희 효과를 목표로 한다는 것이다. 작품 의도나 주제를 부각시키거나 등장인물의 개성을 표현하고, 특정 단어를 의미 차원에서 강조하거나 유머 효과를 만들어 낼 수도 있다.[58] 그리고 그림책에서 타이포그래피는 단지 글자를 아름답게 표현하려는 장식 효과만이 아니라, 다양한 의미 효과나 놀이 효과를 목표로 한다.[59]

텍스트의 글자들이 그림과는 달리 소통하고 다른 종류의 반응을 요구할지라도 쓰인 언어는 그림과 마찬가지로 하나의 중요한 경로이다. 텍스트의 글자들은 실제 의미와 상관없이, 말하는 소리의 단순한 상징이 아니라 화면 위에서 시각적으로 드러나는 양상의 일부이다. 글자들은 특정한 의미를 넘어 정보를 소통한다.[60]

그러므로 서체뿐만 아니라 글자의 크기도 의도된 정보일 수 있다. 그리고 글의 상대적인 배치도 역시 영향을 미친다. 그러므로 관습적인 디자인

57 잰 화이트, 정병규·안상수 역, 『편집 디자인』, 안그라픽스, 2013.

58 Joseph H Schwartz, *Ways of the Illustrator*, Chicago : American Library Association, 1982, p.65. 이성엽, 『그림책, 해석의 공간』, 마루벌, 2014, 35~36쪽.

59 이성엽, 『그림책, 해석의 공간』, 마루벌, 2014, 35~36쪽.

60 페리 노들먼, 『그림책론』, 보림, 2011, 105~106쪽.

에서 벗어나 변화나 혼란을 주는 것은 의도가 담겨있다고 볼 수 있다.

먼저 그림이야기 가운데 서체의 변화를 준 작품은 「암탉의 모험」과 「아기물고기 수난기小魚遇險記」, 「시냇가에서 벌어진 이야기」 등이 있다. 즉 의미의 변화와 스토리의 효과적 전달을 위해 일반적으로 사용하던 인쇄체에서 변화를 주고 있다. ”그림책의 타이포그래피는 색깔, 굵기, 크기, 배열, 대비, 패턴, 기울기 등의 기호 자원에 의해 다양한 방식으로 표현된다. 이들 기호 자원은 그림책에서 전체적인 글 테스트가 갖는 규칙성과 일체감을 해체하거나 분산시키는 동시에, 주의를 집중하게 하는 시각적인 요소로 작용“[61] 한다.

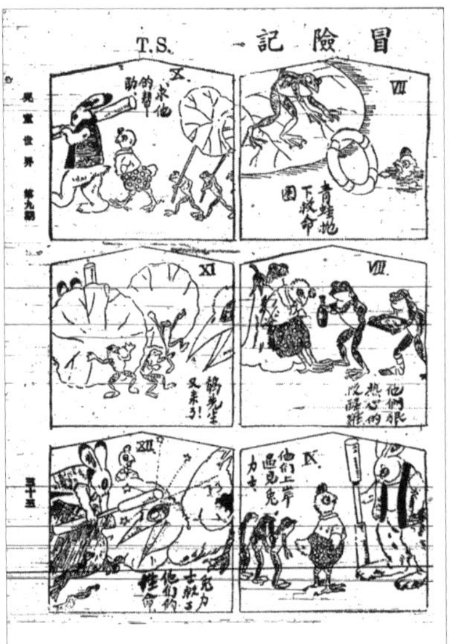

〈그림 7-32〉 「암탉의 모험」[62]

〈그림 7-33〉 「아기물고기 수난기」[63]

61 김영수, 「그림책의조형적 구성요소로서 타이포그래피연구－마이라 칼만(Maira Kalman)의 작품을 중심으로」, 『조형미디어학』, 2013, 3쪽.

62 『兒童世界』 1卷 9期.

63 『兒童世界』 3卷 9期.

제4장 2절에서 언급했던 「시냇가에서 벌어진 이야기」도 자연스러운 붓글씨 서체를 사용하였다. 이는 작가가 이야기의 분위기를 전달하고, 주인공의 개성을 부각하는데 있어서 붓글씨 서체가 더 효과적이라고 판단했음이 분명하다. 글 텍스트의 문자는 소리와 의미를 전달하기 위한 상징기호이기도 하지만, 시각예술과 불가분의 관계가 있다. 문자언어의 시각예술화인 타이포그래피는 크기와 형태, 배치에서 다양하게 문자언어를 표현함으로써 의미효과를 극대화시킨다. 그러기에 그림책에 활용된 타이포그래피는 미학적 차원에서 뿐만이 아니라 의미차원에서도 중요하다.

최근의 그림책은 긴장감을 증폭하기 위해 시각적인 다양한 시도를 하기도 하고, 시각적 언어유희를 시도하기도 한다. 즉 작가의 창의성을 한껏 발휘하여 새로운 전략을 구사하고 있다. 글자를 즐거운 놀이처럼 배치하거나, 색상을 달리하기도 하고, 글 속에 틀을 부여하기도 한다. 그러나 그림이야기에 등장하는 타이포그래피에서 이러한 현대적인 예술성과 창의성을 기대할 수는 없다. 그동안 관습적으로 표현되던 일정한 틀을 벗어나 변화를 주려고 노력한 점에 의미를 부여할 수밖에 없다. 하지만 서체의 변화를 통해 아동의 자유로운 사고를 촉진한 측면은 높이 평가받아야 한다.

3) 장르 혼용의 창작

정전뤄가 아동문학의 예술형식을 탐색하여 여러 유형의 창작을 시도한 점은 5장 3절의 1항에서 이미 설명한 바 있다. 그는 그림고사에도 다양한 문학양식을 녹여 독특한 표현수법의 창작을 시도하였다. 먼저 아동문학의 교육적 기능을 중시한 작품으로 그림이야기 「여름날의 꿈」이 있다.

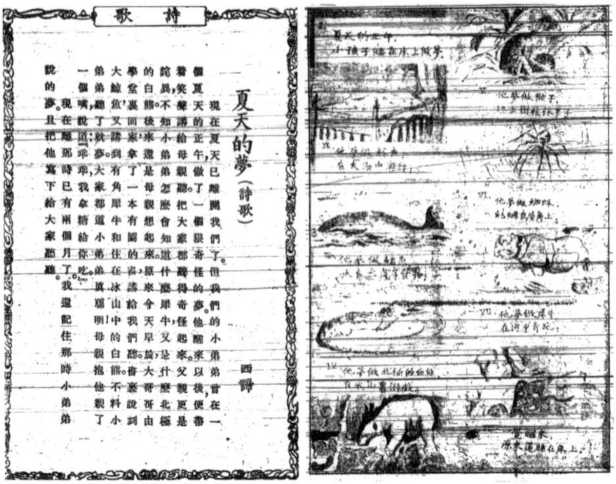

〈그림 7-34〉「여름날의 꿈」[64]

어느 여름날 낮잠에서 깨어난 동생이 어머니에게 이야기를 들려준다. 동생의 이야기를 들으며 모두들 어린 동생이 어떻게 코뿔소와 북극곰을 알고 있는지 의아해한다. 알고 보니 형이 학교에서 그림책을 가지고 와서 고래, 코뿔소, 북극곰 이야기를 해주었던 적이 있었다.「여름날의 꿈」은 당시 동생이 꾸었던 꿈을 기억하여 다시 독자들에게 이야기를 들려주는 형식으로 되어 있다. 이 그림이야기는 과학적 지식전달을 위해 여러 동물의 생태를 시 형식으로 서사를 전개하고 있다. 글과 그림의 구성도 창의적이어서, 한 면에는 글만을 다른 면에는 8컷의 동물 그림에 간단한 설명을 덧붙였다. 아이는 꿈속에서 고래, 악어, 북극곰, 원숭이, 거미, 코뿔소가 되어 헤엄도 치고 나무 위의 과일도 따고 거미줄도 친다. 아동들에게 유용한 과학적 지식을 전달하기 위해 새로운 형식을 시도한 정전둬의 창작 방식을 엿볼 수 있다.

그림이야기 가운데 가장 다양한 내적 프레임을 활용한 작품은「새해 모임」이다.「새해 모임」은 전형적인 네모 프레임을 탈피해 아동들에게 자

64 『兒童世界』 4卷 3期.

유로운 사고와 상상력을 제공하고 있다. 뿐만 아니라 당시 아동들의 놀이와 생활, 복식 등의 문화를 알 수 있는 자료로도 가치가 있다. 이 작품은 글 서사 전개 행태와 그림의 분위기로 볼 때 번역작이 아닌 순수한 창작으로 보인다. 정전뒤가 즐겨 사용한 다양한 장르를 혼합하는 수법을 사용하면서 서사 내용과 전개양식을 보면 창작임을 알 수 있다. 이 「새해 모임」은 『아동세계』가 3권부터 종합적 간행물의 성격을 띠면서 아동들의 기호와 수요를 적극 반영하여 새로운 장르를 이야기 속에 적절하게 삽입한 작품이다. 바로 후기 『아동세계』 지면에 비중이 대폭 늘어난 '놀이', '우스운 이야기', '수수께끼'를 이 그림이야기 안에 투입하고 있다.

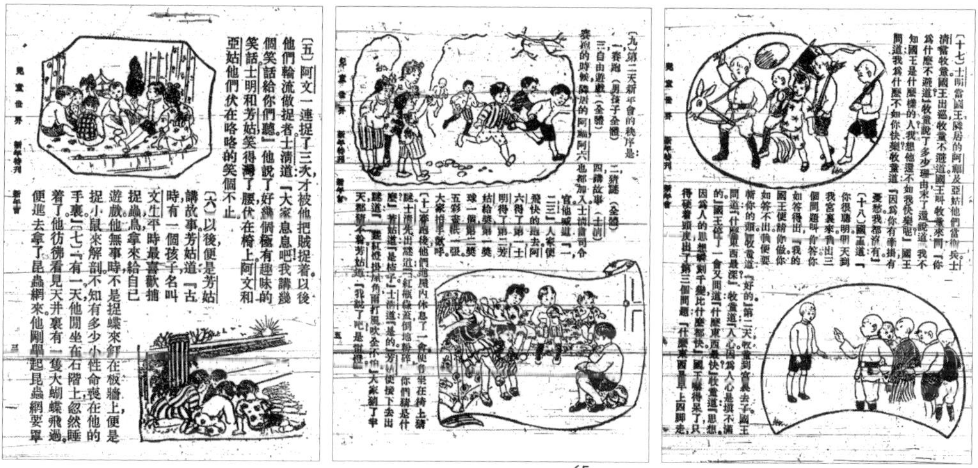

〈그림 7-35〉 「새해 모임」[65]

예를 들어보면, 우리에게는 「여우야, 여우야 뭐하니?」로 알려진 〈그림 7-36〉의 「병아리 잡기」 전래놀이는 『아동세계』 3권 4기의 '놀이'란에 이미 실린 내용이다. 「병아리 잡기狐捉小雞」는 각각 한 아이가 여우와 어미닭이 되고 나머지 아이들은 병아리가 되어서, 술래인 여우가 어린 닭을 잡

65 『兒童世界』 5卷 1期.

으려 할 때 어미닭은 병아리가 잡히지 않도록 보호해 주는 놀이이다.

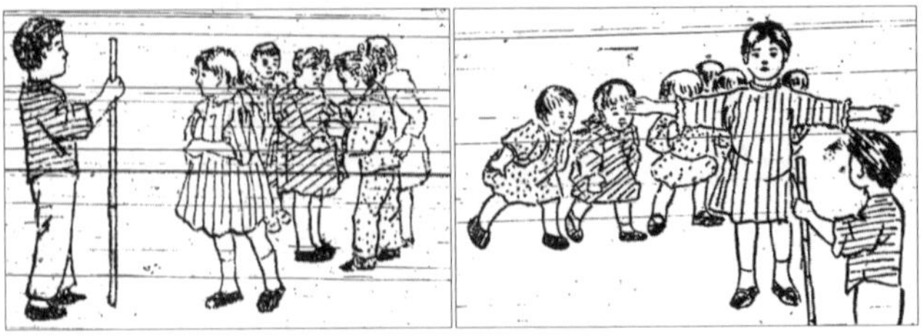

〈그림 7-36〉「병아리 잡기」[66]

〈그림 7-37〉「병아리 잡기」[67]

그런데 『아동세계』 〈그림 7-37〉의 「병아리 잡기」는 비록 그림은 약간 변형되었지만 실제로는 같은 놀이다. 즉 3권 4기에 '놀이'라는 장르로 이미 소개한 내용을 「새해 모임」에 액자형태로 끼워 넣고 있다. 이밖에도 이 그림이야기에는 다른 권기에 소개한 수수께끼와 극본 등을 삽입하여 새로운 작품을 만들었다. 이는 정전둬가 재창작 방식에서 애용한 형식으로 글 텍스트는 정전둬가 창작하고 그림은 내용에 맞춰 화가들이 그렸거나, 서로 협의와 토의를 통해 공동으로 완성했을 가능성이 있다.

3. 판타지 형상화 환상의 세계 구현

1) 의인화 기법

아동문학에서는 동물이 주인공으로 등장하는 경우가 아주 많은데 이는 아동문학이 갖는 특징의 하나이기도 하다. "동물이 이처럼 아동문학에 널리 사용되는 이유는 아동들의 체구가 마치 작은 동물과 유사하고 행동패

66 『兒童世界』 3卷 4期.

67 『兒童世界』 5卷 1期.

턴이 문명세계의 인간보다 본능적인 동물의 습성과 더 많이 닮았다고 보기 때문"[68]이다. 이는 저우쭤런이 문화인류학적인 측면에서 원시인이 가지고 있던 사유방식과 아동의 인식이 일치한다고 한 점과 일맥상통한다.

의인화는 특히 아동을 대상으로 하는 동화나 이야기의 내용 전개에 있어서 중요하게 다루어져야 할 부분이다. 동물을 주인공으로 설정하면 그 인물이 지녀야 하는 나이나 성, 사회적 신분 등에서 비교적 자유로울 수 있고, 상상을 표현하는데도 적합하다. 아동들은 사물이나 동물의 의인화를 좋아하는데, 자신이 존재하는 방식으로 이들도 존재한다고 여기기 때문이다. 의인화는 아동들로 하여금 현실의 세계를 잊어버리고 상상의 세계로 쉽게 진입할 수 있게 한다. 동물을 사실적으로 그리면 감정을 표현하기 힘들지만, 의인화하면 다양한 동물의 감정을 쉽게 전달할 수 있다. 아동들은 인간을 주인공으로 한 이야기를 통해서는 나타낼 수 없는 자신의 감정을 동물 이야기를 통해 드러낸다. 인간 주인공이 느끼는 어려움의 무게보다 의인화한 동물이 느끼는 어려움의 무게가 더욱 강조되어 아동에게 전달된다. 페리 노들먼은 "의인화한 어린 동물도 아이처럼 자연적 본능과 사회적 전통 사이에서 갈등한다"[69]고 말하고 있다.

하위징하는 "은유는 생명과 변화의 견지에서 사물이나 사건을 묘사하는 수사법인데, 이것으로 효과를 내려고 할 경우 필연적으로 의인화를 한다. 의인화는 어떤 사람이 자신의 생각을 다른 사람들과 소통하려는 필요를 느끼자마자 떠오르는 것이며, 생각은 상상과 동시에 태어난다"[70]고 하였다. 즉 의인화도 놀이의 하나이며, 원시인 혹은 이집트 그리스 등 고대인들의

---

68 마리아 니콜라예바 외, 서정숙 외역, 『그림책을 보는 눈』, 마루벌, 2015, 152쪽.

69 김이산, 『똑똑똑 그림책』, 현암사, 2004, 118~119쪽.

70 요한 하위징하, 이종인 역, 『호모루덴스』, 연암서가, 2019, 271~272쪽.

생각이라고 보았다. 즉 의인화는 철학과 심리학에서 알레고리적 표현[71] 형태로 드러나기도 하는데, 원시심리가 놀이형태로 표현되는 것이라고 볼 수 있다.

중국 아동문학사에서는 바로 이러한 동물의 의인화를 두고 큰 논쟁이 벌어지기도 했다. 1930년대 좌익작가연맹을 중심으로 사회 빈곤층에 속한 프롤레타리아 아동들을 소재로 한 현실주의에 기반한 창작이 나타나면서 이른바 '새와 동물이 말을 하는 조언수어鳥言獸語' 논쟁이 전개된 것이다. 즉 의인화 수법으로 창작된 아동문학 작품을 학교 교과서에 수록해야 하는지를 둘러싸고 교육계와 문학계가 서로 격렬하게 논쟁을 벌였다. 먼저 교육계에서 교과서에 실린 새와 동물들의 의인화에 대하여 '괴이하기 이를 데 없다'며 비판하고 나섰다.

상중이尚仲衣는 신선이 나오고 동물이 말하는 동화는 자연현상과 사회가치에 위배되는 부정적인 것이라고 하였다. 나아가 환상성을 띈 아동문학 전체를 비판하면서 조언수어와 같은 의인법을 무의미한 환상으로 폄하하였다. 이러한 주장이 발표되자마자 루쉰과 예샤오쥔, 장톈이張天翼, 빙신 등의 작가들이 크게 반발하여 적극적으로 '조언수어' 부류의 작품을 옹호하였다. 이들은 아동의 심리적 특징에 입각하여 이러한 작품들이 아동들에게 방해가 되지 않으며, 문학 및 과학의 가치와 아동 독자의 연령단계에 따라 구별해야 한다고 지적하였다. 즉 성인의 심리로 아동의 심리를 추측해서는 안 되며, 아동들이 성장하는 과정에서 거쳐야 하는 과정이라고 주장하였다.[72] 이는 저우쭤런이 바로 「아동의 문학」에서 이미 주장한 내용이었다.

---

71 프로이드의 대표적인 연구 사례 가운데 '쥐인간'과 '늑대인간'의 사례로 정신분석의 의인화는 이것을 가리킨다.

72 이 '조언수어' 논쟁을 통해서 동화의 가치는 더욱 확고해졌다. 프롤레타리아 아동문학

우리는 또 아동의 생활이 변하면서 성장한다는 것을 알고 있다. 그러기에 이 단계는 우리가 아동이 필요한 노래와 이야기를 마음껏 공급해도 좋으며 무슨 나쁜 영향을 미칠까 걱정할 필요가 없다. 단 우리는 아동들이 침체되지 않고, 정당한 궤도에서 벗어나지 않도록 세심하게 심사숙고해야 한다. 예를 들어 영아가 태어나서 밥을 먹을 수 있게 되고, 발로 걸을 수 있게 되었는데도 여전히 젖을 먹이고 품에 안고 다니면 도리어 위장과 발의 근력이 약해질 것이다. 아동이 고양이와 개가 말을 할 수 있다고 믿으면, 우리는 그저 아동과 함께 개와 고양이가 말하는 이야기를 하여서 아이들을 기쁘게 해줄 수 있다. 아동들이 이 과정을 건너뛸 수 없음을 알아야 하고, 또 자연적으로 지나가는 시기이기에 알맞게 대처해야 한다. 아동이 고양이와 개가 어떤 생물인지 알려고 할 때까지 기다렸다가 다시 생물학적 지식을 알려주면 된다.[73]

저우쭤런은 진화론과 인류학적 관점에 의거해 성인들이 황당무계하게 생각하는 아동문학 요소는 원시인류가 가지고 있던 사상과 습속을 반영하는 것이며, 아동의 발달과정에 있어서 필연적이라고 말하였다. 그러므로 아동의 발달단계에 맞춰 이를 적절히 활용하면 되는 것이지 배척할 필요가

운동 시기를 거치면서 동화의 중요성은 더욱 강조되었고 위상도 강화되었다. 동화는 현실주의 정신을 적극 수용하였는데, 이렇게 새로 형성된 동화를 '신흥동화'라 한다. 이 신흥동화는 1930, 40년대를 이어 꾸준히 아동소설과 더불어 중국 현실주의 아동문학의 맥을 이어갔다. 원종찬 외, 『동아시아 아동문학사』, 청동거울, 2017, 290~293쪽.

73 我們又知道兒童的生活, 是轉變的生長的. 因爲這一層, 所以我們可以放膽供給兒童需要的歌謠故事, 不必愁他有什麼壞的影響. 但因此我們又更須細心斟酌, 不要使他停滯, 脫了正當的軌道. 比如嬰兒生了牙齒可以吃飯, 腳力強了可以走路了, 卻還是哺乳提抱, 便將使他的胃腸與腳的筋肉反變衰弱了. 兒童相信貓狗能說話的時候, 我們便同他們講貓狗說話的故事, 不但要使得他們喜悅, 也因爲知道這過程是跳不過的-然而又自然的會推移過去的, 所以相當的對付了, 等到兒童要知道貓狗是什麼東西的時候到來, 我們再可以將生物學的只是供給他們. 周作人, 「兒童的文學」, 『新青年』 8卷 4號, 1920, 12.

없다고 여겼다. 오히려 매클린톡의 말을 빌려 아동의 상상력이 침해되면 그 아이는 모든 흥미를 잃고 무미건조한 유물唯物적인 사람이 되고, 방종하게 되면 몽상가로 변하여 그 마음은 쓸모가 없어진다고 말하고 있다.

진화설에 따르면, 인류 개인의 발생 기원과 계통 발생의 절차는 똑같다. 태아시기를 거쳐 생물로 진화하는 과정을 거치는 것처럼 아동 시기는 문명 발달의 과정을 거치는 것이다. 그러므로 아동학Paidologie의 많은 사항은 인류학Anthropologie을 빌려 설명할 수 있다. 문학의 기원은 본래 원시인이 자연에 대한 경외와 호기심을 상상에 의지해 일종의 감정과 사상을 구성하여, 언어행동을 빌려 표현해 낸 것으로써 총칭하면 가무이고, 이를 나누면 노래, 부와 희곡, 소설이다. 아동의 정신생활은 원시인류와 비슷하고, 그 문학은 동요와 동화이다. 그 내용과 형식은 원시인의 문학과 대부분 같을 뿐 아니라 아직도 원시사회의 유물인 야만 혹은 황당한 사상을 많이 갖고 있다. 아동과 원시인을 비교해 보고, 아동문학과 원시의 문학을 비교해 보면, 현재 이미 정설이 되어있으므로 더 말할 필요가 없다. 우리가 주의해야 할 것은 그저 '아동의' 문학을 어떻게 적절히 아동에게 공급해 줄 것인가이다.[74]

---

74 照進化說講來, 人類的個體發生原來和系統發生的程序相同－胚胎時代經過生物進化的歷程, 兒童時代又經過文明發達的歷程－所以兒童學(Paidologie)上的許多事項, 可以借了人類學(Anthropologie)上的事項來作說明. 文學的起源, 本由於原人的對於自然的畏懼與好奇, 憑了想象, 構成一種感情思想, 借了言語行動表現出來, 總稱是歌舞, 分起來是歌, 賦與戲曲小說. 兒童的精神生活本與原人相似, 他的文學是兒歌童話, 內容形式不但多與原人的文學相同, 而且有許多還是原始社會的遺物, 常含有野蠻或荒唐的思想. 兒童與原人的比較, 兒童的文學與原始的文學的比較, 現在已有定論, 可以不必多說; 我們所要注意的, 只是在於怎麼樣能夠適當地將"兒童的"文學供給與兒童. 周作人, 「兒童的文學」, 『新青年』 8卷 4號, 1920, 12.

정전둬 역시 저우쭤런의 이런 견해에 완전히 동의하고 있다.

> 최근 많은 사람들이 아동문학인 이야기, 동화 중 황당하고 괴이한 말이 아동에게 무익하고 유해하다고 크게 회의를 가지고 있다. (…중략…) 이것은 지나친 염려이다. 인류 아동기의 심리가 바로 이와 같아서, 아동들은 바로 이러한 황당무계한 이야기를 좋아했다. 이것은 아동기의 취미일 뿐이며 장래의 심리에는 아무런 영향이 없다. 그러므로 우리는 이러한 자료를 이용하는데 전혀 염려가 없다.[75]

그림이야기의 중요한 특성 가운데 하나는 의인화이다. "의인화는 비인간적 존재나 무생물에 인간자질을 부여하는 것이다. 특히 시각적 이미지가 의인화를 지원하는 그림책에는 인상학적 특성을 부여하는 경우가 많다."[76]

정전둬의 그림이야기는 이러한 사고에 입각해 재창작되거나 번역, 창작되었다. 정전둬의 그림이야기 67편 가운데 사람이 서사를 이끌어가는 작품은 25편이며, 등장인물이 동물이거나 사람과 동물이 동시에 출연하는 작품은 42편이다. 42편의 작품 가운데 동물을 사람처럼 취급한 작품은 31편으로 이들 그림이야기의 의인화 수법[77]을 살펴보면 〈표 7-1〉과 같다.

---

75 近來有許多人對於兒童文學很有懷疑, 以爲故事, 童話中多荒唐怪異之言, 於兒童無益而有害. 這都是過慮. 人類兒童期的心理正是這樣, 他們所喜歡的正是這種怪誕之言. 這不過是兒童期的愛好所在, 與將來的心理是沒有什麼影響的. 所以我們用這種材料, 一點也不懷疑. 鄭振鐸, 「『兒童世界』 宣言」, 『鄭振鐸全集13卷·兒童文學』, 華山文藝出版社, 1998, 3쪽.

76 마리아 니콜라예바, 『아동문학의 미학적 접근』, 교문사, 2009, 255쪽.

77 의인화의 특징으로 김이산은 『똑똑똑 그림책』에서 8가지를 들었다. 첫째, 직립 즉 걷기이다. 둘째, 언어 구사이다. 셋째, 이름을 갖는다. 넷째, 옷을 입는다. 다섯째, 성을 구별

〈표 7-1〉 그림이야기 의인화 수법

순	작품명	의인화 수법							
		걷기	언어구사	이름 갖기	옷 입기	성 구별	물건 과 장소	자세와 행동	표정과 성격
1~5	두 원숭이의 모험기(1-5)	○	○	×	×	×	○	○	○
6	누가 지빠귀를 죽였나	×	○	×	×	×	○	○	○
7	두 원숭이의 모험기(6)	○	○	×	○	×	○	○	○
8	암탉의 모험	○	×	×	○	×	○	○	○
9	개구리의 먹이 사냥	○	×	×	○	○	○	○	×
10	사슴과 곰	×	○	×	×	×	×	×	○
11	잠자리와 개구리	×	×	×	○	×	○	○	○
12	코끼리와 원숭이	×	○	×	×	×	×	○	×
13	사과나무 아래서	○	×	×	○	×	○	○	○
14	다친 여우가 살아남다	×	○	×	×	×	×	○	○
15	아기 양 여행기	○	○	×	○	×	○	○	○
16	아기 물고기 수난기	○	○	×	○	○	×	○	○
17	원숭이 왕	×	○	×	×	×	×	○	○
18	꼬리 잘린 여우	×	○	×	×	×	×	○	○
19	쥐 선생 초상화 모델기	○	○	×	○	○	○	○	○
20~30	하마유치원(1-11)	○	○	×	○	○	○	○	○
31	쥐부인 자녀교육기	○	○	○	○	○	○	○	○
소계		24	27	1	20	15	25	30	29

위의 표를 통해 살펴보면 가장 많이 사용한 의인화 수법은 표정과 성격이며 그 다음이 자세와 행동이다. 의인화 수법을 다 동원한 그림이야기가 바로 「쥐부인 자녀교육기鼠夫人教子記」이다.

문학 속 인물에 대해 이름을 붙이는 것을 에펠레이션appellation이라고 하는데, 이는 문학 속 등장인물의 창조 방법이라고 할 수 있다.[78] 이러한

한다. 여섯째, 물건과 장소가 사람이 사는 곳과 쓰는 것들과 같다. 일곱째, 자세와 행동에서도 인간과 마찬가지로 일하고 자고 먹고 논다. 여덟째, 동물의 감정과 자세, 행동을 사람과 마찬가지로 표현한다.

78 박철희, 『문학이론입문-무엇을 어떻게 읽을 것인가?』, 형설출판사, 2009, 275쪽.

에펠레이션은 이야기를 읽는 독자가 등장인물을 보고 그 성격을 유추해내는 데 영향을 미친다. 이러한 에펠레이션, 즉 이름 갖기는 가장 간단하게 성격을 창조해내는 형태이면서 동시에 생동감 있게 인물의 개성을 불어넣는 일이라고 할 수 있다.[79] 이는 우화에서 인물의 성격을 표현하기 위한 장치의 하나로 인물의 이름이나 지위, 직업, 생리적 결함 등을 이용하는 것과 관련이 있다. 즉 인물의 내재적 특징을 잘 나타내기 위해 이름이나 외모, 경력, 기질 등을 정형화해서 효과적으로 표현한 것이다.

〈그림 7-38〉「쥐부인 자녀교육기」[80]

이 그림이야기에는 어머니인 쥐부인과 아들, 딸이 등장하는데 인간의

79 정한숙, 『현대소설 창작법』, 웅동, 2000, 80쪽.

80 『兒童世界』 4卷 6期.

옷차림을 하고 있다. 어머니는 일반적인 주부의 복장을 하고 있고 아들은 바지를, 딸은 치마를 입힘으로써 그림을 통해 성을 구별할 수 있게 하였다. 또 이들은 사람처럼 직립하여 걷고 언어를 통하여 자녀를 교육한다. 그뿐 아니라 두 자녀는 각기 황얼黃儿, 칭메이青妹라는 이름도 갖고 있다.

그리고 도구를 사용하여 풀숲을 뒤지다가 벌집을 건드려 애써 도망치다가 벌에 쏘이는 장면을 통해 장난스럽고 말썽을 피우는 어린아이의 모습이 잘 형상화되어 있다. 어머니 역시 상처를 싸매주며 다음부터는 말썽부리지 말고 엄마와 같이 다녀야 한다고 나무라는 모습 또한 자녀가 장난을 치다가 어려움에 처했을 때 인간세계의 일반적인 어머니가 대처하는 행동과 크게 다르지 않다.

6장 1절에서 서술한 「쥐 선생 초상화 모델기」도 「쥐부인 자녀교육기」의 의인화 수법과 화풍이 거의 흡사하다. 등장인물은 모두 쥐로 옷을 입고 있으며, 화가와 모델이 된 쥐는 각자가 부여받은 역할을 수행한다. 화구를 사용하여 모델을 그리는 화가 쥐와 모자를 손에 들고 지팡이는 옆에 세워둔 채 멋지게 자세를 잡은 쥐 선생 모두 사람의 행동과 다를 바가 없다. 여기에 장난꾸러기 화가 아들이 몰래 손님의 지팡이를 가지고 가다가 쇠갈고리를 풀어버린다. 장난꾸러기 아기 쥐의 행동에서 독자들은 유쾌함을 맛보고, 속박된 현실에서 벗어나는 대리만족을 느낄 수 있다.

이밖에 「누가 지빠귀를 죽였나」는 5장 3절에 서술한 「아이의 피리소리」와 함께 시 형식의 그림이야기다. 아동시는 5·4신문화운동 이후 자유체 신시가 발전되어 나온 것으로, 5·4신문화운동 중 궈모뤄 등 시단이 발족되면서 중국에 아동시가 비로소 생겨났다.[81] 5·4신문화운동 시기에 출현

81 蔣風, 『兒童文學教程』, 希望出版社, 1992, 328쪽.

한 신시는 이전의 격률의 제한에서 벗어나 비교적 자유로운 형식을 채용하였고, 사용한 어휘도 구어적인 백화를 사용하였다. 이러한 변혁으로 시의 체제는 해방을 맞는데[82] 이 두 편의 그림이야기는 "시의 형식을 빌려 동화 내용을 반영한 그림이야기로, 읽었을 때 듣기 좋은 시적 언어를 사용하였고 풍부한 상상력이 담겨있어 어린 독자들의 환영을 받았다."[83] 이 두 작품은 그림을 제외하면 서사성을 지닌 훌륭한 한 편의 산문시가 된다.

특히 「누가 지빠귀를 죽였나」는 지빠귀 새의 죽음을 놓고 다양한 새들이 차례로 등장하여 지빠귀의 죽음과 관련된 질문에 대답하는 시형식으로 이루어져 있다. 이 작품은 초기에 발표된 것으로 창작보다는 번역일 가능성이 많고 정전둬가 타고르에 관심을 갖고 그의 시를 번역한 이력과 무관하지 않아 보인다. 14장면의 그림 가운데 사용한 의인화 기법은 도구 사용과 인간의 생활양식과 똑같은 장례절차이다.

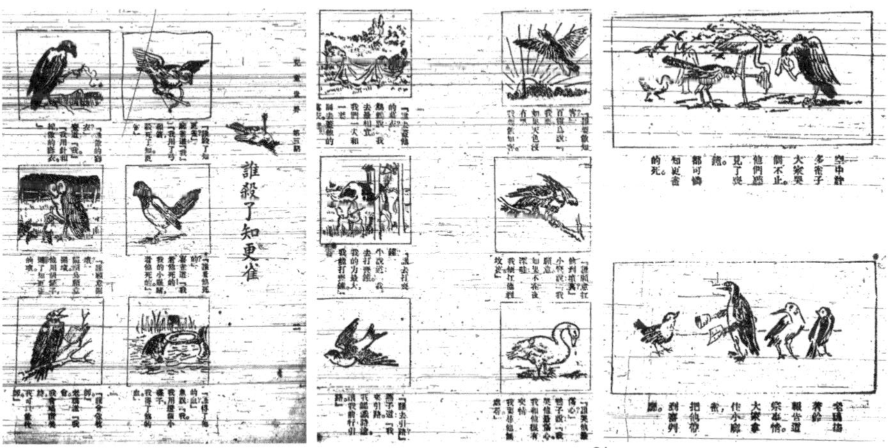

〈그림 7-39〉 「누가 지빠귀를 죽였나」[84]

82 封建華, 「略論五四兒童詩的發生」, 『湖南科技學院學報』, 2012, 25쪽.

83 王泉根, 『現代兒童文學的先驅』, 上海文藝出版社, 1987, 74쪽.

84 『兒童世界』 1卷 3期.

등장하는 동물들은 인간세계의 죽음에 대한 예법과 절차를 따라 각자 한 가지씩 역할을 맡아 친구에게 예의를 갖춰 떠나보낼 준비를 한다. 즉 등장하는 인물 모두가 새들로 표현되었지만, 이들 역시 인간과 마찬가지로 가까운 친구의 죽음을 슬퍼한다. 지빠귀의 죽음을 확인한 새들은 차근차근 장례절차에 들어간다. 수의를 짓고, 무덤을 만들고, 장례를 집전할 목사를 세운다. 까마귀는 조사를 낭독하는 목사 역할을, 종달새는 손님 접대를 하고, 매는 지빠귀를 무덤으로 옮기는 일을 맡는다. 그리고 오리는 지빠귀와의 우정이 깊었다며 상심한 채 눈물을 흘리고, 원앙 두 마리는 지빠귀에게 수의를 덮어주며, 소는 애도의 종을 울려주고, 제비는 길을 인도하여 공중의 많은 새들이 모여 친구의 죽음을 조상한다. 불쌍한 지빠귀의 죽음을 모두 애도한 후, 지빠귀를 해친 참새를 심판장으로 데려옴으로써 이야기는 끝이 난다.

정전둬 그림이야기의 의인화 수법 중 가장 활용빈도가 낮은 것은 이름 갖기이다. 사실 여러 다른 동물이 등장할 때는 고유명사인 쥐, 하마, 물고기, 곰, 코끼리 등의 지칭만으로도 충분히 등장인물을 구별할 수 있고 인물의 성격을 표현할 수 있다. 여기에 오히려 인간이 사용하는 이름을 부여한다면 이야기를 끌고 나가기가 더 복잡해지는 역효과를 불러일으킬 수 있기에 이 기법은 거의 사용하지 않은 듯하다.

정전둬가 주로 사용된 의인화 기법은 사람이 활동하는 장소와 물품을 사용하고, 감정교류를 하며 자세와 행동에서도 인간과 마찬가지로 감정 표현을 하는 것이다. 또 인간들 사이에 상호 교통하는 수단인 언어를 활용해 동물들도 자신들의 의사를 전달한다. 이처럼 그림이야기는 여러 의인화 수법을 활용하여 아동의 상상력을 풍부하게 해주고, 세태를 이해하며 감수성을 함양하는데 도움을 주고 있다.

2) 조력자 동원

아동문학은 환상의 문학이다. 환상은 초월성을 가지고 있고, 모든 것이 가능한 세계로의 진입을 가능하게 해준다, 환상은 인류가 지닌 귀한 품성이다. 아동문학은 환상의 장려를 사명으로 하는 문학이며 상상력은 아동문학의 생명에 깊이를 더한다.[85] 정상적인 심리를 가진 아동들은 모두 상상력을 지니고 있다. 상상은 창조의 배아로 곧 아동의 천성이라고 볼 수 있다. 독일의 철학자 칸트는 "상상력은 창조성의 인식작용이다. 상상력은 진정한 자연계가 제공하는 소재 속에서 다른 상상의 자연계를 창조하는 능력"[86]이라고 하였다. 과학자인 아인슈타인도 "상상력은 지식보다 더 중요하다. 지식은 한계가 있지만, 상상력은 세상의 모든 것을 포괄하고 진보를 추진하며, 아울러 지식진화의 원천이기 때문"[87]이라고 말했다.

우리에게 널리 알려진 근대 아동문학의 창시자인 안데르센의 동화가 예로부터 지금까지 추앙받는 이유는 바로 뛰어난 환상성을 구현한 것과 깊은 관련이 있다. 카미쇼 이찌로上笙 郎는 안데르센 동화의 특징을 작품 속의 환상이 신앙과 합일된 민간문학과는 다른 자유로운 환상으로 보았다. 그리고 규칙적으로 정해진 상상력에서 해방되어 자유롭게 상상의 나래를 펼친 점이 우수하다[88]고 평가하였다.

상상은 '아동중심' 사상과도 밀접한 관련이 있다. 저우쭤런은 '아동중심'을 논하면서 아동의 상상력을 중시하였다. '아동중심'이란 성인 입장에서가 아니라 전적으로 아동이 좋아하는 것을 기준으로 삼아야 하며, 풍

85 朱自强,『朱自强學術文集3 : 兒童文學概論』, 二十一世紀出版社集團, 2015, 58쪽.

86 蔣風,『兒童文學教程』, 希望出版社, 1992, 140쪽.

87 朱自强,『朱自强學術文集2 : 1908~2012中國兒童文學與現代化進程』, 二十一世紀出版社集團, 2015, 45쪽에서 재인용.

88 上笙一郎,『兒童文學引論』, 四川少年儿童出版社, 1983, 76~77쪽.

부한 상상력을 길러 주어야 하는데 이 역시 어른의 기준을 가지고 재단하면 안 된다고 하였다. 즉 인류학에 기초하여 "아동은 원시인류와 마찬가지로 물신을 숭배하며 모든 사물에 생명이 있다고 여기는데 어른들이 황당무계하다고 여겨 굳이 이를 바로잡는다면 오히려 아동의 상상력을 저지하므로 손실이 크다"[89]고 여겼다.

환상은 현실과는 다른 초자연적인 소재나 대상, 또는 사건이 중심이 되는 이야기이다. 환상은 과학적 설명과 자연법칙이 유보되며, 마술과 마법이 적용되고 시공간의 제약으로부터도 자유롭다.[90] 환상을 동반한 작품은 이야기의 장소가 현실세계보다는 비현실세계를 배경으로 하는 경우가 많아, 시간과 공간이 좀 더 구체적으로 제시되어야 한다. 이것은 갈등상황을 명료화하여 이야기의 분위기에 영향을 미치게 된다. 아동을 위한 그림책에서는 현실과 환상을 넘나드는 경우 공간적 배경이 변하면서 이야기를 꾸며 나가기도 하는데, 구체적인 언어로 표현되지 않더라도 그림이 시간의 흐름과 공간의 변화에 따른 분위기를 연출해 주어야 한다.

이 상상이나 환상을 담은 초현실성 특성을 가진 문학을 '판타지fantasy'라고 한다. "판타지는 그리스어로 글자 그대로 번역하면 '눈에 보이도록 하는 것'이다. 이 말은 눈에 보이지 않는 것, 비현실적인 사건이나 현실계 밖의 일을 '눈에 보이도록 하는 것'을 의미"[91]한다. 아동문학사에서 교훈주의를 벗고 아동의 상상력을 해방시킨 판타지로 높은 평가를 받는 작품은 루이스 캐럴Lewis Carroll의 『이상한 나라의 앨리스*Alice in Wonderland*』1865이

89 周作人, 「兒童的文學」, 『신청년』 8卷 4號, 1920, 12.

90 현은자·김세희, 『그림책의 이해 Ⅰ』, 사계절, 2005, 266쪽.

91 권혁준, 「판타지동화의 개념, 범주, 유형에 대한 재검토」, 『한국아동문학연구』 제16호, 2009, 11쪽.

다. "『이상한 나라의 앨리스』는 아동들에게 무한한 상상력과 환상적인 모험의 세계를 열어주는 동화이면서 다양한 해석을 가능케 하는 초현실적 작품이다. 또 은유적인 문학작품으로 영문학사에서도 높은 위치를 차지하고 있으며, 많은 철학가와 비평가들에게 호평을 받으며 철학, 미술, 음악, 영화, 무대 예술에도 많은 영향을 미치고 있다."[92]

중국에서도 1922년 자오위안런이 『이상한 나라의 앨리스』를 『아리스 만유 기경기阿麗思漫遊奇境記』라는 이름으로 번역, 출간하여 많은 호응을 얻었다. 저우줘런은 이 번역본이 아동들이 읽기에 좋은 책으로, 상상력이 발전해야 하는 시기에 이런 공상적인 작품이 필요하다고 적극 추천하였다.

그런데 시공간의 분리를 통하여 환상이나 다른 세계로 진입하는 방법에는 조력자 동원의 기법이 있다. 이는 상상을 표현하는 예술형상의 하나로 신묘한 능력을 가진 어떤 형체가 등장하여 일반적인 인간이 해결할 수 없는 곤경을 물리치고 결국 문제해결에 이르게 된다. 「의로운 독수리仁俠之鷹」와 「선원과 독수리水手與大鷹」는 현재의 세계와 다른 새로운 세계를 서술하는 매개로 자유로이 하늘을 날 수 있는 독수리를 동원한 그림이야기이다. 실제로 많은 민담에서 불행한 현실을 타파하는 조력자로 독수리나 까치, 매 등의 날짐승이 자주 등장한다. 독수리는 비교적 힘이 센 날짐승이기에 두 그림이야기에 등장하는 독수리는 이야기 속에 등장하는 주인공을 자신의 날개에 태워서 다른 세계로 이동시킨다. 「의로운 독수리」는 강도에게 잡혀간 부잣집 아이를 독수리가 구해내는 이야기다.

> 강도들이 아이를 잡아갔다. (…중략…) 부잣집 아이는 강도 소굴에서 힘든

92 송지영, 「의미의 환상, 무의미의 일상－루이스 캐럴의 『이상한 나라의 앨리스』 연구」, 서울산업대 석사논문, 2008, 1쪽.

일을 하였고 몸도 많이 수척해졌다. 커다란 독수리 한 마리가 날아와서 (…중략…) 아이를 구하였다. (…중략…) 독수리는 아이를 집으로 데려다 주었다.[93]

〈그림 7-40〉「의로운 독수리」[94]

「선원과 독수리」는 뱃사람이 바닷가에 놀러 온 아이들에게 자신의 무용담을 펼치는 내용이다. 선원이 아이들에게 들려주는 이야기는 다음과 같다. 어느 날, 자신이 탄 배가 암초에 부딪혀 바다에 빠져 죽을 뻔했을 때 독수리가 목숨을 구해주었고, 섬에서 보물을 찾아 독수리에 올라타 집으로 돌아오다가 다시 바다에 떨어져 보물상자는 잃고 간신히 목숨만 구하게 되었다. 즉 현실세계와 기묘한 세계를 연결하는 매개는 독수리로, 이 매개의 도움으로 기묘한 세계로 들어가나 매개가 사라지면서 다시 현실로 돌아오게 된다.

93 強盜把孩子擄去. (…중략…) 富家孩子在盜窟裏作苦工, 身子瘦了許多. 一只大鷹從天上飛下 (…중략…) 是來救孩子的. (…중략…) 大鷹把孩子帶回家. 『兒童世界』 3卷 1期.

94 『兒童世界』 3卷 1期.

〈그림 7-41〉「선원과 독수리」[95]

중국 아동문학사에서 본격적인 창작 판타지 아동문학의 첫 등장은 장톈이의 장편동화인 『다린과 샤오린大林和小林』1932부터이다. "『다린과 샤오린』은 교화적 편향으로 물든 시대적 한계를 극복하고 새로운 동화의 세계를 열어 동화의 전성기를 가져온"[96] 기념비적 작품이다. 그런데 이러한 판타지문학이 중국에서는 1930년대 프롤레타리아 아동문학 시기를 거쳐, 해방 전쟁 시기 및 사회주의 문학시기를 거치면서 현실적인 아동문학의 성행으로 발전해 나가지 못했다. 환상문학에 대한 자각은 개혁개방 이후 1980년대에서 1990년대에 접어들면서야 진행되기 시작했다. 그리고 2000년대에 들어서면서 『해리포터』 및 『반지의 제왕』 시리즈 등을 대표로 하는 판타지가 중국 아동문학에 커다란 충격을 전해주었다. 이를 계기로 현재는 인터넷을 통한 온라인 공간을 무대로 한 판타지 창작이 발전하여 예술적 공간 및 상상의 세계를 넓히고 있다. 정전둬의 그림이야기는 장톈이의 판타지 동화가 나오기 이전인 5·4신문화운동 시기에 판타지 문학에의 진입을 시도한 것으로 그 의미가 아주 크다고 할 수 있다.

95 『兒童世界』 3卷 1期.

96 김순진, 「이원수와 张天翼 판타지 동화 비교-『숲 속 나라』와 『大林和小林』을 중심으로」, 『중국학연구』, 2015, 4~5쪽.

3) 꿈의 장치

일반적으로 환상세계를 구현하는 장치로는 전통적으로 잠과 꿈이 많이 활용된다. 문학에 있어 꿈이 주는 의미는 시간과 공간을 점유하고 있다는 점에서 현실과 항상 비교하여 고찰되어야 할 대상이다. 모든 서사는 시간과 공간이라는 두 요소가 함께 작동한다. 사건이 필연적으로 시간의 흐름에 따라 발생하며, 특정한 공간을 점유한 채 이루어진다는 점에서 볼 때, 모든 서사는 시간과 공간을 통합한다고 할 수 있다. 즉, 시간과 공간은 서사를 구성하는 중요한 요인일 뿐 아니라 서로 긴밀히 연결되어 있다. 독자는 공간을 지각함과 동시에 자신의 관념 속에 존재하는 시간성을 토대로 공간이 재구축 된다. 이때 '환상성'이 창출되는 계기가 되는데 시간과 공간을 동시에 점유하면서 환상성을 창출하는 서사장치는 꿈의 활용이 가장 대표적이다.

꿈 모티브를 통해 주제의식을 드러내는 작품들은 서양이나 동양, 그리고 고대부터 현대에 이르기까지 수없이 많다. 『이상한 나라의 앨리스』에 등장하는 주인공 앨리스 역시 꿈을 통해 판타지의 세계로 진입한다. 호기심이 많은 일곱 살의 앨리스는 조끼 주머니에서 시계를 꺼내 보는 흰토끼를 좇아 토끼굴 속으로 따라 들어가게 되고 이상한 나라에서 모험을 하게 된다. 앨리스는 신비한 약을 마시고 몸이 줄어들거나 커지면서 땅속 나라를 여행하다가 돌아와 보니 언니 무릎 위에서 깜박 잠이 들었던 것이었다. 중국 전통 작품 가운데에도 역시 꿈을 모티브로 한 작품이 여럿 있다.

당대唐代 전기傳奇 소설 가운데서도 수작으로 꼽히는 「침중기枕中記」와 「남가태수전南柯太守傳」은 꿈을 모티프로 삼아 각각 '황량지몽黃粱之夢'과 '남가일몽南柯一夢'이라는 고사성어의 유래가 된 작품이다. 「침중기」와 「남가태수전」은 모두 꿈꾸기 전의 인생과 꿈속 인생, 그리고 꿈에서 깬 뒤의 인생을 묘사하고 있다. 꿈을 다루었기 때문에 이 둘은 몽환류夢幻類 서사로 분류[97] 되는데, 이들 작품의 꿈이 주는 서사적 모티브를 살펴보면 현실의 경험법칙과 인과적 논리성으로 판단할 수 없다. 이러한 이유로 꿈 모티브는 초자연적이고 상상적인 세계를 실재화할 수 있는 전통적인 환상 양식으로 사용되어 왔다. 꿈에는 모든 객관적이며 합리적인 관련성이 결핍되어 있다.[98]

정전둬의 그림이야기에서 꿈을 매개로 이야기를 전개하는 작품으로는 「할아버지의 꿈 여행기小老人夢遊記」와 4권 12기의 「성탄절 전야聖誕節前夜」, 그리고 5권 2기부터 8기에 연재한 「아이메이의 피리愛美之笛」를 들 수 있다. 그리고 이 두 세계가 교차하는 작품으로는 앞에서 서술한 「의로운 독수리」, 「선원과 독수리」이다. 「할아버지의 꿈 여행기」는 몽환류 서사이며, 「성탄절 전야」와 「아이메이의 피리」는 실제 아동의 생활이 많이 반영된 작품이다. 환상적 작품에서는 사실주의 문학에서 다루는 일상생활에서 일어날 수 있는 사건과 유머스럽고 코믹한 것, 혹은 비교적 어둡고 무거울 수도 있는 것까지 모두 다 가능하다.

먼저 「할아버지의 꿈 여행기」를 살펴보자.

> 한 노인이 어느 날 꿈속에서 비행기를 타고 여행을 떠났다. 바다로 비행기가 추락했다. 노인은 바다에 떨어졌다. 커다란 고래가 와서 노인을 삼켜버렸다. 노인은 뱃속에서 칼을 꺼내 고래의 배를 가르고 탈출했다. 노인은 살아나서 헤엄쳐 무인도에 도착한 다음 낚시로 연명했다. 하루는 노인이 큰 물고기를 낚다가

97 송윤미, 「「침중기」와 「남가태수전」에 대한 탐구- 서사 구조 분석을 중심으로」, 『동서비교문학저널』, 2008, 133쪽.

98 안민정, 「문학-"꿈" 구현방식으로 본 「조신설화」의 현대적 변용」, 『溫知論叢』, 2013, 129쪽.

물고기에 끌려 바다로 들어갔다. 상어가 노인을 삼키려 했다. 노인은 놀라 재빨리 상어 등에 올라탄 채 바다를 돌아다녔다. 노인은 두 마리 게가 싸우면서 집게발이 서로 꽉 물려 있는 것을 보았다. 상어도 큰 게의 발에 감겨버렸다. 노인은 도망치다가 그만 실수로 바다 안 돌에 걸려 넘어졌다. 알고 보니 한바탕 꿈이었다. 노인이 낮잠을 자다가 그만 의자에서 떨어진 것이었다.[99]

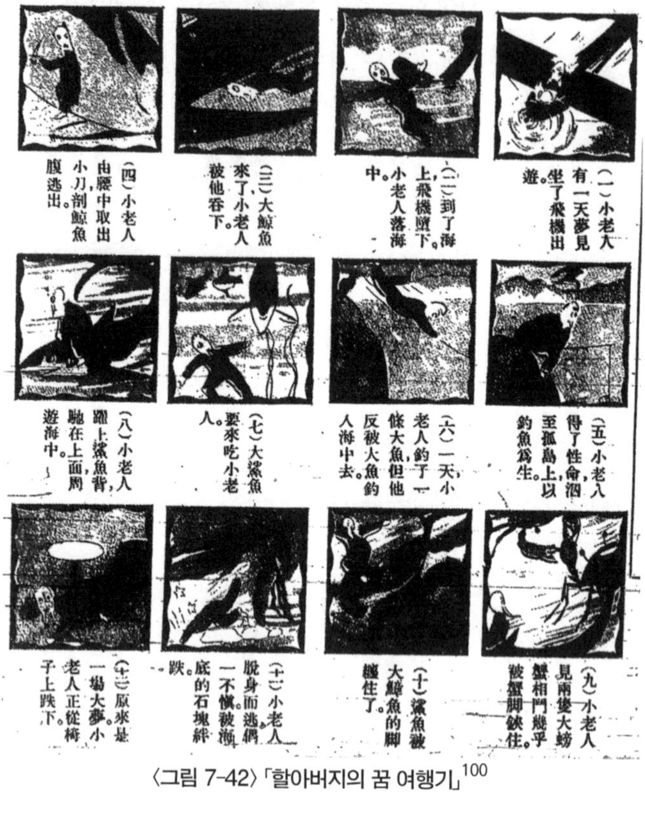

〈그림 7-42〉「할아버지의 꿈 여행기」[100]

프로이드가 '잠재내용'이라고 부른 꿈은 무의식적인 소망, 잠자는 동안

99 『兒童世界』 2卷 9期.

100 『兒童世界』 2卷 9期.

있었던 육체상의 자극, 그리고 전날의 경험이 뒤죽박죽 축적된 이미지의 조합들이다.[101] 또 꿈은 현실의 원칙이 아니라 쾌락의 원칙이 지배하는 상상계로의 진입을 가능케 하는 환상의 입구이면서 환상의 출구로써 기능을 하기도 한다. 그러므로 문학작품에서 환상계로의 진입은 꿈을 통해 가능해진다. 꿈은 핵심적 모티브, 환상계로의 이동수단 가운데 하나로 기능해 왔다.[102]

신성성이 유지되던 신화시대에는 주인공이 초월적인 능력을 가지고 뜻한 바를 모두 이뤄낼 수 있어 소망이 충족되는 공간 설정이 서사구조상 필요하지 않았지만, 소설의 시대로 접어들면서 작가의 의식이 현실화되었다. 그러므로 서사구조의 제재를 현실에서 취하고자 할 때 꿈이라는 장치는 소망의 충족이 불가능한 상황을 충족 가능하게 만드는 기능을 할 수 있게 되었다.

「할아버지의 꿈 여행기」는 꿈의 모티브를 취하여 이야기를 전개하고는 있으나, 일반적인 몽환류 서사 형식에는 벗어나 있다. 보통의 몽환류 서사는 입몽 이전현실→입몽비현실→각몽현실의 순환 형식을 갖고 있는데 반해 「할아버지의 꿈 여행기」는 입몽 전과 각몽의 단계가 모두 생략되어 있다. 즉 꿈을 꾸고 난 후 커다란 깨달음을 얻는 것으로 결론을 짓는 기존의 작품들과는 다르게 단지 노인이 겪은 모든 것이 한낱 꿈이었다는 사실 만을 제시한다. 일종의 열린 결말로 교훈을 내놓고 제시하지 않고, 독자인 아동들의 판단이나 감상에 맡기고 있다.

101 안병국, 『說話文學論』, 學古房, 2012, 130쪽.

102 안민정, 「문학-"꿈" 구현방식으로 본 「조신설화」의 현대적 변용」, 『溫知論叢』, 2013, 128쪽.

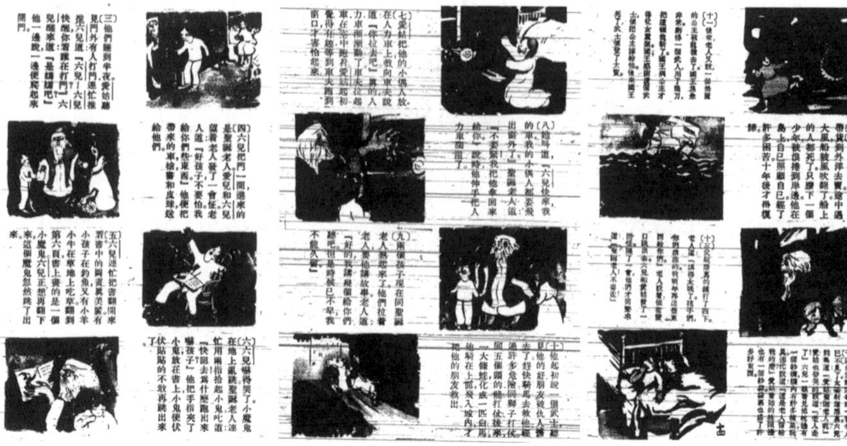

〈그림 7-43〉「성탄절 전야」[103]

「성탄절 전야」는 현실과 비현실을 넘나들며, 아동문학이 지닌 주요한 특징의 하나인 환상성을 동반한 작품이다. 이 작품은 이제까지의 그림이야기와는 달리 유일하게 글과 그림의 작가가 분리되어 표기된 작품으로, 글은 정전둬가 썼고 그림은 쉬둔구의 손을 거쳤다. 쉬둔구는 쉬디산의 형으로, 일본의 유명한 유화화가인 후지시마 타게치藤岛武二에게서 수학하고 돌아와서 상무인서관의 편역소에서 미술관련 업무를 담당하였는데, 정전둬가 편집을 담당했던 『아동세계』의 표지와 삽화, 잡지 장식을 전담하였다. 『아동세계』 1권 1기부터 12기까지의 표지화와 삽화의 화풍을 보면 그의 작품임을 의심할 여지가 없으나 이름이 명시되지 않다가 2권부터 이름이 보이기 시작한다. 쉬둔구는 예사오쥔의 창작동화집인 『허수아비』는 물론 정전둬와 그의 부인이 함께 번역한 『백조』 동화집의 삽화를 그리기도 했다.

「성탄절 전야」는 총 14장면으로 이루어져 있으며, 현실과 비현실을 오가는 환상적 동화 형태를 가지고 있다. 현실세계와 비현실 세계를 자연스

103 『兒童世界』 4卷 12期.

럽게 이어주는 장치로는 꿈을 활용하고 있다.

등장인물인 아이구愛姑와 류얼六兒은 산타클로스의 선물을 기대하며 잠이 든다. 한밤중에 아이들의 방에 찾아온 산타클로스는 자동차와 창, 책, 그리고 공을 선물로 준다. 류얼은 책장을 넘기다가 갑자기 책 속에 있던 작은 꼬마 악마가 튀어나오자 놀라서 울기 시작한다. 산타클로스는 이 꼬마를 잡아서 도로 책에다 집어넣고 다시는 튀어나오지 못하게 하였다. 아이들은 산타클로스에게 이야기를 해 달라고 조르고, 이를 못 이긴 산타클로스는 이야기를 들려준다. 다음은 산타클로스가 꿈속에서 아이들에게 들려주는 이야기의 장면이다.

첫 번째 장면은 적군의 포로로 잡혀간 친구를 구하기 위해 백마를 타고 성으로 들어가 결국 친구를 구출하는 이야기다. 두 번째 장면은 용에게 잡혀간 공주를 구해낸 무사가 공주와 결혼하여 나중에 왕이 된다는 내용이다. 세 번째 장면은 상인들이 배에 물건을 싣고 가다가 태풍으로 모두 죽고 그 한 소년만 살아남아 무인도에 살다가 나중에 돌아온다. 「성탄절 전야」의 산타클로스가 들려주는 이야기는 바로 이 같은 환상의 세계로 그림을 통해 시간과 공간의 제한을 표현하고 있다.

이 「성탄절 전야」는 이 장 2절에서 언급한 「새해모임」과 함께 정전둬의 창작으로 보인다. 「성탄절 전야」는 정전둬가 즐겨 사용한 두 가지 양식을 혼합하고 있는데, 이는 그림책의 플롯의 유형 가운데 액자식 플롯[104]

104 『유아문학교육』에서는 플롯의 유형을 네 가지로 분류하였다. 첫째, 단선 플롯 (linear plot)은 가장 일반적인 플롯의 유형을, 이야기의 사건 전개가 시간 순에 따라 단선적으로 일어나는 플롯을 말한다. 둘째, 누적적 플롯(accumulative plot)은 이어지는 이야기에 새로운 인물이나 사건이 더해지는 플롯이다. 반복과 첨가의 특징 때문에 동심원적 플롯이라고도 하며, 플롯의 기억에 도움이 된다. 셋째, 일화적 플롯은 (episodic plot)은 여러 개의 일화 속 등장인물이나 배경, 주제가 하나로 연결되어 있는 플롯이다. 개별 일화 하나하나는 전체 플롯의 한 부분에 해당된다. 넷째, 액자식 플롯(story within story

혹은 내포적 플롯[105]에 해당한다. 여기에서 내포적 플롯과 액자식 플롯은 용어만 달리 한 같은 개념으로 이야기 속에서 다시 이야기를 전개하는 형식인데, 마리아 니콜라예바가 표현한 기호로 플롯의 유형[106]을 나타내 보면 다음과 같다.

〈표 7-2〉 플롯 유형

구분	형태
점진적 플롯	------------------→
일화적 플롯	-○-○-○-○-○
누적적 플롯	□→□□→□□□→□□□□
액자식 플롯	⊡

보통 어린 아동을 대상으로 하는 그림책의 플롯은 짧고, 반복적인 이야기가 이어지는 누적적 플롯과 연쇄적 플롯이 자주 사용되고, 유아를 대상으로 하는 그림책의 플롯은 시간의 흐름, 이어질 이야기를 유추해 볼 수 있는 단선적 플롯이 자주 사용된다.[107] 그럼에도 「성탄절 전야」는 일반적인 플롯의 형태를 벗어나 좀 더 문학성을 가진 액자식 플롯을 사용하면서도, 아동들의 인지 발달과정을 고려하여 비교적 단순하고 그 전개나 구조가 복잡하지 않은 간단한 플롯을 선택하였다.

모든 이야기는 환상성과 사실성의 변주이다. 정신분석학자 융은 인간과 상징에서 의식이 무의식에 지배당하는 과정을 그림을 통해 사실에서 환상이나 추상으로의 이행과정을 보여주었다. 융이 실험한 과정을 통해

plot)은 이야기 속 이야기 형식이다.

105 마리아 니콜라예바는 플롯의 구조를 ① 점진적 플롯 ② 일화적 플롯 ③ 누적적 플롯 ④ 내포적 플롯 ⑤ 거울 플롯의 다섯으로 분류하였다.

106 마리아 니콜라예바, 『아동문학의 미학적 접근』, 교문사, 2009, 142쪽.

107 유미, 「국내외 아동문학상 수상 그림책 특징에 관한 연구－2001~2011년 수상작을 중심으로」, 덕성여대 석사논문, 2012, 20쪽.

예술에서의 사실성과 환상성은 완벽하게 분리될 수 없는데, 이는 이야기의 경우도 마찬가지이다. 사실성은 환상성에 의해서 정의될 수 있고, 반대인 경우도 그렇다. 현실의 모습을 있는 그대로 재현한 사실적인 작품에도 환상적인 요소는 존재하며, 현실의 세계와 전혀 관련이 없는 환상적인 작품에도 현실은 반영되어 있기 마련이다.[108]

일반적으로 아동들은 그림을 먼저 보고 나중에 글을 읽으므로 글과 그림의 표현 방법은 각기 다른 특성을 살리는 대등한 상호관계를 유지해야 한다.[109] 그러기에 그림에서도 현실세계와 환상의 세계가 분명하게 구별되어져야 한다. 8장 2절에서 다양한 프레임에서 언급했던 「새해 모임」은 날개옷을 입은 천사나 날개가 달린 거인을 등장시켜 환상의 세계를 표현하고 있다.

〈그림 7-44〉「새해 모임」[110]

「아이메이의 피리」는 정전둬가 『아동세계』 편집장에서 물러나 『소설월보』 편집장으로 자리를 옮긴 후에 연재한 작품이다. 이 그림이야기는 일화적 플롯과 액자식 플롯을 혼합한 형식으로 1권 7기에 게재된 「아이의 피리소리」에 나오는 이야기를 바탕으로 하여 서사가 전개된다. 아이메이가 꿈을 통해 여러 동물의 나라를 여행하는 서사는 마치 이상한 나

108 김정란·한용택, 『동화 속의 문화, 문화 속의 동화』, 건국대출판부, 2004, 26쪽.

109 김이산, 『똑똑똑 그림책』, 현암사, 2004, 53쪽.

110 『兒童世界』 5卷 1期.

라의 앨리스와 비슷하다. 앨리스가 꿈속에서 이상한 나라를 여행했음은 나중에야 밝혀지지만, 아이메이의 꿈속 여행은 도입부터 이미 꿈이라는 걸 드러내어 아동의 상상력이 제한되는 측면이 있다.

「아이메이의 피리」는 1권 7기에 실었던 「아이의 피리소리」에 등장하는 주인공 탕얼의 이야기를 일부 차용한다. 탕얼은 피리를 불면 아이들이 따라오고, 돼지는 춤을 추며, 젖을 짜던 여자아이가 춤을 추다 우유병을 깨뜨리는 등 신비한 능력을 가지고 있었다. 아버지에게 피리를 선물받은 아이메이는 탕얼의 피리를 떠올리며 들판의 아기 양들과 돼지우리 속 돼지들 앞에서 피리를 불어보았지만 아무런 반응이 없자, 피리를 던져버리고 잠이 든다.

꿈에서 아이메이는 피리의 신을 따라 신기한 동물들의 나라를 차례로 방문하게 된다. 「아이메이의 피리」는 꿈을 통해 환상의 세계로 들어간다. 일반적으로 꿈은 환상성을 포괄적이면서도 직접적으로 매개하는 역할을 한다. 즉 꿈 안에서는 인물, 사건, 배경 등 어떤 상황, 어떠한 여건도 수용이 가능하며 타당성을 인정받을 수 있는 무한공간으로 자리 잡을 수 있게 된다. 이처럼 수용력이 탁월한 꿈이라는 매개 장치를 통해 아이메이는 꽃나라, 벌나라, 나비나라, 새들의 나라, 과일의 나라로 여행을 떠난다.

그러나 아이메이가 방문한 여러 식물과 동물의 나라는 피리와 연결될 만한 그 어떤 인과관계도 보이지 않는다. 이 작품은 재창작이나 번안 작품이 아닌 정전뤄의 순수한 창작일 가능성이 높다. 이 그림이야기는 꿈의 장치를 이용해 동식물에 대한 흥미를 높이고 과학적인 배경지식을 넓히고자 하는 교육적 의도가 작용한 것으로 보인다. 즉 아동문학의 교육적 가치를 중시한 그의 인식이 반영된 창작작품이다.

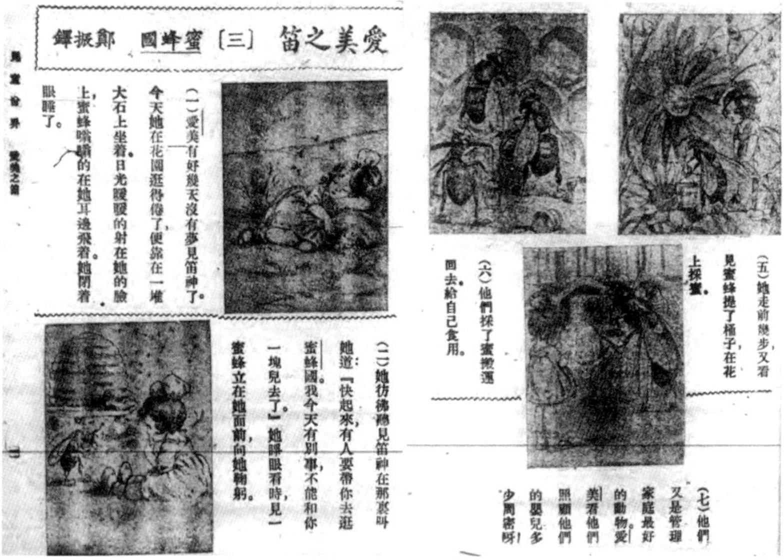

〈그림 7-45〉「아이메이의 피리」[111]

아이메이는 수많은 벌을 보았는데, 어떤 벌은 꿀을 모으고 있었고, 어떤 벌은 벌집을 만들고 있었다. 벌들은 아주 총명해서 그들이 지은 집은 아주 교묘했다. 앞으로 몇 걸음 가보니 벌들이 통을 들고 꽃에서 꿀을 따는 걸 볼 수 있었다. 벌들은 자기들이 먹을 양식인 꿀을 따서 가지고 돌아왔다. 자기들이 먹을 것이다. 벌들은 집안을 잘 관리하는 아주 멋진 동물이다. 아이메이는 벌들이 아기들을 세심하게 돌보는 것을 보았다.[112]

티머먼은 전통적인 판타지에서 현실과 다른 세계를 구성하는 이유를 회복, 탈출, 위안으로 설명하였다. 선과 악이 공존하고 때로는 이 둘을 분

111 『兒童世界』 5卷 2-8期.

112 愛美看見許多蜜蜂, 有的那裏釀蜜, 有的在那裏添造蜂房. 他們真聰明, 房子造得真是奇妙! 她走前幾步, 又看見蜜蜂提了桶子, 在花上采蜜. 他們采了蜜搬運回去, 給自己食用. 他們又是管理家庭最好的動物. 艾美看他們照顧他們的嬰兒多麼周密呀!『兒童世界』 5卷 4期.

간하기 어려운 현실세계에서 판타지의 이차적 세계는 독자에게 정신적 질서를 제공하는 회복의 기능을 하며, 선에 대한 통찰을 제공한다. 탈출은 정신적 자유를 뜻하고, 판타지의 세계는 희망을 제공하며 위안을 준다.[113] 이에 근거해 보면 아이메이가 피리의 신과 함께 여행하는 환상의 세계는 아버지가 사다 주신 피리로 인해 마음이 상한 아이메이의 현실을 위로해주는 새로운 세계이다. 아이메이는 이 환상을 통해서 얻은 깨달음을 가지고 결국은 현실로 복귀하게 되는데, 판타지의 세계는 현실을 객관적으로 인식하도록 도와주는 역할을 한다.

「성탄절 전야」와 「새해 모임」은 여타 다른 작품에 비해 구성이 탄탄하지 못하고 등장인물의 성격을 드러내는 말과 행동이 지극히 평면적이다. 「아이메이의 피리」 역시 현실세계에서 비현실세계로 들어가는 피리의 신과의 관계는 개연성이 모호하며 사건의 전개가 다른 그림이야기에 비해 허술한 편이다. 이러한 점으로 볼 때 「성탄절 전야」와 「새해 모임」, 「아이메이의 피리」는 전적으로 정전둬가 실험적인 창작을 시도한 작품으로 보인다. 즉 다른 나라의 작품을 번역하여 소개하는 과정에서 궁극적으로는 창작을 지향하였고, 짧은 시간 안에 이를 시도하고자 노력한 과도기적 작품으로 짐작된다. 아마도 정전둬가 『아동세계』 편집장을 오랫동안 지속했다면 좀 더 짜임새 있고 작품성이 뛰어난 그림이야기를 창작했을 가능성이 있다. 그러나 아동잡지 편집활동은 준비기간을 감안해도 만 2년이 채 안되었고, 25살에 불과한 나이였기에 그는 책임감과 사명감으로 무장한 채 창작에 도전했을 것으로 보인다.

그리고 초기 『아동세계』 집필진을 보면 거의 정전둬 혼자 여러 필명[114]

113 현은자·김세희, 『그림책의 이해』 1, 사계절, 2005, 279쪽.

114 정전둬는 『아동세계』에 여러 필명을 번갈아가며 사용했다. 『아동세계』 1권 1기에서 6

을 번갈아가며 번역과 편집활동을 하던 상황이라 창작을 병행하는데 있어서 물리적으로도 어려움이 있었을 수밖에 없다. 이는 본격적인 창작으로 발전해 나가는 과정에서는 어쩔 수 없이 반드시 거쳐야 하는 단계였다. 그러므로 비록 미숙하고 완성미가 떨어지더라도 중국 아동문학사에서 그림과의 조화를 꾀한 정전둬의 근대적인 그림이야기 창작의 실험정신과 선진적인 역할은 마땅히 높이 평가되어야 한다.

기까지는 표지그림과 삽화, 악보를 제외하고 필자는 정전둬 1인이었다. 이런 까닭으로 1권 6기까지는 필자 이름을 표시하지 않다가 7기부터 표기를 시작했지만, 그래도 거의 대부분이 정전둬 작품이었다. 1권 11기에 이르러서야 필자진이 점차 다양해지고 있고, 이때는 주로 정전둬·전둬[振鐸]의 필명을 많이 사용하였다. 이처럼 여러 필명을 번갈아 가며 사용한 이유는 『아동세계』 잡지에 참여한 집필 작가가 여럿인 것처럼 보이고자 하는 의도였을 것이다. 가장 많이 사용한 필명은 정전둬 → 전둬 → CT → SK → 시디 → 둬[鐸] → SC → ST의 순이다. 그림이야기 작품에서는 정전둬, 전둬, 둬라는 필명을 사용하고 있다. 그의 여러 필명 중 시디는 문학 이론에 관한 글을 발표할 때 주로 사용하였으며, 『아동세계』에서는 사용하지 않았지만 다른 필명으로는 궈위완신[郭源新]·뤄쉐[落雪]·원지[文基]도 있다.

제8장 ——— 『아동세계』 그림이야기 연구의 가치

이 세상의 모든 어른들은 아동의 시절을 지나왔으며, 또 장차 미래를 이끌어 갈 주역은 현재의 아동들이다. 그리고 인간 본연의 가치를 중시하는 동심은 고단하고 메마른 삶을 살아가는 어른들이 다시 회복해야 할 덕목이기도 하다. 그러므로 바람직한 인간의 삶과 인류의 미래를 희망하는 어른들이라면 아동들이 어른들의 보호와 교육 안에서 성장하고, 그들 자신의 삶을 행복하게 누릴 수 있도록 해주어야 한다. 더 나아가 아동들 뿐 아니라 이 땅에 살아가는 사람들이 함께 살만한 세상을 위해서는 모든 살아있는 생명들이 조화를 이루고, 인간과 자연이 함께 어우러진 평화 지향의 아동문학에 대한 의미를 되새길 필요가 있다. 하지만 아동문학은 독자인 아동이 스스로 창조하거나 선택할 수 없으며, 성인들에 의해 주도되어 아동에게 주어지는 선물과도 같은 것이기에 어른들의 시각과 의식이 그 무엇보다 중요하다.

중국의 경우 5·4신문화운동 시기에 사람에 대한 인식이 크게 변하면서 아동문학이 등장하였다. 5·4신문화운동이 활발하게 벌어지자, '아동중심'의 아동인식과 아동문학관이 문학계와 교육계에 널리 퍼지게 되었다. 이런 가운데 의식있는 지식인들에게는 아동심리에 부합되고 아동 흥미에 적합하며, 아동의 문학적 요구를 만족시켜야 할 책무가 생기게 되었다.

이러한 사조 속에서 5·4 이후 결성된 많은 문학단체 가운데 아동문학 건설에 가장 많은 관심을 갖고 활발하게 활동을 한 집단이 바로 문학연구회다. 『신청년』 해체 이후 근(현)대문학사상 최초로 출현한 문학연구회는 중국 근(현)대문학의 발전에 가장 큰 영향을 끼친 문학단체이다. 문학연구회는 비교적 통일된 문학 주장인 '인생을 위한 예술'과 창작방법으로는 '사실주의'를 표방하였다. '인생을 위한'이라는 문학 이상은 문학연구회가 아동에 대해 관심을 갖고 주의를 기울이도록 하였다.

문학연구회 구성원들은 『소설월보』·『문학순간』·『시』의 잡지와 『아동세계』 지면을 통해 아동문학운동을 벌였다. 그런데 문학연구회에서 발간한 일반 문예잡지들이 일부를 할애하여 아동문학 작품을 실었다면, 『아동세계』는 근(현)대 최초로 전적으로 아동만을 대상으로 한 백화문 잡지였다. 『아동세계』는 5·4신문화운동 시기 주요 명제였던 '아동중심'의 이념과 아동을 '독립된 인격으로 존중'하는 가치를 반영한 아동 전문 잡지로 진정한 아동문학 탄생은 바로 『아동세계』에서 시작되었다고 할 수 있다.

그런데 이 문학연구회 결성과 존립에 있어서 핵심적인 역할을 담당하면서 아동문학 활동에 전력을 다한 이가 바로 정전둬이다. 정전둬는 특히 중국 문화학술 방면의 시가, 희곡, 산문, 미술, 고고학, 역사 방면에 많은 연구업적을 남겼다. 그는 문학연구회 발기인으로 1920년대 초 중국과 외국의 고전과 근(현)대문학 비교연구 및 중국문학사 정리와 특별히 민간문학과 소설, 희곡의 자료를 수집하여 연구하기도 하였다. 그는 창작과 번역을 겸비한 문학가로 세계 명저를 번역하고 중국의 민족문학 유산을 정리하기도 하였으며, 신문학 활동의 최전선에서 외국문학 이론 연구와 더불어 많은 문학 간행물을 편집한 편집인이기도 하다.

이처럼 정전둬의 열정적인 문학 활동 가운데 결코 가벼이 볼 수 없는 영역이 아동문학 활동으로, 그는 전반기 인생을 아동문학운동에 바쳤다. 5·4신문화운동기 새로운 사조가 유입되는 변혁기에 대다수 선진 지식인들이 전통에 대항하고 신문학 건설 운동의 하나로 아동문학 이론 소개나 번역 및 개작, 창작에 일시적 혹은 단기적으로 몸을 담았다면, 그는 문학연구회가 존립한 기간 전체를 아동문학의 개척과 근대화에 이바지했다.

정전둬가 이처럼 아동문학에 깊은 관심을 가진 배경에는 이미 오랜 기간 아동도서 간행 관련 일을 해온 것과 깊은 관련이 있다. 정전둬는 마오둔의 소개로 상해 상무인서관에 들어가서 아동도서 편집일을 하였다. 1921년 정전둬는 『동화』 총서 제3집의 편집을 맡았고, 『시사신보』 부속지인 『학등』 편집장을 맡아, 중국 근(현)대 신문역사상 가장 먼저 '아동문학' 전문란을 신설하였다.

그리고 1922년 중국 근(현)대 최초 백화문으로 쓴 아동 전문잡지인 『아동세계』를 창간하여, 1권 1기부터 5권 1기까지 편집장을 역임하였다. 중국 근(현)대 최초로 백화문으로 발간한 『아동세계』는 신문화운동 시기 아동을 주체로 인식하여 아동의 흥미와 기호를 반영한 아동전문 잡지이다. 창간부터 편집장을 마칠 때까지 그가 발표한 작품은 전체 『아동세계』 수록 작품1, 003편의 16%170편에 해당한다. 이후 1923년 『소설월보』의 편집장을 맡게 되면서 『아동세계』 편집장에서 물러났지만, 『소설월보』 15권 1호1924년부터 '아동문학' 전용란을 만들어 아동문학 관련 글과 작품을 실었다. 그리고 16권 8·9호1925년는 「안데르센」 특집호로 발간하는 등 아동문학을 널리 전파하고 아동문학이 사회의 주목을 받도록 하였다.

당시 아동과 아동문학에 관한 근대적인 인식으로는 저우쭤런이 1921년 『신청년』 제8권 4호에 발표한 「아동의 문학」을 꼽는다. 저우쭤런은 인류문명에서 여성과 아동의 소외는 커다란 오점이며 아동 역시 사람의 권리와 개성을 가진 대상으로 인정하고 존중하여야 한다고 주장하였다. 저우쭤런이 주장한 이 '아동중심'의 사상은 당시 '아동문학운동'을 펼치던 문학연구회의 주장이 되어 사회에 큰 영향을 미쳤다. 그러나 저우쭤런이 아동문학에 계몽을 위한 교육적 기능을 배제하여야 한다고 여긴 반면, 정전둬는 저우쭤런의 '아동중심' 사상에 기본적으로는 동조하면서도 아동문학의 교육적 기능에 대해서는 뜻을 달리하였다. 즉 정전둬는 아동의 흥미 못지않게 아동문학의 교육적 가치도 중시하였다.

저우쭤런과 정전둬의 이러한 인식의 차이는 번역에 대한 입장에도 영향을 미쳤다. 저우쭤런이 외국어에 대한 전문성과 원자료에 충실한 직역의 방법으로 아동문학 작품을 번역했다면, 정전둬는 아동문학의 특수성을 고려하여 '중술'의 방법을 사용하였다. '중술'이란 작품의 내용과 풍격을 완벽히 이해한 다음 원작의 뜻을 훼손하지 않는 전제 아래, 아동이 읽기 쉬우며 향토적 흥미에 적합하도록 바꾸는 것으로 일종의 번안이다. 정전둬는 많은 아동문학 작품을 번역하면서, 이것이 창작으로 나아가는 단계에서 꼭 거쳐야 하는 과정이라 인식하였다. 그는 번역가의 사명을 중시하여, 번역은 창작이 잘 자랄 수 있도록 젖을 주고 품어주는 '유모'라는 견해를 가지고 있었다. 정전둬는 민담과 우화, 동화 등 해외의 많은 아동문학 작품을 번역하면서 이들 작품 대부분에 '중술'의 방법을 채택하였다. 곧 아동들의 정서발달에 해가 되거나 원문의 뜻을 해치지 않는 범위 안에서 삭제나 개작을 하였다.

5·4신문화운동 시기에는 신사조의 영향 아래 창작에 있어서도 전통문학과 구별되는 새로운 시도가 나타났다. 정전둬는 아동문학 작품을 단순히 번역하여 소개하는 데에만 그치지 않고 새로운 형식을 탐색한 창작을 시도하였다. 그는 아동문학의 예술형식을 끊임없이 연구하여 아동 시극, 놀이시, 번역을 결합한 동화 창작, 민담을 활용한 창작 등을 선보였다. 그는 한 작품 안에 다양한 문학양식을 녹여 독특한 표현수법의 창작을

시도하였다. 이러한 창작기법은 아동문학 양식을 종횡으로 교차하여 다시 새로운 형식을 탄생시켰다.

특히 정전둬는 본서에서 다룬 오늘날 그림책의 원형이라고 할 수 있는 글과 그림이 긴밀하게 어우러진 그림이야기를 '중술'하거나 직접 창작하여 실었다. 그림책의 역사와 발전과정을 보면 아동도서에서 그림의 역할은 계속 변해가고 있다. 그림책에서 그림은 단순히 글을 보조하는 역할이 아니며, 서로 독립된 형태로 상호작용한다. 그림이야기는 바로 삽화의 역할을 하던 그림이 현대적인 그림책으로 나아가는 단계에 해당된다.

『아동세계』에 발표된 그림이야기는 기존의 아동인식을 전환하여 새로운 '아동 중심'의 인식을 정립한 것으로 그 의의는 다음과 같이 정리할 수 있다.

첫째, 아동문학은 그 특수성으로 인하여 어른들이 만들어서 아동에게 제공하기에 아동을 바라보는 시각이 아주 중요하다. 그림이야기에서는 봉건적인 사회의 이데올로기를 주입하던 모범적인 아동형상이 아닌 아동 고유의 특성을 존중하였다. 그림이야기는 아동의 놀이를 하나의 학습과 창조, 오락으로 보아 재미와 환상을 즐기면서 교훈 위주에서 벗어난 장난꾸러기 아동을 등장시켜 아동들의 자유로운 생활을 응원하였다.

둘째, 아동을 교화의 대상으로 인식하여 봉건적이고 유가적인 가치관을 주입하는 기존의 아동도서를 배격하고 철저히 아동의 흥미를 반영하였다. 이에 전통가치와 상식을 파괴하여 어른들의 시각에서 무의미한 난센스를 드러내고, 엄격한 질서에서 해방된 장난꾸러기 아동을 등장시켜 기존의 가치를 벗어난 자유로움과 즐거움을 선사하였다.

셋째, 아동의 성정과 부합하는 민간문학을 아동문학의 영역으로 끌어들였다. 정전둬는 민간문학의 비합리적이고 비논리적인 원시성이나 샤머니즘, 애니미즘, 단순성, 소박성 등에서 아동문학의 본질적 속성과 같다고 보았다. 이는 저우쭤런의 인식에 동의하는 것으로 원시인류 시대에 생산된 구비문학은 아동이 지닌 특성과 같기에 아동이 좋아한다고 보았다. 정전둬는 아동의 기호에 부응하여 신화와 민담, 우화가 삽입된 그림이야기를 창작하기 위해 노력하였다.

그림이야기에 드러난 '아동 중심'의 아동특성 역시 셋으로 요약할 수 있다.

첫째, 그림은 아동들이 무척 좋아하는 요소로 아동의 독서흥미를 촉진하고 예술적 소양을 기르는데 일조한다. 그림이야기는 이러한 아동의 기호를 받아들이면서 언어적 측면과 시각예술 측면에서도 중요한 역할을 하였다. 특히 전통적으로 글이 중시되고 그림은 그다지 중요하게 여기지 않던 관념을 뒤집고 글과 나란히 어깨를 겨누는 위치로 발돋움시켰다.

둘째, 형식과 내용에 있어서 새로운 시도를 선보였다. 전형적으로 사용되던 사각형의 프레임에서 벗어나 다양한 내적 프레임을 선보였고 글과 그림의 배치에도 다양한 변화를 주었다. 그림이야기 이전의 아동도서와 잡지는 위, 아래를 분리하여 글과 그림을 배치하면서 주로 사각형의 내적 프레임을 사용하였다. 그러나 그림이야기는 전형적인 사각프레임을 벗어나 다양한 프레임을 시도하였다. 또한 글과 그림의 배치도 전형적인 형태를 벗어나 다양한 방법을 사용하였고 글씨체에도 변화를 주어 다양한 의미를 전달하고자 했다. 이러한 탈프레이밍과 다양한 글·그림의 배치 및 글씨체의 변화는 아동들에게 자유로운 사고를 유발하고 경직된 사고에서 벗어나 창의력을 발휘하게 하는 효과를 선사하였다. 그리고 정전둬 특유의 장르 혼용을 통한 창작을 시도하였다. 이는 정전둬가 『아동세계』에 발표한 다른 장르에서 엿볼 수 있는 형태로 그림이야기에서도 이를 적용하고 있다.

셋째, 아동의 발달특색을 반영하여 동물이 말을 하고 사람처럼 행동하는 의인화 수법을 사용하였고, 현실세계를 벗어나 상상의 세계를 표현한 작품을 선보였다. 동물이 사람처럼 말하고 행동한다고 여기는 것은 어른들의 눈에서는 황당하지만 이는 아동의 발달과정에 나타나는 필연적인 현상이다. 상상은 창조의 싹이며, 상상의 세계는 불가능이 없는 아동문학의 생명이기도 하다. 정전둬의 그림이야기에서는 주로 꿈을 활용하여 현실을 뛰어넘는 판타지를 구현하였다.

정전둬가 발표한 67편의 그림이야기의 대부분은 외국의 작품을 모방하거나 번역했을 것으로 보이나 그 가운데 순수 창작은 11편, 재창작으로 보이는 작품은 5편이다. 정전둬는 기본적으로 아동도서에서 교육적 의미를 중시했기에, 도덕을 완전히 배제하고 무의미한 난센스가 드러나는 작품들은 거의 대부분이 번역으로 짐작된다. 순수 창작으로 보이는 11편의 작품은 다음과 같다. 3권 8기의 「아기 양 여행기」, 4권 3기의 「여름날의 꿈」, 4권 7기의 「새 잡기」, 4권 12기의 「성탄절 전야」와 5권 1기의 「신년모임」, 5권 2~8기에 연재한 「아이메이의 피리」의 6편을 더한 11편이다. 이들 작품은 창간호부터 정전둬 1년여의 편집장 기간 중 중반에서 후반에 해당한다. 정전둬는 번역은 창작으로 가는 길목이며 궁극적으로는 창작을 지향한다고 하였기에 이와 같은 인식을 실천하고자 창작을 시도했던 것으로 보인다. 특히 이 가운데 「새 잡기」를 제외한 작품들은 정전둬 특유의 장르 혼용의 창작방식을 적용하고 있다.

창작으로 짐작되는 대부분의 그림이야기에는 민담과 우화나 『아동세계』에 소개된 놀이가 삽입되었다. 즉 「아기 양 여행기」, 「성탄절 전야」, 「신년모임」, 「아이메이의 피리」에는 우화와 민담, 놀이가 액자형식으로 포함되어 있다. 「여름날의 꿈」은 독특하게 꿈의 형식을 빌려 아동들이 좋아하는 여러 동물의 생태를 보여주고 있다. 이는 정전둬 자신 민담과 우화를 번역하였고, 또 편집장으로 일하면서 접한 『아동세계』에 소개된 놀이 및 여러 과학적 지식을 자신의 작품에 녹여 넣은 것으로 보인다. 그러나 「새 잡기」만은 이러한 형태에서 벗어나 있다. 「새 잡기」는 당시 중국인의 생활상을 반영한 제재와 그림에 드러난 복식 등을 통해 창작일 가능성이 높은 것으로 판단하였다.

그리고 우화가 등장하는 5편의 그림이야기는 번역과 재창작이 섞여 있는 것으로 보인다. 3권 4기의 「코끼리와 원숭이」, 3권 6기의 「다친 여우가 살아남다」는 인도우화를 번역한 것이다. 3권 2기의 「사슴과 곰」, 3권 9기의 「원숭이 왕」과 「꼬리잘린 여우」는 기존 우화를 패러디하여 재창작한 것으로 여겨진다. 『아동세계』는 창간호부터 우화를 주요 장르로 설정할 정도로 우화를 중시하였다. 또한 정전둬는 『문학순간』과 『소설월보』에 인도우화와 코카서스 민담, 레싱, 솔로고프 등의 우화작품을 발표하였고, 이후 『인도우화』1925를 발간하기도 할 만큼 우화에 관심이 많았다. 정전둬의 창작 혹은 재창작의 작품은 발표 시기상 잡지의 중반과 후반에 해당한다. 이로 미루어 볼 때, 발간 초기에는 다른 나라의 작품을 번역하여 소개하기에 급급했으나, 후반으로 갈수록 창작을 몸소 실천하고자 노력하였던 것으로 짐작된다.

본 연구의 의의는 크게 셋으로 정리할 수 있다.

첫째, 그동안 국내의 중국문학 연구자들이 전혀 언급하지 않은 신문화운동기 아동문학이 탄생한 시대적 배경과 중국 근(현)대문학사상 최초로 결성된 문학단체인 문학연구회의 아동문학운동을 조명한 점이다. 문학연구회는 중국 근(현)대문학의 발전에 깊이 관여한 주요 문학단체로 각종 간행물을 통해 많은 활동을 전개하였다. 이들은 아동문학에 대한 이론 확립과 연구, 외국 아동문학 작품의 번역 소개 및 동화와 시 창작을 통해 신문화운동에 참여하였다. 특히 신문화운동기 아동문학 이론은 우리에게도 널리 알려진 루쉰과 저우쭤런이 깊이 관계하고 있다.

그리고 세계의 우수한 아동작품을 번역하여 소개한 루쉰과 저우쭤런, 마오둔, 정전둬의 활약을 정리하였다. 무엇보다도 신문화운동기 새롭게 탄생한 창작동화의 시조인 예사오쥔과 최초의 아동산문을 발표한 빙신, 신시 창작에 앞장선 위핑보 역시 등은 모두 문학연구회 소속 작가였다. 이처럼 본서에서는 신문화운동기 아동문학이 등장하는 배경과 함께 문학연구회 구성원들의 아동문학운동을 통해 중국 아동문학의 탄생과 초기 성장과정에 기여하였음을 밝혔다.

둘째, 그동안 제대로 주목받지 못한 정전둬의 아동문학 활동을 전면적으로 조명한 점이다. 정전둬는 다방면에 많은 업적이 있기에 오히려 아동문학 방면에 기울인 열정과 업적이 과소평가 되어 전반기 활동은 편집자나 번역가로의 활동에만 초점이 맞춰졌다. 그러나 그의 아동문학 활동이 단편적이고 일시적인 것이 아닌 문학연구회의 존립 기간은 물론이고 『소설월보』 편집장으로 옮겨간 후에도 번역, 창작, 아동총서 발간 등의 활동으로 꾸준히 지속된 점을 밝혔다.

또한 『아동세계』의 가치를 정리하고, 정전둬의 문학 및 번역 인식이 그의 작품에 어떻게 반영되었는지를 체계적으로 살폈다. 중국 근대 최초 아동전문 잡지인 『아동세계』는 우리나라는 물론 본국인 중국에서조차 제대로 연구가 되지 않은 분야이다. 본서는 『아동세계』가 '아동 중심'의 사상을 반영하여 아동을 주체적인 대상으로 인식하고 아동의 특성과 흥미를 반영한 잡지였음을 밝혔다. 그리고 정전둬의 '아동 중심' 인식은 당시 신문화 주요 인사였던 저우쭤런의 생각을 그대로 수용한 것이 아님도 증명하였다. 곧 이 같은 그의 인식은 교육적 가치를 중시한 '중술'을 채용하여 번역과 창작에 적용되었음을 작품을 통해 구체적으로 분석하였다.

셋째, 정전둬의 그림이야기에 당시의 '아동중심' 인식이 어떻게 반영되어 있는지를 작품을 통해 알아내고 해외 작품 번안과 창작이 병행되었음을 실증 자료를 통해 밝혀냈다. 『아동세계』에 실린 작품을 대상으로 한 본격적인 연구는 중국과 국내 모두 전무하다. 그림이야기는 최근 세계의 문학 시장에서 각광받고 있는 그림책의 전신으로 중국 그림책의 출발에 해당한다. 그럼에도 중국에서의 연구는 극소수이고 이를 거론하는 연구자들은 작품에 대한 진지한 고찰이나 구체적인 분석없이 단지 서명만 보고 정전둬가 창작한 작품이라는 주장을 펼치고 있다. 그러나 본서에서는 정전둬의 그림이야기가 당시 다른 나라의 아동도서에서 가져온 것이 존재함을 실증 자료로 증명하였다. 이로써 중국 근(현)대 아동문학이 다른 나라의 영향을 받아 탄생하였음을 알아내었다. 물론 그림이야기 전체가 외국 작품을 번역한 것이 아니라 정전둬의 이력과 창작수법에 근거해 창작으로 보이는 작품도 제시하였다. 그리고 그의 문학활동으로 미루어보아 재창작을 시도한 것으로 보이는 작품을 번역작품과 구분하여 가려내었다. 나아가 그림과의 조화를 꾀한 근대적인 그림이야기를 창작한 정전둬의 실험정신과 선진적인 역할을 제대로 평가했다.

그러나 『아동세계』가 지나치게 서구화된 경향은 지적하지 않을 수 없다. 『아동세계』에 수록된 대부분의 작품이 해외 수입작품이며, 그림이야기를 비롯한 표지나 그 밖의 삽화도 서구적인 분위기가 강하게 풍긴다. 이러한 경향은 한 나라의 문학사 변화가 급격한 시대에 제일 필요한 사람이 번역가로서, 번역가의 사명을 중시한 것과 관련이 있다. 하지만 이는 비슷한 시기에 간행된 중화서국의 『어린 동무』가 전통문학을 발굴하기 위해 노력한 점과는 대조된다. 사실 정전둬는 중국 전통문학을 무조건 배척할 것이 아니라 재발견하고 그 가치를 인식해야 한다고 주장하였다. 하지만 실제로는 당시 신문화시기의 지나친 서구의 사상과 문물에 경도되었다. 이는 『아동세계』 창간이 신문화운동 초기에 이루어졌고, 정전둬가 편집장을 맡은 기간이 1년여에 불과하였기에 벌어진 현상으로 보인다.

『아동세계』 편집장에서 물러난 후에도 정전둬는 『문학』과 『소설월보』에 중국 전설과 민담에 관한 연구와 고전문학과 관련된 논문을 발표하였다. 문학연구회가 내건 '세계문학을 연구하여 소개하고 중국 전통문학을 정리하며 신문학을 창조'하는 목표 가운데 중국 전통문학에 관한 연구 활동은 일반 문예잡지인 『소설월보』 편집장을 맡으면서 본격적으로 나타난다. 이는 결과적으로 『아동세계』 편집장을 맡았던 기간에는 해외문학 소개를 통해 아동들에게 적합한 도서제공에 초점을 맞추었기에, 아동문학 분야에서는 전통문학 소개와 연구에는 소홀했던 측면이 있다.

궁극적으로 본서는 문학연구회의 아동문학 활동과 함께 『아동세계』 창간자인 정전둬의 그림이야기를 통해 중국 근(현)대 아동문학의 탄생과 아동중심 인식을 알아보고 이를 바탕으로 동아시아 아동문학의 양상 파악에 도움이 되고자 하였다. 정전둬가 아동문학운동을 전개했던 1920년대의 중국은 사회주의 국가가 성립되기 이전으로 반식민지 상태에서 근대화가 이루어지던 시기였다. 반면 우리나라는 일본의 지배를 받고 있던 암울한 시기였다. 이러한 시기에 우리나라와 중국에서는 아동 문예지와 종합지가 창간되었고, 문학을 계몽의 수단에서 해방시켜 독자성을 가지고 구어체 문장을 확립하고 서구의 문예사조를 도입한 상황이 비슷하다. 일본 역시 메이지 시대 말기부터 아동을 위한 다양한 잡지를 발간하고 있었다. 이처럼 식민지 상태의 우리나라, 반식민지 상태였던 중국, 식민지를 거느렸던 일본의 세 나라가 너무도 다른 환경 속에서 각기 근대적인 아동관을 담은 아동잡지 발간을 활발하게 했다는 점은 우리에게 시사하는 바가 크다.

그러므로 근대 시기에 발간된 세 나라의 아동잡지를 통해 각 나라의 선진적 지식인들이 아동문학을 지렛대 삼아 무엇을 이루어내고자 했는지, 그들이 바라던 아동의 모습을 도출할 수 있다면 당시의 시대적 사명과 담론도 자연스럽게 알아낼 수 있다. 그러므로 동아시아 세 나라 아동잡지를 비교하는 논의가 활발하게 이루어진다면 각각의 아동에 대한 인식의 차이와 아동을 통해 실현하고자 했던 지식인들의 이상이 무엇이었는지, 그리고 이들의 구별점을 통해서 서로 밀접한 관련을 맺고 있는 동아시아 세 나라의 기저를 지배하는 의식을 알아내는 데도 도움이 될 수 있을 것이다.

기본 자료

『兒童世界』 1권 1기~5권 8기, 1922.1.7~1923.2.28.

『鄭振鐸全集』 1~20권, 華山文藝出版社, 1998.

국문 자료

1. 단행본

高宰錫 編著, 『日本文學 · 思想名著事典』, 깊은 샘, 1993.

공인숙 외, 『아동문학』, 양서원, 2009.

곽제가, 이경자 역, 『중국의 고대학교』, 원미사, 2004.

권혁래, 『일제 강점기 설화 · 동화집 연구―우리 옛이야기의 정체성 찾기』, 고려대 민족문화연구원, 2013.

金學主 · 李東鄕 · 金榮九, 『중국문학사』 II, 한국방송대출판부, 1996.

김광식, 『근대 일본의 조선 구비문학 연구』, 보고사, 2018.

______ · 이시준, 『식민지 시기 일본어 조선설화집 기초적 연구』, 제이앤씨, 2014.

김이산, 『똑똑똑 그림책』, 현암사, 2004.

김정란 · 한용택, 『동화 속의 문화, 문화 속의 동화』, 건국대출판부, 2004.

김종회 · 신덕룡 · 심상교, 『문학의 이해』, 한울 아카데미, 2007.

김환희, 『옛이야기 공부법』, 창비, 2019.

로렌스 자이프 · 실비아 판탈레오 편, 조희숙 역, 『포스트모던 그림책』, 교문사, 2010.

마리아 니콜라예바, 『아동문학의 미학적 접근』, 교문사, 2009.

________________, 고선주 외역, 『어린이 문학에 나타난 힘과 목소리, 주체성』, 교문사, 2010.

________________ 외, 서정숙 외역, 『그림책을 보는 눈』, 마루벌, 2015.

마틴 샐리스버리, 경노훈 역, 『어린이책과 일러스트레이션』, 아트나우, 2005.

마틴 솔즈베리 · 모랙 스타일스, 서남희 역, 『그림책의 모든 것』, 시공사, 2012.

스티스 톰슨, 윤승준 · 최광식 공역, 『說話學原論』, 啟明文化社, 1992.

신명호, 『그림책의 세계』, 주니어김영사, 2009.

아베 긴야, 양억관 역, 『하멜른의 피리 부는 사나이』, 한길사, 2008.

안병국, 『說話文學論』, 學古房, 2012.

요한 하위징하, 이종인 역, 『호모 루덴스』, 연암서가, 2019.

원종찬 외, 『동아시아 아동문학사』, 청동거울, 2017.

柳玲 譯, 『타고르 전집 4』, 正音社, 1974.
윤승준, 『우언의 재미와 교훈』, 명인, 2000.
이성엽, 『그림책, 해석의 공간』, 마루벌, 2014.
李在徹, 『兒童文學概論』, 瑞文堂, 1998.
이주형 · 류덕제 · 임성규, 『한국 아동청소년문학 연구』, 한국문화사, 2009.
장 자크 루소, 김중현 역, 『에밀』, 한길사, 2003.
잰 화이트, 정병규 · 안상수 역, 『편집 디자인』, 안그라픽스, 2013.
정끝별, 『패러디 시학』, 문학세계사, 1997.
정한숙, 『현대소설 창작법』, 웅동, 2000.
조은숙, 『한국 아동문학의 형성－아동의 발견, 그 이후의 문학』, 소명출판, 2012.
周策縱, 曺秉漢 역, 『5 · 4 운동--근대 중국의 지식혁명』, 광민사, 1980.
첸푸징, 윤주필 역, 『세계의 우언과 알레고리』, 지식산업사, 2010.
최연숙, 『민담 · 상징 · 무의식』, 知&智, 2007.
페리 노들먼, 김상욱 역, 『그림책론』, 보림, 2011.
하인리히 호프만, 엄혜숙 역, 『더벅머리 페터』, 마루벌, 2007.
혼다 마스코, 구수진 역, 『20세기는 어린이를 어떻게 보았는가』, 한립토이북, 2002.
현은자 외, 『그림책의 그림읽기』, 마루벌, 2004.
______ 외, 『세계 그림책의 역사』, 학지사, 2008.
______ · 김세희, 『그림책의 이해』 1, 사계절, 2005.

2. 논문류

권선형, 「정치적 현실비판과 문학의 자율성」, 『뷔히너와 현대문학』 22, 2004.
권애영, 「1920~30년대 중국의 조선설화 번역 의도 고찰－미와 다마키(三輪環)의 『전설의 조선』과 마쓰무라 다케오(松村武雄)의 『일본동화집』 「조선부」를 중심으로」, 『중국문화연구』, 2022.
______, 「5 · 4신문화 사조와 문학연구회의 '아동문학운동'」, 『중국학연구』, 2017.
______, 「신문화운동 시기 중국의 안데르센 동화 번역 현황」, 『문화 · 경영 · 기술』, 2021.
______, 「저우쭤런(周作人)의 안데르센 동화인식과 중국 현대 아동문학」, 『동서인문』, 2019.
______, 「중국 계몽교재《弟子規》고찰과 그 활용 사례」, 『한자한문교육』, 2016.
______, 「중국 현대 최초 백화문잡지 『아동세계(兒童世界)』 소고」, 『동화와 번역』 33집, 2017.
권혁준, 「판타지동화의 개념, 범주, 유형에 대한 재검토」, 『한국아동문학연구』 제 16호, 2009.

金秀玹,「명청 서적 삽화 연구의 의미와 과제」,『중문어문논총』, 2014.
金貞徹,「독일 그림형제 동화에 나타난 동물의 형상과 인식」,『東方漢文學』, 2015.
金炫廷,「中國現代兒童文學 形成過程 硏究－梁启超 魯迅 周作人을 中心으로」, 연세대 석사논문, 2000.
김복순,「웃음을 통해 본 바보사위 민담의 의미」,『인문과학연구』 17, 2007.
김순진,「방정환과 예성타오 동화 비교」,『중국문화연구』 제 31집, 2016.
______,「이원수와 张天翼 판타지 동화 비교－『숲 속 나라』와 『大林和小林』을 중심으로」,『중국학연구』, 2015.
김영금,「20세기 중국에서의 한반도문학의 번역과 수용에 관한 고찰」,『문학교육학』, 2005.
김영순,「『어린이』지와 일본 아동문예잡지에 표상된 동심 이미지 고찰」,『현대문학의 연구』, 2017.
김윤식,「한국 신문학에 있어서의 타고르의 영향에 대하여」,『진단학보』, 1969.
김정선,「그림책 언어로서의 프레임－데이비드 위즈너의 그림책 텍스트를 중심으 로」,『조형미디어학』 16권 1호, 2013.
김정철,「그림형제 동화와 현실」,『외국어로서의 독일어』, 2018.
金貞徹,「독일 그림형제 동화에 나타난 동물의 형상과 인식」,『東方漢文學』, 2015.
김화선,「아동의 발견과 아동문학의 기원」,『문학교육학』 제39호, 2012.
박종진 · 최경희,「미야자와 겐지의 1920년대 문화체험과 동화창작」,『동화와 번역』 32권, 2016.
______ · 최경희,「1920년대 아동 자유화 운동과 아동 문예 잡지－『어린이』와 『긴노후네』를 중심으로」,『한국아동문학연구』, 2017.
小波,「새로 開拓되는 童話에 관하여」,『開闢』 31호, 1923년 1월호.
손은주,「민간 전승문학 갈래로서의 신화 · 전설 · 민담」,『뷔히너와 현대문학』, 2005.
손홍철 · 손영수,「발달과정으로 본 아동의 도덕의식함양」,『溫知論叢』 제34집, 2013.
송기숙,「민담의 기원과 이야기 방식」,『독어교육』, 1988.
송윤미,「「침중기」와「남가태수전」에 대한 탐구- 서사 구조 분석을 중심으로」,『동서비교문학저널』, 2008.
송지영,「의미의 환상, 무의미의 일상－루이스 캐럴의『이상한 나라의 앨리스』 연구」, 서울산업대 석사논문, 2008.
Alok Kumar Roy,「한국문학에 미친 타고르의 영향」, 동국대 석사논문, 1991.
신명렬,「프로이드의 성격구조이론」,『대한한보』, 1999.
신진호,「정진탁론-문학적 성과를 중심으로」,『중국어문학논총』, 1997.

심수경,「근대기 일본과 조선에서의 동요운동에 관한 연구」,『일본문화연구』, 2016.
안민정,「문학-"꿈" 구현방식으로 본「조신설화」의 현대적 변용」,『溫知論叢』, 2013.
오규호,「난센스 문학의 미학」, 연세대 석사논문, 2006.
王黎君,「『아동세계』-중국 그림책의 원점」,『어린이에게 꿈을 심어주는 문학』, 도서출판 "가꿈", 2014.
유미,「국내외 아동문학상 수상 그림책 특징에 관한 연구-2001~2011년 수상작을 중심으로」, 덕성여대 석사논문, 2012.
유페이원, 권애영 역,「Why "picturebook"?-대만에서 유행하는 도화서 혹은 회본에 대한 관찰」,『대만연구』 18호, 2021.
윤용호,「괴테의『여우 라이네케』-"세상의 거울"」,『카프카연구』 16, 2006.
이광모,「가치와 문화-여성, 문화정책; 조선후기 흡연문화 형성과정과 국가 권력」,『한국정책학회 동계학술대회』, 2009.
이모영,「문화인지로서 시각적 사고-시각적 사고의 본질, 역할 및 주요 특징에 대한 고찰」,『문화예술교육연구』, 2013.
이영란,「「竹取物語」성립에 관한 일고찰」,『韓國傳統文化研究』, 1996.
이재철,「아동잡지『어린이』연구-『어린이』영인본 분석을 중심으로」, 단국대 논 문집, 1982.
이지현,「그림책의 역사, 그리고 현대문학 이론과 기호학적 관점에서의 그림책의 커뮤니케이션 분석」,『조형 미디어학』, 2007.
장정희,「1920년대 타고르 시의 수용과 小波 方定煥의 위치」,『인문연구』, 2011.
______,「《어린이》지 간행사 개관」,『아동문학평론』 제40권 40호, 2015.
정미경,「구속과 해방의 양가성-「더벅머리 페터」 연구」,『독어교육』, 2011.
정미란,「『어린이』의 독자 연구-아동 서사물을 중심으로」, 경상대 박사논문, 2018.
정은주,「유아의 상상력 교육을 위한 초현실주의적 그림책 일러스트레이션에 관한 연구」, 고려대 석사논문, 2010.
조경희,「문학연구회 소고」,『중국어문논총』, 1992.
조성순,「한국그림책의 발달과정 연구-삽화에서 그림책으로의 변화과정을 중심으 로」, 인하대 박사논문, 2019.
한지연,「胡適의 편찬의식 연구」,『중국학연구』, 2017.
홍석표,「근대시기 한국의 주작인(周作人) 비평과 인적(人的) 교류」,『중국어문학지』 62권, 2018.
홍윤희,「周作人의 민속학 연구와 '신화'」,『중국어문학논집』, 2005
황선미,「신문화운동기의『신청년(新青年)』번역 작품 연구」, 한국외대 박사논문, 2012.

3. 발표 자료

임지연, 「근대 일본 어린이책의 형성과 전개-방정환과 세계 어린이책 여행 · 일본 편」, 『방정환연구소』 발표문, 2019. 4. 27.

장영은, 「독일어권 현대 아동청소년문학의 발달과 주요 작가들-방정환과 세계 어 린이책 여행 · 독일편」, 『방정환 연구소』 발표문, 2019. 9. 28.

4. 잡지류

『開闢』, 1923. 1.

『東明』 1권 12호, 1922.

5. 인터넷 사이트

한국저작권 위원회, http://gongu.copyright.or.kr

국립국어원 표준국어대사전.

중문 자료

1. 단행본

『論語』

賈植芳 編, 『文學硏究會資料(上)』, 知識産權出版社, 2010.

________, 『文學硏究會資料(下)』, 知識産權出版社, 2010.

簡平, 『上海少年兒童報刊簡史』, 少年兒童出版社, 2010.

孔海珠, 『茅盾和兒童文學』, 少年兒童出版社, 1990.

金燕玉, 『中國童話史』, 江蘇少年兒童出版社, 1992.

杜傳坤, 『中國現代兒童文學史論』, 中國社會科學出版社, 2009.

魯迅, 『墳』, 人民文學出版社, 1980.

____, 『野草』, 人民文學出版社, 1981.

____, 『熱風』, 人民文學出版社, 1980.

____, 『魯迅全集』 14劵, 1973.

梅子涵 · 彭懿 · 方衛平等, 『中國兒童文學 5人談』, 新蕾出版社, 2001.

上笙一郎, 『兒童文學引論』, 四川少年儿童出版社, 1983.

徐蘭君 · Andrew F. Jones 主編, 『兒童的發現-現代中國文學及文化中的兒童問題』, 北京大學出版社, 2011.

薛化元 · 李福鐘 · 潘光哲 編著, 『中國現代史』, 三民書局, 2001.

潘正文,『小說月報與中國文學的現代進程』, 人民出版社, 2013.

葉聖陶 外,『我和兒童文學』, 少年兒童出版社, 1980.

王蕾,『安徒生童話在中國現代兒童文學』, 華東師範大學出版社, 2009.

王泉根 主編,『兒童文學教程』, 北京師範大學出版集團, 2009.

_____ 評選,『中國現代兒童文學論選』, 廣西人民出版社, 1989.

_____,『現代兒童的先驅』, 上海文藝出版社, 1987.

_____,『現代中國兒童文學主潮』, 重慶出版社, 2000.

王向遠,『東方文學在中國』, 江西教育出版社, 2001

于小植 ,『周作人文學翻譯研究』, 北京大學出版社, 2014.

劉小蕙 譯,『朝鮮民間故事』, 上海女子書店, 1932.

張梅,『晚清五四時期兒童讀物上的圖像敘事』, 中國社會科學出版社, 2016.

張永健 主編,『20世紀中國兒童文學史』, 遙寧少年兒童出版社, 2006.

張志公,『傳統語文教育初探』, 上海教育出版社. 1962.

蔣風,『兒童文學教程』, 希望出版社, 1992.

____,『中國兒童文學發展史』, 少年兒童出版社, 2007.

____,『中國現代兒童文學史』, 河北少年兒童出版社, 1986.

____ · 韓進,『中國兒童文學史』, 安徽教育出版社, 1998.

錢理群,『周作人論』, 上海人民出版社, 1991.

______ · 溫儒敏 · 吳福輝,『中國現代文學三十年』, 北京大學出版社, 1998.

鄭兒康 · 盛巽昌,『鄭振鐸和兒童文學』, 少年兒童出版社, 1982.

鄭爾康,『鄭振鐸』, 河北教育出版社, 2001.

鄭振偉,『鄭振鐸前期文學思想』, 人民文學出版社 , 2000.

鄭振鐸 · 高君箴,『天鵝』, 商務印書館, 1924.

朱自强,『朱自强學術文集2－1908~2012中國兒童文學與現代化進程』, 二十一世紀出版 社, 2015.

______,『朱自强學術文集5 · 中國兒童文學史論』, 二十一世紀出版社, 2015.

______,『朱自强學術文集3 · 兒童文學概論』, 二十一世紀出版社, 2015.

周作人,『苦茶』, 敦煌文藝出版社, 1995.

______,『兒童文學小論中國新文學的原流』, 河北教育出版社, 2002.

______,『自己的園地』, 岳麓書社, 1987.

______, 劉緒源 編纂,『周作人論兒童文學』, 海豚出版社, 2012.

陳福康,『鄭振鐸論』, 商務印書館, 1991.

陳玉剛,『中國翻譯文學史稿』, 中國對外翻譯出版公司, 1989.

黃忠廉,『翻譯變體研究』, 中國對外翻譯出版公司, 2000.

2. 논문류

柯南,「圖畫書－幼兒文學的現代形式」,『浙江師大報』, 1994.

郤正強,「論翻譯中的可譯性與不可譯性之爭」,『學術問題研究』, 2010.

高君箴,「鄭振鐸與『小說月報』的變遷」,『新文学史料』3期, 1979.

高小弘,「論兒童文學創作中的遊戲精神」, 內蒙古師範大學碩士論文, 2003.

顧唯琳,「出版史走向文化史如何可能－評《啟蒙運動的生意》」,『編輯之友』, 2010.

郭勇,「中國新文學大系與新文學經典化」,『芒種』18期, 2013.

金星,「兒童文學的題材」,『現代父母』3권 2호, 1935.

單元,「開拓的業績－論五四時期新文化先驅者們的兒童文學理論構建」,『鹹寧師專學報』, 1986.

杜春海,「論周作人對中國兒童文學現代化的開拓性貢獻」,『中華文化論壇』, 2007.

蘆娟,「文學研究會兒童文學譯介及其影響研究」, 江南大學碩士論文, 2016.

劉佳璽,「對兒童圖畫書的研究－以上海地區爲例」, 上海師範大學碩士論文, 2010.

劉軍,「周作人兒童文學論探源」,『魯迅研究月刊』12期, 2009.

劉錫誠,「中國民間文藝學史上的俗文學派－鄭振鐸, 趙景深及其他俗文學派學者論」,『廣西師範學院學報』2期, 2004.

劉洋,「現代出版視野下的『小說月報』(1910~1931)研究」,『浙江社會科學』12期, 2013.

陸榮椿,「鄭振鐸在中國新文學建設中的貢獻」,『文藝理論與批評』3期, 1989.

李金雲,「泰戈爾作品在中國的研究及翻譯現狀的思考」,『蘇州科技學院學報』, 2007.

李娜,「民國教科書中《賣火柴的小女孩》概說」,『語文建設』13期, 2014.

李秀萍,「文學研究會與商務印書館關系初探」,『濟寧學院學報』5期 , 2015.

李豔利,「『蒙學報』與晚清中國兒童文學的覺醒」, 華東師範大學碩士論文, 2011.

李英,「趙景深和20世紀俗文學研究」, 複旦大學博士論文, 2003.

李元,「中國現代童話的誕生」,『現代文學評論』第5期, 2010.

李慧,「童話論」, 上海師範大學博士論文, 2010.

林榮松,「五四"新文化運動中的鄭振鐸」,『新文化史料』2期, 2000.

馬璐瑤,「中國早期兒童圖畫書的演進歷程」,『昆明學院學報』, 2019.

萬瀅安,「文本的旅行－《伊索寓言》在中國的譯介傳播」,『華中學術』03期, 2019.

武文剛 · 李利芳,「現代中國兒童文學理論的發生」,『中國現代文學研究叢刊』1期, 2007.

文娟,「鄭振鐸的兒童文學教育觀初探」, 福建師範大學碩士論文, 2008.
部鐵軍,「鄭振鐸與外國文學」, 吉林大學博士論文, 2013.
石曙萍,「文學研究會研究」, 復旦大學博士論文, 2005.
成實朋子,「民國時期日本童話和朝鮮童話在中國的飜介」,『第十四屆亞洲兒童文學 大會論文集』, 湖南少年兒童出版社, 2018.
蕭振鳴,「鄭振鐸與魯迅之版刻三書－紀念鄭振鐸先生誕辰雙甲子」,『讀書』05期, 2018.
孫曉光,「淺析兒童繪本的發展演變」,『戲劇之家』, 2017.
艾丹,「中國現代文化史上的“泰戈爾熱”－五四學界對泰戈爾的譯介與研究(1920~ 1924)」,『甘肅社會科學』, 2008.
楊建民,「鄭振鐸的“飛鳥”,“新月”」,『世界文化』, 2015.
於啟宏,「茅盾與翻譯」,『鄖陽師範高等專科學校學報』1期, 2004.
吳新平,「中國現代神話題材文學研究」, 吉林大學博士論文, 2003.
王黎君,「兒童的發現與中國現代文學」, 復旦大學博士論文, 2004.
______,「鄭振鐸與中國圖畫書的發生」,『魯迅研究月刊』9期, 2014.
王文氮,「五四新文學的民間文學資源」, 蘭州大學博士論文, 2004.
王敏,「20世紀三四十年代兒童小說的現實主義走向」, 南京師範大學碩士論文, 2016.
王雅琴,「中國“熱鬧派”童話形成原因探析」,『昆明學院學報』01期. 2014.
王娟,「『啟蒙畫報』簡介」,『出版史料』1期, 2010.
王泉根,「略論文學研究會的“兒童文學運動”」,『貴州社會科學』1期, 1984.
______,「論五四時期的中國兒童文學」,『西南師範大學學報』4期, 1984.
______,「論周作人與中國現代兒童文學」,『浙江師範學院學報』02期, 1984.
______,「鄭振鐸與早期中國圖畫書」,『中華讀書報』, 2017.
王卓,「論文學研究會建構的兒童文學」, 華東師範大學碩士論文, 2008.
王恒升,「論“五四”文學社團對中國文學現代化進程的影響與貢獻」,『濰坊學院學報』, 5卷3期, 2005.
牛水蓮,「鄭振鐸與印度文學」,『鄭州大學學報』, 2001.
任曉晉,「茅盾翻譯活動初探」,『外語研究』4期, 1988.
張介明,「王爾德研究在中國」,『鹽城師範學院學報』, 2005.
張杰,「韓中忘恩獸民間故事比較研究-以《兔子的裁判》和《中山狼傳》爲中心」, 吉林大學碩士論文, 2011.
張東天,「日據末期韓國期刊登載中國現代文學韓語譯文的背景及特點-以《三千里》月刊爲中心-」,『중국어문논총』, 2009.

張黎敏,「『時事新報 · 學燈』－文化傳播與文學生長」, 華東師範大學博士論文, 2009.

張梅,「鄭振鐸主編『兒童世界』期間 的繪者考辨」,『編輯之友』, 2012.

____,「另－種現代性訴求-1875~1937兒童文學中的圖像敘事」, 山東師範大學博士論文, 2011.

張娟,「泰戈爾與"五四"新詩」, 曲阜師範大學 碩士論文, 2005.

張珍,「文本中的心靈體驗-趙景深對安徒生童話的研讀」,『西昌學院學報』 22권 2기, 2010.

張青,「1920年代中國兒童文學觀念的興起與嬗變」, 華東師範大學碩士論文, 2012.

張輝,「論兒童文學中的遊戲精神」, 東北師範大學碩士論文, 2005.

曹新哲,「中國連環畫出版研究」, 武漢大學碩士論文, 2004.

趙曉紅,「『小說月報』(1921~1931)翻譯兒童文學研究」, 四川外語學院碩士論文, 2011.

周武,「商務印書館與五四新文化運動」,『社會科學』 5期, 1999.

周博文,「中國現代兒童文學進程中的『兒童世界』雜誌」,『海南師範大學學報』10기, 2014.

周心怡,「鄭振鐸的翻譯精神及其理論」,『渭南師範學院學報』, 2015.

朱自強,「"兒童的發現"－周作人"人的文學"的思想源頭」,『中國現代文學研究叢刊』 10期, 2013.

朱自強,「周作人的"兒童文學"觀念的發生－以日本影響爲中心」,『蘭州大學學報』 06期. 2019.

秦弓,「"五四"時期的安徒生童話翻譯」,『涪陵師範學院學報』 4期, 2004.

____,「魯迅的兒童文學翻譯」,『山東社會科學』, 2013.

陳東陽,「晚晴-五四啓蒙思潮與現代兒童文學」, 鄭州大學碩士論文, 2012.

陳玲玲,「中日現代兒童文學發展進程比較」,『北京社會科學』 2期, 2001.

陳文彬,「五 · 四時期杜成來華講學與中閱知識界的反應」, 復旦大學博士論文, 2006.

陳瑞琴,「五四新文學的兒童本位觀」, 華中師範大學碩士論文, 2012.

陳振文,「童心中流淌的天籟之音論-鄭振鐸兒童詩歌的音樂性」,『重慶工商大學學報』, 2012

陳瑩,「民國時期『兒童世界』和『小朋友』的辦刊特色研究」, 湖南師範大學碩士論 文, 2013.

川島,「說說《語絲》」,『文學評論』, 1962.

浅野法子,「二十世紀初期日中兒童雜志研究－以『赤鳥』和『兒童世界』爲例」,『中國兒童文化』, 2010.

肖涓,「論圖畫書閱讀與兒童發展」,『湖南第一師範學報』 3期, 2004.

沈慶會,「清末民初商務印書館與兒童文學出版」,『出版發行研究』, 2016.

侈欣,「文學研究會與現代兒童文學的發端」, 東北師範大學碩士論文, 2008.

彭璐,「許敦谷《兒童世界》封面, 插圖設計(1922~1923)」,『南京藝術學院學報』3期, 2012.

馮新華,「鄭振鐸與泰戈爾」,『綏化學院學報』, 2008.

何乃英,「論泰戈爾的散文詩」,『南亚研究』, 1993.
夏丹,「五四時期兒童文學翻譯簡論」,『長江論壇』1期, 2007.
韓進,「百年中國兒童文學」,『江蘇教育學院學報』, 2003.
____,「以圖畫爲本位的文學－圖畫書的演變史」,『出版科學』24권 5기, 2016.
咸立强,「翻譯与中國現代文學」,『貴州社會科學』2期, 2009.
胡琳琳,「一枚閃閃發光的文藝金表－蘇聯小說《錶》在現代中國的傳播與轉化」, 清華大學碩士論文, 2009.
黃喬生,「《北平箋譜》—"中國木刻史上之一大紀念"－魯迅致鄭振鐸信劄管窺」,『上 海魯迅研究』04期, 2019.
黃忠廉·李明達,「變譯方法對比研究」,『外語學刊』6期, 2014.

3. 신문·잡지류

『蒙學報』2期, 1897.
『啓蒙畵報』10期, 1903.
『童話』, 1922.
『文學旬刊』4期, 1921. 6, 10.
『文學旬刊』29期, 1922, 2, 21.
『文學旬刊』78期, 1923, 7, 2.
『文學周報』181期, 1925, 7, 12.
『小說月報』12卷 3號, 1921, 3, 10.
『小說月報』16卷 8號, 1925, 8, 10.
『小說月報』17卷 號外, 1927, 6, 10.
『小說月報』18卷 1號, 1927, 1, 10.
『小孩月報』1期, 1879.
『晨報副鐫』, 1921, 12, 30.
『新青年』4卷 3號.
『新青年』4卷 4號.
『新青年』5卷 5號.
『新青年』5卷 6號.
『新青年』6卷 1號.
『新青年』6卷 6號.
『新青年』8卷 4號.

『新青年』8卷 5號.
『兒童教育書』29期, 1913.
『兒童教育書』74期, 1917.
『語絲』28期, 1925, 5, 25.
『中華童子界』24期, 1916.

4. 인터넷 사이트

https://www.baidu.com/
全國報刊索引, https://www.cnbksy.com
漢典, http://www.zdic.net/

기타 외문 자료

1. 단행본 및 잡지류

Brüder Grimm, *Kinder-undHausmärchen*, 3.Band, hrsg. v. HeinzRölleke, Stuttgart, 1980.
Heinrich Hoffmann, *Der Struwwelpeter*, Rütten & Loening Verlag in Frankfurt am Main, 2008.
Macclintock Porter Lander, *Literature in the Elementary School*, Chicago : Univ. of Chicago Press, 1907.
Stith Thompson, *THE FOLKTALE*, New York, Dryden Press, 1946.
Stith Thompson, *THE TYPES OF FOLKTALES*, Helsinki, Suomalainen Tiedeakatemia, 1973.
三輪環, 『伝説の朝鮮』, 博文館, 1919.
日本児童文学学会編, 『日本児童文学概論』, 東京書籍, 1976.
三宅興子先生退職記念論文集刊行会 編, 『児童文学研究を拓く』, 翰林書房, 2007.
鳥越 信 編, 『日本絵本史 I』, ミネルヴァ書房, 2013.
許綬, "A Study on the Translation of Poems in "Tagore Special Issue" of
Short Story Magazine", 西南財經大學碩士論文, 2013.
『赤い鳥』 창간호, 1918, 7.
『金の船』 창간호, 1919, 11.
『童話』 창간호, 1920, 4.
『コドモノクニ』, 1922, 2.

2. 인터넷 사이트

http://magazinemuseum.net

http://www.eldritchpress.org/rt/cmoon.htm

http://www.philsp.com

https://chihiro.jp

https://www.abebooks.co.uk

https://www.city.itabashi.tokyo.jp

https://www.fujinnotomo.co.jp

https://www.gutenberg.org/ebooks/24571

https://www.kinnohoshi.co.jp

https://www.kodomo.go.jp

1. 鄭振鐸 연표

기간		활동	비고
1898년	12월19일	浙江 溫州에서 출생(원적 福建省 長樂縣)	
1918년	1월	북경 鐵路管理學校 입학	
		북경 청년도서관에서 瞿秋白와 耿濟之 등과 교류함	
1919년	5월	학교 대표로 북경시 학생연합회 참가	
	6월	救國講演週報社 및 永嘉 新學會 조직	溫州
	11월	『新社會』 旬刊 창간	1920년 5월까지 발간 후 정간
1920년	8월5일	『新社會』 후신인 『人道』 月刊 창간	1기 출판 후 정간됨
	12월25일	북경 鐵路管理學校 졸업	
1921년	1월 4일	文學研究會 결성	북경 中央公園
	3월	上海 기차역에서 실습생으로 일하면서 마오둔 만남	
	4월	『時事新報』 부간 『學燈』 편집 시작	李石岑과 공동
	5월	교과서 편집/『童話』 총서 제3집 편집 맡음	上海商務印書館 (茅盾 소개)
	7월	『時事新報』 부간 『學燈』 편집장, 『文學旬刊』 편집장	
1922년	1월 7일	『兒童世界』 창간	『學燈』편집장 사직
	5월31일	「民衆戲劇社」 조직, 『戲劇』 月刊 출판	마오둔 외 13인
	6월	시집 『雪朝』 출판	7인/商務印書館
	10월	타고르 시집 『飛鳥集』 발간	商務印書館
1923년	1월	『小說月報』 편집장	『文學旬刊』·『兒童世界』사직
		『文學大綱』 집필 시작	
	9월	타고르 시집 『新月集』 발간	商務印書館
	10월	高君箴과 결혼	商務印書館 高夢旦의 사위
1924년	3월	『俄國文學史略』 출판	商務印書館
	8월	『村居人』 출판	商務印書館
	10월	『天鵝』 동화집 출판	商務印書館

기간		활동	비고
1925년	3월	『泰戈爾傳』 출판	商務印書館
	6월 1일	『公理日報』 창간	胡愈之, 葉聖陶
		『高加索民間故事』 출판	
		『印度寓言』 출간	商務印書館
1927년	1월	산문집 『山中雜記』 출판	開明書店
	3월	上海著作人公會 활동 : 시민대표 집행 위원 비서	胡愈之 등
	4월	『文學大綱』 출판	商務印書館
	5월	4·12 반혁명 정변 발발, 항의 서한으로 인해 체포당할 위기에 처하자 출국	유럽
1928년	10월	귀국	
		상무인서관 복귀 『小說月報』 편집장, 復旦大에서 중국문학사와 소설사 강의	상해
1929년	3월	『戀愛的故事』 출판	
1930년	5월	러시아 阿志巴綏夫 장편소설 『沙寧』 번역 출간	商務印書館
		『中國文學史』 출간	商務印書館
1931년		燕京大와 清華大에서 중국소설사, 중국 희곡사, 비교문학사 강의	북경
1932년	1월	『小說月報』 정간	
		산문집 『海燕』 출판	상해 新中國書局
	12월	『插圖本中國文學史』 전 4권 출간	北平朴社出版部
1933년	7월1일	『文學』 월간 창간/傅東華와 공동 편집장	茅盾과 공동발기
	12월	루쉰과 함께 『北平箋譜』 발간	北平版畵總刊會
1934년	1월1일	『文學季刊』 창간-靳以任과 공동 편집장	북경
		『세계문학』, 『중국 신문학대계 문학쟁론집』 책임 편집 시작	趙家壁 편집장
	2월	역사 소설 『桂公塘』을 『文學』에 발표	필명 郭源新
	여름	『世界文庫』 편집/暨南大學 문학원 원장 및 중국문학과 주임	상해로 이주
		논문집 『中國文學論集』·『佝僂集』과 소설집 『取火者的逮捕』 출판	
		『歐行日記』 출판	상해 良友 도서 인쇄공사

기간		활동	비고
1935년	2월	『希臘神話 출판』	
		『中國新文學大系』 편집인	趙家壁 편집장
		『世界文庫』 편집	
1936년		『魯迅全集』 편집 시작	
		『桂公塘』 출판	商務印書館
1937년	6월	『西行書簡』 출판	商務印書館
		『民主周刊』 편집장	
		비밀 문화출판 단체인 「复社」 조직	胡愈之 등
1938년	3월27일	中華全國文藝界抗敵協會 이사	
	5월4일	『抗戰文藝』 편집위원	
	여름	『魯迅全集』 24권 출판	復社
	8월	『中國俗文學史』 출판	商務印書館
1940년		文獻保存同志會 성립	張菊生 등
1941년		上海 점령 시기 陳思訓 가명 사용	문구점 점원으로 위장
1945년	10월13일	『民主』 창간	1946년 10월 31일 정간됨
1946년		『文藝復興』 편집장	李建吾 공동
1947년		『中國歷史參考圖譜』 편집, 인쇄 시작	
1948년		『中國歷史參考圖譜』 6집까지 발간	
1949년	3월5일	해방구 도착	
	3월22일	全國文大會筹备委 筹备委員	
	7월	全國文聯主席團委員 및 福利部長	
1950년	8월	中國科學院考古研究所 院長	
1951년		『燉煌壁畫選』 출판	북경榮寶齋
	9월	中國文化代表團으로 인도와 미얀마 방문	
		『中國歷史參考圖譜』 출판	상해출판공사
1952년		中國作家協會 가입 중·미얀마 우호협회 회장, 중·인도 우호협회 이사	
1953년	2월22일	中國文學研究所 초대 원장/中國人民保衛世界和平委員會 대표단으로 폴란드 방문	
1954년		中央文化部副部長/미얀마 방문	
1955년		中國文化代表團으로 인도네시아 방문	
		中國科學院學部委員 院士	

기간		활동	비고
1956년		定陵 발굴 작업 주재	북경부시장 吳晗과 중국과학원 고고연구소부소장 夏鼐와 공동
1957년	9월	中國文化代表團을 이끌고 소련, 체코, 불가리아 방문	
	10월	『中國文學研究』 전3권 출간	북경 작가출판사
1958년		『希臘羅馬神話與傳說中的戀愛故事』 출판	작가출판사
	7월	中國民間文學研究會 부주석 당선	
	10월17일	中國文化代表團을 이끌고 아랍연합공화국과 아프간 방문 중 비행기 사고로 사망	

2. 『兒童世界』 발표 작품

순	작품 제목	필명	구분	권기	발행일
1	兎的幸福		短篇童話	1권 1기	1922.1.7
2	太陽月亮風的故事		短篇童話	1권 1기	1922.1.7
3	兩雙小鼠		詩歌	1권 1기	1922.1.7
4	太子和他的妃子		故事	1권 1기	1922.1.7
5	安樂王子		神異故事	1권 1기	1922.1.7
6~12	兩個小猴子的冒險記(1-6)		滑稽畫	1권 1~6기	1922.1.7~2.11
13	散花的舞		詩歌	1권 2기	1922.1.14
14	怪貓		童話	1권 2기	1922.1.14
15	忠厚的童子皮綠		童話	1권 2기	1922.1.14
16	老狗		童話	1권 2기	1922.1.14
17~24	竹公主 (1-8)	S C	長篇故事	1권 2~9기	1922.1.14
25	我的新書		詩歌	1권 2기	1922.1.14
26	誰殺了知更雀		詩歌	1권 3기	1922.1.21
27	少年皇帝		童話	1권 3기	1922.1.21
28	不倒翁		詩歌	1권 3기	1922.1.21
29	海邊		曲譜	1권 4기	1922.1.28
30	騾子		故事	1권 4기	1922.1.28
31	運動		詩	1권 4기	1922.1.28
32	小魚		詩	1권 4기	1922.1.28
33	一個母親的故事		童話	1권 4기	1922.1.28

순	작품 제목	필명	구분	권기	발행일
34	雀子說的		詩	1권 4기	1922.1.28
35	初春		詩	1권 5기	1922.2.4
36	風的工作		童話	1권 5기	1922.2.4
37	狐與狼		童話	1권 5기	1922.2.4
38	快樂之天地		詩	1권 6기	1922.2.11
39	牧師與他的書記		童話	1권 6기	1922.2.11
40	光明		童話	1권 6기	1922.2.11
41	蠅子		詩	1권 6기	1922.2.11
42	獅子與老虎		童話	1권 6기	1922.2.11
43	兒童之笛聲	C T	詩歌	1권 7기	1922.2.18
44	行善之報	鄭振鐸	童話	1권 7기	1922.2.18
45	風之歌	鄭振鐸	詩	1권 7~8기	1922.2.18
46	獵犬	C T	伊索寓話	1권 7기	1922.2.18
47	小人國	C T	童話	1권 7기	1922.2.18
48	紙船	C T	詩歌	1권 8기	1922.2.25
49	獅王	C T	童話	1권 8기	1922.2.25
50~53	聰明之審判官 (1-4)	鄭振鐸	印度故事	1권8~10기	1922.2.25
54	春之消息	C T	詩歌	1권 9기	1922.3.4
55	雞之冒險記	S T	圖畫故事	1권 9기	1922.3.4
56	柯伊	鄭振鐸	奧大利童話	1권 10기	1922.3.11
57	雲與燕子	S T	詩歌	1권 10기	1922.3.11
58	早與晚	鄭振鐸	曲譜	1권 11기	1922.3.18
59	麻雀	T C	詩	1권 11기	1922.3.18
60	諺語圖釋	C T		1권 11기	1922.3.18
61	黎明的微風	鄭振鐸	曲譜	1권 11기	1922.3.18
62~65	兔子的故事(1-4)	鄭振鐸	童話	2권 3~4기	1922.4.2~ 4.9
66	春遊	鄭振鐸 作歌	曲譜	2卷 5기	1922.4.16
67	彭仁的口笛	鄭振鐸	童話	2卷 6기	1922.5.13
68	小貓	鄭振鐸 作歌	曲譜	2卷 7기	1922.5.20
69	兩個生瘤的老人	鄭振鐸	童話	2卷 8기	1922.5.27

순	작품 제목	필명	구분	권기	발행일
70	兎子祖先	鄭振鐸	童話	2卷 9기	1922.6.3
71	拔苗助長	振鐸	中國寓言	2卷 9기	1922.6.3
72	小老人夢遊記	振鐸	圖畫故事	2卷 9기	1922.6.3
73	米袋王	鄭振鐸	童話	2卷 10기	1922.6.10
74	青蛙尋食記	振鐸	圖畫故事	2卷 11기	1922.6.17
75	八十一王子	鄭振鐸	日本故事	2卷 11기	1922.6.17
76	狗之故事	鄭振鐸	圖畫故事	2卷 12기	1922.6.24
77	鸚鵡與賊	振鐸	圖畫故事	2卷 13기	1922.7.1
78	仁俠之鷹	振鐸	圖畫故事	3권 1기	1922.7.8
79	還循-歌唱	S K	曲譜	3권 1기	1922.7.8
80	花架之下	鄭振鐸	短篇故事	3권 1기	1922.7.8
81	水手與大鷹	振鐸	圖畫故事	3권 1기	1922.7.8
82	無貓國	振鐸	故事節述	3권 1기	1922.7.8
83	夏天-還循	S K	曲譜	3권 2기	1922.7.15
84	鹿與熊	振鐸	圖畫故事	3권 2기	1922.7.15
85	大拇指	振鐸	故事節述	3권 2기	1922.7.15
86	蜻蜓與青蛙	鄭振鐸	圖畫故事	3권 3기	1922.7.21
87	紅線領	振鐸	故事節述	3권 3기	1922.7.21
88	象與猴子	鄭振鐸	圖畫故事	3권 4기	1922.7.29
89	蘋菓樹下	鄭振鐸	圖畫故事	3권 5기	1922.8.5
90	方兒與狗	鐸	插圖	3권 5기	1922.8.5
91	傷孤避害記	鄭振鐸	圖畫故事	3권 6기	1922.8.12
92	方兒落水記	鐸	插圖	3권 6기	1922.8.12
93	汽車歷險記		圖畫故事	3권 6기	1922.8.12
94	羅辰乘風記	振鐸	彩色圖畫	3권 7기	1922.8.19
95	黑貓之失敗	振鐸/敦谷	圖畫故事	3권 7기	1922.8.19
96	催眠歌	志堅/振鐸	詩歌	3권 7기	1922.8.19
97	費見之厄運	振鐸	彩色插畫	3권 8기	1922.8.26
98	小羊旅行記	鄭振鐸	圖畫故事	3권 8기	1922.8.26
99	小魚遇險記	鐸	插畫	3권 9기	1922.9.2
100	猴王	鄭振鐸	圖畫故事	3권 9기	1922.9.2
101	斷尾狐	鄭振鐸	圖畫故事	3권 9기	1922.9.2
102	狗之變化	振鐸	彩色插畫	3권 10기	1922.9.9
103	鼠先生畫像記	振鐸	彩色插畫	3권 10기	1922.9.9

순	작품 제목	필명	구분	권기	발행일
104	吃西瓜	振鐸	彩色插畫	3권 11기	1922.9.16
105	苦約克之經歷	鄭振鐸	圖畫故事	3권 11기	1922.9.16
106	湖水	鄭振鐸/許地山	曲譜	3권 13기	1922.9.30
107	溪旁發生的故事	鐸	彩色圖畫	3권 13기	1922.9.30
108	禍首之狗	鐸	圖畫故事	4권 1기	1922.10.7
109	鄰家失火	S K	循環歌	4권 1기	1922.10.7
110	漢士與郭麗	西諦	童話	4권 1기	1922.10.7
111~130	巢人(1-20)	鄭振鐸	長篇故事	4권1~12기	1922.10.7~12.23
131	造句遊戲	振鐸	遊戲	4권 1기	1922.10.7
132	香蕉做的小鳥	振鐸	遊戲	4권 2기	1922.10.7
133-143	河馬幼稚園(1-11)	振鐸	圖畫	4권3~13기	1922.10.21~12.30
144	古瓶碎了	振鐸	圖畫故事	4권 3기	1922.10.21
145	夏天的夢	西諦	詩歌	4권 3기	1922.10.21
146	果子做得魚翁	振鐸	遊戲	4권 3기	1922.10.21
147	香蕉做的兩雙豬	振鐸	遊戲	4권 4기	1922.10.28
148	果子做得兔子	振鐸	遊戲	4권 5기	1922.11.4
149	衣服汙了	鐸	插圖	4권 5기	1922.11.4
150	雜貨店裏	鐸	插圖	4권 6기	1922.11.11
151	鼠夫人教子記	振鐸		4권 6기	1922.11.11
152	蘋果做得象	振鐸	遊戲	4권 6기	1922.11.11
153	捕鳥記	振鐸	圖畫故事	4권 7기	1922.11.18
154	自行車場	鐸	圖畫故事	4권 7기	1922.11.18
155	嬰兒看護	振鐸	插畫	4권 8기	1922.11.25
156	貓與鏡子	振鐸	圖畫	4권 9기	1922.12.2
157	三只瞎鼠	S K	曲譜	4권 10기	1922.12.9
158	貓與鵝	振鐸	圖畫故事	4권 10기	1922.12.9
159	戰時	振鐸	彩色圖畫	4권 11기	1922.12.16
160	聖誕節前夜	鄭振鐸/許敦谷	彩色圖畫故事	4권 12기	1922.12.23
161	伊索先生	西諦	連續故事	5권 1기	1923.1.6
162	愛美與小羊	西諦	小童話	5권 1기	1923.1.6

순	작품 제목	필명	구분	권기	발행일
163	新年會	鄭振鐸	圖畫故事	5권 1기	1923.1.6
164	張兒	西諦	小童話	5권 2기	1923.1.13
165-170	愛美之笛(1-6)	鄭振鐸	圖畫故事	5권 2~8기	1923.1.13~2.28

3.『文學旬刊』·『文學』·『文學周報』 발표 작품

순	제목	필명	잡지명	발행호	발행일
1	文學的定義	西諦	文學旬刊	1	1921.5.10
2	翻譯與創作天才	西諦	文學旬刊	2	1921.5.20
3	集綿小說	西諦	文學旬刊	2	1921.5.20
4	複活	西諦	文學旬刊	2	1921.5.20
5	奇異的巢襲法	西諦	文學旬刊	3	1921.5.29
6	書報評論(戲曲)	西諦	文學旬刊	3	1921.5.29
7	思想的反流	西諦	文學旬刊	4	1921.6.10
8	處女與媒婆	西諦	文學旬刊	4	1921.6.10
9	新舊文學的調和	西諦	文學旬刊	4	1921.6.10
10	懸賞征文的疑問	西諦	文學旬刊	4	1921.6.10
11	文學的使命	西諦	文學旬刊	5	1921.6.20
12	新舊文學果可調麼？	西諦	文學旬刊	6	1921.6.30
13	血和淚的文學	西諦	文學旬刊	6	1921.6.30
14	盲目的翻譯家	西諦	文學旬刊	6	1921.6.30
15	語體文歐化問題與東華先生討論	鄭振鐸	文學旬刊	7	1921.7.10
16	文學與革命	西諦	文學旬刊	9	1921.7.30
17	中國文人對於文學的根本誤解	西諦	文學旬刊	10	1921.8.10
18	微光	鄭振鐸	文學旬刊	12	1921.8.30
19	陀思妥以夫斯基的百年紀念	西諦	文學旬刊	19	1921.11.11
20	論散文詩	西諦	文學旬刊	24	1922.1.1
21	通訊二則(西諦複重民)	西諦	文學旬刊	24	1922.1.1
22	通訊四則(西諦複敷德)	西諦	文學旬刊	25	1922.1.11
23	民眾文學的討論(前言)	西諦	文學旬刊	26	1922.1.21
24	題『影鸞草』	鄭振鐸	文學旬刊	33	1922.4.1
25	悲鳴之鳥	西諦	文學旬刊	36	1922.5.1
26	新文學觀的建設	西諦	文學旬刊	37	1922.5.11

순	제목	필명	잡지명	발행호	발행일
27	讀了一種小詩集以後(詩)	西諦	文學旬刊	38	1922.5.21
28	淚之流	西諦	文學旬刊	38	1922.5.21
29	雜談－憎厭之歌	西諦	文學旬刊	39	1922.6.1
30	雜談四則	西諦, 冰, CP	文學旬刊	40	1922.6.11
31	雜談四則	西諦	文學旬刊	41	1922.6.21
32	給讀者	西諦	文學旬刊	42	1922.7.1
33	雜談五則	西諦	文學旬刊	42	1922.7.1
34	『灰色馬』的引言	鄭振鐸	文學旬刊	44	1922.7.21
35	雜談七則	西諦	文學旬刊	44	1922.7.21
36	『阿那托爾』序言	鄭振鐸	文學旬刊	45	1922.8.1
37	雜談	西諦	文學旬刊	46, 47	1922.8.11~8.21
38	通訊－西諦致沫若	西諦	文學旬刊	48	1922.9.1
39	我的一個要求	西諦	文學旬刊	49	1922.9.11
40	評H.A.Giles的 『中國文學史』	西諦	文學旬刊	50	1922.9.21
41	雜談 八則	西諦	文學旬刊	50	1922.9.21
42	整理中國文學的提議	西諦	文學旬刊	51	1922.10.1
43	聖皮韋的自然主義批評論	西諦	文學旬刊	52	1922.10.10
44	雜談六則	西諦	文學旬刊	52	1922.10.10
45	雜談五則	西諦	文學旬刊	55	1922.11.11
46	雜談二則	西諦	文學旬刊	56	1922.11.21
47	雜談	西諦	文學旬刊	57	1922.12.1
48	通訊-鄭振鐸至吳文棋	西諦	文學旬刊	63	1923.2.1
49	悵惘(1923.2.9)	西諦	文學旬刊	64	1923.2.11
50	小詩(1923.2.9)	西諦	文學旬刊	64	1923.2.11
51	毒龍之國(1923.2.9)	西諦	文學旬刊	64	1923.2.11
52	我們的雜記(1)	西諦	文學旬刊	72	1923.5.2
53	給讀者	西諦	文學旬刊	73	1923.5.12
54	世界文學	西諦	文學旬刊	73	1923.5.12
55	我們的雜記	西諦	文學旬刊	73, 75	1923.5.12./ 1923.6.2
56	翻譯與創作	西諦	文學旬刊	78	1923.7.2
57	我們的雜記高爾基的新著紅的花	西諦	文學旬刊	78	1923.7.2
58	論『飛鳥集』的譯文	西諦	文學旬刊	79	1923.7.12

순	제목	필명	잡지명	발행호	발행일
59	再論『飛鳥集』的譯文	西諦	文學旬刊	80	1923.7.22
60	本刊改革宣言	西諦	文學	81	1923.7.30
61	泰戈爾詩一首	鄭振鐸	文學	81	1923.7.30
62	狼的國	西諦	文學	81	1923.7.30
63	文學的分類	西諦	文學	82	1923.8.6
64	泰戈爾詩三首	鄭振鐸	文學	82	1923.8.6
65	詩歌之力(12, 8, 9)	西諦	文學	83	1923.8.13
66	何謂詩？(1923.8.15)	西諦	文學	84	1923.8.20
67	詩歌的分類	西諦	文學	85	1923.8.27
68	泰戈爾『新月集』選譯序	鄭振鐸	文學	85	1923.8.27
69	抒情詩	西諦	文學	86	1923.9.3
70	史詩	西諦	文學	87	1923.9.10
71	人之一生(12, 9, 6)	西諦	文學	88	1923.9.17
72	通訊一鄭振鐸復仲笙	鄭振鐸	文學	88	1923.9.17
73	『稻草人』序	鄭振鐸	文學	92	1923.10.15
74	泰戈爾詩選譯	鄭振鐸	文學	93, 94	1923.10.22~10.29
75	雜譯泰戈爾詩	鄭振鐸	文學	95, 96	1923.11.5~11.12
76	得一九二三年諾貝爾獎 金者夏芝	西諦	文學	97	1923.11.19
77	通訊一鄭振鐸答政同(11, 24)	鄭振鐸	文學	98	1923.11.26
78	本刊的回顧與我們今後的希望	西諦	文學	100	1923.12.10
79	『星海』發刊緣起	西諦	文學	100	1923.12.10
80	中國文學者生卒考序	西諦	文學	101	1923.12.17
81	阿波羅與女達芬希臘神話之一	西諦	文學	113	1924.3.17
82	新與舊	西諦	文學	136	1924.8.25
83	孟姜女	西諦	文學	137	1924.9.1
84	印度寓言	西諦	文學	155-157	1925.1.5~1.19
85	泰戈爾詩雜譯	西諦	文學	161, 163	1925.2.23./ 1925.3.9
86	園丁集選譯	西諦	文學	164	1925.3.16
87	古希臘菲洛狄摩士的戀歌(詩)	西諦	文學周報	172	1925.5.10

순	제목	필명	잡지명	발행호	발행일
88	短話	西諦	文學周報	172, 173	1925.5.10./ 1925.5.17
89	譴責小說(雜論)	西諦	文學周報	176	1925.6.7
90	節血洗去後(散文)	西諦	文學周報	179	1925.6.21
91	迂緩與痲木 (6.26, 追記)	西諦	文學周報	180	1925.7.5
92	論寓言-印度寓言序	西諦	文學周報	181	1925.7.12
93	六月一日(7.3, 追記)	西諦	文學周報	181	1925.7.12
94	爲中國(詩)	西諦	文學周報	183	1925.7.26
95	寓言的複興	西諦	文學周報	183	1925.7.26
96	敍拳亂的兩部傳記 (書評)	西諦	文學周報	185	1925.8.9
97	止水的下層	西諦	文學周報	189	1925.9.6
98	秋晨	西諦	文學周報	196	1925.10.25
99	『茂娜凡娜』劇評	西諦	文學周報	197	1925.11.1
100	貓(散文)	西諦	文學周報	199	1925.11.15
101	風波(小說)	西諦	文學周報	205	1925.12.27
102	旅中	西諦	文學周報	205	1925.12.27
103	書之幸運	西諦	文學周報	206	1926.1.3
104	春的中國(劇本)	西諦	文學周報	218	1926.3.28
105	青年的自殺	西諦	文學周報	222	1926.4.25
106	狐與玫瑰	西諦	文學周報	224	1926.1.17
107	『西特』與『皮奧伏爾夫』	西諦	文學周報	226	1926.5.23
108	向光明走去	西諦	文學周報	227	1926.5.30
109	泰戈爾詩雜譯	鄭振鐸	文學周報	231	1926.6.27
110	介紹『維廉退爾』	西諦	文學周報	234	1926.7.18
111	山中通信	西諦	文學周報	236	1926.8.1
112	山中雜記之一-五	西諦	文學周報	240-244	1926.9.5~ 10.3
113	與紡織娘-山中雜記之六-(散文)	西諦	文學周報	251	1926.11.21
114	閑談 : 1. 吶喊	西諦	文學周報	251	1926.11.21
115	苦鴉子-山中雜記之七-(散文)	西諦	文學周報	252	1926.11.28
116	大狂	西諦	文學周報	252	1926.11.28

순	제목	필명	잡지명	발행호	발행일
117	綴白襲索引(雜文)	西諦	文學周報	253	1926.12.5
118	通信	西諦	文學周報	254	1926.12.12
119	不速之客-山中雜記之八-	西諦	文學周報	254	1926.12.12
120	綴白襲索引(續) (雜文)	西諦	文學周報	254	1926.12.12
121	山市-山中雜記之九- (散文)	西諦	文學周報	255	1926.12.19
122	正月文藝家生卒表 (雜文)	西諦	文學周報	257	1926.1.9
123	宴之趣(散文)	西諦	文學周報	258	1927.1.7
124	上海的居宅問題	鄭振鐸	文學周報	262, 263	1927.2.27
125	上海之公園問題	鄭振鐸	文學周報	262, 263	1927.2.27
126	皮奧胡爾夫(童話)	西諦	文學周報	265	1927.3.13
127	先生與他的學生	西諦	文學周報	266	1927.3.20
128	居特龍	西諦	文學周報	268	1927.4.3
129	尼泊龍琪歌1-2	西諦	文學周報	269, 270	1927.4.10./ 1927.5.22
130	我們在Athos號上--篇 小小的序文	西諦	文學周報	271	1927.6.12
131	離別	西諦	文學周報	271	1927.6.12
132	尼泊龍琪歌(三)	西諦	文學周報	272	1927.6.19
133	海燕(小說)	西諦	文學周報	273	1927.6.26
134	"A La Mer"	西諦	文學周報	274	1927.7.3
135	朗歌巴系傳說	西諦	文學周報	275	1927.7.10
136	阿米林人(童話)	西諦	文學周報	279	1927.8.28
137	大佛寺	西諦	文學周報	280	1927.9.4
138	阿刺伯人(散文)	西諦	文學周報	281	1927.9.11
139	同舟者(散文)	西諦	文學周報	282	1927.9.18
140	巴古齊汗	西諦	文學周報	299	1928.1.15
141	關於遊仙窟(論文)	鄭振鐸	文學周報	352	1929.1.8
142	英國戲劇家瓊斯死了 (論文)	西諦	文學周報	355	1929.1.28

순	제목	필명	잡지명	발행호	발행일
143	掛枝兒(隨筆)	西諦	文學周報	357	1919.2.10
144	研究民歌的兩條大路(論文)	鄭振鐸	文學周報	362	1929.3.17
145	老太婆(小說)	鄭振鐸	文學周報	363	1929.3.24
146	嶽傳的演化	鄭振鐸	文學周報	376	1929.11.24
147	萬花樓	鄭振鐸	文學周報	379	1929.12.15

4. 『小說月報』 발표 작품

순	제목	원저자	필명	권 호	발행일	비고
1	雜譯泰戈爾詩	泰戈爾	鄭振鐸	12권1호	1921.1.10	
2	書報介紹		鄭振鐸	12권1호	1921.1.10	
3	文藝叢談		振鐸/雁冰	12권1호	1921.1.10	
4	木伐之上	高爾該	鄭振鐸	12권2호	1921.2.10	小說
5	譯文學書的三個問題		鄭振鐸	12권3호	1921.3.10	論叢
6	史蒂芬孫評傳		鄭振鐸	12권3호	1921.3.10	
7	文藝從談		百裏/振鐸	12권3호	1921.3.10	
8	雜譯泰戈爾詩	泰戈爾	鄭振鐸	12권4호	1921.4.10	
9	譯泰戈爾詩	泰戈爾	鄭振鐸	12권6호	1921.6.10	
10	書報介紹-美國的一個文學雜誌		鄭振鐸	12권6호	1921.6.10	
11	語體文歐化之我觀		振鐸/雁冰	12권6호	1921.6.10	文藝叢談
12	平凡與纖巧		鄭振鐸	12권7호	1921.7.10	創作討論
13	譯泰戈爾詩	泰戈爾	鄭振鐸	12권7호	1921.7.10	
14	俄國文學的啟源時代		鄭振鐸	12권호외	1921.9.10	
15	林語	克洛林科	鄭振鐸	12권호외	1921.9.10	러시아
16	莫薩特與沙萊裏	浦斯金	鄭振鐸	12권호외	1921.9.10	
17	雜譯『采果集』	泰戈爾	鄭振鐸	13권1호	1922.1.10	인도
18	鎖鑰, 獨立之樹葉	梭羅古勃	鄭振鐸	13권2호	1922.2.10	寓言
19	天鵝梭魚與螃蟹, 箱子	克魯格夫	鄭振鐸	13권2호	1922.2.10	詩
20	泰戈爾的藝術觀		鄭振鐸	13권2호	1922.2.10	論叢

순	제목	원저자	필명	권 호	발행일	비고
21	你是誰？	梭羅古勃	鄭振鐸	13권3호	1922.3.10	
22	騾子與夜鶯	克魯格夫	鄭振鐸	13권3호	1922.3.10	
23	憂悶		鄭振鐸	13권4호	1922.4.10	
24	東方聖人的禮物	歐亨利	鄭振鐸	13권5호	1922.5.10	
25	湖邊		鄭振鐸	13권6호	1922.6.10	
26	『飛鳥集』選譯	泰戈爾	鄭振鐸	13권7호	1922.7.10	
27	『灰色馬』譯者引言		鄭振鐸	13권7호	1922.7.10	
28	『灰色馬』	路蔔洵	鄭振鐸	13권7~12호	1922.7~12.10	러시아
29	文學的統一觀		鄭振鐸	13권8호	1922.8.10	
30	讀毛詩序		鄭振鐸	14권1호	1923.1.10	
31	新文學之建設與 國故之新研究		鄭振鐸	14권1호	1923.1.10	
32	關於文學原理的重要 書籍介紹		西諦	14권1호	1923.1.10	
33	李後主詞, 曲錄, 納蘭容若, 步韻詩		西諦	14권1호	1923.1.10	
34	文學上名詞的音譯 實例		鄭振鐸	14권2호	1923.2.10	
35	唐詩, 鄭厚		西諦	14권2호	1923.2.10	
36	王若虛的文學評論		西諦	14권2호	1923.2.10	
37	幾部詞集, 李清照		西諦	14권3호	1923.3.10	
38	關於文學原理的重要 書籍介紹		振鐸	14권3호	1923.3.10	
39	淡漠		西諦	14권4호	1923.4.10	小說
40	丹麥現代批評家波蘭特傳		鄭振鐸	14권4호	1923.4.10	傳記
41	玉函山房輯佚書		西諦	14권4호	1923.4.10	
42	卷頭語		西諦	14권5호	1923.5.10	
43	俄國文學史略(1-5)		鄭振鐸	14권5~9호	1923.5~ 9.10	文學史
44	詩歌總集		西諦	14권5호	1923.5.10	
45	雜譯泰戈爾詩	泰戈爾	鄭振鐸	14권7호	1923.7.10	
46	著作家	泰戈爾	鄭振鐸	14권8호	1923.8.10	詩
47	關於俄國文學研究的重要 書籍介紹		西諦	14권8호	1923.8.10	

순	제목	원저자	필명	권호	발행일	비고
48	歡迎太戈爾		鄭振鐸	14권9호	1923.9.10	
49	微思		振鐸	14권9호	1923.9.10	詩
50	太戈爾傳		鄭振鐸	14권9호	1923.9.10	
51	『歧路』選譯	泰戈爾	沈雁冰 /鄭振鐸	14권9호	1923.9.10	詩
52	『吉檀迦利』選譯	泰戈爾	鄭振鐸	14권9호	1923.9.10	詩
53	『愛者之贈遺』選譯	泰戈爾	鄭振鐸	14권9호	1923.9.10	詩
54	關於泰戈爾研究的 四部書		西諦	14권9호	1923.9.10	
55	『新月集』選譯	泰戈爾	鄭振鐸	14권9호	1923.9.10	詩
56	孩童之道	泰戈爾	西諦	14권9호	1923.9.10	詩
57	關於俄國文學的 兩則雜記		西諦	14권9호	1923.9.10	
58	俄國文學年表		西諦	14권9호	1923.9.10	
59	泰戈爾傳		鄭振鐸	14권10호	1923.10.10	傳記
60	『愛者之貽』選譯	泰戈爾	鄭振鐸	14권10호	1923.10.10	詩
61	『園丁集』選譯	泰戈爾	鄭振鐸	14권10 ~11호	1923.10~ 11.10	詩
62	世界末日	泰戈爾	鄭振鐸	14권10호	1923.10.10	詩
63	一九二三年得諾貝爾獎金者 夏芝評傳		西諦	14권12호	1923.12.10	傳記
64	文學大綱		鄭振鐸	15권1호-17 권12호	1924.1.10~ 1926.12.10	論叢
65	現代世界文學者略傳(1-4)		沈雁冰 /鄭振鐸	15권1~4호	1924.1~ 4.10	論叢
66	關於中國文學者 生卒考的兩封通信		鄭振鐸	15권2호	1924.2.10	通信
67	中國文學者生卒考(2-7)		鄭振鐸	15권2~9호	1924.2~ 09.10	論叢
68	希臘的神話		鄭振鐸	15권3호	1924.11.10	
69	停著呀, 停著呀, 可愛的水	Eliza Lee Follen	西諦	15권3호	1924.11.10	
70	法國文學對於歐洲文學的 影響		沈雁冰 /鄭振鐸	15號外	1924.4.	論叢

순	제목	원저자	필명	권 호	발행일	비고
71	卷頭語		西諦	15권5호	1924.5.10	
72	印度的史詩		鄭振鐸	15권5호	1924.5.10	
73	沙寧		西諦	15권6호 20권1~7호	1924.6.10 1929.1.10~7.10	러시아 小說
74	紅笑	安特列夫	鄭振鐸	15권7호	1924.7.10	小說
75	萊森的寓言	萊森	鄭振鐸	15권10호 16권3~4호	1924.10.10~ 1925.4.10	독일
76	印度寓言(上, 下)		西諦	15권11 ~12호	1924.11.10~ 12.10	인도
77	樸琴南先生		鄭振鐸	15권11호	1924.11.10	論叢
78	雲雨, 杜鵑鳥與鷹	克魯格夫	西諦	15권11호	1924.11.10	러시아
79	丹麥的民歌	弗蘿英姬 麗	鄭振鐸	16권1호	1925.1.10	덴마크
80	麻雀		西諦	16권1호	1925.1.10	러시아
81	『園丁集』選譯	泰戈爾	西諦	16권3호	1925.3.10	詩
82	萊森的寓言(1-4)	萊森	西諦	16권3호	1925.3.10	우화
83	萊森的寓言(1-11)	萊森	西諦	16권4호	1925.4.10	우화
84	蝴蝶的文學		西諦	16권5호	1925.5.10	論叢
85	印度寓言		西諦	16권6, 10호	1925.6.10 1925.10.10	인도
86	高加索寓言		西諦	16권6호	1925.6.10	코카서스
87	卷頭語		西諦	16권7호 ~17권5호 17권7~8호 17권10호, 호외 18권1~3호	1925.7.10~ 1927.3.10	
88	孩子們的閑談	安徒生	西諦	16권8호	1925.8.10	덴마크
89	安徒生的作品及關與 安徒生的參考書籍		西諦	16권8호	1925.8.10	論叢
90	列那狐的歷史(1-10)	歌德	文基	16권8호	1925.8.10	번역
91	撲滿, 七曜日, 千年之後, 鳳鳥	安徒生	西諦	16권9호	1925.9.10	덴마크
92	列那狐的歷史(11-17)	歌德	文基	16권9호	1925.9.10	번역

순	제목	원저자	필명	권호	발행일	비고
93	列那狐的歷史(18-27)	歌德	文基	16권10호	1925.10.10	번역
94	子愷漫畫集序		鄭振鐸	16권11호	1925.11.10	
95	列那狐的歷史(28-32)	歌德	文基	16권11호	1925.11.10	번역
96	列那狐的歷史(33-44)	歌德	文基	16권12호	1925.12.10	번역
97	乞丐		西諦	17권1호	1926.1.10	코카서스
98	漁夫的兒子		西諦	17권2호	1926.2.10	코카서스
99	朝露		西諦	17권3호	1926.3.10	창작
100	七星		西諦	17권4호	1926.4.10	창작
101	十九世紀的英國小說		鄭振鐸	17권6호	1926.6.10	
102	武松與其妻賈氏		西諦	17號外	1927.6.10	
103	中山狼故事之變異		西諦	17號外	1927.6.10	
104	螺殼中之女郎		西諦	17號外	1927.6.10	
105	魯智深的家庭		西諦	17號外	1927.6.10	
106	明代之短篇評話 小說		西諦	17號外	1927.6.10	
107	中國戲曲的選本		鄭振鐸	17號外	1927.6.10	
108	日本最近發現之 中國小說		西諦	17號外	1927.6.10	
109	佛曲敘錄		鄭振鐸	17號外	1927.6.10	
110	西諦所藏彈詞目錄		西諦	17號外	1927.6.10	
111	中國文學年表		鄭振鐸	17號外	1927.6.10	
112	插圖之話		鄭振鐸	18권1호	1927.1.10	
113	正月-三月文藝家生卒表		西諦	18권 1~3호	1927.1~ 3.10	
114	四月-十二月 文藝家生卒表		西諦/調孚	18권 4~12호	1927.4~ 12.10	
115	王榆		西諦	18권7호	1927.7.10	
116	三姑燕娟與三姑丈		西諦	18권7호	1927.7.10	
117	五老爺		西諦	18권8호	1927.8.10	小說
118	春蘭與秋菊		西諦	18권9호	1927.9.10	小說
119	一個危險的人物		西諦	18권10호	1927.10.10	小說
120	九叔		西諦	18권11호	1927.11.10	小說
121	希臘羅馬神話 傳說中的戀愛故事		西諦	19권3~12호	1928.3~ 12.10	

순	제목	원저자	필명	권 호	발행일	비고
122	治學的方法與材料		胡適 /鄭振鐸	20권1호	1929.1.10	
123	特洛哀的陷落		西諦	20권1호	1929.1.10	讀書 雜記
124	荷馬系的小史詩		西諦	20권1호	1929.1.10	
125	警世通言		西諦	20권1호	1929.1.10	讀書 雜記
126	叢書書目彙編		西諦	20권1호	1929.1.10	
127	沙寧的譯序		西諦	20권1호	1929.1.10	論叢
128	弘治本三國志演義的發現		西諦	20권1호	1929.1.10	讀書 雜記
129	關漢卿緋衣夢的 發現		西諦	20권1호	1929.1.10	讀書 雜記
130	西遊記雜劇		西諦	20권1호	1929.1.10	讀書 雜記
131	讀書雜記		西諦	20권2호	1929.2.10	
132	敦煌的俗文學		鄭振鐸	20권3호	1929.3.10	論叢
133	讀書雜記		西諦	20권4호	1929.4.10	
134	老虎婆婆		西諦	20권5호	1929.5.10	
135	現代的斯堪的 那維的文學		西諦	20권8호	1929.8.10	
136	水滸傳的演化		鄭振鐸	20권9호	1929.9.10	
137	三國志演義的演化		鄭振鐸	20권10호	1929.10.10	
138	北宋詞人		鄭振鐸	20권11- 12호	1929.11~ 12.10	論叢
139	雜劇的轉變		鄭振鐸	21권1호	1930.1.10	論叢
140	希臘羅馬神話傳說中的 英雄傳說		西諦	21권1호- 22권 6호	1930.1.10~ 1931.6.10	
141	傳奇的繁興(上)		鄭振鐸	21권4호	1930.4.10	
142	元蔭嫂的墓前		西諦	22권7호	1931.7.10	小說
143	明淸二代評話集 (上, 下)		鄭振鐸	22권7~8호	1931.7~ 8.10	論叢

찾아보기

ㅈ

ㅊ

ㅌ

ㅍ

ㅎ

작품·잡지·단행본